교과세특 추천 도서 300

교과세특 추천 도서 300

인문·사회계열

한승배
노정희
손평화
이미선
이선주
하희
지음

저자 소개

한승배 경기 양평전자과학고등학교 진로전담교사

집필 이력

· 2009, 2015 개정 교육과정 중학교, 고등학교 진로와 직업 교과서
·《교과세특 탐구활동 솔루션》,《교과세특 탐구주제 바이블》,《교과연계 독서탐구 바이블》
·《학과 바이블》,《학생부 바이블》,《면접 바이블》,《특성화고 학생을 위한 진학 바이블》,《취업 바이블》,《미디어 진로탐색 바이블》,《고교학점제 바이블》
·《10대를 위한 직업 백과》,《유망 직업 사전》,《미리 알려주는 미래 유망직업》,《나만의 진로 가이드북》

기타 이력

· 네이버 카페 '꿈샘 진로수업 나눔방' (https://cafe.naver.com/jinro77) 운영자

노정희 경기 한솔고등학교 역사교사

집필 이력

·《한국사 개념 사전》,《중학필독한국사》 공저
· 천재교육 중학 사회 참고서

기타 이력

· 성취평가제 문항 개발(한국교육과정평가원)
· 국가 수준 성취도 출제

손평화 경남 거창고등학교 진로전담교사

집필 이력

·《교과세특 탐구주제 바이블》,《학생부 바이블》,《면접 바이블》
· 행복한 진로 항해 일지 드림서핑

기타 이력

· 고교학점제 진로학업설계 자료 개발

이미선 경기 수택고등학교 일반사회교사

집필 이력
· 콘텐츠 개발자의 세계(경기도 평생학습포털 GSEEK 수업용 교재)

기타 이력
· 구리남양주 교육지원청 진로지원단
· 2022 개정 교육과정 교과별 선도교원

이선주 경기 광교호수중학교 진로전담교사

집필 이력
· 2022 개정 교육과정 중학교 진로와 직업 교과서

기타 이력
· 수원시 진로교사협의회 부회장, 수원시 청소년 희망등대 진로진학상담지원단, 수원시 진로체험지원센터 성과공유 평가단, 수원시 청소년 희망등대 자문위원
· 커리어넷 직업흥미검사(K형) 개정 연구 협력진(문항 개발 및 자문)
· 커리어넷 직업흥미검사(H형) 개정 연구 문항 이해도 검토 및 자문

하희 경기 구리여자중학교 진로전담교사

집필 이력
· 《교과세특 탐구주제 바이블》, 《학과 바이블》, 《학생부 바이블》
· 나만의 진로 가이드북, 두근두근 미래직업체험 워크북, 고교학점제 워크북

기타 이력
· 전(前) 경기도 중등진로교육연구회 연구위원
· 구리남양주 연극교육연구회 연구위원
· 구리남양주 교육지원청 진로지원단
· 구리남양주 교육지원청 진로거점학교 운영

《교과세특 추천 도서 300: 인문·사회계열》 활용상 유의점

어떤 책을 읽고 어떻게 활용해야 할지, 그리고 독서를 통해 어떻게 진로를 탐색하고 확장해야 할지 막막하다는 학생들의 의견을 자주 들었습니다. 또한 학생들에게 어떤 책을 추천하고 어떻게 지도할지 가이드가 있었으면 좋겠다는 현장 교사들의 목소리도 자주 들었습니다. 그러한 학생들과 교사들에게 도움을 주고 단순한 대입 활용의 목적을 넘어 인생 전반에 걸쳐 학생들이 자신의 진로를 발견하고 구체화하는 데 도움이 되기를 바라는 마음으로 이 책을 집필했습니다.

☑ 이렇게 구성되어 있습니다.

1. 경영, 경제, 미디어, 역사, 상담심리를 주제로 오랫동안 많은 이들에게 사랑받는 도서와 최신 트렌드를 반영한 도서를 분야별로 50권씩 엄선하였습니다.
2. 제시된 모든 도서는 다음과 같은 형식으로 서술되어 있습니다.
   핵심 키워드 - 책 소개 - 탐구 주제 - 학생부 기록 예시(교과세특) - 사고력 레벨up - 관련 논문 - 관련 도서 - 관련 학과 - 관련 교과
3. 학생들이 독서 탐구 주제를 선택하거나 교사들이 수행평가 등의 주제를 제시할 때 참고할 수 있도록 도서별 주요 탐구 상세 주제 두 가지와 함께하면 좋을 간단한 탐구 주제 두 가지를 추가로 제시하였습니다.
4. 관련 교과는 2015 개정 교육과정의 교과목뿐 아니라 2022 개정 교육과정의 교과목을 함께 제시하여 지속적인 활용이 가능하도록 하였습니다.
5. 학생들이 관심 학과에 맞는 독서 탐구 주제를 선택할 수 있도록 관련된 주요 학과를 제시하였습니다.
6. 본 책에 제시된 주제 외에 다양한 방식으로 탐구 주제를 확장할 수 있도록 관련 도서, 핵심 키워드, 사고력 레벨up 등 관련 자료를 풍부하게 제시하였습니다.
7. 관련 논문의 요약과 QR코드를 제공하여 학생들이 연구 자료를 한눈에 확인하고 접근할 수 있도록 구성하였습니다.
8. 제시된 학생부 교과세특 예시는 교사와 학생 모두가 참고할 수 있도록 관련 탐구 주제를 중심으로 기재하였습니다.

☑ 이렇게 활용할 수 있습니다.

1. 학생은 관심 계열의 도서 목록과 관련 교과, 관련 학과 등을 참고하여 자신의 진로와 연계한 독서 탐구활동을 수행할 수 있습니다.
2. 학생은 교과에서 학습한 내용을 바탕으로 관련 도서를 읽고 제시된 탐구 주제를 활용하여 탐구활동을 하거나 자신만의 탐구 주제를 설정하여 탐구활동을 할 수 있습니다.
3. 학생은 관련 논문 및 관련 도서 탐독을 통해 깊이 있는 연구와 융합적 사고 능력을 배양할 수 있습니다.
4. 학생은 교과, 독서, 계열, 학과 연계를 통해 성공적인 입시를 위한 방향성을 정립할 수 있습니다.
5. 교사는 교과연계 독서 탐구활동 수업을 위한 기획과 운영에 대한 아이디어를 얻을 수 있습니다.
6. 교사는 독서 탐구활동을 위한 탐구 주제 설정에 대한 아이디어를 얻고 학생들의 탐구활동 방향에 대한 도움을 줄 수 있습니다.
7. 교사는 학교생활기록부 교과 세부능력 및 특기사항 기록 예시를 통해 교과연계 독서 탐구활동 기록에 대한 참고 자료로 활용할 수 있습니다.
8. 교사는 심화 연구 또는 연계 독서를 하고자 하는 학생들에게 관련 논문 및 관련 도서에 대한 정보를 제공할 수 있습니다.

목차

1. 경영 9
2. 경제 63
3. 미디어 117
4. 역사 171
5. 상담심리 225

경영

전체 도서 목록

순번	도서명	저자명	출판사명
1	1페이지 마케팅 플랜	앨런 딥	알파미디어
2	경영의 본질	프레드문트 말릭	센시오
3	고객이 달라졌다	현성운	포르체
4	괴물 같은 기업 키엔스를 배워라	니시오카 안누	더퀘스트
5	구글의 아침은 자유가 시작된다	라즐로 복	알에이치코리아
6	권력을 경영하는 7가지 원칙	제프리 페퍼	비즈니스북스
7	글로벌 클래스	에런 맥대니얼, 클라우스 베하게	한빛비즈
8	기묘한 이커머스 이야기	기묘한	프리덤북스
9	나는 장사의 신이다.	은현장	떠오름
10	뇌, 욕망의 비밀을 풀다	한스-게오르크 호이젤	비즈니스북스
11	다이브 딥	박선희	알에이치코리아
12	더 플로	안유화	경이로움
13	디즈니만이 하는 것	로버트 아이거	쌤앤파커스
14	머니 트렌드 2024	김도윤 외	북모먼트
15	모바일 미래보고서 2024	커넥팅랩 외	비즈니스북스
16	미래관찰자의 살아 있는 아이디어	서울대학교 국가미래전략원	포르체
17	믹스	안성은	더퀘스트
18	반도체 열전	유웅환	비즈니스맵
19	백종원의 장사 이야기	백종원	알에이치코리아
20	보랏빛 소가 온다	세스 고딘	쌤앤파커스
21	비즈니스 리프레임	이연주	라온북
22	비즈니스 협상론	김병국	알에이치코리아
23	삼성과 효도경영	문봉수	북랩
24	샘 올트먼의 생각들	스탠리 최 외	여의도책방
25	세상 모든 창업가가 묻고 싶은 질문들	토머스 아이젠만	비즈니스북스

순번	도서명	저자명	출판사명
26	세컨드 펭귄	임승현	서사원
27	소비자의 마음	멜리나 파머	사람in
28	순서 파괴	콜린 브라이어, 빌 카	다산북스
29	슈독	필 나이트	사회평론
30	스타벅스, 커피 한 잔에 담긴 성공신화	하워드 슐츠, 도리 존스 양	김영사
31	스티브 잡스	월터 아이작슨	민음사
32	스틱	칩 히스, 댄 히스	웅진지식하우스
33	시대예보:핵개인의 시대	송길영	교보문고
34	신상품	천지윤 외	북스톤
35	아메바 경영	이나모리 가즈오	한국경제신문사
36	얼굴 없는 중개자들	하비에르 블라스, 잭 파시	알키
37	월마트, 두려움 없는 도전	샘 월턴, 존 휴이	라이팅하우스
38	이것은 작은 브랜드를 위한 책	이근상	몽스북
39	인터널 커뮤니케이션	이연재	커뮤니케이션북스
40	일론머스크	월터 아이작슨	21세기북스
41	일의 격	신수정	턴어라운드
42	일터의 설계자들	나하나	웨일북
43	주식회사 이야기	이준일	이콘
44	최고의 조직	김성준	포르체
45	취향을 설계하는 곳, 츠타야	마스다 무네아키	위즈덤하우스
46	파타고니아, 파도가 칠 때는 서핑을	이본 쉬나드	라이팅하우스
47	한국상인, 중국상인, 일본상인	이영호	스노우폭스북스
48	AI로 브랜딩하다	서지영, 임승철	매일경제신문사
49	B2B 경영, 훅하고 딜하라	배재훈	포르체
50	Z세대 트렌드 2024	대학내일20대연구소	위즈덤하우스

핵심키워드	마케팅, 고객, 수익, 서비스

1페이지 마케팅 플랜

앨런 딥 | 알파미디어 | 2022

이 책은 마케팅을 3단계로 나누어, 비즈니스를 빠르게 성장시켜 성공에 이르는 과정을 담고 있다. 사람들은 '마케팅'을 전공하는 학생들에게 필요한 학문이거나 대기업의 경영 기법이라고 생각한다. 하지만 이 책은 마케팅이 모든 직업과 연결되어 있다는 것을 알려 준다. 일반인들에게 필요한 마케팅 개념을 아주 쉬운 예시로 설명하고, 방법을 알려 주는 안내서이다.

탐구 주제

주제1 코로나19로 인한 사회적 거리두기는 수많은 자영업자에게 폐업이나 전업을 하도록 만들었다. 그러나 여전히 손님이 몰리면서 장사가 잘되는 가게나, 매출 신기록을 경신하는 1인 기업 역시 존재한다. 이런 사례를 구체적으로 조사하고, 그 원인을 분석하여 발표해 보자.

주제2 이 책의 핵심을 한 문장으로 요약하면 '돈을 버는 가장 빠른 길'이라고 할 수 있다. 저자는 이를 위해 마케팅을 복잡하다고 생각하지 말고, 삶을 단순화하라고 설명한다. 이 책에서 제시하는 마케팅의 비법을 밝히고, 이에 대한 자신의 생각을 정리하여 보고서로 작성해 보자.

주제3 새로운 고객을 확보하는 방법 탐색

주제4 마케팅의 3단계 프로세스 고찰

학생부 기록 예시 (교과세특)

성공한 1인 기업의 사례를 조사하고 기업의 성공 전략을 보고서로 작성함. 작은 가게를 운영하는 자영업자가 성공하기 위해서는 나름의 마케팅 전략이 중요하다는 것을 이해함. 이를 위해 모든 사람이 아닌 표적 고객을 설정하여 틈새시장을 공략하고, 고객의 마음을 헤아리는 메시지를 주어야 한다고 주장함. 또 코로나 시기에도 많은 수익을 창출했던 가게의 현황을 통계청 자료로 제시하여 주장의 설득력을 높임.

사고력 레벨up

제시문 소상공인의 입장에서 대기업과 같은 마케팅을 할 수는 없다. 특히 커스터마이징(맞춤 제작 서비스)을 활용하여 고객을 개별적으로 관리하는 것은 한계가 있다.

질문 1 소상공인에게 적절한 온라인 마케팅 방법은 무엇일까?

질문 2 서비스나 제품을 경험한 고객과 그렇지 않은 고객에 대한 마케팅의 차이점은?

관련 논문 기업이미지 제고를 위한 문화마케팅 활성화 방안에 대한 연구(이삼호, 백용재, 2006)

이 논문은 문화마케팅의 개념을 새롭게 인식하고, 다양한 기업메세나(Mecenat) 활동이 기업의 이미지에 미치는 영향을 이론적으로 살펴본다. 또한 문화 예술 활동으로 소비자와의 관계를 형성하는 기업들의 사례를 통해 기업의 중요한 마케팅 전략을 알 수 있다.

관련 도서 《1%를 읽는 힘》, 메르, 토네이도
《마케팅을 바꾸는 데이터의 힘》 백승록, 갈매나무

관련 학과 경영정보학과, 경영학과, 경제학과, 관광경영학과, 국제경영학과, 국제관계학과, 국제통상학부, 글로벌경영학과, 글로벌비즈니스학과, 기술경영학과, 사회학과, 응용통계학과, 의료경영학과, 호텔경영학과

관련 교과 2022 개정 교육과정: 주제탐구 독서, 직무 의사소통, 사회와 문화, 경제, 금융과 경제생활
2015 개정 교육과정: 독서, 경제, 사회·문화, 사회문제 탐구, 창의 경영

핵심키워드	뛰어난 경영자. 경영시스템, 긍정적 사고, 목표 설정

경영의 본질

프레드문트 말릭 | 센시오 | 2023

이 책은 대변혁이 가져올 변화 속에서 성공적으로 조직을 이끌기 위해 필요한 것을 생각하게 한다. 저자는 성공의 '비법'이라 불리는 트렌드보다는 올바른 경영을 위한 '경영의 본질'이 중요하다고 말한다. 이 책에서 말하는 올바른 '경영의 본질'은 조직은 물론 개인의 효과성을 이루어 내기 위한 기본이자, 앞으로 다가올 복잡한 시대를 헤쳐 나가기 위해 가장 중요한 무기가 될 수 있다.

탐구 주제

주제1 한 조직을 성공으로 이끌기 위해서 리더의 자세는 중요하다. 하지만 경영은 위대한 리더 한 사람의 힘만으로 이루어지지는 않는다. 좋은 경영을 하기 위해 필요한 것이 무엇인가를 탐색하고, 리더와 경영의 상관관계를 분석하여 보고서로 적성해 보자.

주제2 세상은 우리가 알지 못하는 대변혁의 시대로 변하고 있다. 저자는 시대의 과제를 해결하기 위해 필요한 것은 강력한 리더십이나 카리스마가 아니라 복잡한 환경을 통제할 수 있는 경영 시스템이라고 역설한다. 바람직한 경영 시스템의 모습에 대해 탐색해 보자.

주제3 효율적인 경영의 기본 원칙 고찰

주제4 대변혁의 시대에 요구되는 리더의 자질 분석

학생부 기록 예시 (교과세특)

좋은 경영을 위해 필요한 것이 무엇인가를 살피고, 리더와 경영의 상관관계를 분석하여 보고서로 작성함. 리더의 탁월한 능력이 아니라 여러 사람들의 뛰어난 성과가 좋은 경영을 만든다고 설명함. 리더의 종류를 다양하게 제시하여 어떤 유형의 리더가 좋은 경영과 높은 상관관계가 있는지를 구체적인 예를 들어 알기 쉽게 분석함. 다양한 시각 자료과 신뢰성 높은 통계 수치를 활용하여 수준 높은 보고서를 완성함.

사고력 레벨up

제시문 기업가가 회사를 경영할 때 시대의 흐름을 따라 민첩하게 대처하는 것과 어떤 상황에서도 변하지 않은 본질을 지키는 사이에서 갈등하게 된다.

질문 1 각각의 자세가 필요한 경우를 생각하여, 장점과 단점을 비교하면?

질문 2 자신이 효과적인 경영을 중시하는 리더라면 이 상황에서 어떻게 대처할까?

관련 논문 현대 경영자로서의 본질 탐색 연구(염배훈, 김현수, 2020)

이 논문은 서비스 경제 시대에 현대 경영자가 갖추어야 할 본질 및 성향을 철학을 바탕으로 개념화한 후, 그 내용을 평가할 수 있는 항목들을 개발하였다. 새로운 경영학 프레임워크에 의해 경영 철학과 경영자론 연구를 심화시키는 연구이다.

관련 도서 《불황의 역사》, 토머스 바타니안, 센시오
《사장학 개론》, 김승호, 스노우폭스북스

관련 학과 경영정보학과, 경영학과, 경제학과, 관광경영학과, 국제경영학과, 국제관계학과, 국제통상학부, 글로벌경영학과, 글로벌비즈니스학과, 사회학과, 정치외교학과, 철학과, 호텔경영학과

관련 교과 2022 개정 교육과정: 화법과 언어, 경제 수학, 사회와 문화, 경제, 논리와 사고
2015 개정 교육과정: 화법과 작문, 경제 수학, 경제, 사회·문화, 논리학

핵심키워드	이익 관리, 경영컨설팅, 평가와 보상, 서비스 전략

고객이 달라졌다

현성운 | 포르체 | 2020

이 책은 상위 1%의 매장들이 반드시 지키는 '디테일'의 핵심과 고객에게 더 나은 서비스를 제공하는 뉴노멀 시대의 영업 방법을 알려 준다. 오프라인 매장이나 온라인 매장에서 지켜야 할 서비스 전략, 고객 리뷰 관리에 이르기까지 구체적 지침을 제공한다. 저자는 프랜차이즈 기업의 교육 시스템을 만들고 서비스를 점검한 18년의 경험을 바탕으로 사람들에게 필요한 정보를 알려 준다.

탐구 주제

주제1 저자는 처음 프랜차이즈 외식업계에서 일하다가 자신만의 매장관리 노하우로 최연소 점장이 됐고, 이후 많은 외식업계에서 직원을 교육했다고 말한다. 이 책에서 말하는 직원 관리의 방법을 설명하고, 이에 대한 자신의 생각을 발표해 보자.

주제2 2020년 세계의 가장 큰 소비층으로 떠오른 밀레니얼 세대와 Z세대는 이전의 소비자와 확연히 다른 개성과 취향을 보인다. 그들은 한 끼를 먹더라도 단순히 배를 채우는 것만이 아닌 오감이 즐거운 시간을 원한다. 그들을 만족시킬 수 있는 서비스 형태를 탐색하여 발표해 보자.

주제3 코로나 19로 인한 소비 패턴의 변화 탐색

주제4 성공한 프랜차이즈 기업의 교육시스템 분석

학생부 기록 예시 (교과세특)

'고객이 달라졌다(현성운)'를 읽고 효과적인 직원 관리 방법에 대한 자신의 생각을 발표함. 가게를 잘 운영하기 위해서는 직원들을 철저하게 관리하면서도 그들에게 적절한 재량권을 주어 나름의 서비스를 발휘할 수 있도록 해야 한다는 저자의 의견에 공감함. 친절하고 유능한 직원 때문에 단골이 된 자신의 경험을 예로 들며, 직원에게 자신이 하는 일의 '가치와 의미'를 알도록 교육하는 것이 중요하다고 주장함.

사고력 레벨up

제시문 같은 일을 해도 잘하는 직원과 못하는 직원이 있다. 사장은 이들을 공평하게 똑같이 보상할 것인지, 능력에 따른 차등 보상을 할 것인지 갈등하게 된다.

질문 1 능력에 따른 보상을 했을 때 나타날 수 있는 문제점은 무엇일까?

질문 2 능력은 있지만 최선을 다해 일하지 않는 직원이 있다면 어떻게 교육해야 할까?

관련 논문 프랜차이즈 기업의 글로벌 경영과 과제(김만환 외, 2008)

이 논문은 우리나라 프랜차이즈 기업의 현 주소와 프랜차이즈 기업들의 글로벌 경영에 대한 현황과 의의를 살펴본다. 또한 글로벌 경영들의 성공사례와 이를 통한 시사점을 도출하여 향후 프랜차이즈 기업들의 글로벌 경영에 대한 의의 및 전략 모색 과제 등을 논의한다.

관련 도서 《고객의 95%는 자기 의지로 물건을 사지 않는다》, 존 잰스, 빌리버튼
《간다 마사노리의 매니지먼트》, 간다 마사노리, 두드림미디어

관련 학과 경영정보학과, 경영학과, 경제학과, 관광경영학과, 관광학과, 국제경영학과, 글로벌경영학과, 글로벌비즈니스학과, 기술경영학과, 사회학과, 문화콘텐츠학과. 소비자학과, 호텔경영학과

관련 교과
2022 개정 교육과정: 화법과 언어, 직무 의사소통, 확률과 통계, 사회와 문화, 경제
2015 개정 교육과정: 화법과 작문, 실용 국어, 확률과 통계, 사회·문화, 경제

핵심키워드 | 경영, 시스템, 혁신, 대안

괴물 같은 기업 키엔스를 배워라

니시오카 안누 | 더퀘스트 | 2023

이 책은 세계적인 경제 위기와 제조업의 약화 속에서도 지속적인 성장과 고수익을 이룬 일본 기업 키엔스(KEYENCE)에 대한 내용이다. 키엔스는 공장 자동화에 필요한 센서와 계측기 등을 만드는 회사로, 1974년 설립 이후 압도적인 점유율을 보이며 시장 1위를 지키는 기업이다. 키엔스의 개발자와 영업자가 일하는 방식, 커뮤니케이션, 업무 평가 제도, 경영 철학 등의 내용을 담고 있다.

탐구 주제

주제1 키엔스의 창업자 다키자키 다케미쓰는 회사 창립 당시부터 '자식에게 회사를 물려줄 생각이 없다'고 했다. 많은 창업자들이 자신을 대체한 존재가 없어 경영 승계에 어려움을 겪었지만, 키엔스는 달랐다. 키엔스의 경영 승계 방법을 조사한 후, 자신의 생각을 논술해 보자.

주제2 회사는 매출과 영업 이익률이 높아야 지속적으로 성장할 수 있다. 대리점을 통하지 않아 유통 마진이 없는 직판 시스템을 활용한 키엔스는 제품을 꿰뚫고 있는 우수한 영업자들을 키우는데 주력했다. 회사의 지속 성장을 가능하게 하는 각 기업의 영업 방법을 비교·분석해 보자.

주제3 고객의 니즈를 파악하는 방법 탐색

주제4 키엔스의 사례를 통한 기업의 강점과 약점 분석

학생부 기록 예시 (교과세특)

키엔스의 경영 승계 방법을 탐색하고, 이에 대한 생각을 보고서로 작성함. 키엔스는 현재까지 약 10년 주기로 새로운 사장이 취임해 회사를 운영하고 있음을 설명함. 이는 회사가 소수의 슈퍼스타 같은 개인의 역량에 기대지 않고, 성과가 나올 수밖에 없는 시스템과 문화를 만들고, 그것을 전 직원이 완벽하게 수행하도록 한 결과라고 주장함. 이러한 조직 문화의 확산이 결국 회사의 지속적인 성장을 이끌었다고 분석함.

사고력 레벨up

제시문 한 기업가가 혈연 관계가 없는 능력 있는 직원에게 회사의 경영을 맡기겠다고 선언한다. 시간이 흐른 후, 그는 아들의 출중한 능력을 발견하게 되어 갈등하게 된다.

질문 1 자신이 기업가라면 어떤 선택을 하겠는가? 이유는 무엇인가?

질문 2 내가 만약 아들이라면, 경영을 맡기 위해 아버지를 어떻게 설득할 수 있을까?

관련 논문 경영자의 개인창의성이 기업 혁신성과에 미치는 영향(신주훈 외, 2018)

이 논문은 국내 반도체 분야 중 연구 조직을 보유한 132개 경영자의 창의성이 조직에 미치는 영향을 연구한다. 기술 혁신을 주도하는 주체는 경영자라는 전제 하에, 기업가의 기술 혁신 지향성이 기업의 혁신에 어떤 성과를 나타내는지를 보여준다.

관련 도서 《로저 마틴의 14가지 경영 키워드》, 로저 마틴. 플랜비디자인
《나는 장사의 신이다》, 은현장, 떠오름

관련 학과 경영정보학과, 경영학과, 경제학과, 관광경영학과, 국제경영학과, 국제관계학과, 국제통상학부, 글로벌경영학과, 글로벌비즈니스학과, 무역학과, 사회학과, 정치외교학과, 호텔경영학과

관련 교과 2022 개정 교육과정: 화법과 언어, 확률과 통계, 사회와 문화, 경제, 철학
2015 개정 교육과정: 화법과 작문, 확률과 통계, 경제, 사회·문화, 창의 경영

핵심키워드 | 채용, 경영혁신. 핵심인재, 조직문화

구글의 아침은 자유가 시작된다

라즐로 복 | 에이치코리아 | 2021

이 책은 구글의 인재 채용부터 직원 교육 및 훈련 프로그램, 복지와 건강까지 구글의 핵심 원리가 상세하게 공개되어 있다. '구글처럼 하라'는 것이 아니라 책의 내용을 참고하여 더 좋은 기업을 만들라는 의미이다. 저자는 구글 최고 인적자원책임자이자 인사담당상무로 십여 년을 일한 경험을 알려 준다. 구글이 지닌 가치를 추구하려는 많은 사람과 기업에게 꼭 필요한 내용이다.

탐구 주제

주제1 구글은 처음부터 위대한 기업이 아니었다. 검색 엔진 서비스라는 꿈을 지니고 그 분야의 후발 주자로 나선 구글은 아주 작은 신생 기업에 불과하였다. 이 회사가 세계적인 기업들과 어깨를 나란히 하는 위대한 기업이 될 수 있었던 원인이 무엇인지 탐색해 보자.

주제2 구글은 경제전문지 〈포춘〉이 선정한 '일하기 좋은 100대 기업'에 6년 연속 1위, 전 세계 대학생이 일하고 싶은 직장 1위를 차지하는 회사이다. 이 책을 읽고 '일하기 좋다'는 것의 의미를 분석하고, 자신이 생각하는 좋은 회사의 조건에 대해 토론해 보자.

주제3 세계적인 기업의 혁신적인 기업 문화 탐색

주제4 자유로운 기업 문화가 일의 성과에 미치는 영향 분석

학생부 기록 예시 (교과세특)

구글이 세계적인 기업이 될 수 있었던 원인을 탐색하여 발표함. 기업은 사람 없이는 존재할 수 없다는 믿음으로, 구글은 오직 직원들의 행복에 집중했다고 설명함. 재미있는 놀이동산처럼 만든 사무실의 모습을 시각적 자료로 제시하며, 직원들이 자유롭게 자신의 창의성을 발휘할 수 있는 환경을 만드는 것이 중요하다고 주장함. 우리나라도 혁신적인 기업 문화를 방해하는 전통적인 통제와 수직 문화에서 벗어나야 한다고 강조함.

사고력 레벨up

제시문 명문대학 출신의 명석한 사람과, 학력은 낮지만 창의력과 기획력이 뛰어난 사람이 경쟁하게 되었다. 회사의 인재 채용자는 어떤 사람을 뽑아야 할지 갈등한다

질문 1 두 사람은 각각 어떤 분야에 강점과 약점을 보일까?

질문 2 자신이라면 인재를 채용할 때 어떤 점을 가장 중요하게 생각할까?

관련 논문 구글 경영철학의 儒學적 관점에서의 고찰-仁,義,禮,智적 경영관점을 중심으로(황진수, 2018)

이 논문은 작은 검색 엔진 기업에서 출발하여 세계적 기업으로 성장한 구글의 성공 신화를 뒷받침하고 있는 정신적 가치를 유학적 관점에서 분석한다. 구글의 경영 지침으로 모든 직원들이 공유해온 '10가지 경영 진실'을 분석의 대상으로 하였다.

관련 도서 《구글 엔지니어는 이렇게 일한다》, 타이터스 윈터스 외, 한빛미디어
《시장의 파괴자들》, 쉘린 리, 한국경제신문

관련 학과 경영정보학과, 경영학과, 경제학과, 관광경영학과, 국제경영학과, 국제관계학과, 국제통상학부, 글로벌경영과, 글로벌비즈니스학과, 언론정보학과, 응용통계학과, 의료경영학과, 항공서비스학과, 호텔경영학과

관련 교과
2022 개정 교육과정: 화법과 언어, 확률과 통계, 사회와 문화, 경제, 인간과 심리
2015 개정 교육과정: 화법과 작문, 확률과 통계, 경제, 사회·문화, 창의 경영

핵심키워드 | 권력자, 리더, 성공, 인맥

권력을 경영하는 7가지 원칙

제프리 페퍼 | 비즈니스북스 | 2023

저자는 인간 사회에서 드러나는 권력의 속성과 그에 따른 성공과 실패를 분석해 7가지 원칙을 만들었다. '권력'이라는 복잡한 개념을 명쾌하게 정의하고, 권력을 거머쥐는 노하우를 간결하게 이야기한다. 또한 권력을 향한 인간의 본성과 욕망을 해부하여 자신이 원하는 바를 확실히 알고 행동하도록 돕는다. 비즈니스 및 대인관계에서의 난관을 돌파할 기술을 제공하는 책이다.

탐구 주제

주제1 저자는 사람을 이끌고 일하기가 그 어느 때보다 어려워진 시대에, 다양한 인간관계를 완성하고 조직을 이끄는 핵심 전략을 '권력'이라 전제하고 이를 7가지 원칙으로 제시한다. 저자의 주장을 정리하고, 이에 대한 자신의 생각을 비판적인 시각에서 논의해 보자.

주제2 이 책에서는 불확실한 시대에 필요한 것은 단판 승부의 승자가 되는 것이 아니라, 지속 가능한 강자로 오래 머무는 전략이라고 말한다. 책에서 말하는 전략을 살펴보고, 유능한 리더를 넘어서서 존경받는 권력자는 어떠해야 하는가를 주제로 토론해 보자.

주제3 정치적 수완과 조직 목표 향상의 상관관계 연구

주제4 표현 방식이 사람들의 인식에 미치는 영향 분석

학생부 기록 예시 (교과세특)

유능한 리더를 넘어 존경받는 권력자에 대한 생각을 논리적으로 밝힘. 조직을 이끌고 관계를 주도하는 진정한 권력은 겉으로 드러나는 권위가 아니라 상대의 마음을 정확하게 파고들어 장악하는 능력에서 나온다고 주장함. 힘으로 상대의 것을 빼앗고 억누르는 시대는 끝났기에 사람의 마음을 얻고 상대를 사로잡아야만 진정한 권력자가 될 수 있음을 강조함. 구체적인 사례를 제시하며 자신의 주장을 설득력있게 제시함.

사고력 레벨up

제시문 이 책에서 리더는 자신의 지위를 지키는 것이 중요하기 때문에 후임자를 두지 말라고 한다. 그러나 또 다른 책에서는 '후임자'를 양성하는 것이 중요하다고 말한다.

질문 1 후임자를 양성하는 것과 하지 않는 것은 어떤 차이가 있을까?

질문 2 자신이 리더라면 어떤 방법을 선택할지를 그 이유와 함께 제시하면?

관련 논문 권력의 개념과 원력론의 구조 - 루크스, 루만, 라스웰의 권력론 비교(김종호, 2021)

이 논문은 루크스(Steven Lukes)와 루만(Niklas Luhmann)의 권력론과 프리드리히(Carl Joachim Friedrich)의 '실체개념,' '관계개념'에 관해 평가한다. 또한 그 배후에 있는 공동체 권력구조론과 사회 시스템론의 발전 가능성에 대한 논의한다.

관련 도서 《파워》, 제프리 페퍼, 시크릿하우스
《권력의 심리학》, 브라이언 클라스, 웅진지식하우스

관련 학과 경영정보학과, 경영학과, 경제학과, 관광경영학과, 국제경영학과, 국제관계학과, 국제통상학부, 글로벌경영학과, 글로벌비즈니스학과, 사회학과, 정치외교학과, 철학과, 행정학과, 호텔경영학과

관련 교과
2022 개정 교육과정: 화법과 언어, 확률과 통계, 사회와 문화, 정치, 경제
2015 개정 교육과정: 화법과 작문, 확률과 통계, 경제, 정치와 법, 사회·문화

핵심키워드 | 채용, 경영혁신. 핵심인재, 조직문화

글로벌 클래스

에런 맥대니얼, 클라우스 베하게 | 한빛비즈 | 2023

이 책은 글로벌 클래스로 진입하고 싶은 리더라면 당장 기회를 잡기 위한 준비를 하라고 말한다. 또 기업들이 글로벌 시장에 진출할 때 흔히 저지르는 실수를 피하기 위한 접근 방법을 보여 준다. 구글, 줌, 에어비앤비, 애플 뿐만 아니라 실리콘 밸리 한국인 창업 1호의 유니콘 기업 몰로코와 센드버드까지 빠르게 성장하는 약 250개의 기업이 어떻게 글로벌 시장으로 확장했는지를 설명한다.

탐구 주제

주제1 대부분의 기업들은 글로벌 클래스를 꿈꾸며 해외에 지사를 두고 있다. 그러나 실상은 그저 제품 수입이나 서비스 등과 같은 제한된 기능을 담당하거나 연락 사무소 성격의 단순한 형태가 많다고 한다. 이 책에서 말하는 진정한 글로벌 클래스의 의미를 분석하여 정리해 보자.

주제2 세계적인 기업이 되기 위해서는 로컬라이징 전략이 중요하다. 그러나 사실 로컬라이징, 즉 현지화를 하기란 여간 어려운 것이 아니다. 기업의 로컬라이징이 어려운 이유를 분석하고, 이러한 문제를 해결하고 제품과 회사를 확장할 수 있는 방법에 대해 토론해 보자.

주제3 인터프리너(Interpreneur)역할과 중요성 고찰

주제4 글로벌 클래스로 성장한 한국 기업의 특징 탐색

학생부 기록 예시 (교과세특)

'글로벌 클래스(에런 맥대니얼 외)'를 읽고 진정한 글로벌 클래스의 의미를 탐색함. 해외에 지사를 설립하여 단순 연락소의 역할을 하는 회사와 현지 문화와 고객의 사고방식을 철저하게 분석하여 비즈니스 모델을 '현지화'한 회사의 사례를 구체적으로 조사하여 비교·분석함. 이를 통해 진정한 글로벌 클래스 기업이 되기 위해서는 본사의 방식을 과감하게 버리고 제품과 서비스를 그곳 시장에 맞게 주도적으로 현지화하는 것이 가장 중요하다고 주장함.

사고력 레벨up

제시문 A사의 제품은 국내에서 아주 잘 팔린다. 그러나 주위에서는 내수 시장은 한계가 있으니 눈을 해외로 돌리고 제품과 서비스를 혁신해야 한다고 말한다.

질문 1 국내에서 충분히 잘 팔리는 제품을 굳이 혁신할 필요가 있을까?

질문 2 외국 기업이 국내에 들어와서 참신한 제품을 만들어 낸다면 어떻게 대응해야 할까?

관련 논문 글로벌 경영전략이 마켓센싱 역량과 경영성과에 미치는 영향에 관한 실증적 연구(임동우, 2022)

이 논문은 글로벌 경쟁력이 확인된 우리나라 기업을 대상으로 경영 전략의 유형별로 나타나는 마켓센싱(시장에 대한 감각) 역량에 대한 영향력과 성과를 검증한다. 각 기업의 새로운 기회 모색과 지속적인 경쟁력의 확보·유지 방법을 논의한다.

관련 도서 《스케일업 경영》, 조성주, 바른북스
《세계 3대 CEO 필독서 100》, 야먀자키 료헤이, 센시오

관련 학과 경영정보학과, 경영학과, 경제학과, 관광경영학과, 국제경영학과, 국제관계학과, 국제물류학과, 국제통상학과, 국제학과. 글로벌경영학과, 글로벌비즈니스학과, 사회학과, 정치외교학과, 호텔경영학과

관련 교과
2022 개정 교육과정: 독서토론과 글쓰기, 경제 수학, 사회와 문화, 경제, 인간과 경제활동
2015 개정 교육과정: 실용 국어, 경제 수학, 경제. 사회·문화, 창의 경영

핵심키워드	권력자, 리더, 성공, 인맥

기묘한 이커머스 이야기

기묘한 | 프리덤북스 | 2021

이 책은 현재 이커머스 시장의 상황을 살피고 미래 모습을 전망한다. 현재 이커머스는 전체 소매시장에서 30% 정도를 차지하지만 앞으로 이 비중은 계속 증가할 것이고, 이커머스는 우리의 일상 속에서 더욱 중요한 자리를 차지할 것으로 예상된다. 저자는 급속도로 변화하는 시대에 살고 있는 우리에게 잘 적응하는 방법과 변화를 주도해 나갈 수 있는 방안을 함께 제시한다.

탐구 주제

주제1 '이커머스'란 컴퓨터 또는 인터넷을 이용하여 온라인으로 이뤄지는 전자상거래를 의미한다. 이커머스의 사업 구조와 수익 구조를 분석하고, 이를 통해 앞으로의 우리 생활에서 이커머스가 어떤 방향으로 진행될 것인가에 대한 자신의 생각을 보고서로 작성해 보자.

주제2 '라이브커머스'란 라이브 스트리밍과 전자상거래의 합성어로, 온라인에서 실시간으로 소통하며 쇼핑하는 서비스이다. 코로나 19로 인해 발달하기 시작하여 MZ세대를 중심으로 인기를 끌고 있는 '라방'이 앞으로도 계속 대세가 될 수 있을까에 대해 토론해 보자.

주제3 이커머스의 흐름과 트랜드 탐색

주제4 '요기요'와 '배달의 민족'의 공통점과 차이점 분석

학생부 기록 예시 (교과세특)

'기묘한 이커머스 이야기(기묘한)'을 읽고 현대 사회에서의 이커머스 사업의 큰 흐름을 이해하고 앞으로의 시장에 대한 자신의 생각을 보고서로 작성함. 오픈마켓과 종합몰, 버티컬커머스, 자사몰 등 다양한 형태의 이커머스 시장을 이해하고, 사업 구조와 수익 구조를 실제 업체의 예시와 함께 설명함. 또한 최근 뜨고 있는 트렌드를 분석하여 치열한 이커머스 시장에서 승리할 수 있는 구체적인 전략을 자신의 입장에서 제시한 내용이 탁월함.

사고력 레벨up

제시문 경제 시장은 트렌드를 중심으로 급격하게 변화하고 있다. 이러한 시대의 흐름에서 오프라인 시장은 새로운 변화와 기존 방식의 유지 사이에서 고민하게 된다.

질문 1 기존의 오프라인 시장이 시대의 흐름에 맞추기 위해 어떤 노력을 해야 할까?

질문 2 오프라인 유통을 그 특색에 알맞게 더욱 발전시킬 수 있는 방법은 무엇일까?

관련 논문 이커머스의 새로운 변화와 대응방안(김광현, 전상우, 2022)

이 논문은 전자상거래의 변화과정에 대해서 알아보고, 그 중 옴니 채널의 개념과 중요성을 설명한다. 국내 전자상거래 시장에서 옴니 채널 구축이 저조한 현황에 대하여 문제점을 살펴보고, 해결 방안을 통해 국내 이커머스 시장의 발전을 모색한다.

관련 도서 《네이버 스마트스토어 시작하기》, 서미진, 한빛미디어
《200조 이커머스 시대, 당신의 미래를 바꿀 21가지 이야기》, 이종우, 조재운, 캐스팅북스

관련 학과 경영정보학과, 경영학과, 경제학과, 고고학과, 국제관계학과, 국제물류학과, 국제통상학과, 국제학부
글로벌경영학과, 글로벌비즈니스학과, 모바일공학과, 정보통신공학과, 컴퓨터공학과

관련 교과 2022 개정 교육과정: 확률과 통계, 사회와 문화, 경제, 정보, 인간과 경제 활동
2015 개정 교육과정: 확률과 통계, 사회·문화, 경제, 정보, 창의 경영

핵심키워드	창업, 아이템, 스타트업, 장사

나는 장사의 신이다

은현장 | 떠오름 | 2021

이 책은 가난했던 어린 시절 '돈을 많이 벌겠다'라는 목표로 신문과 우유 배달 시작으로 마침내 전국 200개 매장의 치킨 프랜차이즈를 창업한 저자의 인생이 담겨 있다. 창업 준비에서부터 가게 운영과 고객 응대, 메뉴 개발, 마케팅, 영업시간, 가게의 문제점 등 다양한 사례를 제시한다. 저자가 현장에서 경험하고 터득한 것을 전문적인 용어가 아닌, 누구나 이해하기 쉬운 언어로 설명한다.

탐구 주제

주제1 장사를 하는 사람들은 누구나 성공하는 대박 가게를 꿈꾸지만 단기간에 큰돈을 벌기는 어렵다. 일정 기간이 지나면서 서서히 수익을 낼 수는 있지만, 그 과정에서 실패를 경험하고 좌절하기 쉽다. 이때 사람들에게 가장 필요한 것이 무엇인지를 토론해 보자.

주제2 유튜브 판 골목식당, '장사의 신' 채널을 운영하는 저자는 어렵고 힘든 자영업자들을 무료로 컨설팅을 해 주고 있다. 명쾌한 솔루션으로 컨설팅해 주는 가게마다 대박을 터트리는 그의 영업 방법을 정리하고, 구체적인 사례를 제시하여 분석해 보자.

주제3 저자의 장사 철학과 삶의 가치관 탐색

주제4 경제적 자유와 행복한 삶과의 상관관계 분석

학생부 기록 예시 (교과세특)

'나는 장사의 신이다(은현장)'을 읽고 '장사에서 가장 중요한 것이 무엇일까?'를 주제로 토론함. 장사에서 가장 중요한 것은 '새로운 메뉴', '마케팅 전략'이라는 상대방의 주장에 반박하며 더 중요한 것은 고객에 대한 '진심'과 '간절함'이라고 주장함. 상대방의 의견을 경청하고, 이에 대한 자기 생각을 명확한 논리와 적절한 근거로 주장해 친구들의 많은 공감을 받음. 항상 적극적인 태도로 토론에 참여하는 모습이 인상적임.

사고력 레벨up

제시문 어릴 때부터 가난하게 살았던 저자의 꿈은 부자가 되는 것이었다. 그리고 정말 열심히 일하여 누구나 부러워하는 경제적인 자유를 얻게 된 어느 날 갑자기 삶의 허무함이 밀려든다.

질문 1 그토록 원하던 꿈을 이루었음에도 불구하고 허무함을 느끼는 이유는 무엇일까?

질문 2 삶에서 진정한 행복은 무엇일까요? 그리고 이를 위해 어떤 노력을 해야 할까?

관련 논문 진정성과 서비스 가치가 고객신뢰, 고객만족과 고객시민행동에 미치는 영향(양진호 외, 2022)

이 논문은 서비스 종사자와 고객과의 상호 작용이 중요하며, 진정성과 서비스 품질은 고객 만족과 고객 충성도에 영향을 미친다는 것을 알려 준다. 고객들이 각 기업의 서비스에서 진정성을 느낄 수 있도록 노력하는 것이 중요하다는 것을 논의한다.

관련 도서 《장사 권프로의 인생은 장사다》, 장사 권프로(권정훈), 스토어하우스
《장사의 신》, 우노 다카시, 쌤앤파커스

관련 학과 경영정보학과, 국제경영학과, 국제관계학과, 국제학부, 경영정보학과, 경영학과, 경제학과, 광고홍보학과, 국제물류학과, 국제통상학과, 국제학부, 글로벌경영학과, 글로벌비즈니스학과, 무역학과, 사회학과

관련 교과
2022 개정 교육과정: 확률과 통계, 사회와 문화, 경제, 금융과 경제생활, 인간과 경제활동
2015 개정 교육과정: 확률과 통계, 경제, 사회·문화, 사회문제 탐구, 창의경영

핵심키워드 | 마케팅 전략, 심리학, 신경 과학, 브랜드

뇌, 욕망의 비밀을 풀다

한스-게오르크 호이젤 | 비즈니스북스 | 2019

이 책은 고객의 성향, 패턴과 동기를 바탕으로 매출을 높이는 방법을 제시한다. 신경마케팅 분야의 최고 권위자이자 세계적인 기업들의 마케팅 및 브랜딩 자문을 맡고 있는 저자는 뇌 연구와 시장조사를 통해 소비자의 성격을 7가지 유형으로 나눴다. '무의식이 인간의 경제활동을 어떻게 조종할까?'라는 의문에 해답을 제시하고, 이를 바탕으로 마케팅 및 매출 상승 전략에 관한 팁을 제공한다.

탐구 주제

주제1 이 책은 인간의 뇌 속을 들여다보는 새로운 방법을 이용해 매출을 획기적으로 개선할 수 있는 효과적인 방법을 제시한다. 과학적으로 증명된 세 가지 감정 시스템, 즉 '빅 3'(Big 3)가 그 열쇠라고 한다. '빅 3'에 대해 정리하고 이에 대한 자신의 생각을 발표해 보자.

주제2 저자는 한 제품을 선정하여 브랜드가 탄생하는 순간부터 제품으로 상점에 진열될 때까지의 과정을 동행 추적하면서 독자에게 자신의 주장을 증명하고 있다. 이 내용을 참고하여 고객에게 제품을 더 많이, 더 자주 구매하기 위한 방법을 뇌와 연결하여 탐색해 보자.

주제3 림빅R 맵에 따른 소비자의 성격 분석

주제4 디지털 미디어와 쇼핑 채널을 접할 때의 뇌 반응 탐구

학생부 기록 예시 (교과세특)

인간의 소비 심리와 뇌 과학과의 관계를 파악하고 이에 대한 생각을 보고서로 작성함. 인간의 감정에는 균형 시스템(안전에 대한 욕구), 자극 시스템(새로운 것, 체험에 대한 욕구), 지배 시스템(권력에 대한 욕구)이 있으며, 이 세 가지가 다양한 환경과 상황에 따라 서로 충돌, 타협, 결합하며 경제 활동을 통제하거나 자극한다고 분석함. '제품 구매에 따른 소비자의 심리'라는 수준 높은 탐구 결과물을 제출함.

사고력 레벨up

제시문 이 책은 인간의 뇌를 연구하여 소비 행위가 인간의 무의식과 연관되어 있다고 설명한다. 그러나 바람직한 소비 행위는 충동적이 아닌 이성적인 의식과 판단이 필요하다.

질문 1 인간의 소비 행위가 무의식과 연관된 구체적 사례를 들어 볼까?

질문 2 무의식적인 소비와 의식적인 소비의 공통점과 차이점은 무엇일까?

관련 논문 무의식적 구매 결정의 심리적 메커니즘(성영신 외, 2007)

이 논문은 의식적 구매 결정과 무의식적 구매 결정의 메커니즘 차이가 무엇인지를 뇌 영상 촬영법을 이용하여 확인하고, 두 가지 구매 결정의 결과가 어떻게 다른가를 살펴본다. 또한 두 가지 구매 방법에서의 정보처리과정, 제품의 질, 신뢰감의 차이 등에 대해 논의한다.

관련 도서 《뇌과학 마케팅》, 매트 존슨, 프린스 구먼, 21세기북스
《욕망의 뇌과학》, 폴 J. 잭, 포레스트북스

관련 학과 경영정보학과, 국제경영학과, 국제관계학과, 국제학부, 경영정보학과, 경영학과, 경제학과, 광고홍보학과
국제물류학과, 국제통상학과, 글로벌경영학과, 글로벌비즈니스학과, 심리뇌과학과, 심리학과

관련 교과 2022 개정 교육과정: 확률과 통계, 사회와 문화, 경제, 정보, 데이터 과학
2015 개정 교육과정: 확률과 통계, 경제, 사회·문화, 정보, 창의경영

핵심키워드	고객 만족, 배송, 도전, 혁신

다이브 딥

박선희 | 알에이치코리아 | 2023

이 책은 한국 기업 역사상 최단기에 초고속으로 성장하여 미국 나스닥에 상장한 기업인 '쿠팡'을 산업부 기자의 예리한 시각으로 설명한다. 쿠팡은 막대한 투자로 로켓 배송과 자체 물류를 구축해 '한국의 아마존'이란 칭호를 얻었다. IT 기업의 정체성 중심의 개발 문화, 빠른 성장과 유연함을 동시에 추구하는 조직 문화, 가능성을 믿고 나아가는 한 창업가의 추진력을 엿볼 수 있는 좋은 안내서이다.

탐구 주제

주제1 한 번도 안 쓴 사람은 있어도 한 번만 쓴 사람은 없다는 쇼핑 앱, 쿠팡은 최근 5년간 전 세계에서 가장 빠르게 성장한 유통기업 3위(딜로이트그룹 '글로벌 유통 강자 2023 보고서')에 올라섰다. 이와 같은 성과를 이루게 된 원인을 분석하여 발표해 보자.

주제2 쿠팡은 회사에서 변화가 필요하면 모든 개발자가 2주간 업무를 멈추고, 교육을 받은 후 조직 개편을 통해 하루아침에 시스템을 바꿔버렸다고 한다. 이러한 쿠팡의 경영 방식과 혼란을 막기 위해 단계적으로 변화를 도입하는 온건한 경영 방식의 특징을 비교해 보자.

주제3 로켓 배송의 장점과 단점을 통한 유통 문화 분석

주제4 쿠팡의 뉴욕증시 상장의 의미 탐색

학생부 기록 예시 (교과세특)

국내 기반 스타트업 회사였던 쿠팡이 유니콘 기업으로 성장한 과정과 원인을 분석하여 발표함. 필요 없는 돈을 쏟아부은 쿠팡은 곧 망할 것이라는 시장의 예상을 깰 수 있었던 것은 창업자의 비전과 초기 투자자들의 확신, 그리고 고객을 향한 집요함 때문이었다고 분석함. 이 책은 경영학을 전공하고 싶은 자신에게 많은 도움이 되었으며, 쿠팡의 리더십 원칙인 몰입과 헌신을 뜻하는 '다이브 딥(박선희)'이 인상적이었다고 밝힘.

사고력 레벨up

제시문 일반 회사에서는 재고가 없어서 경쟁사에서 물건을 비싸게라도 사서 빨리 배송한다는 것은 상상할 수도 없다고 한다. 그러나 쿠팡은 비용보다 빠른 배송을 선택했다.

질문 1 쿠팡이 비싼 경쟁사의 물건이라도 사서 배송하려는 이유가 무엇일까?

질문 2 고객 만족과 회사의 단기적 이익이 충돌한다면 어떤 선택을 할 수 있을까?

관련 논문 한국적 경영환경에서의 기업문화 관리에 관한 사례 연구(구정모, 2015)

이 논문은 기업이 지향하는 문화가 조직 내에서 어떠한 메커니즘을 통해 측정되고 관리되는지에 대해 논의한다. 기업문화의 측정 및 관리에 대한 이론적 고찰을 토대로, 국내 IT 서비스 및 제조사, 통신 서비스사 등을 대상으로 기업문화관리 현황을 분석한다.

관련 도서 《당신의 브랜드는 브랜드가 아닐 수 있다》, 이근상, 몽스북
《마케팅이다》, 세스 고딘, 쌤앤파커스

관련 학과 경영정보학과, 국제경영학과, 국제관계학과, 국제학부, 경영정보학과, 경영학과, 경제학과, 광고홍보학과
국제물류학과, 국제통상학과, 국제학부, 글로벌경영학과, 글로벌비즈니스학과, 정치외교학과

관련 교과 2022 개정 교육과정: 독서토론과 글쓰기, 사회와 문화, 경제, 사회문제 탐구, 정보
2015 개정 교육과정: 실용 국어, 경제, 사회·문화, 정보, 창의경영

핵심키워드 마케팅 전략, 심리학, 신경 과학, 브랜드

더 플로

안유화 | 경이로움 | 2023

이 책은 국제경제 전문가인 저자가 세계 각지에서 연구한 경제, 금융 분야에 대한 경험을 정리했다. 저자는 경제 대국 '미국과 중국의 관계'와 MZ세대가 중심인 '도파민의 경제'의 이해를 강조한다. 미·중 간의 갈등은 복잡한 이해관계가 엮여서 국제 질서를 재편하고 새로운 시대 흐름을 만들고 있다. 현재 국제경제의 흐름과 전망을 살펴보고, 경제의 미래를 살펴보도록 한다.

탐구 주제

주제1 저자는 시대의 흐름을 파악하고 그 속에서 자신의 부를 향상시킬 수 있는 방법을 찾으라고 강조한다. 이 책에서 말하고자 하는 내용을 분석하여 요약하고, 이를 통해 알 수 있는 미래 사회를 이끌어 갈 핵심 기술에 대한 내용으로 보고서를 작성해 보자.

주제2 자본주의 사회에서 인플레이션을 대비하는 것은 필수이다. 사람들은 늘어난 평균 수명으로 길어진 은퇴 이후의 삶을 준비하고, 경제적 자유를 누리기 위해 다양한 방법으로 투자하고 있다. 자산 관리 방법을 살펴보고, 자신에게 적합한 투자 방법을 탐색해 보자.

주제3 ROE를 통해 알 수 있는 기업의 미래 가치 분석

주제4 중국의 WTO 진입 전후의 세계 경제 비교 고찰

학생부 기록 예시 (교과세특)

시대의 흐름을 읽어야 부를 이룰 수 있다는 책의 내용에 공감하며, 미래 사회의 핵심 기술에 대한 자신의 견해를 논리적으로 제시함. 앞으로 10년 이상은 정보통신기술의 혜택이 이어질 것으로 보이지만, 그 이후에는 또 다른 기술의 혁신이 시작될 것으로 전망함. 책의 요점을 정확하게 파악하고 분석하는 시각이 탁월하며, 미래 50년의 흐름을 주도할 새로운 기술을 '바이오'로 보고, 그에 대한 근거를 구체적으로 제시하여 글의 설득력을 높임.

사고력 레벨up

제시문 현재 첨예해진 미국과 중국의 갈등은 트럼프의 일탈 때문이라 주장하는 사람이 있다. 이에 반해 이것은 한 개인의 문제가 아니라 시대적인 요구 때문이라고도 한다.

질문 1 미국과 중국의 첨예한 갈등의 원인은 무엇이라고 생각하는가?

질문 2 거대한 두 국가 사이에 있는 우리나라는 앞으로 어떤 자세를 취해야 할까?

관련 논문 미·중 갈등의 정치경제학: 패권 이동 모델로 미중 관계 읽기(조의행, 2023)

이 논문은 시대에 따른 미국과 중국의 관계의 변화를 살펴보고, 미·중 갈등의 무역 전쟁이 시작된 원인과 배경을 탐색한다. 이런 맥락에서 '안보는 미국, 경제는 중국'이라는 종전의 패러다임을 대체할 종합적이고 체계적인 동북아시아 비전의 수립을 고찰한다.

관련 도서 《세 번째 위기, 세 번째 기회》, 박병창 외, 베가북스

《2023 대한민국 대전망》, 이영한 외, 지식의날개

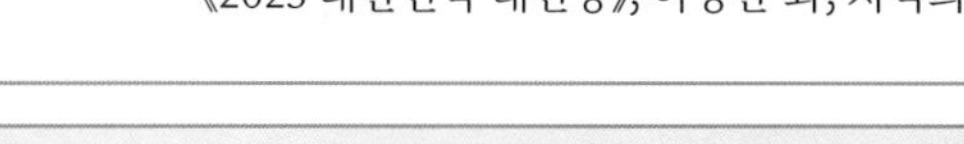

관련 학과 경영정보학과, 국제경영학과, 국제관계학과, 국제학부, 경영정보학과, 경영학과, 경제학과, 국제물류학과, 국제통상학과, 국제학부, 글로벌경영학과, 글로벌비즈니스학과, 글로벌통상학과, 사회학과

관련 교과

2022 개정 교육과정: 주제 탐구 독서, 사회와 문화, 경제, 국제관계의 이해, 금융과 경제생활

2015 개정 교육과정: 실용 국어, 경제, 사회·문화, 창의경영, 실용경제

핵심키워드 | 콘텐츠, 창의력, 리더십, 존중

디즈니만이 하는 것

로버트 아이거 | 쌤앤파커스 | 2020

이 책은 미디어 업계에서 고결함과 진정성을 중시하는 디즈니만의 문화와 가치를 알려 준다. 저자는 미키 마우스부터 어벤져스까지 전 세계가 사랑하는 콘텐츠를 만들고, 기술과 창의성의 상징인 월트디즈니컴퍼니를 지난 15년간 이끌었다. 1970년대 중반부터 2020년까지 45년간 20가지 직무, 14명의 상사를 만난 저자의 경험을 통해 콘텐츠, 미디어 업계가 어떻게 변해왔는지를 알려 준다.

탐구 주제

주제1 밥 아이거는 아흔여섯 살의 디즈니를 획기적으로 바꿔 놓았을 뿐만 아니라 '디즈니'라는 브랜드를 누구도 예상하지 못할 만한 놀라운 수준으로 만들어 놓았다, 그가 디즈니를 이끌어 온 핵심이 무엇인지 분석하고, 그의 리더십의 비결에 대해 탐구해 보자.

주제2 이 책은 저자가 세계 최고의 글로벌 콘텐츠 기업을 운영하면서 매일 터져 나오는 사건·사고에 어떻게 대처하고 있는지를 상세하게 보여준다. 이 책에서 제시한 사건을 통해 알 수 있는 바람직한 대처 방안에 대한 자신의 생각을 보고서로 작성해 보자.

주제3 스티브 잡스와 로버트 아이거의 리더십 비교·분석

주제4 암흑기의 디즈니를 구해낸 경영 전략 탐색

학생부 기록 예시 (교과세특)

'디즈니만이 하는 것(로버트 아이거)'을 읽고 디즈니의 발달 과정으로 기업의 핵심 가치를 분석함. 디즈니의 핵심 가치는 '품질의 중요성, 신기술의 수용, 진정한 글로벌 기업으로의 변모'라고 설명함. 또 리더십의 비결은 특별한 기술이 아니라 자신을 돌아보며, 타인을 배려하는 마음에 있다고 발표함. 책의 구절을 인용하며 기업가에게 타인을 존중하는 마음은 더욱 강력한 파트너십을 발휘한다고 주장하는 모습이 인상적임.

사고력 레벨up

제시문 로버트아이거는 작품의 완성도를 위해 방송 직전에 프로그램 전체를 뒤집어엎고 재작업을 지시한다. 이것은 곧 편집실에서 모든 스태프가 밤을 새야 하는 것을 의미한다.

질문 1 중요한 흠집이 아님에도 불구하고 이러한 지시를 한다면 어떻게 해야 할까?

질문 2 최선과 차선 중에서 하나를 골라야 한다면, 자신은 어떤 선택을 할까?

관련 논문 디즈니애니메이션의 영웅이야기(이혜원, 2016)

이 논문은 오랫동안 성공적인 콘텐츠를 선보인 월트 디즈니의 원형 활용 방식을 고찰한다. 치열한 문화 산업 시장 속에서 살아남기 위해서는 관객을 만족시킬 수 있는 전략적 구성들이 필요한데, 그중 하나가 원형 콘텐츠의 활용이라 할 수 있다.

관련 도서 《부자 아빠 가난한 아빠》, 로버트 기요사키, 민음인

《디즈니 꿈의 경영》, 빌 캐포더글리, 린 잭슨, 21세기북스

관련 학과 경영정보학과, 국제경영학과, 국제관계학과, 국제학부, 경영정보학과, 경영학과, 경제학과, 국제물류학과, 국제통상학과, 국제학부, 글로벌경영학과, 글로벌비즈니스학과, 글로벌통상학과, 정치외교학과

관련 교과 2022 개정 교육과정: 주제 탐구 독서, 사회와 문화, 경제, 정보, 금융과 경제생활

2015 개정 교육과정: 실용 국어, 경제, 사회·문화, 창의경영, 실용경제

핵심키워드 | 재테크, 주식시장, 부동산, 테크

머니 트렌드 2024

김도윤 외 | 북모먼트 | 2023

이 책은 경제 전반, 부동산, 주식, 테크, 인구, 사회 이슈 그리고 문화 트렌드 분야까지 각 분야의 전문가들이 돈의 흐름을 전망하고 이를 57가지 키워드로 정리했다. 경기 침체와 자산시장의 회복세가 반복되는 혼돈의 시기에 부를 얻기 위한 방향성과 투자 원칙을 제시하고, 돈의 트렌드를 재테크와 연결하는 방법을 알려 준다. 위기에 대비하고 시대의 변화에 흔들리지 않는 투자관을 제시한다.

탐구 주제

주제1 2022년 우크라이나 전쟁으로 시작된 세계 경제 성장의 둔화가 서서히 진정세를 보이던 2023년 10월, 이스라엘과 하마스의 전쟁이 또다시 일어났다. 전쟁과 경제와의 관계를 통해 앞으로의 세계 경제를 전망해 보고, 경제 회복을 위해 필요한 것이 무엇인지 모색해 보자.

주제2 미국 통계국의 발표에 따르면 2050년 한국의 65세 이상 인구 비율은 전체의 21%로 일본에 이어 세계 2위를 차지할 것으로 보인다. 이 책에서는 이를 뉴실버세대라고 표현하고 있다. 뉴실버세대의 소비가 우리 경제에 미칠 영향이라는 주제로 탐구 보고서로 작성해 보자.

주제3 금리가 경제에 미치는 영향 분석

주제4 불황 속에서도 부를 얻을 수 있는 기회 탐색

학생부 기록 예시 (교과세특)

'머니트렌드 2024(김도윤 외)'를 읽고 전쟁과 경제와의 관계를 심층적으로 분석하여 심화 학습함. 특히 2000년대 이후 발발했던 전쟁의 형태를 재조명하고, 이것이 주식과 부동산 시장에 미친 영향을 중점적으로 경제와의 관계를 논리적으로 정리함. 또한 2023년 발발한 이스라엘과 하마스의 전쟁이 세계 경제에 미칠 영향을 예리하게 분석함. 세계 경제와 평화는 아주 밀접한 관계를 맺고 있음을 다양한 객관적 자료로 제시함.

사고력 레벨up

제시문 유튜브에서 쇼츠에도 광고 수익 창출을 허용한 이후 많은 유튜버들이 쇼츠에 집중하게 되었다. 이제 긴 영상은 비용과 시간의 투자 대비 그 효과가 떨어지기 때문이다.

질문 1 완성도 높고 진지한 내용의 영상을 계속 만들 수 있도록 하는 방법은 무엇일까?

질문 2 미래의 세상이 원하는 새로운 형태의 영상을 만든다면 어떤 것이 바람직할까?

관련 논문 우크라이나전쟁의 경제적 영향:독일을 중심으로(김호균, 2023)

이 논문은 러시아의 침공으로 발발된 우크라이나 전쟁이 독일에 미친 경제적 영향을 논의한다. 코로나 팬데믹으로 인한 경제적 침체에서 회복되기도 전에 발발한 우크라이나 전쟁이 독일 경제에 미친 부정적인 영향과 이에 대응하는 노력을 중심으로 서술한다.

관련 도서 《머니 트렌드 2023》, 정태익 외, 북모먼트
《2024 한국이 열광할 세계 트렌드》, KOTRA, 알키

관련 학과 ICT융합학과, 경영정보학과, 경영학과, 경제학과, 국제경영학과, 국제관계학과, 국제학부, 디지털미디어과, 문화콘텐츠학과, 부동산학과, 사회학과, 역사문화학과, 인공지능학과, 정치외교학과, 통계학과

관련 교과 2022 개정 교육과정: 주제 탐구 독서, 사회와 문화, 경제, 사회문제 탐구, 금융과 경제생활
2015 개정 교육과정: 실용 국어, 경제, 사회·문화, 사회문제 탐구, 창의경영

핵심키워드 | 커머스, 스타트업, 빅테크, 생성형 AI

모바일 미래보고서 2024

커넥팅랩 외 | 비즈니스북스 | 2023

이 책은 총 5개의 IT 산업(트래블테크, 커머스, 메타버스, 디바이스, 스타트업)이 생성형 AI와 함께 어떤 변화를 꾀하며 새로운 비즈니스 모델을 만들 것인가를 분석하고 조망한다. 생성형 AI는 우리 삶에 깊이 침투해 온·오프라인 공간의 개념을 바꾸며, 새로운 산업의 활로를 개척하면서 업무 방식까지 변화시키고 있다. 이 책을 통해 AI가 가져올 변화를 예상하고 새로운 기회를 발견할 수 있다.

탐구 주제

주제1 생성형 AI인 챗GTP가 등장한 후 AI 기술에 대한 사람들의 주목도가 달라졌다. 전문가들만이 이용할 수 있었던 AI 기술을 이제는 일반인도 복잡한 코딩 언어 없이 손쉽게 이용할 수 있게 되었기 때문이다. 자신이 사용한 챗GTP 사례를 제시하고, 그 장단점을 비교·분석해 보자.

주제2 과거 아날로그 카메라 시대의 최강자였던 코닥과 피처폰 시장을 이끌던 모토로라와 노키아가 각각 디지털카메라 시장과 스마트폰 사업에 적절하게 대응하지 못해서 무너졌다. 현재 글로벌 기업들이 AI에 대비하는 현황을 조사하고, 과거 시장과의 차이점을 탐색해 보자.

주제3 생성형 AI로 변화할 빅테크 산업 트렌드 탐색

주제4 AI기반의 헬스케어 디바이스의 사례와 경향 분석

학생부 기록 예시 (교과세특)

학교 과제를 수행하면서 생성형 AI를 활용한 자신의 경험을 제시하고, 이의 장단점을 명료하게 분석하여 보고서로 작성함. 현재의 생성형 AI는 쉽게 정보를 찾을 수 있도록 도움을 주지만 사용자의 능력에 따라 제시하는 답의 질적 차이가 크다고 지적함. 급속한 기술의 변화 속에서도 잃지 말아야 할 것은 '인간에 대한 가치'리고 주장하며, 생성형 AI를 인간의 업무를 효율적으로 사용할 수 있는 방안으로 발전시켜야 한다고 주장함.

사고력 레벨up

제시문 AI를 활용한 '디지털 휴먼'은 고객 대응 업무를 대신 처리해 줄 수 있다. 이를 통해 감정 노동자들의 괴로움은 해소될 수 있지만, 일자리 자체가 없어지기도 한다.

질문 1 인간과 AI가 함께 고객 대응 업무를 할 때 각각의 장단점은 어떤 것이 있을까?

질문 2 자신이 감정 노동자라면 이러한 현상을 어떻게 받아들일까? 그 이유는?

관련 논문 메타버스 가상공간 및 생성형 AI를 활용한 창작 관련 지식재산권 쟁점 연구(변현진, 조용순 2023)

최근 기술 융합 시대에 신기술과 상상이 결합하여 다양한 작품이 창작되고 있다. 이 논문은 메타버스 가상공간 및 생성형 AI를 활용한 창작 관련 지식재산권 보호의 한계와 쟁점을 검토하고 현실에 부합하는 지식재산 보호 방향을 제언한다.

관련 도서 《2024 IT 메가 트렌드》, 김재필, 한스미디어
《챗GTP 충격, 생성형 AI와 교육의 미래》, 김용성, 프리렉

관련 학과 AI소프트웨어학과, ICT융합학과, 경영정보학과, 국제경영학과, 국제관계학과, 데이터사이언스학과 디지털미디어과, 사회학과, 모바일공학과, 소프트웨어학과, 인공지능학과, 인공지능사이버보안학과

관련 교과 2022 개정 교육과정: 주제 탐구 독서, 사회와 문화, 경제, 정보, 인공지능 기초
2015 개정 교육과정: 실용 국어, 경제, 사회·문화, 정보, 인공지능 기초

핵심키워드 주의력, 미래 비즈니스, 디지털 세계, 인공지능

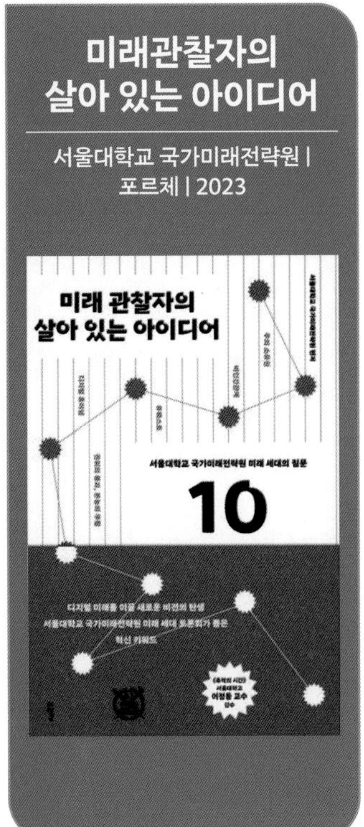

이 책은 세상의 흐름을 바탕으로 미래의 비즈니스 인사이트를 선점하기 위해 어떤 지점에 주목해야 하는지를 알려 준다. 서울대학교 미래 세대 토론회에 참여한 40인은 '미래 디지털 세상의 모습과 방향성'에 대해 토론했다. 여기에서 미래 사회의 새로운 키워드를 선정한 후 논의한 내용을 이 책에 담았다. 이 책에서 제안한 10개의 키워드를 통해 어떤 역량을 키워야 하는지 알 수 있다.

탐구 주제

주제1 인공지능의 급속한 발전으로 기계가 인간을 능가하는 수준이 되었을 때를 우려하는 목소리가 높다. 기계가 인간을 지배하고 인간이 기계의 명령에 복종해야 하는 상황은 곧 인류의 종말을 의미한다고도 한다. 이러한 문제점을 극복할 수 있는 방안을 탐구해 보자.

주제2 인간은 AI가 주는 정보를 무비판적으로 신뢰하여 이성적 능력을 잃을 수도 있다. 이러한 세상에서 AI 인테그리티는 AI 시대를 살아갈 사람들을 일깨우는 리더, 새로운 인재상이 될 것이다. AI 인테그리티의 의미를 분석하고, 바람직한 인간의 모습에 대해 토론해 보자.

주제3 디지털 휴이넘의 특성 탐색

주제4 디지털 시대의 바람직한 인간 관계 고찰

학생부 기록 예시 (교과세특)

지속적 기술 발전으로 기계가 인간을 지배하게 되는 미래 사회의 문제점을 지적하고, 해결 방안을 탐색하여 발표함. 문제가 되는 것은 발전된 인공지능 자체라기보다는 이를 이용하는 인간에게 있다고 주장하며, 과학의 발전 과정에서 발생한 유사한 사례를 찾아 제시함. 인공지능이 인간의 미래를 어떻게 바꾸어 놓든, 사람이 사람답게 살 수 있는 사회로 나아가기 위해서 개인은 자신의 존재 가치를 탐구하는 노력을 계속해야 한다고 강조함.

사고력 레벨up

제시문 디지털 사회에는 물리적 한계를 넘어서는 새로운 관계가 넓어질 것으로 예상된다. 그러나 지나치게 많은 관계의 형성으로 인해 피로함을 호소하는 사람들도 있다.

질문 1 물리적 한계를 넘어서는 새로운 관계에 해당하는 것에는 어떤 것이 있을까?

질문 2 넓어진 인간관계는 새로운 단절을 만들 수 있다고 한다. 이것의 의미는 무엇일까?

관련 논문 인공지능 시대와 미래 리터러시의 향방-인공지능 시대와 리터러시 선언문(원만희, 김종규, 2021)

이 논문은 현대 AI의 기술적 흐름 분석과 더불어 인간과 기술의 관계를 규정해 온 윤리 선언들의 취지 및 AI 윤리 현장들을 분석한다. 미래 리터러시 교육을 위한 결단으로서 '리터러시와 인권에 관한 교육 선언'의 필요성의 정당성을 논의한다.

관련 도서 《그랜드 퀘스트 2024》, 서울대학교 국가미래전략원 외, 포르체
《공존과 지속》, 이정동 외, 민음사

관련 학과 AI융합학과, 인공지능공학과, 인공지능학과, 경영정보학과, 경영학과, 경제학과, 관광경영학과, 광고홍보학과, 국제경영학과, 사회학과, 글로벌경영학과, 글로벌비즈니스학과, 무역학과, 응용통계학과, 심리학과

관련 교과 2022 개정 교육과정 : 독서토론과 글쓰기, 사회와 문화, 경제, 사회문제 탐구, 인공지능 기초
2015 개정 교육과정 : 화법과 작문, 사회·문화, 경제, 사회문제 탐구, 인공지능 기초

핵심키워드	아이디어, 이질, 비상식, 창의성

믹스

안성은 | 더퀘스트 | 2022

이 책은 세상의 히트작과 성공의 중심에 '믹스(Mix)' 전략이 있음을 알려 준다. 즉 '섞는' 것이 성공 비결의 전부는 아닐지라도 중요한 요인임을 다양한 사례를 들어 말한다. 저자는 손정의의 대학 시절 300개의 단어 카드 중 3개를 골라 그 의미를 조합하여 1년에 250여 개의 새로운 상품을 기획한 사례를 제시하며, 수많은 개혁의 성공자들은 둘 이상을 섞어서 새로운 것을 만들었다고 강조한다.

탐구 주제

주제1 그림을 그릴 때 아무 색이나 섞는다고 멋진 색이 나오지 않는 것처럼 서로 다른 성질의 것을 무조건 섞는 것만으로는 멋진 결과물을 기대할 수 없다. 이 책에서 말하는 믹스(Mix)'의 핵심이 무엇인지를 파악하여 어떻게 섞는 것이 중요한지에 대해 탐색해 보자.

주제2 저자는 요즘 성공하는 것들의 교집합을 발견하여 이를 '믹스(Mix)'라고 표현하고 있다. 따로 떼어 놓고 보면 도무지 어울리지 않을 것들도 막상 붙여 보면 놀랍도록 멋진 결과물이 나온다는 것이다. 우리 주위에서 이를 활용할 수 있는 사례를 찾아 발표해 보자.

주제3 새로운 관점이 성공에 미치는 영향 분석

주제4 대박 히트작의 탄생 사례 탐구

학생부 기록 예시 (교과세특)

서로 다른 두 사물을 조합하면 낯선 물건이 탄생하고 이것이 '대박'을 만든다는 '믹스(안성은)'의 내용을 정리함. 하지만 '새롭다'는 것이 성공의 조건은 아니며, 새롭게 만들어진 결과물이 사람을 끄는 힘이 있어야 한다고 말함. 여기에서 중요한 것이 '공감'이라고 강조하며, '섞어서 다름을 만들되, 반드시 공감할 수 있어야 한다'고 주장함. 책에서 말하고자 하는 핵심을 잘 파악하고 자신의 주장을 명확하게 제시하는 태도가 탁월함.

사고력 레벨up

제시문 성공을 위한 뚜렷한 패턴이 없는 현실에서 중요한 것은 '새로움'이라고 한다. 하지만 사람들은 완전한 '새로움'보다는 잘 알고 있는 '익숙함'을 선호하기도 한다.

질문 1 '새로움'과 '익숙함'이 지닌 특성을 비교하여 그 장단점을 말해 볼까요?

질문 2 새로움과 익숨함을 섞어서 만들 수 있는 차별화된 상품을 제작해 볼까요?

관련 논문 한식 레스토랑의 마케팅 믹스 전략이 지각된 가치와 충성도에 미치는 영향(이은준, 김동수, 2014)

현재 외식 산업은 끊임없는 변화하고, 이러한 변화에 적응하기 위해 식생활도 다양하고 복잡하게 진화하고 있다. 이 논문은 외식의 형태도 빠르게 바뀌고 있는 현실에서 한식 레스토랑의 마케팅 믹스 전략이 지각된 가치와 충성도에 미치는 영향을 고찰한다.

관련 도서 《드디어 팔리기 시작했다》, 안성은, 더퀘스트
《마케팅 설계자》, 러셀 브런슨, 윌북

관련 학과 경영정보학과, 국제경영학과, 경영정보학과, 경영학과, 경제학과, 글로벌경영학과, 경영정보학과, 국제경영학과, 국제관계학과, 기술경영학과, 사회교육과, 사회학과, 심리학과, 응용통계학과, 행정학과

관련 교과
2022 개정 교육과정: 주제 탐구 독서, 사회와 문화, 경제, 데이터 과학. 인간과 경제활동
2015 개정 교육과정: 실용 국어, 경제, 사회·문화, 창의 경영, 실용 경제

핵심키워드 | 대전환, 디지털, 경쟁력, 미래

반도체 열전

유웅환 | 비즈니스맵 | 2023

이 책은 대한민국 반도체 산업의 발전을 위한 가장 현실적이고 직접적인 조언을 담았다. 저자는 28년 경력의 반도체 전문가로서 반도체 산업뿐만 아니라 선진 기업 문화에 대한 내용까지 살펴본다. 실리콘밸리에서 겪고 느낀 바를 우리 기업에 접목하는 방법, 우리 기업 문화에 미래 지향적인 발전의 기틀을 마련하는 방법 등 대한민국 반도체 산업에 관한 로드맵을 제시하고 있다.

탐구 주제

주제1 저자는 이 책에서 경쟁의 기본 원리는 '파괴, 모방, 창조'이며 미래에는 융합형 전문가와 기업만이 살아남을 수 있다고 주장한다. 저자의 주장을 참고하여 반도체 산업의 발달 과정을 탐색하고, 미래에도 우리나라가 반도체 최강국의 지위를 지킬 수 있는 방안을 탐색해 보자.

주제2 이 책에서는 정부가 정책의 가치의 방향은 주도해야 하지만, 그 구체적인 실행에서는 철저히 조력자의 입장을 견지해야 한다고 말한다. 이와 관련하여 우리나라 반도체 산업의 건전한 생태계 조성을 위해 정부는 어떤 역할을 해야 할지를 중심으로 토론해 보자.

주제3 반도체 위기론을 극복하는 핵심 과제 탐색

주제4 미국과 중국의 갈등이 반도체 시장에 미치는 영향 분석

학생부 기록 예시 (교과세특)

미래 사회와 산업에 대한 호기심이 풍부하고, 탐구심이 강한 학생으로 미래 사회와 반도체 산업을 이해하고자 책의 내용을 정리하며 자기주도학습을 진행함. 특히 초창기 세계 시장을 선도했던 미국과 일본을 거쳐 우리나라에 이르는 반도체 산업의 발전 과정을 탐구하고, 미래에도 반도체 최강국의 지위를 지키기 위한 방안을 다각도로 탐색함. 이를 바탕으로 '4차 산업 혁명 시대의 반도체'를 주제로 우수한 탐구 결과물을 제출함.

사고력 레벨up

제시문 우리나라의 급격한 성장은 다양한 산업 분야에서 세계적인 경쟁력을 갖추며 두각을 나타내고 있다. 그러나 국내의 기업 문화에 있어서 아직도 부족한 점이 많다.

질문 1 1등을 위한 속도 경쟁과 매듭을 짓는 완결성은 어떤 상관관계가 있을까?

질문 2 우리나라 기업들이 선진화된 기업 문화를 만들기 위해 어떤 노력을 해야 할까?

관련 논문 중국 3세대 반도체 산업 발전이 한국에 주는 시사점(우징원, 남은영, 2023)

이 논문은 중국이 미국의 억제정책에 대응하기 위해 키우는 3세대 반도체의 현황을 살피고, 한-중 무역 관계 변화와 연계해 시사점을 도출한다. 양국의 갈등이 반도체 기술패권 전쟁으로 번지면서, 한국의 반도체 산업이 직면한 새로운 도전을 논의한다.

관련 도서 《반도체 인사이트 센서 전쟁》, 주병권 외, 교보문고
《반도체 삼국지》, 권석준, 뿌리와이파리

관련 학과 AI반도체학부, 국제경영학과, 국제관계학과, 경영정보학과, 경영학과, 경제학과, 글로벌경영학과, 나노반도체공학과, 반도체공학과, 반도체·디스플레이학과, 반도체산업융합학과, 반도체시스템공학과

관련 교과 2022 개정 교육과정: 주제탐구 독서, 사회와 문화, 경제, 국제관계의 이해, 정보
2015 개정 교육과정: 독서, 경제, 사회·문화, 정보, 실용 경제

핵심키워드 | 창업, 외식업, 프랜차이즈, 소상공인

백종원의 장사 이야기

백종원 | 알에이치코리아 | 2023

이 책은 대한민국에 외식·미식 열풍을 몰고 온 주역이자, 장사의 흥망성쇠를 온몸으로 경험한 저자의 이야기가 담겨 있다. 상황별 메뉴 선정 방법 및 인력 배치, 주방 구성 등 장사하는 사람들의 실질적인 고민을 다룬다. 또 코로나19 이후에 주목받을 수 있는 가게의 형태 및 밀키트 시장에 관한 저자의 관점도 알 수 있다. 새로운 기회를 꿈꾸는 예비 창업자와 업계 종사자들에게 꼭 필요한 책이다.

탐구 주제

주제1 먹는 장사의 기본은 맛이다. 음식 맛이 없으면 손님이 없는 것은 당연하다. 그러나 간혹 맛이 있더라도 손님이 없어 문을 닫는 가게도 있다. 이런 가게의 원인은 무엇인지 분석하고, 지속적으로 성장할 수 있는 '외식업의 핵심'에 대해 탐색해 보자.

주제2 이 책의 저자는 장사를 잘하기 위한 비법은 따로 없다면서, 진정한 사장이 되기 위해서는 자신의 일을 즐길 줄 알아야 한다고 조언한다. 이 책에서 말하는 '사장이 될 수 있는 중요한 자격'이 무엇인지 살펴보고, 이에 대한 자신의 생각을 정리하여 발표해 보자.

주제3 단골을 부르는 식당의 비밀 분석

주제4 프랜차이즈 식당과 골목 맛집의 장단점 분석

학생부 기록 예시 (교과세특)

'백종원의 장사 이야기(백종원)'를 읽고 대박 가게와 쪽박 가게를 비교·분석하여 발표함. 가게가 잘 되기 위해 가장 중요한 조건을 조사하기 위해 학급의 친구들에게 설문 조사를 실시하고, 그 결과를 통계 자료로 제시함. 성공한 가게의 여러 사례를 통해 '맛'은 기본이고, 일부러 찾아와서 먹을 만한 독특함이 있어야 한다고 결론지음. 외식업 경영이라는 자신의 꿈을 이루기 위해 적극적이고 주도적으로 노력하는 모습이 인상적임.

사고력 레벨up

제시문 일반적으로 영업시간이 정해졌다면 개인 사정이 있더라고 임의로 문을 닫는 것은 금물이다. 식당은 고객과의 약속과 신뢰를 바탕으로 장사를 해야 하기 때문이다.

질문 1 식당의 요리사에게 개인적으로 급한 일이 생겼다면 어떻게 해야 할까?

질문 2 하루 정도 가게가 문을 닫는 것이 과연 고객과의 약속을 지키지 않는 것일까?

관련 논문 미국외식시장에서의 한식 글로벌 창업전략(김재홍, 박재환, 2016)

이 논문은 미국에서 성공한 한식업체들의 사례연구를 통해 미국외식시장에서의 글로벌 창업전략을 제시한다. 건강식으로 알려진 한식은 케이팝 스타들의 활약과 더불어 세계적인 음식 추구 성향이 'fast food'에서 'slow food'로 바뀌면서 선호도가 증가하고 있다.

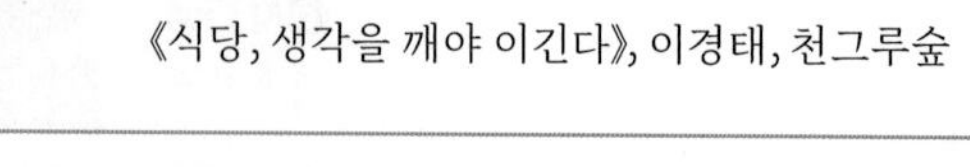

관련 도서 《안 망하는 식당 창업》, 오재천, 더로드
《식당, 생각을 깨야 이긴다》, 이경태, 천그루숲

관련 학과 경영정보학과, 국제경영학과, 국제관계학과, 미술사학과, 미학과, 사학과, 사회교육과, 사회학과, 심리학과 생명과학과, 생명공학과, 역사문화학과, 유전공학과, 인류학과, 인문콘텐츠학부, 정치외교학과, 행정학과

관련 교과 2022 개정 교육과정: 화법과 언어, 사회와 문화, 경제, 사회문제 탐구, 인간과 경제활동
2015 개정 교육과정: 화법과 언어, 사회·문화, 경제, 사회문제 탐구, 창의 경영

핵심키워드 | 마케팅, 카우, 퍼플, 에디션

보랏빛 소가 온다

세스 고딘 | 쌤앤파커스 | 2023

이 책은 2003년 출간 이후 세계 누적 판매 300만 부를 돌파한 스테디셀러로, 전 세계 수백만 명의 독자에게 '고전'이 된 21세기 최고의 마케팅 바이블이다. 저자가 이 책에서 주장하고 있는 다양한 마케팅 방법은 20년이 지난 현재까지도 아주 효과적인 전략으로 평가받고 있다. 마케터, 브랜더, 기획자들이 꼭 읽어야 할 필독서로, 급변하는 마케팅 시장에서 살아남을 수 있는 전략을 알려 준다.

탐구 주제

주제1 저자는 1%의 강점을 독특한 시각과 화제 전환으로 99%의 장점으로 끌어올리는 것이 대박의 조건이라고 한다. 이와 함께 '좋은 것은 나쁘다고, 안전한 것은 위험하다'라고 말한다. 이 말의 의미를 탐색하고, 기획자나 마케터에게 필요한 자세에 대해 탐색해 보자.

주제2 오랫동안 전 세계적으로 손꼽히는 비즈니스 명저로 불려온 이 책은, 혁신의 대명사 '리마커블'을 중심으로 누구나 성공적으로 마케팅하는 방법을 제안한다. 저자가 주장하는 '리마커블'이 무엇인지 분석하고, 이에 대한 자신의 생각을 보고서로 작성해 보자.

주제3 퍼플 카우의 핵심과 의미 탐색

주제4 차별화의 본질과 마케팅의 핵심 고찰

학생부 기록 예시 (교과세특)

'보랏빛 소가 온다(세스 고딘)'를 읽고 세상은 많이 바뀌었지만, 마케팅의 핵심은 크게 바뀌지 않았다고 설명함. '좋은 것은 나쁘고, 안전한 것은 위험하다'는 문장에서 저자가 말하고자 하는 핵심을 파악함. 아주 좋은 것은 당연해서 언급할 가치가 없고, 모든 사람이 좋아하는 상품은 이미 뻔해서 지루하다고 설명함. 이를 통해 마케팅을 누구나 아는 뻔한 방식과 제품이 아닌 조금 더 다르고 새로운 것으로 해야 한다고 주장함.

사고력 레벨up

제시문 마케팅을 위해서는 대다수의 사람이 원하는 제품을 알고, 거기에 초점을 맞추는 것이 중요하다. 그러나 한편에서는 모든 이를 위한 제품은 만들지 말라고 한다.

질문 1 모든 이를 위한 제품을 만들어서는 대박을 칠 수 없는 이유가 무엇일까?

질문 2 주류 시장으로 파고 들려면 틈새시장을 노려야 한다는 주장의 근거는 무엇일까?

관련 논문 디지털 미디어 시대의 PPL 광고와 마케팅 전략(노찬숙, 2014)

이 논문은 미디어의 특징과 미디어 테크놀로지의 발전으로 인한 마케팅의 변화에 대해 알아보고, 디지털 시대 콘텐츠 마케팅에 관해 논의한다. 또한 디지털미디어에서 나타나고 있는 PPL 광고 사례에 대해 살펴보고 이의 적합성과 적용에 대해 논의한다.

관련 도서 《의미의 시대》, 세스 고딘, 알에이치코리아
《세스고딘 생존을 이야기하다》, 세스 고딘, 정혜

관련 학과 경영정보학과, 경영학과, 경제학과, 광고홍보학과, 국제관계학과, 국제물류학과, 국제학부, 국제경영학과, 글로벌경영학과, 기술경영학과, 무역학과, 사회학과, 식품자원경제학과, 인류학과, 정치외교학과

관련 교과
2022 개정 교육과정 : 화법과 언어, 사회와 문화, 경제, 사회문제 탐구, 금융과 경제활동
2015 개정 교육과정 : 화법과 언어, 사회·문화, 경제, 사회문제 탐구, 창의 경영

핵심키워드	솔루션, 브랜드, 고객 중심, 리프레임

비즈니스 리프레임

이연주 | 라온북 | 2023

이 책은 대기업 혁신 기획 전문가로 일했던 저자가 기업 혁신 프로젝트 성공의 노하우를 알려 준다. IT 산업의 급속한 발전으로 리프레임의 필요성이 그 어느 때보다 절실하게 요구되고 있으며, 미래의 방향에 빠르게 대응하는 능력도 더욱 중요해졌다. 저자는 기업의 가치와 근본 비전을 지켜내면서도 시장이 요구하는 고객 가치 극대화, 디지털 전환의 흐름 등에 부합한 혁신의 중요성을 강조한다.

탐구 주제

주제1 사람들은 트렌드가 기회 포착의 가장 좋은 방법이라고 생각한다. 매년 트렌드를 분석한 수많은 책이 출간되며, 사람들을 이를 읽고 시대의 흐름을 놓치지 않으려고 노력한다. 하지만 저자는 트렌드를 무작정 쫓지는 말라고 주장한다. 이에 대한 자신의 생각을 발표해 보자.

주제2 이 책에서 마케팅은 제품을 출시하고 알리는 활동이 아니라 고객과의 관계를 만들어가는 활동이 되어야 한다고 말한다. 고객과의 유대감이 형성되면, 브랜드가 실수를 하더라도 고객은 믿고 기다려 주기 때문이다. 고객과의 관계를 잘 형성할 수 있는 전략을 탐색해 보자.

주제3 벤치마킹의 특성과 장단점 분석

주제4 리프레임을 위한 기업의 올바른 변화 모색

학생부 기록 예시 (교과세특)

'비즈니스 리프레임(이연주)'을 읽고 시장의 변화를 읽어야 하는 궁극적인 목적을 탐색하고, 맹목적으로 트렌드를 따르는 것은 바람직하지 못하다고 주장함. 해외의 핵심 트렌드를 그대로 도입한 기업들의 실패 사례를 제시하여 주장의 설득력을 높임. '트렌드를 쫓지 말라'는 저자의 단언은 트렌드를 완전히 무시하라는 것이 아니라 그 안에 숨어있는 의미를 찾고, 회사의 방향성과 고객의 선호도와 같은 본질 평가가 선행될 때 성공할 수 있다고 주장함.

사고력 레벨up

제시문 어떤 제품이 인기를 얻으면 곧 유사 상품들이 출시되어 쉽게 구할 수 있으며, 어떤 음식이 유행하면 전국에 비슷한 음식점이 생겨 희소성이 급격히 낮아진다.

질문 1 내가 만약 제품이나 음식의 첫 개발자라면, 이러한 현상을 어떻게 받아들일까?

질문 2 노력을 기울여서 만든 독창적 제품의 가치를 떨어뜨리는 모방품을 막기 위한 대책은?

관련 논문 벤처기업의 혁신성과에 관한 연구(성연옥, 2018)

이 논문은 벤처기업과 소셜 벤처의 이론적 내용 배경을 살펴보고, 한국의 벤처기업의 기업 성과와 혁신성과의 성공 요인이 무엇인지를 분석한다. 그리고 지속 가능한 기업의 성장을 위해 개선해야 할 문제점을 살펴보고 이에 대한 해결책을 모색한다.

관련 도서 《리프레임》, 정수양, 샵북
《비즈니스 커뮤니케이션》, 임창희, 홍용기, 도서출판청람

관련 학과 경영정보학과, 관광경영학과, 국제경영학과, 광고홍보학과, 국제관계학과, 국제물류학과, 국제학부, 글로벌경영학과, 글로벌비즈니스학과, 무역학과, 인류학과, 사회학과, 응용통계학과, 정치외교학과

관련 교과
2022 개정 교육과정: 화법과 언어, 사회와 문화, 경제, 정보, 금융과 경제활동
2015 개정 교육과정: 화법과 언어, 사회·문화, 경제, 정보, 창의 경영

핵심키워드

비즈니스 협상론

김병국 | 알에이치코리아 | 2023

협상, 거래, 판단, 주도권

이 책은 인생에서 맞닥뜨리는 선택과 설득의 순간에 어떻게 원하는 것을 얻을 수 있는지를 알려 준다. 협상의 기본 원칙과 그것이 실효를 거두기 위한 방법을 익숙한 사례를 통해 쉽게 전달한다. 자동차나 주택 매매 계약 시 협상, 가족 사이의 의견 차이를 좁히는 대화, 가격 협상, 자신의 의견을 피력하는 법, 연봉 협상 등 일상생활에서 흔하게 접하는 사례로 협상의 기술을 제시한다.

탐구 주제

주제1 협상이란 어떤 목적에 부합되는 결정을 하기 위해 여럿이 의논을 하는 것이다. 저자는 협상에서는 나의 이익만이 중요한 것이 아니라 서로의 이익을 살펴서 윈윈하는 것이라고 한다. 이를 참고하여 성공적인 협상을 위해 필요한 것이 무엇인지를 탐색해 보자.

주제2 협상은 비즈니스 현장에만 존재하는 것이 아니라 우리들 주변에 가까이 있다. 오히려 비즈니스 현장을 벗어난 곳에서 더 많은 협상이 일어나고 있다고 해도 과언이 아니다. 자신이 생활 속에서 경험한 협상의 사례를 제시하고, 이를 통해 깨달은 내용을 발표해 보자.

주제3 협상을 실패로 만드는 요인 탐색

주제4 베스트 타임을 활용하는 협상 방법 고찰

학생부 기록 예시 (교과세특)

'비즈니스 협상론(김병국)'을 읽고 성공적인 협상에 필요한 요소를 탐색함. 협상을 위해서는 논리적인 대화 기술과 준비된 정보보다 협상 당사자 간의 관계 형성이 더 중요하다고 밝힘. 무엇인가 얻어 내기 위해서는 상대를 굴복시키기보다는 상대에게 믿음을 주어 마음을 사로잡는 것이 필요하다고 주장함. 고려의 서희가 소손녕과 담판을 벌여 거란군을 철수시켰던 역사적 사건을 제시하며 자신의 주장을 뒷받침하는 태도가 인상적임.

사고력 레벨up

제시문 협상의 철칙은 없는 이야기를 꾸며서 거짓말을 하지 않는다는 것이다. 또한 내게 불리한 정보를 노출시키지 않되, 필요하다면 부분적인 진실만 골라서 상대방에게 알려 준다.

질문 1 부분적인 진실만 말하는 것은 과연 거짓말을 하지 않는 것이라고 할 수 있을까?

질문 2 상의 테이블과 법정의 증언석의 공통점과 차이점은 무엇일까?

관련 논문 협상능력 신장을 위한 협상교육 실천방안(하윤수, 2013)

이 논문은 민주 시민성 함양을 목적으로 하는 협상 교육의 필요성을 제기하고 협상 능력을 신장하기 위한 실천 방안을 모색한다. 협상이란 상대방이 실제로 필요한 것을 찾아내고 자신이 원하는 것을 얻어 가는 상호 의사소통 과정임을 이해하게 한다.

관련 도서 《류재언 변호사의 협상 바이블》, 류재언, 한스미디어
《협상이 이렇게 유용할 줄이야》, 오명호, 애드앤미디어

관련 학과 경영정보학과, 관광경영학과, 국제경영학과, 광고홍보학과, 국제관계학과, 국제물류학과, 국제학부, 글로벌경영학과, 글로벌비즈니스학과, 무역학과, 인류학과, 사회학과, 신문방송학과, 심리학과, 정치외교학과

관련 교과 2022 개정 교육과정 : 화법과 언어, 사회와 문화, 경제, 법과 사회, 금융과 경제생활
2015 개정 교육과정 : 화법과 언어, 사회·문화, 경제, 정치와 법, 창의 경영

핵심키워드

기업 경영, 접목, 효행, 리더십

삼성과 효도경영

문봉수 | 북랩 | 2023

이 책은 경영과 윤리가 결합된 효도를 통해 초일류 기업으로 성장하는 방법을 설명한다. 저자는 효가 기업 경영과 무관한 것 같지만 도덕과 윤리, 가치를 중시하는 지금은 경영자와 구성원이 함께 생각해야 할 중요한 덕목이라고 강조한다. 삼성의 어제와 오늘의 이야기를 효 정신과 접목하여 흥미 있게 전개하면서, 기업 경영뿐만 아니라 가정·사회생활에서의 바람직한 자세도 알려 준다.

탐구 주제

주제1 이 책은 경제계 화두로 등장한 ESG(Environmental, Social, Governancem)경영과 관련하여 효도와의 접목 가능성을 거론하고 있다. ESG경영이 무엇인지를 탐색하고, 이를 실천하는 기업의 사례를 통해 앞으로 우리 기업들이 취해야 할 자세에 대해 탐색해 보자.

주제2 현재의 삼성이 새로운 출발을 앞두고 준법 경영을 다짐한 것은 윤리를 기반으로 사회의 요구와 기대에 부응하겠다는 의미로 해석할 수 있다. 윤리를 의식하지 않는 기업의 비윤리적 행태를 조사하고, 윤리 경영과 경제적 효과의 상관관계를 탐색해 보자.

주제3 효도와 리더십의 관계 탐색

주제4 시대 변화에 따른 삼성의 경영 철학 고찰

학생부 기록 예시 (교과세특)

‘삼성과 효도경영(문봉수)’을 읽고, ESG경영에 대한 탐구 보고서를 작성함. ESG란 Environmental, Social, Governancem의 약자로 기업이 친환경적, 사회적, 적절한 지배 구조를 목표로 경영 관리를 추구하는 것이라고 설명함. ESG의 등장 배경, 경영 사례, 부정적인 의견 등 깊이 있는 탐색활동을 함. 마이크로소프트의 ESG경영 노력을 통해 각 기업들은 지속가능한 발전을 추구하는 방향으로 나아가야 한다고 주장함.

사고력 레벨up

제시문 효심과 효행은 결코 노인 세대만을 위한 것이 아니다. 오히려 청년세대와 미래세대가 올바른 정신적 기반 위에서 우리의 앞길을 이끄는 지도자로 반듯하게 성장하게 한다.

질문 1 효도하는 것은 미래를 이끄는 지도자의 자질이 된다는 말의 의미는 무엇일까?

질문 2 ESG경영과 효도를 접목할 수 있는 구체적인 방안에는 어떤 것이 있을까?

관련 논문 삼성의 경영철학과 슬로건을 중심으로 본 기업 아이덴티티 연구(최은미, 조현신, 2017)

이 논문은 삼성의 경영철학과 슬로건을 중심으로 기업 아이덴티티의 변화를 살펴본다. 기업의 정체성 구축에 있어서 슬로건 및 디자인의 중요성 인식 및 IMC(Integrated Marketing Communication)관점으로 기업의 디자인 활동을 논의한다.

관련 도서 《삼성 경영철학》, 야지마 긴지, 이봉구, W미디어
《시진핑의 효도 리더십》, 문봉수, 북랩

관련 학과 경영정보학과, 관광경영학과, 국제경영학과, 국제관계학과,국제학부, 글로벌비즈니스학과, 무역학과, 인류학과, 사회학과, 신문방송학과, 심리학과, 인류학과, 철학윤리학과, 정치외교학과, 철학과, 윤리교육과

관련 교과 2022 개정 교육과정: 독서토론과 글쓰기, 사회와 문화, 현대사회와 윤리, 경제, 윤리와 사상
2015 개정 교육과정: 경제. 사회·문화, 생활과 윤리, 윤리와 사상, 창의 경영

핵심키워드	도전, 창조, 스타트업, 오픈AI

샘 올트먼의 생각들

스탠리 최 외 | 여의도책방 | 2023

이 책은 챗GPT를 만든 샘 올트먼의 실리콘밸리 스타트업 창업에서부터 스타트업 투자회사인 와이콤비네이터의 수장, 세상을 놀라게 한 오픈AI에 이르기까지 그의 과거, 현재, 미래를 모두 분석했다. 그가 챗GPT를 통해 이루고자 한 세상의 모습, 새로운 시대, 직접 투자를 한 기업에 대한 정보도 확인할 수 있다. 샘 올트먼의 깊은 철학을 들여다볼 수 있는 기회를 제공하는 책이다.

탐구 주제

주제1 와이콤비네이터는 스타트업에 투자하는 회사다. 샘 올트먼은 스타트업을 만들어 경영했고, 와이콤비네이터를 맡아 다른 스타트업 투자를 지휘했다. 이런 투자 방식을 엑셀러레이팅이라고 한다. 엑셀러레이터로서의 올트만의 특별함은 어디에 있는지 분석해 보자.

주제2 인공지능과 챗GPT는 이제 우리에게 익숙한 단어가 되었다. 인공지능의 위대함과 위험을 명확하게 인식해 챗GPT를 만들고 제어하는 구조까지 설계한 샘 올트먼의 삶을 조사하고, 인류를 위해 더 나은 미래를 만들겠다는 그의 미션이 무엇인가를 탐색해 보자.

주제3 와이콤비네이터의 성과와 부작용 분석

주제4 샘 올트먼이 제시한 기본소득의 특징 고찰

학생부 기록 예시 (교과세특)

엑셀러레이터로서의 올트먼의 훌륭한 면을 탐색하고, 자신의 생각을 보고서로 작성함. 올트먼은 위태로운 스타트업이 계속 나아가도록 옆에서 응원하고, 알려 주고, 일으켜 세워 주는 역할을 한 것에 그치지 않고, 이들이 세상을 바꾸는 기업으로 성장하도록 했다고 설명함. 책 속에 나타난 다양한 사례를 통해 울트먼의 특징을 예리하게 분석하고, 그는 단순한 회사를 설립한 것이 아니라 인류의 역사를 만들고 있다고 평가함.

사고력 레벨up

제시문 인공지능 기술의 발전은 매우 빠르고, 현재의 인공지능은 이미 사람의 지능 수준에 근접해 있다. 미래의 인공지능은 우리보다 더욱 똑똑해질 것이다고 전망한다.

질문 1 인공지능이 인간의 지능을 앞서게 되면 우리는 무엇을 할 수 있을까?

질문 2 인공지능을 인간에게 이로운 방향으로 이용하기 위해서 필요한 것은 무엇일까?

관련 논문 인공지능과 노동의 미래: 우려와 이론과 사실(허재준, 2019)

이 논문은 인공지능의 발달이 과연 인간의 일자리를 줄일 수 있을까를 중심으로 인간의 우려와 갈등의 원인에 대해 논의한다. 또한 경제에 대한 적응력을 높이기 위해서는 인간에서 필요한 것이 무엇인가를 살피고, 노동의 미래에 대해서 고찰한다.

관련 도서 《샘 올트먼의 스타트업 플레이북》, 샘 올트먼, 여의도책방
《생성 AI 혁명》, 강정수 외, 더퀘스트

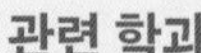

관련 학과 ICT융합학과, 경영정보학과, 관광경영학과, 국제경영학과, 국제관계학과,국제학부, 글로벌비즈니스학과, 무역학과,디지털미디어과, 소프트웨어융합학과, 응용통계학과, 인공지능학과, 인류학과, 컴퓨터공학과

관련 교과 2022 개정 교육과정: 독서토론과 글쓰기, 사회와 문화, 경제, 정보, 인공지능 기초
2015 개정 교육과정: 경제, 사회·문화, 정보, 창의 경영, 인공지능 기초

핵심키워드 | 프레임워크, 조직관리. 하버드, 경영 철학

세상 모든 창업가가 묻고 싶은 질문들

토머스 아이젠만 | 비즈니스북스 | 2022

이 책은 조직관리, 인사관리, 위기관리, 투자 전략 그리고 경영 철학에 이르기까지 스타트업 창업가라면 알아야 할 거의 모든 영역을 알려 준다. 하버드 MBA 출신 창업가들이 설립한 스타트업의 성장 과정과 실패 원인을 구체적인 사례로 소개한다. 저자는 책을 '론칭, 확장, 결단'으로 구성하여, 각 단계별로 창업가에게 요구되는 역할과 창업가가 택해야 할 전략적 선택의 방법을 알려 준다.

탐구 주제

주제1 하버드 경영대학원의 교수인 저자는, 이 책에서 스타트업이 처한 상황에 맞게 각각의 답을 구하는 방법을 알려준다. 또한 실리콘밸리의 성공한 창업가들이 반드시 경영에 적용하는 3가지 프레임워크를 강조한다. 3가지 프레임워크를 탐색하고, 자신의 생각을 발표해 보자.

주제2 저자는 대다수의 창업가가 반드시 경험하는 스타트업의 존폐를 가를 만큼 결정적인 결과를 가져오는 몇 가지의 공통적인 경로가 있다고 말한다. 스타트업을 설립하고 성장시키고 확장시키는 과정에서 필연적으로 겪게 되는 공통적인 경로가 무엇인지 분석해 보자.

주제3 창업가 정신의 의미와 필요한 자세 고찰

주제4 고객의 핵심 니즈를 파악할 수 있는 방법 탐색

학생부 기록 예시 (교과세특)

성공한 창업가들이 경영에 적용하는 3가지 프레임워크를 탐색하고 이에 대한 자신의 생각을 보고서로 작성함. 3가지 프레임워크 중에서 창업가들의 가장 큰 딜레마와 관련이 있는 것은 '다이아몬드-사각형 프레임워크'이며, 이는 추구하는 사업적 가치와 그 가치를 실행에 옮길 때 필요한 자원의 선택 과정에서 발생하는 갈등과 관련 있기 때문이라고 설명함. 성공하는 스타트업이 되려면 창업가의 전략적인 의사결정이 중요하다고 강조함.

사고력 레벨up

제시문 성공적인 스타트업이 되기 위해서는 많은 조건이 필요하다. 스타트업이 만든 제품, 창업자의 전략, 회사 구성원들의 협업, 시대의 흐름 등이 그것이다.

질문 1 성공의 조건 중에서 가장 중요한 것은 무엇이라고 생각하는가?

질문 2 스타트업 설립 초기 단계의 창업가라면 무엇에 가장 집중해야 할까

관련 논문 창업가 특성요인과 창업코칭활동이 창업성과에 미치는 영향: 의식전환을 매개로(전은지 외, 2019)

이 논문은 창업가 개인 특성과 환경 특성이 창업코칭활동과 창업가 의식전환을 매개로 창업성과에 미치는 영향에 관해 연구한다. 창업코칭활동으로 창업가의 의식이 전환되어, 창업성과를 높이기 위한 목표 재설정과 실행 계획 수립에 도움이 됨을 알 수 있다.

관련 도서 《창업의 정석》, 윤성준, 배준수, 바른북스
《스타트업 대표 35인에게 창업가 정신을 묻는다》, 코리아스타트업포럼, 미메시스

관련 학과 | 관광경영학과, 관광학과, 국제경영학과, 국제관계학과, 국제학부, 경영정보학과, 경영학과, 경제학과, 기술경영학과, 사회학과, 언론정보학과, 응용통계학과, 인류학과, 정치외교학과, 철학과, 회계학과

관련 교과 | 2022 개정 교육과정: 독서토론과 글쓰기, 사회와 문화, 경제, 국제관계의 이해, 사회문제 탐구
2015 개정 교육과정: 경제, 사회·문화, 정치와 법, 사회문제 탐구, 창의 경영

핵심키워드	기업가, 역량, 성장 전략, 시행착오

세컨드 펭귄

임승현 | 서사원 | 2023

이 책의 저자는 뛰어난 직관력과 통찰력을 가진 네 명의 창업자와 스타트업에서 함께 일하며 얻은 노하우를 바탕으로, 세컨드 펭귄의 역할을 '퍼스트 펭귄의 직관을 현실로 구현해 내는 합리성'으로 정의한다. 스타트업에서 창업자의 직관이라는 딜레마를 풀기 위해 세컨드 펭귄의 합리성이 필요하다는 것이다. 창업자보다 더 창업자다운 기업가형 인재가 되고 싶다면 반드시 읽어야 할 책이다.

탐구 주제

주제1 위험한 상황에서 과감하게 바다에 먼저 뛰어드는 펭귄을 '퍼스트 펭귄'이라고 한다. 우리 사회는 비즈니스에서 성공한 퍼스트 펭귄이 되기를 권하며 각종 미디어에서 관련 이야기를 쏟아낸다. 그러나 저자는 세컨드 펭귄이 되라고 말한다. 그 이유가 무엇인지 분석해 보자.

주제2 이 책은 항상 1등만 기억하는 우리 사회의 현실에서 2인자가 할 수 있는 부분과 현실적인 요건 등이 무엇인지를 구체적으로 제시하고 있다. 세컨드 펭귄으로서 비즈니스에서 높은 역량을 발휘한 사람들을 탐색하고, 그들의 삶의 태도에 대해 발표해 보자.

주제3 기업가형 인재와 세컨드 펭귄의 관계 탐색

주제4 스타트업 기업들의 문제점과 해결 방안 모색

학생부 기록 예시 (교과세특)

예측하기 어려운 신산업에 도전하는 창업가를 '퍼스트 펭귄', 주도적인 업무 진행으로 회사를 성장시켜 나가는 기업가형 인재를 '세컨드 펭귄'이라고 한다고 설명함. 세컨드 펭귄은 실질적인 기업 운영의 핵심 인재이며, 창업자의 의사결정에서 리스크를 최소화하도록 하는 역할을 한다고 분석함. 창업자와 기업가형 인재의 역량 및 역할 차이를 정확히 제시하고, '세컨드 펭귄(임승현)'의 내용을 분석하여 '세컨드 펭귄'의 중요성을 주장하는 능력이 돋보임.

사고력 레벨up

제시문 일반적으로 창업자는 직관력이 중요하지만, 세컨드 펭귄은 합리적이고 데이터에 기반한 판단력이 필요하다. 따라서 열정과 도전정신이 강한 창업자와는 다른 역량이 필요하다.

질문 1 창업가가 지닌 열정과 도전정신은 비즈니스에서 어떤 문제를 만들 수 있을까?

질문 2 자신은 퍼스트 펭귄과 세컨드 펭귄 중 어떤 역할을 선택할까? 그 이유는?

관련 논문 '1인자리더'와 '2인자리더' 특성에 관한 질적 내용분석 연구: 팀제를 중심으로(박진환 외, 2019)

이 논문은 경영서비스 업종에 종사하는 기업 내 16개 팀을 대상으로 리더십 차원을 구분하여 '1인자 리더'와 '2인자 리더'의 특성, 관련성 그리고 조직 효과성을 연구한다. 특히 팀제에서의 리더십을 공식적 권한과 비공식적 영향력으로 구분하여 분석한다.

관련 도서 《2인자의 인문학》, 신동준, 미다스북스
《2인자 리더십》, 더치 쉬츠, 크리스 잭슨, 올리브북스

관련 학과 경영정보학과, 경영학과, 경제학과, 광고홍보학과, 국제경영학과, 국제관계학과, 국제학부, 국제물류학과, 디지털미디어과, 문화콘텐츠학과, 사회학과, 식품자원경제학과, 응용통계학과, 정치외교학과, 철학과

관련 교과 2022 개정 교육과정: 독서토론과 글쓰기, 사회와 문화, 경제, 국제관계의 이해, 사회문제 탐구
2015 개정 교육과정: 경제, 사회·문화, 정치와 법, 사회문제 탐구, 창의 경영

핵심키워드	프레이밍, 군중, 희소성, 행동경제학

소비자의 마음

멜리나 파머 | 사람in | 2023

이 책은 행동경제학으로 읽는 마케팅 성공 법칙이 담겨 있다. 행동경제학을 활용하면 기업은 소비자를 사로잡는 마케팅 전략을 짤 수 있고, 소비자는 비합리적 소비를 막을 수 있다. 저자는 비즈니스에 바로 적용할 수 있는 넛지, 프레이밍 효과, 점화 효과 등 행동과학에 관한 사례로 소비자의 마음을 파고드는 법을 알려 준다. 모든 마케터와 경영인, 기획자를 위한 훌륭한 지침서이다.

탐구 주제

주제1 행동경제학은 인간의 실제 행동을 심리학, 사회학, 생리학적 견지에서 바라보고 그로 인한 결과를 규명하려는 경제학의 한 분야이다. 이 책에서 제시하고 있는 행동경제학의 의미를 분석하고, 이것이 소비자와 어떤 관계를 지니는가에 대해 탐색해 보자.

주제2 우리의 주위를 둘러보면 광고를 쉽게 볼 수 있다. 그런데 자세히 살펴보면 광고에 공통적으로 등장하는 것이 있다는 것을 알 수 있다. 그 중의 하나가 숫자이다. 이와 같은 사례를 살펴보고, 다양한 광고에 숫자를 활용하는 이유에 대해 분석해 보자.

주제3 기업의 기준점 제시와 프레이밍 효과 사례 탐색

주제4 뇌의 속임수를 극복하는 현명한 소비법 탐구

학생부 기록 예시 (교과세특)

행동경제학은 전통경제학과 심리학을 결합한 형태로, 인간이 합리적이라는 전통 경제학의 주장을 엎어버렸다고 설명함. '소비자의 마음(멜리나 파머)'은 인간의 판단 중 99%가 잠재의식이라는 전제 속에 뇌를 근거로 행동경제학을 설명하고 있다고 분석함. 또한 각 기업은 제품에 대한 정확한 정보보다 다양한 마케팅으로 고객의 뇌를 활성화하고 있다고 비판함. 책의 내용을 정확하게 분석하여 이를 비판적인 관점에서 재해석하는 능력이 뛰어남.

사고력 레벨up

제시문 똑같은 시계를 2가지 버전으로 광고했다. 하나는 '신형 출시. 재고 넉넉함', 다른 하나는 '한정판 출시. 서두르세요. 재고량이 많지 않습니다'이었다.

질문 1 똑같은 제품을 두가리 가지 버전으로 광고한 결과, 판매량은 어떤 차이를 보였을까?

질문 2 자신이 소비자라면, 이런 상황에서 어떤 결정을 했을까? 그 이유는?

관련 논문 소비자 마음가짐이 서비스 실패의 책임귀인에 미치는 영향(신동우, 2015)

소비자는 서비스 실패의 원인에 따라 다른 불평 행동을 보인다. 이 논문은 소비자의 불평 행동이 단순히 실패의 책임 귀인에 의해서만 결정되는 것이 아니라 서비스 이용 과정을 바라보는 개별 소비자의 관점에 따라서도 달라질 수 있음을 연구한다.

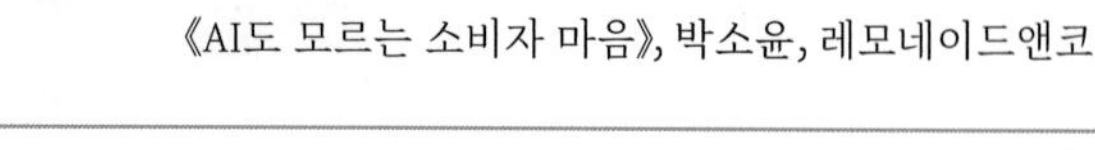

관련 도서 《소비자의 마음을 읽어드립니다》, 송수진, e비즈북스
《AI도 모르는 소비자 마음》, 박소윤, 레모네이드앤코

관련 학과 경영정보학과, 경영학과, 경제학과, 관광경영학과, 국제경영학과, 국제관계학과, 디지털미디어과, 사회교육과, 사회학과, 소비자학과, 소비자경제학과. 심리학과, 인류학과, 정치외교학과, 행정학과

관련 교과 2022 개정 교육과정: 독서토론과 글쓰기, 사회와 문화, 경제, 사회문제 탐구, 인간과 심리
2015 개정 교육과정: 경제, 사회·문화, 사회문제 탐구, 창의 경영, 심리학

핵심키워드 | 리더십, 고객, 기업 문화, 순서 파괴

순서 파괴

콜린 브라이어, 빌 카 | 다산북스 | 2021

이 책은 창립 이래 아마존에서 마치 '헌법'처럼 지켜지는 성공 원칙을 알려 준다. 아마존에서 총 27년을 근무하며 '제프의 그림자(Jeff's shadow)'라 불렸던 저자들은 '아마존식 혁명'이 어떻게 시장을 장악하고 고객의 기쁨을 극대화하는지 수많은 성공 사례를 들어 설명한다. 리더가 갖춰야 하는 원칙과 운영 리듬, 견고한 메커니즘 등에 대한 청사진을 제시하여, 기업가들의 필독서로 평가된다.

탐구 주제

주제1 아마존은 제프 베조스가 1994년에 시애틀에 설립한 미국의 온라인 커머스 회사이다. 아마존에서는 당혹스러운 문제를 발견할 때마다 그 근본 원인을 찾을 때까지 끈질기게 묻고 늘어진다고 한다. 이 책에서 밝히는 아마존의 성공 원칙이 무엇인지 탐구해 보자.

주제2 아마존에서는 주요 회의를 하는 방식도 기존 PPT형식을 과감히 버리고 6페이지 문서 형식을 20분 정도 각자 정독하게 한 후 회의에서 질의와 답변 형식으로 토론을 이어간다고 한다. 이러한 방식의 회의를 채택한 이유를 분석하고 그 효과를 발표해 보자.

주제3 아마존식 '역방향 작업혁명'의 의미 분석

주제4 형식과 절차의 파괴가 조직 문화에 미치는 영향 고찰

학생부 기록 예시 (교과세특)

아마존이 세계 최대의 기업으로 성장할 수 있었던 근본 원인을 탐색하고 이에 대한 자신의 생각을 발표함. 아마존의 원칙은 거꾸로 되짚어 일하는 '워킹 백워드'라고 밝히고, 고객의 기쁨을 극대화하기 위해 고객 경험을 먼저 규정한 다음에 일을 구축해 나가는 시스템이라고 정의함. 결국 아마존은 형식과 절차에 신경 쓰지 않고 모든 것을 고객 중심에서 바라본다는 기본 원칙에 충실했기에 세계 최고의 회사가 될 수 있었다고 분석함.

사고력 레벨up

제시문 아마존은 팀 간의 의사소통까지도 제거해야 할 대상으로 바라본다. 하나의 프로젝트에는 하나의 팀이 전념하고, 서로에게 의존하지 않아야 한다는 의식 때문이라고 한다.

질문 1 잘못된 의사소통을 개선하지 않고 아예 제거하려고 한 이유는 무엇일까?

질문 2 하나의 프로젝트에 한 팀이 전념함으로써 어떤 효과를 얻을 수 있을까?

관련 논문 전자상거래 경쟁력 확보를 위한 플랫폼과 물류 혁신: 아마존 사례(빈창현, 전병준, 2019)

이 논문은 전자상거래에 참여하고 있는 여러 기업들이 마주한 격화된 경쟁 상황을 타개하는 방안을 모색한다. 새로운 물류시스템 및 유휴자원 활용을 도입하여 무역 경쟁력을 확보한 아마존의 사례를 살펴봄으로 무역 경쟁력을 확보할 수 있는 방안을 논의한다.

관련 도서 《아마존 혁신의 법칙 16》, 다니 도시유키, 동아엠앤비
《아마존의 팀장 수업》, 김태강, 더퀘스트

관련 학과 경영정보학과, 경영학과, 경제학과, 관광경영학과, 광고홍보학과, 국제경영학과, 국제관계학과, 글로벌경영학과, 기술경영학과, 사회교육과, 사회학과, 소비자경제학과. 심리학과, 정치외교학과, 행정학과

관련 교과 2022 개정 교육과정: 독서토론과 글쓰기, 사회와 문화, 경제, 사회문제 탐구, 인간과 경제활동
2015 개정 교육과정: 경제, 사회·문화, 사회문제 탐구, 창의 경영, 실용 경제

핵심키워드 | 브랜드, 성공 스토리, 배낭 여행, 아이디어

슈독

필 나이트 | 사회평론 | 2016

이 책은 일본 운동화를 수입해 팔던 한 청년이 세계적 브랜드를 만들기까지의 과정을 보여주는 자서전이자 나이키의 역사서다. 저자는 지금의 나이키가 있기까지 겪었던 위기와 좌절, 비난과 의혹을 극복한 순간, 구사일생의 순간들을 회고한다. 또한 창의적 해결 방안을 찾는 과정, 꿈의 실현을 위해 노력하는 삶, 신발의 제조, 판매, 구매, 디자인에 전념하는 슈독들의 이야기들이 담겨 있다.

탐구 주제

주제1 저자는 육상 선수가 되길 바랐지만, 결국 운동의 길을 포기하고 경영대학원에 진학한다. 당시 그에게는 운동화에 대한 관심과 사업을 하고 싶다는 막연한 희망만이 있을 뿐이었다. 필 나이트가 인생을 바꾸게 되는 과정을 살펴보고, 성공하는 삶의 자세에 대해 탐색해 보자.

주제2 저자는 배낭여행 중에 무작정 일본 운동화 회사 오니쓰카를 찾아가 있지도 않은 회사 이름을 말하며 미국 판매권을 달라고 한다. 마침 미국 시장 진출을 준비하던 오니쓰카는 그에게 미국 서부 지역 독점 판매권을 준다. 이러한 저자의 태도가 바람직한지를 중심으로 토론해 보자.

주제3 육상 선수와 사업가의 공통점과 차이점 분석

주제4 나이키 '프리폰테인' 정신의 특성 고찰

학생부 기록 예시 (교과세특)

'슈독(필 나이트)'을 읽고 어릴 적 꿈을 접고 사업가로 변신한 필 나이트의 삶에서 성공의 비결은 삶의 자세에 있음을 깨달음. '슈독'이란 신발 연구에 미친 사람이라는 뜻의 은어로, 필 나이트는 세상 사람들의 '미쳤다'라는 평가에 아랑곳하지 않고, 자신이 설정한 목표에 도달할 때까지 노력을 멈추지 않았다고 설명함. 삶에 대한 저자의 태도에서 실패했을 때는 빨리 털고 일어나서, 이 경험을 새로운 발전의 밑거름이 되도록 해야 한다는 교훈을 얻었다고 발표함.

사고력 레벨up

제시문 성공하는 사람에게는 공통점이 있다. 열심히 노력하는 것, 훌륭한 팀을 만나는 것, 좋은 두뇌와 과감한 결단력 등이 그것이다. 그러나 성공에는 행운도 큰 역할을 한다.

질문 1 한 기업가가 자신의 실패 원인이 불운 때문이라고 한다. 어떤 조언을 할 수 있을까?

질문 2 신은 스스로 돕는 자를 돕는다고 한다. 행운은 어떤 사람에게 찾아올까?

관련 논문 나이키 < Play New > 캠페인 전략의 기호학적 분석(송치만 외, 2022)

이 논문은 나이키의 < Play New > 캠페인(2021)을 기호학적으로 분석함으로써 나이키의 혁신 전략의 의미를 고찰한다. 나이키 브랜드의 혁신 전략은 기존의 가치를 폐기하는 것처럼 보이지만 새로운 가치 체계의 추구를 통해 기존 브랜드의 정체성 확장임을 알 수 있다.

관련 도서 《하이프 코드》, 김병규, 너와숲
《나는 하버드에서 배워야 할 모든 것을 나이키에서 배웠다》, 신인철, 빈티지하우스

관련 학과 경영정보학과, 경영학과, 경제학과, 관광경영학과, 광고홍보학과, 국제경영학과, 국제관계학과, 국제물류학과, 사회학과, 국제통상학과, 글로벌경영학과, 글로벌비즈니스학과, 무역학과, 응용통계학과, 심리학과

관련 교과
2022 개정 교육과정: 화법과 언어, 사회와 문화, 경제, 사회문제 탐구, 인간과 경제활동
2015 개정 교육과정: 화법과 작문, 사회·문화, 경제, 사회문제 탐구, 창의 경영

핵심키워드 | 글로벌 기업, 영업 이익, 다국적 기업, 고객 서비스

스타벅스, 커피 한 잔에 담긴 성공신화

하워드 슐츠, 도리 존스 양 | 김영사 | 2022

이 책은 매장이 5개뿐이던 영세 커피 전문점에서 세계적인 커피 브랜드로 성장한 스타벅스의 도전과 성공을 다룬다. 30여 년간 스타벅스를 이끈 하워드 슐츠는 냉혹한 자본주의 시장에서 '인간 중심 경영'과 '사회적 책임 경영'의 가치를 증명한 전설적인 CEO로, 그의 경영 전략은 오늘날 기업 경영의 원칙이 되었다. 출간 후 10개 언어로 번역되었으며, 아직도 글로벌 스테디셀러이다.

탐구 주제

주제1 하워드 슐츠는 소매업과 서비스업의 흥망은 고객 서비스에 달려 있고, 고객 서비스는 바리스타를 비롯한 직원들에게 달려 있다고 했다. 즉 기업의 최고 경쟁력은 경영자의 능력도 제품의 우수성도 아니라는 것이다. '최고의 경쟁력은 직원 복지에 있다'를 주제로 찬반으로 토론해 보자.

주제2 사회적 기반과 고객들의 호응 없이는 회사가 성장할 수 없다. 하워드 슐츠는 영업 이익을 사회와 나누고자 스타벅스 매장이나 커피 농장이 있는 지역에서 자선 활동을 펼치고, 친환경 포장 용기 개발 및 사용에도 오랫동안 공을 들였다. 기업의 사회적 책임에 대해 탐구해 보자.

주제3 우리 동네 스타벅스의 장단점 분석

주제4 '인간 중심 경영'과 '사회적 책임 경영'의 특성 고찰

학생부 기록 예시 (교과세특)

'직원 복지가 기업의 최고 경쟁력인가?'를 주제로 한 찬반 토론에 적극적으로 참여함. 고객의 마음을 사로잡기에 앞서 직원의 마음을 먼저 살펴야 한다고 생각한 하워드 슐츠의 경영 전략을 잘 설명함. 또 만일 회사 간부와 주주들이 직원들을 희생시켜 회사를 성장시키려고 한다면, 진정한 발전을 이룰 수 없다고 주장함. '직원 복지가 최고의 경쟁력'이라는 입장에서, 적합한 사례를 근거로 주장을 설득력 있게 제시하는 능력이 돋보임.

사고력 레벨up

제시문 세계적인 브랜드를 지닌 다국적 기업의 국내 진출과 대기업의 문어발식 확장은 우리 사회에 또 다른 문제점을 만들었다. 소매업과 골목 시장의 위기가 그것이다.

질문 1 열심히 일하는 동네 중소 가게들의 발전을 위해서는 어떤 노력이 필요할까?

질문 2 '동반 성장'을 목표로 한다면, 대기업과 중소기업 모두가 성장할 수 있는 전략은?

관련 논문 스타벅스의 성장배경분석: STEEP을 기초하여(이종현, 박상현, 2022)

이 논문은 한국 커피 산업에서 경쟁력 있는 기업인 스타벅스의 성장 배경이 무엇인지를 분석한다. 이를 위해서 STEEP 분석 기법을 활용해 기업이 보유한 각각의 경쟁력을 분석하여, 사회적·기술적·경제적 측면을 중심으로 그 요소를 논의한다.

관련 도서 《브라질에 비가 내리면 스타벅스 주식을 사라》, 피터 나바로, 에프엔미디어
《스타벅스 파워》, 김진태 외, Brainleo

관련 학과 경영정보학과, 경영학과, 경제학과, 광고홍보학과, 국제관계학과, 국제물류학과, 국제학부, 국제경영학과, 글로벌경영학과, 기술경영학과, 무역학과, 사회학과, 식품자원경제학과, 인류학과, 정치외교학과

관련 교과
2022 개정 교육과정: 화법과 언어, 사회와 문화, 경제, 사회문제 탐구, 국제관계의 이해
2015 개정 교육과정: 화법과 작문, 사회·문화, 경제, 사회문제 탐구, 창의 경영

핵심키워드 | 열정과 도전, 창조성, 디자인, 융합

스티브 잡스

월터 아이작슨 | 민음사 | 2015

이 책은 비밀주의를 고수하던 스티브 잡스가 저자인 아이작슨에게 자신의 삶을 이야기하며 탄생한 기록이다. 애플의 성장 비밀, 매킨토시와 토이 스토리, 애플의 혁신적 제품들의 탄생 비화, 개인적인 삶과 애플 CEO 사임 후 두 달여에 걸친 마지막 순간까지의 모든 이야기가 담겨 있다. 전설의 프레젠테이션 준비 과정에서 극도의 절제와 완벽주의로 상징되는 그의 경영 비법까지도 엿볼 수 있다.

탐구 주제

주제1 스티브 잡스는 그의 생애 마지막 프리젠테이션에서 '기술만으로는 충분하지 않다. 그 철학은 애플의 DNA에 내재해 있다. 가슴을 울리는 결과를 내는 것은 인문학과 결합된 과학기술이다'라고 했다. 이 말의 의미를 탐색하고, 잡스가 중요시했던 가치가 무엇이었는지 탐색해 보자.

주제2 사람들은 잡스의 성공에만 관심을 가지고, 그를 카리스마 있는 영웅이라고 말한다. 그러나 저자는 그가 영웅인 진짜 이유는 다른 데 있다고 한다. 잡스가 무엇을 위해 그토록 치열하게 살아왔는가를 살펴보고, 그를 '우리 시대의 영웅'이라고 부를 수 있는 이유를 분석해 보자.

주제3 애플의 성장 과정에 나타난 잡스의 리더십 탐색

주제4 아이폰이 인류의 역사에 미친 영향 분석

학생부 기록 예시 (교과세특)

'스티브 잡스(월터 아이작슨)'를 읽고, IT 영웅이라 평가되는 스티브 잡스가 중요시했던 가치는 '사람의 마음을 움직이는 것'이었다고 발표함. 레오나르도다빈치를 롤모델로 삼았던 잡스는 예술과 과학을 구별하지 않았고, 다빈치가 그랬듯이 예술과 과학의 교차점을 찾기 위해 노력했다고 주장함. 사람과 기술은 쉼 없이 소통하여 인간의 가치 탐구와 표현 활동을 대상으로 하는 인문학과 융합되는 기술이 미래를 이끌 수 있어야 한다고 주장함.

사고력 레벨up

제시문 잡스의 장인 정신은 숨어있는 부분까지도 아름답게 만들기 위해 철저를 기하는 것이다. 그러나 엔지니어들은 심미적인 면보다는 기술적인 부분이 더 중요하다고 생각한다.

질문 1 눈에 보이지 않는 부분까지도 아름답게 만들어야 한다고 생각한 이유는 무엇일까?

질문 2 실용주의를 추구하는 것과 완벽을 추구하는 것은 어떤 장단점이 있을까?

관련 논문 애플의 경영활동과 스티브 잡스의 기업가적 활동(천만봉, 2012)

이 논문은 21세기 가장 혁신적인 기업으로 선정된 애플의 36년 경영활동의 변천 과정과 특징을 고찰한다. 또한 애플의 성공 요인에 가장 큰 영향을 끼친 창업자이자 최고 경영자였던 스티브 잡스의 특징 분석을 통해 끊임없는 경영 혁신이 중요하다는 것을 알려 준다.

관련 도서 《스티브 잡스 아이마인드(I MIND)》, 김범진, 이상
《스티브 잡스 프레젠테이션의 비밀》, 카민 갤로, 랜덤하우스코리아

관련 학과 경영정보학과, 경영학과, 경제학과, 관광경영학과, 광고홍보학과, 국제경영학과, 국제관계학과, 국제물류학과, 사회학과, 국제통상학과, 글로벌경영학과, 글로벌비즈니스학과, 무역학과, 응용통계학과, 심리학과

관련 교과
2022 개정 교육과정: 주제탐구 독서, 사회와 문화, 정치, 경제, 인간과 철학
2015 개정 교육과정: 독서, 사회·문화, 경제, 사회문제 탐구, 창의 경영

핵심키워드	메시지, 카피, 스토리텔링, 설득

스틱

칩 히스, 댄 히스 | 웅진지식하우스 | 2022

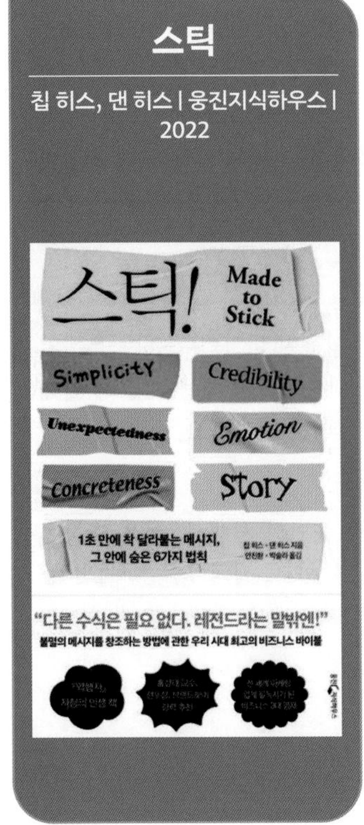

이 책은 인간 심리에 대한 탁월한 통찰을 바탕으로 뇌리에 한번 달라붙으면 절대 떨어지지 않는 불멸의 메시지 창조 기법을 제시한다. 2006년 출간 즉시 베스트셀러에 오르며 28개국 언어로 번역 출간된 이후 지금까지 전 세계 CEO와 비즈니스맨의 바이블로 자리 잡았다. 마케팅, 커뮤니케이션을 비롯한 비즈니스 전 영역은 물론 타인을 설득하여 마음을 움직이려는 모든 이들에게 영감을 주는 내용이다.

탐구 주제

주제1 현대 사회에서 각종 기업이나 브랜드 광고는 유튜브, 인스타그램, TV 등을 통해 흘러 넘친다. 그러나 어떤 것은 금방 사라지고 또 다른 것은 사람들의 마음속에 깊이 각인되기도 한다. 강력한 메시지로 사람들의 마음을 움직이는 광고의 공통적인 특성을 탐색해 보자.

주제2 저자가 주장한 SUCCESs는 스티커 메시지를 위한 6가지 원칙이다. SUCCESs의 의미가 무엇인지 구체적으로 탐색하고, 1962년 존 F. 케네디 대통령이 '앞으로 10년 안에 인간을 달에 착륙시키고 무사히 지구로 귀환시킨다'라고 한 선언과 연결하여 분석해 보자.

주제3 이솝 우화가 지금까지도 살아남은 이유 분석

주제4 교사에게 필요한 스티커 아이디어 탐구

학생부 기록 예시 (교과세특)

'스틱(칩 히스 외)'을 읽고 사람들의 뇌리에 각인되어 절대 잊히지 않는 말의 공통적인 법칙에 대해 탐색함. 추상적인 프레젠테이션이 사람들에게 깊은 인상을 주지 않는 것처럼, 강력한 인상을 주기 위해서는 메시지가 쉽고 단순해야 한다고 주장함. 이 책은 카피라이터가 꿈인 자신에게 '메시지는 살아남지 않으면 사라지는 것'을 깨닫게 했다고 설명함. 다양한 예시와 스토리 중심의 프레젠테이션을 만들어 자신의 주장을 설명하는 능력이 탁월함.

사고력 레벨up

제시문 맥도날드 햄버거 고기에 지렁이를 사용한다는 루머가 10여 년 동안 돌았다. 맥도날드사는 획기적인 메시지로 지긋지긋한 '지렁이 버거' 루머를 대중들에게서 떼어낼 수 있었다

질문 1 이 문제를 해결하기 위한 맥도날드사의 획기적인 메시지는 무엇이었을까?

질문 2 악소문과 루머에 시달릴 때 더 강력한 메시지를 사용하는 것의 효과는 무엇일까?

관련 논문 헤드카피 언어가 소비자 광고 태도에 미치는 영향(김종규 외, 2014)

기업들은 소비자의 관심을 끌기 위해 다양한 언어적 요소, 시각적 요소 등을 광고에서 적극적으로 활용한다. 이 논문은 인쇄 광고의 헤드 카피에 집중하여 헤드 카피에 사용된 언어(한글 Vs. 영어)가 소비자의 광고 태도에 미치는 영향을 분석하였다.

관련 도서 《넘버스 스틱!》, 칩 히스, 칼라 스타, 웅진지식하우스
《순간의 힘》, 칩 히스, 댄 히스, 웅진지식하우스

관련 학과 경영정보학과, 관광경영학과, 국제경영학과, 광고홍보학과, 국제관계학과, 국제물류학과, 국제학부, 글로벌경영학과, 글로벌비즈니스학과, 무역학과, 인류학과, 사회학과, 신문방송학과, 심리학과, 정치외교학과

관련 교과
2022 개정 교육과정: 화법과 언어, 사회와 문화, 경제, 사회문제 탐구, 인간과 심리
2015 개정 교육과정: 화법과 작문, 사회·문화, 사회문제 탐구, 경제, 심리학

핵심키워드	핵개인, 개인주의, 생존, 미래

시대예보: 핵개인의 시대

송길영 | 교보문고 | 2023

時代豫報
시대예보:
핵개인의 시대
時代豫報

우리는 모두 쪼개지고, 흩어지고, 홀로 서게 됩니다. 디지털 도구와 인공지능 시스템의 도래, 얼마나 더 길어질지 모르는 생애주기, 조직과 가족이라는 테두리의 무너짐, 권위주의의 몰락과 기록권의 와해, 자기 삶을 수정해 나가는 태도로 답습하기보다 시작하는 용기로 무장한, 엄청난 속도로 새 규칙을 만드는 핵개인이 탄생합니다. 한 철의 기상을 알려주는 일기예보가 아닌, 삶을 대비하기 위한 더 큰 흐름의 '시대예보'를 시작합니다.

송길영 宋吉永

이 책은 학벌 인플레이션, 돌봄 과도기, 투명 사회, 효도의 종말 등이 대두되는 현재의 시대 현상을 살펴본다. 저자는 5분 존경 사회, 글로벌 계급장, AI 동료, 마이크로 커뮤니티, 미정산 세대 등이 예견되는 미래의 핵 개인 시대를 예고한다. 계속 변화하는 세상은 우리에게 끊임없이 변화의 시그널을 보낸다. 핵개인의 시대에 각자의 생존을 위해 우리가 준비해야 할 것이 무엇인지를 알려준다.

탐구 주제

주제1 저자는 디지털 도구와 인공지능의 발전으로 기존에 힘을 발휘하던 권위가 쪼개지고, 조직과 가족의 울타리가 흩어져 각자의 역량과 생존을 고민하는 개인의 시대가 올 것이라고 말한다. 이 책에서 말하는 핵개인의 의미를 분석하고, 이에 대한 생각을 보고서로 작성해 보자.

주제2 현 시대는 개인이 상호 네트워크의 힘으로 자립하는 개인의 시대다. 젊은 층들은 자신들의 자유를 제한하는 모든 것을 권위적이라고 느끼고, 핵개인들은 '권위적'이라는 말 자체를 혐오한다고 한다. 이런 상황에서 모든 이가 인정하는 바람직한 권위에 대해 탐색해 보자.

주제3 서양과 한국의 개인주의의 차이점 탐구

주제4 핵개인 시대의 문제점 탐색

학생부 기록 예시 (교과세특)

핵가족의 시대를 넘어 이제는 더 작은 단위인 핵개인의 시대로 가고 있다는 저자의 주장에 공감하며 '혼밥족'의 예를 제시함. 핵개인은 집단주의적 사고와 기성 문법에서 벗어나 자기 삶의 결정권을 가진 존재로, 삶을 답습하기보다 수정하는 태도와 용기를 지녔다고 분석함. 세상의 눈높이에 맞추지 않고 스스로 기준을 세워 나가는 핵개인 시대를 대비하기 위해 자기에 더 집중해서 자기를 탐색하려는 노력이 필요하다고 주장함.

사고력 레벨up

제시문 어른은 아이를 돌보고, 아이가 자라 다시 어른을 돌보는 식의 효도 시스템이 변화하고 있다. 부모와 자식 중 어느 한쪽의 일방적 희생 대신 서로가 자립하는 방식을 모색하고 있다.

질문 1 각 개인이 서로의 미래를 돌보는 시스템은 어떤 문제를 만들 수 있을까?

질문 2 새로운 시대가 요구하는 바람직한 시스템은 어떤 형태로 이루어져야 할까?

관련 논문 개인화 시대의 '개인주의'에 대한 개념적 탐색(김수정, 2019)

이 논문은 '개인화'라는 사회구조적 변동의 현실에서 개인주의에 대한 이해를 넓히고, 현대사회의 가치와 도덕적 원리로서 개인주의의 가능성을 탐색한다. 서구 개인주의의 개념, 핵심 가치, 갈등과 대립을 검토하고, 개인주의와 관련하여 탐구되어야 할 주제와 쟁점을 논의한다.

관련 도서 《미래 사회, 공감이 진짜 실력이다》, 도대영, 푸른칠판
《아이가 사라지는 세상》, 조영태 외, 김영사

관련 학과 경영정보학과, 관광경영학과, 국제경영학과, 국제관계학과,국제학부, 글로벌비즈니스학과, 무역학과, 인류학과, 사회학과, 신문방송학과, 심리학과, 인류학과, 철학윤리학과, 정치외교학과, 철학과, 윤리교육과

관련 교과 2022 개정 교육과정: 독서토론과 글쓰기, 사회와 문화, 현대사회와 윤리, 경제, 논술
2015 개정 교육과정: 독서, 경제, 사회·문화, 생활과 윤리, 사회문제 탐구

핵심키워드	상품, 광고, 컨셉, 스토리텔링

신상품

천지윤 외 | 북스톤 | 2023

이 책은 특공대 조직인 와디즈 알파 3팀이 1년여간 일하면서 쌓아온 시장 및 카테고리·제품·광고에 관한 각자의 노하우와 다양한 분야에서 직접 경험한 시행착오를 담고 있다. 무명의 브랜드가 억대 매출을 낼 수 있던 이유, 작은 규모에도 팬층을 착실히 쌓아 가는 브랜드의 비밀, 개인 창작자와 1인 사업가가 1위를 할 수 있는 비결 등을 알려 준다. 좋은 제품을 잘 팔고 싶은 사람들에게 도움을 준다.

탐구 주제

주제1 아이디어나 기획력이 좋으면 기술력이 없어도 제품을 만들 수 있고, 사업자가 아니어도 얼마든지 자기 제품을 팔 수 있다. 무엇이든 팔 수 있는 시대에 중요한 것은 '어떻게 파느냐'이다. 온라인 시장의 트렌드 변화를 분석하고, 제품을 잘 팔 수 있는 비결을 탐색해 보자.

주제2 와디즈는 우리나라 최대 크라우드펀딩 플랫폼이다. 대한민국 최대 신상품 경연장, 와디즈의 100억 디렉터인 저자들이 말하는 상품기획, 스토리텔링, 마케팅 노하우를 통해 제품을 특별하게 보여주는 3가지 비법이 무엇인지 분석하고, 이에 대한 자신의 생각을 발표해 보자.

주제3 메리트와 베네핏의 차이점 분석

주제4 온라인 유통의 특징과 장단점 탐색

학생부 기록 예시 (교과세특)

'신상품(천지윤 외)'을 읽고 온라인 시장의 트렌드 변화와 제품을 잘 팔 수 있는 방법을 분석함. 한때는 온라인에서는 '특가'를 내세우고 쿠폰을 붙여 싸게 팔면 대부분 잘 팔렸으나 지금은 가격이 전부가 아니라고 분석함. 다양한 SNS를 이용하여 사고 싶은 욕구가 생길 수 있도록 마케팅하는 것이 중요하며, 긴 설명보다 구매자의 짧은 후기가 더 효과적이라고 주장함. 소비자를 설득하기 위해서는 상품에 대한 철저한 분석이 중요함을 알게 됨.

사고력 레벨up

제시문 세계관이 뚜렷한 경우, 그것을 다수의 대중들이 공감한다면 매출로 연결된다. 하지만 대중의 공감대를 이끌어 내지 못한다면 사업이 아닌 예술을 한 것이다.

질문 1 내가 하고 싶은 것을 하는 것과, 시장이 원하는 것을 하는 것의 차이점은?

질문 2 '브랜딩의 답은 내 안에 있고, 마케팅의 답은 사람들에게 있다'라는 말의 의미는?

관련 논문 시민적 크라우드 펀딩의 성공 요인 : 비영리조직의 '와디즈' 이용 사례 분석(이효원, 김상민, 2020)

이 논문은 비영리적인 목적의 크라우드 펀딩 사용과 그 성공 요인에 대해 분석한다. 이 연구는 한국의 대표적인 크라우드 펀딩 플랫폼인 와디즈 내에서 공익을 목적으로 시행된 펀딩의 사례 분석을 통해 시민적 크라우드 펀딩의 성공 요인을 찾는다.

관련 도서 《무조건 팔리는 심리 마케팅 기술 100》, 사카이 도시오, 동양북스
《와디즈와 함께 하는 뻔FUN한 펀딩 프로젝트》, 윤여원 외, 엔북

관련 학과 ICT융합학과, 경영정보학과, 국제경영학과, 국제관계학과,국제학부, 글로벌비즈니스학과, 기술경영학과
디지털기술경영학과, 무역학과, 문화콘텐츠학과, 사회학과, 언론정보학과, 응용통계학과, 호텔경영학과

관련 교과 2022 개정 교육과정 : 독서토론과 글쓰기, 사회와 문화, 경제, 사회문제 탐구, 논리와 사고
2015 개정 교육과정 : 경제, 사회·문화, 사회문제 탐구, 논리학, 심리학

핵심키워드	프레임워크, 조직관리, 아메바, 경영 철학

아메바 경영

이나모리 가즈오 | 한국경제신문사 | 2017

이 책은 이나모리 가즈오를 대표하는 '아메바 경영'의 핵심과 실행 방법을 담은 책이다. 저자가 아메바 경영을 고민하게 된 시작부터 '교세라'를 창업하고 대기업으로 성장시키기까지 적용한 모든 방법론과 구체적 실천법을 그대로 담고 있다. 각 기업의 경영자를 비롯한 조직의 리더가 되고 싶은 사람들, 공기업 또는 정부 조직을 효율적으로 개혁하고자 하는 이들 모두에게 유익한 지침서이다.

탐구 주제

주제1 이 책은 아메바 경영의 구체적인 실행 방법과 함께, 이 실행법들이 지속가능한 형태로 작동하기 위해 반드시 알아야 하는 이나모리 가즈오 경영 철학을 충실히 소개하고 있다. '아베마 경영'이 무엇인지를 탐색하고, 이에 대한 자신의 생각을 발표해 보자.

주제2 노력을 다했는데도 불구하고 업무 실적이 좋지 않으면 어쩔 수 없이 실적 관련 수치를 조작하는 경우가 발생할 수 있다. '사람의 마음을 의식하며 경영하라'라는 경영 철학을 지닌 저자는 이런 현상을 방지하기 위해 어떤 관리시스템을 구축했는지 탐색해 보자.

주제3 경영자 의식을 높이는 방법 탐색

주제4 '교세라'를 세계적 기업으로 성장시킨 원인 분석

학생부 기록 예시 (교과세특)

'아메바 경영(이나모리 가즈오)'를 읽고 아메바 경영의 의미와 효과를 탐색하여 보고서로 작성하여 발표함. 아메바 경영은 큰 조직을 소집단(아메바)으로 쪼개고, 그 작은 조직의 리더를 임명해 공동 경영과 같은 형태로 회사를 경영하는 것이라고 설명함. 이를 활용하면 회사의 구석구석까지 치밀하게 관찰할 수 있게 되면서 매우 세밀한 조직 운영이 가능하다고 주장함. 아메바 경영은 강력한 리더십의 톱다운식 경영이 아니라, 조직의 전원이 참가하는 수평적 경영을 강조한다고 발표함.

사고력 레벨up

제시문 경영의 기본은 불필요한 지출을 줄이는 것이다. 일반적으로 매출이 늘면 경비도 늘어날 수밖에 없다고 생각하지만, 현실을 보면 반드시 그런 것은 아니다.

질문 1 매출을 더욱 늘리기 위해서 지출을 늘리는 경영의 문제점은 무엇일까?

질문 2 매출이 늘어나도 경비를 늘리지 않거나 경비를 줄일 수 있는 효과적인 방법은?

관련 논문 Kyocera의 독창적 관리회계비법: 아메바경영의 경영철학과 이익중심점의 융합(이건영, 2015)

이 논문은 일본의 대표적 IT부품 제조업체인 Kyocera의 독창적 경영관리기법인 아메바 경영의 사례를 정리한 것이다. 아메바 경영에서는 조직 형태를 아메바라고 하는 소집단의 관리조직으로 구축하고, 그 조직에 이익센터로서의 기능을 부여하여 관리한다.

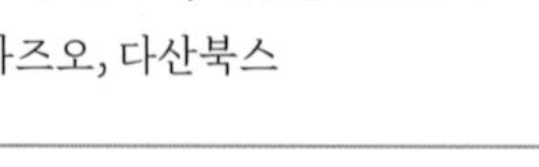

관련 도서 《이나모리 가즈오의 마지막 수업》, 이나모리 가즈오, 매일경제신문사
《어떻게 회사는 강해지는가》, 이나모리 가즈오, 다산북스

관련 학과 관광경영학과, 관광학과, 국제경영학과, 국제관계학과, 국제학부, 경영정보학과, 경영학과, 경제학과, 기술경영학과, 사회학과, 언론정보학과, 응용통계학과, 의료경영학과, 정치외교학과, 행정학과, 회계학과

관련 교과
2022 개정 교육과정: 독서토론과 글쓰기, 사회와 문화, 경제, 국제관계의 이해, 사회문제 탐구
2015 개정 교육과정: 경제, 사회·문화, 정치와 법, 사회문제 탐구, 창의 경영

핵심키워드 원자재, 중개, 자본주의, 권력

얼굴 없는 중개자들

하비에르 블라스, 잭 파시 | 알키 | 2023

이 책은 원자재 중개업체와 중개자의 세계를 다룬다. 원자재 중개업체를 소개하고 세계 3대 원자재 중개업체의 탄생과 업계 흐름을 소개한다. 이 책을 위해 저자는 공개 의무가 없는 원자재 중개업체의 재무 상황, 그들의 자회사 상황과 지배 구조, 거래 방식 등에 대한 자료를 수집해 분석했다. 석탄, 석유, 천연가스 등 세계 원자재 중개업자들의 본 모습을 분명하게 보여준다.

탐구 주제

주제1 이 책은 한국어판 발매 이전부터 이미 언론에 소개된 책이다. 공급망 위기와 물가 상승, 패권 전쟁 등의 원인 중 하나인 원자재 중개업체와 중개자를 조명한 최초의 책이기 때문이다. 세계의 보이지 않는 큰 손, 원자재 중개업체의 전통적인 투자 방법을 분석해 보자.

주제2 '착한 소비, 지속가능한 경영, ESG'라는 요즘 트렌드의 대척점엔 원자재 중개업체가 있다. 그들은 기후변화의 원인인 석유와 석탄으로 큰돈을 벌고, 독재와 아동노동으로 탄생한 면화와 원두를 거래하기 때문이다. 원자재 중개업체의 본 모습을 탐색하고, 이를 비판해 보자.

주제3 인간의 욕망과 자연환경의 연관성 탐색

주제4 원자재 중개자들의 공통점 고찰

학생부 기록 예시 (교과세특)

원자재 중개업체는 상업 원자재뿐만 아니라 쌀, 밀과 같은 곡물, 육류 등에 이르기까지 세계 경제의 보이지 않는 큰손이라는 것을 알게 됨. 그들의 전통적인 투자 방법은 특정 지역에서 원자재를 구입해 다른 지역에다 웃돈을 붙여 파는 차익 거래 방식이라고 설명함. 돈에 대한 그들의 욕망이 커질수록 그 몫은 고스란히 소비자의 부담으로 남게 된다고 설명함. 자본시장을 움직이는 세력들을 통해 정치와 경제는 밀접한 관계에 있다는 것을 깨달음.

사고력 레벨up

제시문 원자재 중개자들은 전쟁, 기아 등의 어려움을 틈타 거액을 벌고 있다. 그럼에도 그 수익을 공개하거나, 그 수익에 적합한 세금이나 사회적 기여도 하지 않는다.

질문 1 현재의 우크라이나 러시아 전쟁은 이들에게 어떤 기회를 주고 있을까?

질문 2 원자재 중개업체에 대해 직접적으로 조사하지 않은 특별한 이유는 무엇일까?

관련 논문 원자재 가격 상승이 원자재 수출국의 경제에 미친 영향(김성우, 2009)

이 논문은 2002년 이후 원자재 가격의 지속적인 상승이 원자재 수출국의 경제에 어떤 영향을 미쳤는지 분석한다. 일반적인 기대와는 달리 원자재 가격상승이 원자재 수출국의 해당 산업이 성장하는데 직접적인 공헌을 크게 하지는 못한 것으로 판단된다.

관련 도서 《원자재를 알면 글로벌 경제가 보인다》, 이석진, 한국금융연수원
《빈곤의 가격》, 루퍼트 러셀, 책세상

관련 학과 경영정보학과, 경영학과, 경제학과, 국제경영학과, 국제관계학과, 국제학부, 국제물류학과, 글로벌경영학과, 법학과, 사회학과, 신문방송학과, 언론정보학과, 정치외교학과, 통계학과, 행정학과, 회계학과,

관련 교과 2022 개정 교육과정 : 주제탐구 독서, 경제, 정치, 국제관계의 이해, 사회문제 탐구
2015 개정 교육과정 : 경제, 사회·문화, 정치와 법, 사회문제 탐구, 논술

핵심키워드 | 경영 철학, 창업자, 팀워크, 도전

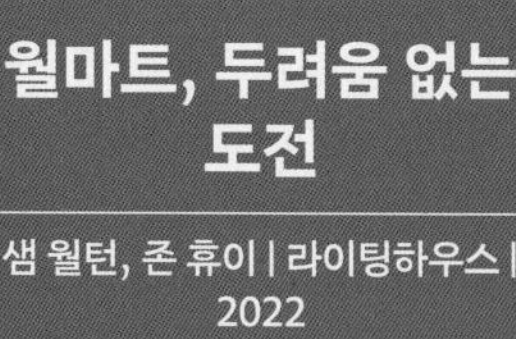

월마트, 두려움 없는 도전

샘 월턴, 존 휴이 | 라이팅하우스 | 2022

이 책은 미국의 최대 유통업체인 월마트의 창업자, 샘 월튼의 자서전이다. 순차적 생애가 아니라 월마트가 현재의 모습까지 성장하는 동안 그가 어떤 철학을 가지고 회사를 경영했는지를 상세히 담아낸, 기업가로서의 회고록과 같은 책이다. 작은 시골 잡화점에서 시작해 세계 최대 유통 기업이 되기까지, 세계 최고의 부자 가문을 일군 샘 월턴의 성공 스토리를 통해 그의 경영 철학을 알 수 있다.

탐구 주제

주제1 샘 월턴은 가족과 생활에서는 근검 절약을 강조하는 보수적인 면모를 보였지만, 비즈니스에서만큼은 언제나 기존 시스템을 거부하고 전면적인 혁신을 추구했다. 세계 최대 매출 기업 월마트를 키워 낸 그의 경영 철학을 분석하고, 이에 대한 자신의 생각을 발표해 보자.

주제2 저자는 부자가 되는 것보다는 자신이 뛰어든 분야에서 최고의 능력을 발휘하는 것을, 거대한 기업이 되는 것보다는 고객에게 최고의 서비스를 제공하는 우수한 기업을 만드는 것이 목표였다고 한다. 이 책을 읽고 인상 깊었던 내용을 중심으로 독서감상문을 작성해 보자.

주제3 성공적인 기업 운영을 위한 월마트의 10가지 규칙 탐색

주제4 샘 월턴의 기업가 정신 탐구

학생부 기록 예시 (교과세특)

샘 월턴의 '역발상의 경영 철학'에 대해 탐색하고 이에 대한 생각을 프리젠테이션으로 정리하여 발표함. 기존 업체들이 마진율 관리와 대도시에 집중할 때, 월마트는 '최저가'와 '고객 만족'의 원칙으로 소도시 중심의 사업을 확장했으며, 고객을 대하는 평범한 직원에게 책임과 권한을 주어 자신의 일에 책임감을 가지도록 했다고 설명함. 이런 역발상의 경영 철학은 월마트가 고속 성장할 수 있었던 숨은 비결이 될 수 있었다고 주장함.

사고력 레벨up

제시문 월마트는 지난 1998년 7월, 한국 시장에 진출하였으나 2006년 5월, 한국 진출 8년만에 전격적으로 철수한다. 이는 글로벌 시장에서의 전례 없는 퇴각으로 평가된다.

질문 1 세계적인 유통업체인 월마트가 한국 시장에서 실패한 원인은?

질문 2 한국형 대형 유통 할인점의 모델과 미국형 월마트 모델의 차이점은 무엇일까?

관련 논문 다국적기업의 문화제국주의: 한국진출 월마트를 중심으로(신건철 외, 2011)

다국적 기업은 대부분의 시장에서는 소비자들의 환영을 받지만, 일부에서는 같은 방식의 경영을 함에도 불구하고 문화제국주의라는 부정적인 의미로 받아들여진다. 이 논문은 다국적 기업의 행태에 따라 소비자들이 문화적 제국주의 개념을 어떻게 형성하는가를 고찰한다.

관련 도서 《기업 경영에 숨겨진 101가지 진실》, 김수헌, 어바웃어북
《톰 피터스 탁월한 기업의 조건》, 톰 피터스, 한국경제신문사

관련 학과 경영정보학과, 경영학과, 경제학과, 관광경영학과, 국제경영학과, 국제관계학과, 국제물류학과, 국제통상학과, 글로벌경영학과, 사회교육과, 사회학과, 소비자경제학과, 심리학과, 정치외교학과, 행정학과

관련 교과 2022 개정 교육과정: 독서토론과 글쓰기, 사회와 문화, 경제, 사회문제 탐구, 인간과 철학
2015 개정 교육과정: 경제, 사회·문화, 사회문제 탐구, 창의 경영, 철학

핵심키워드	인사이트, 마케팅, 소비자, 존재감

이것은 작은 브랜드를 위한 책

이근상 | 몽스북 | 2021

이 책은 수많은 히트 광고를 탄생시킨 광고계 혁신의 아이콘인 저자가 다양한 작은 브랜드를 위해 쓴 응원서이다. 그는 '깊이'의 성장을 위한 37가지의 구체적 솔루션을 제시하고, 시대 변화에 맞게 기존의 마케팅 원칙에서 벗어나 새로운 관점을 가지라고 제안한다. 안타까운 실패 사례, 전혀 새로운 관점으로 브랜드를 성공으로 이끌었던 사례 등 저자만의 인사이트와 정보를 담고 있다.

탐구 주제

주제1 저자는 30년 넘게 주로 큰 브랜드의 브랜딩과 마케팅을 해왔다. 그는 '어느 날 고개 들어 사방을 둘러보니 세상은 엄청나게 달라져 있었다'고 하며 기존 성장 방식은 동력을 잃고 있다고 주장한다. 이를 통해 저자가 말하고자 하는 것이 무엇인지 탐색해 보자.

주제2 광고 시장은 주로 대기업을 중심으로 돌아간다. 막대한 광고비와 매체 비용을 지불할 수 있는 능력은 거대 자본을 지닌 대기업 브랜드만이 가능하기 때문이다. 하지만 이 책에서는 이러한 시장의 흐름이 이미 무너졌다고 선언한다. 그 이유가 무엇인지 분석해 보자.

주제3 작은 브랜드의 성공적인 마케팅 전략 탐구

주제4 소비자를 브랜드 공동체의 일원으로 만드는 전략 모색

학생부 기록 예시 (교과세특)

'작은 브랜드'의 의미를 탐색하고, 저자가 말하고자 하는 핵심 내용을 정리하여 발표함. 저자가 말하는 '작은'은 절대적 크기가 아닌 '큰 브랜드'와 비교한 상대적 개념이라고 설명함. 큰 브랜드들은 '빠르게, 크게, 넓게'에, 작은 브랜드는 '느리게, 적게, 좁게'에 주목하는 기업이라고 정의함. 의미 있는 브랜드가 되기 위해서는 크기보다는 '깊이'의 성장이 필요하며 이를 위해 자신만의 색깔을 명확히 하고, 존재감을 드러내야 한다고 주장함.

사고력 레벨up

제시문 진정성 있는 기술을 가지고 한 분야에서 성공적으로 출발한 작은 브랜드들은 꽤 많은 편이다. 그러나 그 기술을 활용해 한 분야에서 더욱 깊이 뿌리를 내리지 못한다.

질문 1 성공적으로 출발한 작은 브랜드들이 성공하지 못하는 이유가 무엇일까?

질문 2 양적 성장을 위해 외연을 넓혀가는 선택을 하는 브랜드의 문제점은?

관련 논문 기업 가치 향상을 위한 브랜드 경영 로드맵 연구(이길형, 이원공, 2011)

이 논문은 2002년 이후 원자재 가격의 지속적인 상승이 원자재 수출국의 경제에 어떤 영향을 미쳤는지 분석한다. 일반적인 기대와는 달리 원자재 가격상승이 원자재 수출국의 해당 산업이 성장하는데 직접적인 공헌을 크게 하지는 못한 것으로 판단된다.

관련 도서 《브랜드로부터 배웁니다》, 김도영, 위즈덤하우스
《나라는 브랜드를 설계하라》, 캐서린 카푸타, 알에이치코리아

관련 학과 경영정보학과, 경영학과, 경제학과, 관광경영학과, 광고홍보학과, 국제경영학과, 국제관계학과, 글로벌경영학과, 기술경영학과, 사회교육과, 사회학과, 소비자경제학과, 심리학과, 응용통계학과, 회계학과

관련 교과
2022 개정 교육과정: 주제탐구 독서, 사회와 문화, 경제, 사회문제 탐구, 인간과 심리
2015 개정 교육과정: 경제, 사회·문화, 사회문제 탐구, 창의 경영, 심리학

핵심키워드	조직, 의사, 쌍방향, 몰입

인터널 커뮤니케이션

이연재 | 커뮤니케이션북스 | 2023

이 책은 크게 달라진 조직 구성과 커뮤니케이션 환경 속에서 인터널 커뮤니케이션을 조직 전략과 목표에 어떻게 효율적으로 이용할 것인가를 알려 준다. 전략적 커뮤니케이션으로 직원들은 조직을 신뢰하며 조직에 만족하고 헌신할 수 있고 결국 조직의 성과로 이어진다. 뉴노멀 시대에 바람직한 직장 내 커뮤니케이션의 방법과 포스트 코로나 시대 인터널 커뮤니케이션 이론과 실천 방향을 제시한다.

탐구 주제

주제1 인터널 커뮤니케이션은 조직 내부의 직원과 리더 간 상호 작용 및 관계를 관리하는 중요한 전략이다. 최근 한 조사에 따르면 미국 내 직원 중 약 32%만이 업무 몰입 상태에 있다고 한다. 인터널 커뮤니케이션과 직원 몰입과의 상관관계를 분석하여 보고서로 작성해 보자.

주제2 과거 단선적이고 위계적이던 각 조직의 의사 전달 및 정보 전달 방식이 다원화되어 그 내용도 훨씬 복잡해졌다. 더욱이 코로나 팬데믹 이후 변화한 근무 형태는 효율적인 쌍방향 의사소통의 중요성을 더욱 부각시켰다. 각 조직의 효율적인 커뮤니케이션 방안을 탐색해 보자

주제3 인터널 커뮤니케이션을 통한 직원 몰입 방법 탐색

주제4 우수한 인터널 커뮤니케이션 전략을 이용한 기업 사례 분석

학생부 기록 예시 (교과세특)

인터널 커뮤니케이션의 개념을 정리하고, 직원 몰입과의 상관관계를 분석하여 탐구보고서를 작성함. 인터널 커뮤니케이션은 적절한 정보 제공, 직원 간의 상호 작용, 동기 부여, 의견 수집 등으로 조직에 대한 직원들의 몰입도를 높이는 역할을 한다고 설명함. 또한 인터널 커뮤니케이션이 직원들의 몰입도와 높은 상관관계가 있음을 보여주는 통계 자료를 제시하고, 이를 정확하게 해석함. 자신의 생각을 논리적으로 표현하는 활동에 적극적으로 참여함.

사고력 레벨up

제시문 일방적인 정보 제공이 아닌, 양방향으로 오고 가는 조직-직원 간 의견 교환은 조직 발전의 기반이 될 수 있다. 그러나 이로 인해 새롭게 해결해야 할 문제가 생기기도 한다.

질문 1 더 빨라지고, 다양해진 커뮤니케이션 방식은 어떤 문제점을 발생할 수 있을까?

질문 2 이로 인해 발생하는 문제를 해결하기 위한 구체적인 방법에는 어떤 것들이 있을까?

관련 논문 조직 커뮤니케이션의 이론에 관한 연구(성연옥, 2012)

이 논문은 경영 환경의 변화로 조직의 본질이 급속하게 변화되는 현실에서, 조직 커뮤니케이션 이론의 현황과 추이를 살펴본다. 커뮤니케이션의 접근 이론과 조직 커뮤니케이션 이론의 다양한 연구 접근법을 통해 최근 조직 커뮤니케이션 이론의 주요 동향을 논의한다.

관련 도서 《2023 커뮤니케이션 핵심 이론》, 정인숙, 오미영, 커뮤니케이션북스
《베조스의 청사진, 커뮤니케이션 기술》, 카민 갤로, 프리렉

관련 학과 경영정보학과, 경영학과, 경제학과, 광고홍보학과, 국제관계학과, 국제물류학과, 국제학부, 국제경영학과, 글로벌경영학과, 기술경영학과, 무역학과, 사회학과, 식품자원경제학과, 인류학과, 정치외교학과

관련 교과 2022 개정 교육과정 : 화법과 언어, 사회와 문화, 경제, 사회문제 탐구, 인간과 심리
2015 개정 교육과정 : 언어와 매체, 사회·문화, 경제, 사회문제 탐구, 심리학

핵심키워드 | 미래, 화성, 테슬라, 혁신

일론 머스크

월터 아이작슨 | 21세기북스 | 2023

이 책은 일론 머스크가 태어나기 전, 모험을 즐겼던 외할아버지와 공학을 전공한 아버지 이야기로부터 시작하여 스페이스 X의 초대형 우주선이 발사 후 폭발하는 상황까지 담았다. 세계적인 전기 전문 작가인 저자는 2년 넘게 일론 머스크 곁에서 그의 이야기를 기록하고, 130여 명과의 인터뷰를 종합적으로 분석해 그를 스티브 잡스 이후 세상을 바꾼 시대의 혁신가라고 평가했다.

탐구 주제

주제1 일론머스크에 대한 평가는 다양하다. 혁신가이자 인류를 구할 영웅, 미래 산업의 선두 주자, 몽상가이자 사기꾼, 문제적 기업가 등 그를 향한 대중과 언론의 평가는 극단적으로 갈린다. 이 책을 읽고 '일론머스크는 미래의 영웅인가? 망상가인가?'를 주제로 토론해 보자.

주제2 이 책에는 일론 머스크의 남달랐던 면모가 담겨 있다. 우주에 대한 꿈을 키우고, 직접 게임을 만들었던 초등학교 시절, 사업가적 기질을 발휘한 대학 시절 등에서 우리가 몰랐던 그의 성장 과정을 알 수 있다. 오늘날의 일론머스크를 만든 배경과 원인이 무엇인지 탐색해 보자.

주제3 머스크가 트위터의 기업 문화에 일으킨 변화 탐색

주제4 테슬라의 탄생과 미래 전망 분석

학생부 기록 예시 (교과세특)

'일론머스크(월터 아이작슨)'를 읽고 미래 사회의 변화와 문제 해결을 의한 토론과 글쓰기에 적극적으로 참여함. 일론머스크를 바라보는 다양한 시각에 대한 토론에서 상대측의 논리적 허점을 정확하게 파악하여 분석함. 이와 연계하여 다양한 사례를 수집하여 자신의 주장을 제시하는 보고서를 작성함. 일론머스크는 보통 사람들이 보기에 미쳤다고 생각할 정도의 큰 꿈과 엄청난 추진력을 지닌 사람으로, 그에 대한 평가는 단편적이 아닌 종합적으로 이루어져야 한다고 주장함.

사고력 레벨up

제시문 일론 머스크가 뛰어들면 산업 지형이 변한다고 한다. 매일 그의 트윗에 따라 주가가 오르내린다. 그는 일반적인 사업가와는 생각이 완전히 다르다.

질문 1 일반적인 사업가의 생각과 일론 머스크의 생각은 어떤 점에서 차이가 날까?

질문 2 끊임없이 새로운 것을 추구하는 일론 머스크가 바라는 미래 사회의 모습은?

관련 논문 혁신 기업, 테슬라 모터스의 패러독스 경영(이민재, 정진섭, 2016)

이 논문은 최근 급격한 성장을 한 테슬라 모터스의 성장 배경을 살펴보고, 경영 전략의 가장 중요한 이론적 프레임워크인 자원기반이론에 기반하여 테슬라의 핵심역량을 도출한다. 또한 테슬라의 성장 과정에서 나타난 경영 패러독스의 극복 및 해결에 대해 분석한다.

관련 도서 《일론 머스크, 미래의 설계자》, 애슐리 반스, 김영사
《일론 머스크 디스럽션 X》, 추동훈, 매일경제신문사

관련 학과 인공지능학과, 경영정보학과, 관광경영학과, 국제경영학과, 광고홍보학과, 국제관계학과, 국제물류학과, 국제학부, 글로벌경영학과, 글로벌비즈니스학과, 인류학과, 사회학과, 응용통계학과, 정치외교학과

관련 교과 2022 개정 교육과정: 주제탐구 독서, 사회와 문화, 정치, 경제, 논리와 사고
2015 개정 교육과정: 독서, 사회·문화, 경제, 정치와 법, 창의 경영

핵심키워드	성장, 통찰, 리더, 삶

일의 격

신수정 | 턴어라운드 | 2021

이 책은 일과 삶에 대한 경험과 통찰로 많은 직업인에게 공감과 열광적 지지를 받으며 선한 영향력을 실천한 저자의 글을 엮었다. '성장, 성공, 성숙'이라는 세 가지 주제를 바탕으로 개인과 조직, 그리고 삶을 더 가치 있게 변화시킬 수 있는 실천적 해법을 제시한다. 막연한 위로와 응원 대신 지금 흘리고 있는 땀과 눈물의 본질적 의미를 이해할 수 있는 삶의 지혜와 용기를 준다.

탐구 주제

주제1 저자는 삶에서 중요한 것 중의 하나는 '나답게 사는 것'이라고 말한다. 또한 나답게 산다는 것은 남들의 기분에 맞추는 것이 아니라 나의 기준에 맞추는 것이라고 한다. '나 다움'이란 무엇인가를 살펴보고, 자신의 삶에서 가장 중요하게 여기는 것에 대해 발표해 보자.

주제2 전문가는 어떤 분야를 연구하거나, 그 일에 종사하여 그 분야에 상당한 지식과 경험을 지닌 사람이다. 리더는 조직이나 단체를 이끌어 가는 위치에 있는 사람이다. 이 책의 내용을 중심으로 전문가와 리더의 공통점과 차이점을 분석하여 보고서로 작성해 보자.

주제3 포기하는 삶이 필요한 이유 분석

주제4 내 삶의 주인이 될 수 있는 방법 모색

학생부 기록 예시 (교과세특)

'일의 격(신수정)'을 읽고 자신의 배경 지식을 활용하여 글의 내용을 해석하며, 저자가 제시한 주장의 핵심을 정확하게 파악함. '나답게 산다는 것'은 스스로의 기준에 따라 사는 것이라 정의하고, 이와 관련된 자신의 구체적인 경험을 사례로 제시함. 그동안 남들의 기분에 맞추기 위해서 하기 싫은 일을 거절하지 못한 자신을 반성하는 계기가 되었다고 발표함. 필자의 의도를 다양한 관점에서 분석하고 이를 자신의 문제로 연결하여 결론을 제시하는 능력이 우수함.

사고력 레벨up

제시문 많은 사람들은 자신이 열심히 노력하지 않아서 성공하지 못한 것이라 생각한다. 그러나 실제로는 실패할까 두려워서 열심히 노력하지 않았을 수도 있다.

질문 1 도전했다가 실패할 것을 두려워해서 스스로를 미리 제한한 경험은?

질문 2 자신은 열심히 노력했다고 생각하는데 결과가 성공적이지 않다면 어떻게 해야 할까?

관련 논문 SNS상의 나의 모습은 삶의 행복을 주는가?: SNS 내 과시적 자기표현과 우울감(김연주, 강내원, 2019)

이 논문은 인정욕구와 SNS상의 과시적 자기표현 간의 관계를 규명하고 과시적 자기표현이 개인의 심리적 경향인 우울감에 미치는 영향 관계를 고찰한다. 또한 SNS 이용 정도가 어떤 조절적 기능을 하는지를 규명하기 위해 구조방정식 모형을 구축하여 논의한다.

관련 도서 《거인의 리더십》, 신수정, 앳워크
《통찰의 시간》, 신수정, 알투스

관련 학과 경영정보학과, 관광경영학과, 국제경영학과, 광고홍보학과, 국제관계학과, 국제물류학과, 국제학부, 글로벌경영학과, 글로벌비즈니스학과, 무역학과, 인류학과, 사회학과, 신문방송학과, 심리학과, 정치외교학과

관련 교과 2022 개정 교육과정: 독서토론과 글쓰기, 사회와 문화, 경제, 사회문제 탐구, 인간과 심리
2015 개정 교육과정: 화법과 작문, 사회·문화, 사회문제 탐구, 경제, 심리학

핵심키워드 | 피플, 복지 제도, 성장, 일 문화

일터의 설계자들

나하나 | 웨일북 | 2023

이 책은 삼성, LG, SK 등 대한민국 100대 기업들이 직접 찾아와 배웠던 우아한형제들의 일 문화에 대해 소개한다. 회사의 조직체계보다는 일 자체에 집중할 수 있는 문화 형성의 중요성을 말한다. 일터에 바로 적용할 수 있는 체계적인 방법뿐 아니라 배려, 친절, 존중과 같은 인간적 가치들을 강조한다. 일 문화는 기업의 지속 가능한 성장을 위해 반드시 필요한 것임을 알 수 있다.

탐구 주제

주제1 팬데믹은 일터의 패러다임을 완전히 바꿔 놓았다. 더 이상 직장에 헌신하지 않는 이들로 급격하게 세대가 교체되는 지금, 좋은 인재를 유치하고 오래 붙잡아 두려는 회사의 고민 또한 깊어지고 있다. 이런 위기를 돌파할 수 있는 원동력은 무엇인지 탐색해 보자.

주제2 최근 삼성이 대대적인 조직 개편을 하면서 인사실을 피플팀으로 바꿔 화제가 되었다. 삼성은 우아한형제들의 일 문화를 직접 견학해 배워 가기도 했다고 한다. 국내 최초로 피플실을 만들고 혁신적인 일 문화를 선도해 온 우아한형제들의 철학을 분석하여 보고서로 작성해 보자.

주제3 오피스 빅뱅의 의미와 특성 연구

주제4 워라밸에서 워라블로 이어진 직장인의 의식변화 탐색

학생부 기록 예시 (교과세특)

독서력이 왕성한 학생으로, 평소 다양한 분야의 책을 읽고, 이를 꾸준히 감상문 형식으로 기록함. '일터의 설계자들(나하나)'을 읽고 '더 이상 연봉과 복지만으로 인재를 유치할 수 없다'는 것을 알게 되었으며, 이에 대한 대안을 마련하기 위한 각 기업의 사례를 제시함. 어떤 상황에도 흔들리지 않는 회사가 되기 위한 전략은 회사와 직원이 교감할 수 있는 '존중' 즉, 일 문화의 본질에 있음을 책에 제시된 내용을 근거로 설득력 있게 주장함.

사고력 레벨up

제시문 각 기업의 궁극적인 목적은 성장을 통한 이윤 창출이다. 그러나 이 책에서는 직원들을 몰입하게 하는 일 문화가 가장 우선시 되어야 한다고 말한다.

질문 1 자신이 기업가라면 회사의 성장과 일 문화 중 어떤 것에 중점을 둘까?

질문 2 양립할 수 없을 것 같은 이 둘을 동시에 만족시킬 수 있는 방법은 무엇일까?

관련 논문 세대 문화와 기업 문화: 기업 내 세대 간 문화적차이에 따른 일 만족도를 중심으로(고태경 외, 2021)

이 논문은 한국의 기업 문화가 2010년 이후 등장한, 새로운 세대 문화를 내재한 젊은 세대로 인해 어떤 변화를 맞이하는가를 연구한다. 이를 위해 새롭게 등장한 청년 세대의 세대 문화 특성을 탐색하고, 기업조직 내 세대 간 문화적 차이를 탐구한다.

관련 도서 《이기적 직원들이 만드는 최고의 회사》, 유호현, 스마트북스
《리더는 마음을 만지는 사람이다》, 김명중, EBS BOOKS

관련 학과 경영정보학과, 경영학과, 경제학과, 관광경영학과, 국제경영학과, 국제관계학과,국제학부, 글로벌비즈니스학과, 무역학과, 언론정보학과, 사회학과, 신문방송학과, 심리학과, 인류학과, 정치외교학과, 철학과

관련 교과
2022 개정 교육과정: 주제탐구 독서, 사회와 문화, 경제, 사회문제 탐구, 인간과 철학
2015 개정 교육과정: 독서, 경제, 사회·문화, 사회문제 탐구, 철학

핵심키워드

주식, 채권, 기업지배구조, 주주

주식회사 이야기

이준일 | 이콘 | 2023

이 책은 주식회사의 설립 과정뿐만 아니라 채권이나 주식의 개념을 직관적인 예시와 실제 기업의 사례를 통해서 알기 쉽게 설명한다. 우리나라 기업들이 배당을 적게하는 이유, 지배주주와 비지배주주의 상충된 이해관계도 알려 준다. 이미 우리가 알고 있던 주식회사의 면모에 대해서는 더 자세히, 또 그동안 몰랐던 주식회사의 다른 모습에 대해서도 자세히 설명한 안내서이다.

탐구 주제

주제1 주식회사는 인류가 만들어 낸 가장 효율적인 혁신 기관으로, 새로운 제품과 기술, 공정을 개발하고 대량의 물품을 저렴한 값에 공급할 수 있게 했다. 그 결과 인류의 생활 수준이 과거에 비할 수 없을 만큼 높아졌다. 이런 발전을 가능하게 한 주식회사의 특성을 고찰해 보자.

주제2 선진국의 대열에 들어선 우리나라에도 성숙기를 거쳐 쇠퇴기로 접어드는 기업들이 있다. 이제는 개인의 주식 장기 보유를 위해 각 기업은 중간에 안정적인 배당 수익을 보장할 필요가 있다. 주주들에게 기업의 이익을 환원하는 외국의 사례를 조사하고, 그 정당성을 탐색해 보자.

주제3 주식회사의 역사로 본 발전 방향 탐구

주제4 주식회사와 사회적 책임 간의 상관관계 분석

학생부 기록 예시 (교과세특)

경영학도를 꿈꾸는 학생으로 자신의 관심사와 관련된 다양한 책을 읽고 탐구보고서를 작성하여 발표함. 주식회사의 탄생으로 누구나 아이디어만 있으면 투자를 받아 새로운 사업을 시작할 수 있는 환경이 조성되었고, 이로 인해 수많은 새로운 산업이 탄생했다고 발표함. 주식회사의 탄생 배경을 역사적으로 조사하여 친구들에게 쉽게 설명함. 가치 있는 정보를 선별하고 조직할 줄 알며, 자신의 생각을 일관성있게 표현하는 능력이 우수함.

사고력 레벨up

제시문 주식회사의 경영자는 주주를 위해 열심히 일해야 한다. 경영을 맡겼을 때, 경영자가 다른 마음을 먹어 대충 일하거나 자신만의 이익을 위해 일하는 것을 막아야 한다.

질문 1 경영자가 자신만의 이익을 위해 행동한 결과 사회적인 문제가 된 사례는?

질문 2 경영자가 열심히 일할 수 있도록 주주로서 해야 할 바람직한 태도는?

관련 논문 주식회사의 지배구조와 근로자의 경영참여(정응기, 2019)

이 논문은 주식회사의 본질을 주주, 근로자, 경영자 등이 장기적이고 위계적인 관계로 결합한 사회적 생산 단위로 본다. 주식회사의 지배 구조에서 회사의 업무를 집행하는 경영자가 구성원의 일부인 주주의 이익만을 극대화하도록 하는 '주주 중심주의'의 타당성을 논의한다.

관련 도서 《세이노의 가르침》, 세이노, 데이원
《전설로 떠나는 월가의 영웅》, 피터 린치, 존 로스차일드, 국일증권경제연구소

관련 학과 경영정보학과, 경영학과, 경제학과, 관광경영학과, 광고홍보학과, 국제경영학과, 국제관계학과, 국제학부, 글로벌비즈니스학과, 무역학과, 문화콘텐츠학과, 사회학과, 언론정보학과, 응용통계학과, 호텔경영학과

관련 교과 2022 개정 교육과정: 주제탐구 독서, 사회와 문화, 경제, 사회문제 탐구, 금융과 경제생활
2015 개정 교육과정: 독서, 경제, 사회·문화, 사회문제 탐구, 실용 경제

핵심키워드	조직 문화, 소통, 핵심 가치, 조직원

최고의 조직

김성준 | 포르체 | 2022

이 책은 조직의 성장과 구성원의 성취를 위해 '조직 문화'를 재정비해야 한다고 강조한다. 성과 창출과 부서 간의 소통을 고민하는 리더와 조직에 불만을 가진 조직원들 모두에게 최고의 조직을 만들기 위한 역할을 제시한다. 저자는 대한민국 최고의 조직 문화 현장 전문가다운 예리한 통찰로 조직의 사기와 성과를 내는 솔루션을 제공하며 대기업의 조직 문화도 알려 준다.

탐구 주제

주제1 조직 문화란 조직의 목표를 달성하고 성과를 내기 위해 형성된 정신적 소프트웨어다. 문화가 인류 문명을 발전시키고 여유와 삶을 되찾아 주었다면, '조직 문화'는 구성원들의 사기를 북돋아 주는 역할을 한다. 이 책을 읽고 모둠원들과 함께 조직 문화의 특성에 대해 토의해 보자.

주제2 데이비드 패커드는 '많은 기업이 굶주림보다는 소화불량으로 죽는다'라고 했다. 이는 많은 조직이 돈이 없어서 죽기보다는, 지나치게 많이 먹어 과식으로 죽는다는 뜻이다. 이러한 기업의 사례를 제기하고, 이를 해결하는 바람직한 방안에 대해 탐색해 보자.

주제3 직장인의 행복과 일의 성과간의 상관관계 분석

주제4 에머빌의 '전진의 법칙' 탐색

학생부 기록 예시 (교과세특)

'최고의 조직(김성준)'을 읽고, 모둠원들과 함께 조직 문화의 특성에 대해 토의함. 조직 문화가 바뀌려면 리더뿐만 아니라 다른 조직원도 그 변화를 받아들여야 하기 때문에 상호 간의 소통과 공감이 이루어져야 한다고 주장함. 또한 조직의 미션과 비전을 실현하기 위해 모두가 실천할 수 있도록 리더는 독려하고 솔선수범해야 한다고 설명함. 모둠원들과 원활하게 협의하면서 다양한 생각을 경청하고, 이를 통합하는 데에 주도적인 모습을 보임.

사고력 레벨up

제시문 오스트리아, 이스라엘, 스웨덴 등에서는 직원들이 편안한 분위기에서 권력자의 의견을 비판하거나 반박할 수 있다. 그러나 한국, 중국, 인도와 같은 나라에서는 그렇지 않다.

질문 1 이러한 수평적 문화와 수직적 문화의 차이는 어디에서 비롯되었을까?

질문 2 각각의 장단점을 밝히고, 최고 경영자와 직원의 바람직한 관계는 어떠해야 할까?

관련 논문 공·사조직의 조직 문화와 조직 사회자본 : Hofstede의 모형을 중심으로(박희봉, 송용찬, 2018)

이 논문은 기업조직과 공공조직의 구성원 간의 관계가 분석하면서 두 조직의 공통점과 차이점을 고찰한다. 또한 조직 문화가 사회자본에 어떤 영향을 미치는지를 가장 보편적으로 인용되고 있는 Hofstede(1980; 1995; 2005)의 문화 유형으로 비교·분석한다.

관련 도서 《두려움 없는 조직》, 에이미 에드먼드슨, 다산북스
《새로운 시대 조직의 조건》, 김미진 외, 위즈덤하우스

관련 학과 경영학과, 경제학과, 관광경영학과, 국제경영학과, 국제관계학과, 국제학부, 경영정보학과, 기술경영학과, 사회학과, 심리학과, 언론정보학과, 응용통계학과, 의료경영학과, 정치외교학과, 행정학과, 회계학과

관련 교과
2022 개정 교육과정: 독서토론과 글쓰기, 사회와 문화, 정치, 경제, 사회문제 탐구
2015 개정 교육과정: 경제, 사회·문화, 정치와 법, 사회문제 탐구, 창의 경영

핵심키워드	원자재, 중개, 자본주의, 권력

취향을 설계하는 곳, 츠타야

마스다 무네아키 | 위즈덤하우스 | 2017

이 책은 츠타야의 마스다 무네아키 사장이 사원들에게만 공유했던 기획과 경영에 대한 모든 것을 담았다. 츠타야는 이제 서적뿐만 아니라 음반, 생활용품, 전자 제품, 여행과 숙박까지 다루고 있어, 지적 자본이 결집한 공간의 미래를 보여 준다. 책에서 강조하는 저자의 노력, 중요하지만 당연한 가치를 꾸준히 고집해 온 집념에서 삶을 대하는 인간의 진실한 태도를 느낄 수 있다.

탐구 주제

주제1 츠타야 서점은 일본 컬처 컨비니언스 클럽(CCC)의 전국 브랜드로 35평 작은 대여점에서 시작해 현재 일본 내 1,400개 매장을 갖춘 국민 브랜드로 성장했다. 츠타야가 성장할 수 있었던 원인을 탐색하고, 이에 대한 자신의 생각을 보고서로 작성해 보자.

주제2 츠타야를 방문한 사람들은 한결같이 츠타야 서점을 '꼭 들러봐야 할 곳, 마음이 편안해지는 곳, 원했던 삶이 있는 곳'이라고 평가한다. 오프라인 매장에서는 구경만 하고 온라인에서 최저가를 찾아 구매하는 시대에 소비자들의 발길을 붙든 츠타야 공간의 특징을 탐색해 보자.

주제3 츠타야의 독특한 기업 경영법 분석

주제4 마스다 무네아키의 인생과 경영 철학 분석

학생부 기록 예시 (교과세특)

'취향을 설계하는 곳, 츠타야(마스다 무네아키)'를 읽고 츠타야 성장의 원인을 탐색하고 이에 대한 자신의 생각을 보고서로 작성함. 우리나라 복합 서점과 츠타야 서점과의 공통점과 차이점을 분석하고, 오늘날의 성과를 만든 동력은 마스다 무네아키의 독특한 기업 경영에 있음을 설명함. 특히 편안한 공간 설계를 위해 철저한 시장 조사와 현장 답사가 기본임을 밝히고, 츠타야의 겉모습만을 벤치마킹해서는 결코 성공을 거둘 수 없다고 주장함.

사고력 레벨up

제시문 츠타야 서점을 벤치 마킹한 다케오시 도서관은 인구가 적은 지방의 소도시에 있다. 저자는 오직 기획력으로만 승부하고자 조건이 열악한 입지를 골랐다고 고백한다.

질문 1 열악한 입지를 이겨내기 위해 가장 중요하게 생각해야 할 것은 무엇일까?

질문 2 기획은 훌륭하게 잘 되었다고 하더라도 성공하지 못한 사례를 찾는다면?

관련 논문 문화공간으로서 서점에서 나타나는 제3공간적 특성과 이용형태에 관한 연구(김미지, 백진, 2018)

이 논문은 도시의 활력을 높여주는 편안한 일상 공간으로서의 서점의 특성과 효과를 이해하고, 도시적 조건에서 제3의 공간적 방향에 대해 논의한다. 제3의 장소는 가정과 일 이외의 공공 생활의 일상적 장소로, 이 또한 개인의 삶을 풍요롭게 함을 탐구한다.

관련 도서 《지적 자본론》, 마스다 무네아키, 민음사
《라이프 스타일을 팔다》, 마스다 무네아키, 베가북스

관련 학과 경영정보학과, 경영학과, 경제학과, 국제경영학과, 국제관계학과, 국제학부, 국제물류학과, 글로벌경영학과, 법학과, 사회학과, 소비자학과, 신문방송학과, 심리학과, 언론정보학과, 정치외교학과, 통계학과

관련 교과 2022 개정 교육과정: 주제탐구 독서, 사회와 문화, 경제, 사회문제 탐구, 인간과 심리
2015 개정 교육과정: 독서, 경제, 사회·문화, 사회문제 탐구, 심리학

핵심키워드	경영 철학, 환경 보호, 환경운동가, 가치소비

파타고니아, 파도가 칠 때는 서핑을

이본 쉬나드 | 라이팅하우스 | 2020

이 책은 옳은 것과 좋아하는 것 모두 얻으며 세계 최고가 된 파타고니아의 성공 비결과 경영 철학을 담았다. 파타고니아가 위기에 처할 때마다 저자가 신념처럼 지켜 온 8가지 경영 철학을 구체적으로 정리했다. 미국 풀뿌리 환경운동가들에게 가장 큰 영향을 끼친 책 중 하나로, 친환경을 넘어 필환경이 기본이 된 시대에 기업들이 나아가야 할 원칙과 비전을 제시하고 있다.

탐구 주제

주제1 이본 쉬나드는 환경운동가들조차 양립할 수 없다고 믿었던 사업적 성공과 환경 보호라는 두 가지 목표를 모두 실현했다. 신제품이 출시될 때마다 품절 대란을 일으키고, 매해 성장률을 경신하며 열광적인 팬을 거느리는 기업 파타고니아의 경영 철학을 탐색해 보자.

주제2 미국의 블랙프라이데이 기간, 뉴욕타임스에 '이 재킷을 사지 마세요(Don buy this jacket)'라는 광고가 게시된다. 엉뚱한 카피를 내세우면서 소비자들에게 자사의 제품을 사지 않을 것을 권유하는 이 광고는 큰 반향을 불러일으켰다. 이 광고에 담긴 의미를 분석해 보자.

주제3 가치소비의 의미와 사례 분석

주제4 친환경 시대의 기업들이 지켜야 할 원칙 고찰

학생부 기록 예시 (교과세특)

'파타고니아, 파도가 칠 때는 서핑을(이본 쉬나드)'을 읽고 파타고니아를 만든 이본 쉬나드의 삶과 경영 철학을 탐색함. 이본은 돈을 벌기 위해서가 아닌 환경을 위한 경영을 했다고 주장함. 목화가 환경에 가장 피해를 주는 소재임을 안 이후, 모든 면제품을 유기농 목화로 제작하여 엄청난 재정난에 시달린 사례를 제시함. 이로 인해 더 많은 기업들이 사회적 책임에 관심을 지니게 되었다고 설명함. 매년 총매출액의 1%를 환경단체에 기부하는 이본 쉬나드의 진정성은 파타고니아 경영의 기본 정신이라고 주장함.

사고력 레벨up

제시문 파타고니아는 자체적인 '원웨어(Worn Wear) 프로그램'을 통해 무료 수선 서비스를 제공한다. 새 제품을 소비하기보다 최대한 오래 수선하며 입도록 장려하는 것이다.

질문 1 파타고니아가 '원웨어(Worn Wear) 프로그램'을 제공하는 이유는 무엇일까?

질문 2 이윤을 창출하는 것보다 환경 보호를 우선시하는 경영인에 대한 자신의 평가는?

관련 논문 파타고니아 '원 웨어(Worn wear)'기업의 사회적 책임(CSR)사례 연구(박소현, 2020)

이 논문은 현대 패션 산업과 브랜드에 요구되는 '기업의 사회적 책임'에 대해 논의한다. 이 연구는 파타고니아의 'Worn wear'에 초점을 맞춘다. Worn wear는 파타고니아의 자체 소비자로부터 제품을 재구매하고 수리하는 파타고니아의 시스템이다.

관련 도서 《왜 파타고니아는 맥주를 팔까?》, 신현암, 전성률, 흐름출판
《파타고니아 이야기》, 이본 쉬나드, 한빛비즈

관련 학과 경영정보학과, 경영학과, 경제학과, 관광경영학과, 국제경영학과, 국제관계학과, 국제물류학과, 국제통상학과, 글로벌경영학과, 미학과, 사회교육과, 사회학과, 소비자경제학과, 심리학과, 환경교육과, 환경학과

관련 교과
2022 개정 교육과정: 독서토론과 글쓰기, 사회와 문화, 경제, 기후변화와 지속가능한 세계, 인간과 철학
2015 개정 교육과정: 독서, 경제, 사회·문화, 사회문제 탐구, 창의 경영

핵심키워드 | 비즈니스 전략, 바이어, 장사, 상술

한국상인, 중국상인, 일본상인

이영호 | 스노우폭스북스 | 2023

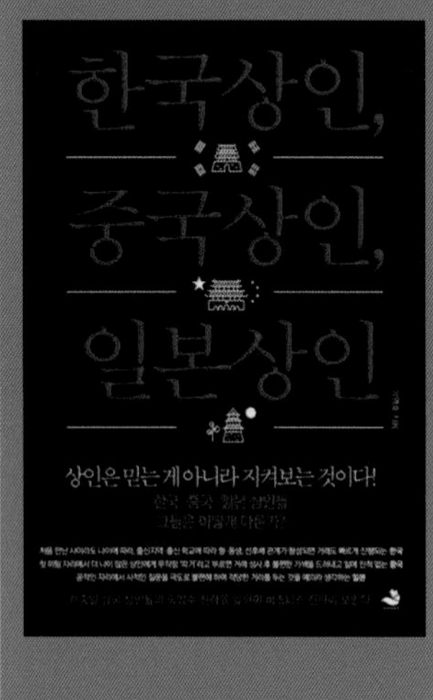

이 책은 중국과 일본, 한국 상인들의 비즈니스 전략을 바탕으로 상인을 다루는 기술과 각국 기업들의 속임수 전략 등을 다룬다. 20여 개국에 의류와 패션 잡화를 수출해 온 저자가 직접 보고, 듣고, 경험한 비즈니스 현장을 바탕으로 비즈니스 노하우를 집약했다. 한중일 비즈니스 전략부터 상인들의 가치관과 상술 방식 등 치열한 무역 경쟁에서 살아남는 생존 전략을 알 수 있다.

탐구 주제

주제1 한국과 중국과 일본은 가깝고도 먼 나라이다. 역사적, 정치적, 사회적, 문화적으로 비슷한 점도 있지만, 서로 다른 점도 많다. 이 책을 읽고 세 나라의 공통점과 차이점을 분석하고, 성공적인 비즈니스 전략을 주제로 한 논술문을 작성해 보자.

주제2 중국과 일본의 상인들과 성공적으로 거래하기 위해서는 항상 깨어 있어야 한다고 한다. 그들의 말속에 숨어 있는 의미를 파악하고, 그들의 상술에 당하지 않기 위해 대처하는 방법을 알아야 한다. 이 책에서 제시하는 성공적인 거래 방법을 요약하여 발표해 보자.

주제3 상인이 갖춰야 할 기본 자세 탐구

주제4 한국인이 잘못 알고 있는 중국·일본에 대한 시각 분석

학생부 기록 예시 (교과세특)

한국과 중국, 일본 세 나라의 공통점과 차이점을 분석하고, 성공적인 비즈니스를 위한 태도에 관한 논술문을 작성함. 성공적인 비즈니스를 위해서는 마음을 열고 믿을 수 있는 절대 시간이 필요하며, 그 이후 마음을 공유하는 전략을 써야 한다고 주장함. 또한 자신의 마음을 완전히 드러내지 말고, 상대방의 말을 열심히 듣는 것이 중요하다고 논술함. 이 책을 읽고 나라별 다른 생각과 가치관을 정확하게 파악하는 것이 비즈니스의 승패를 좌우한다는 것을 깨달음.

사고력 레벨up

제시문 비즈니스에서 상호 신뢰와 인연을 이어가는 전략으로 상대방을 친구나 가족처럼 대하라고 한다. 하지만 자신의 회사를 보호하기 위해서 무조건적인 믿음은 절대적이지 않다.

질문 1 비즈니스 관계에서 상대방을 무조건적으로 믿을 때 생길 수 있는 문제는?

질문 2 신뢰 관계가 형성된 이후 이익을 추구하는 전략을 사용하는 것의 효과는?

관련 논문 한중일 비즈니스 협상과 문화의 고찰(김미정, 채대석, 2010)

이 논문은 시장 확대나 국제 투자를 희망하는 기업들이 비즈니스 협상에서 반드시 살펴보아야 할 각 나라의 문화적 차이의 중요성을 논의한다. 특히 비즈니스 측면에서 우리가 반드시 고려해야 할 한국과 중국, 그리고 일본의 문화를 차이를 중심으로 고찰한다.

관련 도서 《한국인만 모르는 일본과 중국》, 미치가미 히사시, 중앙북스
《일본이 온다》, 김현철, 쌤앤파커스

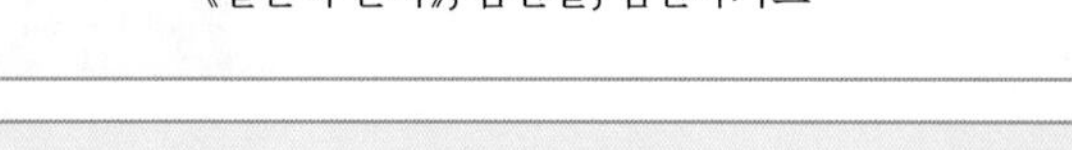

관련 학과 경영정보학과, 경영학과, 경제학과, 관광경영학과, 광고홍보학과, 국제경영학과, 국제관계학과, 글로벌경영학과, 사학과, 사회교육과, 사회학과, 소비자경제학과, 심리학과, 인류학과, 응용통계학과, 회계학과

관련 교과
2022 개정 교육과정: 주제탐구 독서, 사회와 문화, 동아시아 역사기행, 경제, 국제관계의 이해
2015 개정 교육과정: 동아시아사, 경제, 사회·문화, 사회문제 탐구, 심리학

핵심키워드	브랜딩, 마케팅, AI, 지식재산권

AI로 브랜딩하다

서지영, 임승철 | 매일경제신문사 | 2023

이 책은 AI 기술을 활용하여 브랜딩하는 방법을 쉽고 자세히 알려 준다. 챗GPT에게 적절한 프롬프트를 주고, 거기에서 얻은 답으로 브랜드 기획부터 로고 디자인까지 브랜드를 만들어 가는 과정, 브랜딩 후 마케팅하는 방법까지 자세히 알려 준다. 이 책을 읽고 AI를 자신만의 비서로 활용하여 업무 효율과 수익을 올리는 방법과 AI를 활용한 브랜딩을 배울 수 있다.

탐구 주제

주제1 19세기 사진 기술의 발명은 초상화를 그리던 화가들의 일자리를 뺏을 것이라 예상했다. 그러나 당시 화가들은 미술사에 한 획을 걷은 인상주의파를 등장시키며 새로운 예술 세계를 창조했다. 오늘날 AI의 등장을 우리는 어떻게 받아들이는 것이 바람직한지를 토론해 보자.

주제2 브랜딩이란 소비자와의 관계 형성에서 시작해서 브랜드와 소비자가 가치를 공유하는 과정이다. 즉 '브랜드'라는 사물이나 서비스의 이미지를 형성하는 추상적인 과정이라고 할 수 있다. 브랜딩에 AI를 사용하는 것의 장단점을 탐색하고, 이에 대한 자신의 생각을 발표해 보자.

주제3 AI가 불러 올 마케팅 시장의 변화 고찰

주제4 AI 사용의 윤리적인 방법 탐색

학생부 기록 예시 (교과세특)

AI의 등장으로 변화할 우리의 생활을 예상하고, 이러한 현상을 바라보는 관점에 대한 토론에 적극적으로 참여함. 생성형 AI는 인간에게 놀라움과 동시에 자신의 직업을 빼앗길 수도 있겠다는 두려움을 주었다고 설명함. 걱정하기보다는 변화하는 현실을 인정하며, AI를 자신의 일에 적용할 수 있는 능력을 갖추는 것이 중요하다고 주장함. 자신의 입장에 대한 근거를 다양하게 제시하고, 논리적이고 일목요연하게 주장하는 모습이 탁월함.

사고력 레벨up

제시문 생성형 AI는 인간들의 상상을 현실로 표현해 주는 도구로 변하고 있다. 즉 생각과 창의력을 갖추고 AI를 활용한다면, 모든 사람이 디자이너가 될 수도 있다.

질문 1 AI와 인간이 각각 더 잘 할 수 있는 분야는 어떤 것이 있을까?

질문 2 자신이 AI를 활용하는 창업이나 창직을 한다면 어떤 분야에 도전하고 싶은가?

관련 논문 AI 커뮤니케이션 브랜딩에 관한 연구-AI 스피커의 브랜드 아이덴티티 구축을 중심으로(박보람, 오세원, 2020)

이 논문은 AI 스피커를 통해 AI 커뮤니케이션에 있어서의 브랜드 아이덴티티(BI) 형성 요인과 전략을 고찰하고 있다. 브랜딩이 주로 시각적 아이덴티티를 통해 신뢰를 형성하였다면, AI, 빅데이터, 자율주행 등은 '음성 커뮤니케이션'을 통한 것임을 알려 준다.

관련 도서 《AI 비즈니스 레볼루션》, 이진형, 포르체
《2024 AI 트렌드》, 딥앤와이랩스 외, 한스미디어

관련 학과 문화인류학과, 경영정보학과, 경영학과, 관광경영학과, 광고홍보학과, 글로벌경영학과, 데이터사이언스학과, 문화콘텐츠학과, 디지털미디어과, AI소프트웨어학과, 인공지능학과, 컴퓨터공학과

관련 교과
2022 개정 교육과정: 직무 의사소통, 확률과 통계, 인공지능 수학, 경제, 인공지능 기초
2015 개정 교육과정: 실용 국어, 확률과 통계, 인공지능 수학, 경제, 인공지능 기초

핵심키워드	경영 혁신, 리더십, 도전, 창의성

B2B 경영, 훅하고 딜하라

배재훈 | 포르체 | 2022

이 책은 현대상선의 대표였던 저자가 현장에서 부딪히며 쌓은 영업과 협상 전략, 경영 노하우, 성공하는 기업, 도전하는 경영을 위한 내용을 담고 있다. 기업의 강점을 파악하는 법, 창의적 제품 개발을 위해 알아야 하는 것, 기업의 유지·확장에 필요한 프로세스 등 경영에 반드시 필요한 통찰과 전략을 전달한다. 성공적인 경영을 꿈꾸는 리더들에게 '경영 바이블'의 역할을 하는 책이다.

탐구 주제

주제1 B2B란 인터넷을 기반으로 하는 전자상거래의 유형 가운데 하나로 기업 간 거래 또는 기업 간 전자상거래 라고 한다. 이에 반해 개인 소비자를 대상으로 하는 소비재 마케팅을, B2C(Business-to-Consumer)라고 한다. B2B와 B2C의 공통점과 차이점을 비교·분석해 보자.

주제2 성공하는 기업들은 시대의 변화에 발 빠르게 대응해야 한다. 기업을 이끄는 경영인은 리더십이 필요하며, 매 순간 선택하고 끊임없이 결정을 내려야 한다. 이 책을 읽고 경영의 개념에 대해 살펴보고, 자신이 생각하는 좋은 경영인의 모습에 대해 논술해 보자.

주제3 성공하는 기업의 특징 분석

주제4 창의적 제품 개발을 위한 프로세스 탐색

학생부 기록 예시 (교과세특)

B2B와 B2C는 같은 전자상거래의 형태이지만, 마케팅 목표에 큰 차이점이 있다고 분석함. 기업 간의 거래인 B2B는 미래의 잠재적인 구매 기회를 발굴하고 유지하는 것이 목표라면, 소비자를 대상으로 하는 B2C는 소비자의 구매 욕구를 자극하여, 즉각적인 구매를 이끌어 내는 것이 목표라고 설명함. 과거의 마케팅이 B2C에 집중되었고, 최근 B2B분야에서도 온라인을 활용하여 필요한 정보를 다양하게 수집하는 현상을 구체적인 사례를 들어 설명함.

사고력 레벨up

제시문 기업가는 기업의 유지와 확장을 위해 노력해야 한다. 따라서 기업가는 사업의 안정적인 운영과 과감한 도전 사이에서 갈등하는 경우가 많다.

질문 1 기업을 현 상태로 유지하는 것과 확장하는 것의 장단점은 무엇일까?

질문 2 자신이 기업가라면 어떤 선택을 할 것인가? 그 이유는 무엇인가?

관련 논문 국내 B2B마케팅의 연구 동향과 향후 연구방향(한상린, 2014)

이 논문은 마케팅 분야의 국내 4개 주요 학술지에서 발표된 B2B 마케팅 관련 논문들의 주요 이론적 배경과 연구 특성, 자료 분석과 방법론 등을 정리하고 있다. 또한 국내 B2B 마케팅의 연구 동향과 앞으로 나아가야 할 바람직한 연구 방향을 제시한다.

관련 도서 《B2B 마케팅으로 밥 먹고 살기》, 김보경, 디지털북스
《100년 기업의 변화경영》, 윤정구, 지식노마드

관련 학과 경영정보학과, 경영학과, 경제학과, 관광경영학과, 국제경영학과, 국제관계학과, 국제통상학부, 글로벌경영학과, 글로벌비즈니스학과, 기술경영학과, 응용통계학과, 의료경영학과, 호텔경영학과

관련 교과 2022 개정 교육과정: 직무 의사소통, 경제 수학, 직무 영어, 경제, 사회와 문화
2015 개정 교육과정: 확률과 통계, 경제 수학, 진로 영어, 경제, 사회·문화

핵심키워드 스몰 브랜드, 트라이브십, 커뮤니티, RAW콘텐츠

Z세대 트렌드 2024

대학내일20대연구소 | 위즈덤하우스 | 2023

이 책은 트렌드의 주도층으로 자리 잡은 Z세대를 집중 조명한다. Z세대의 사회 진출이 본격화되면서 새로운 소비 주도층으로 떠오르는 요즘, 그들 사이에서 유행하는 것을 분석하여 공략하는 것이 기업의 주요 과제가 되었다. 초개인화 시대에 시간과 공간의 경계를 넘어 영향력을 발휘하는 Z세대의 특성을 소비, 콘텐츠, 관계 등을 다양한 측면에서 심도 있게 살펴본다.

탐구 주제

주제1 Z세대란 1996년에서 2008년 사이에 출생한 세대로, 이제 막 사회로의 진출을 본격화하고 있다. 이 책에 드러난 그들만의 취향과 관심사를 살펴보고, 새로운 공동체를 만드는 Z세대의 특성과 그들의 새로운 경쟁력에 대해 분석하여 발표해 보자.

주제2 Z세대는 길이, 형식에 구애받지 않고 날것의 묘미를 보여 주는 콘텐츠에 호응한다. 5시간이 넘는 라이브 방송, 편집되지 않은 비하인드 콘텐츠, 좌충우돌 실패담 등을 챙겨 보는 까닭이 여기에 있다. Z세대에게 관심을 끌 수 있는 새로운 콘텐츠에 관해 탐색해 보자.

주제3 트라이브십(Tribeship)의 의미와 경쟁력 탐색

주제4 Z세대 트렌드의 공통점 분석

학생부 기록 예시 (교과세특)

Z세대의 라이프스타일과 관심사를 살펴보고, 그들의 특성과 경쟁력에 대해 탐색함. Z세대는 기존 세대가 지닌 혈연, 학연, 지연을 뛰어넘어 자신들만의 새로운 공동체를 만들고 있다고 설명함. 아주 작은 공감대만으로 만들어진 Z세대들의 다양한 커뮤니티를 조사하여 발표함. 개성이 독특하고 서로의 스타일을 존중하는 Z세대의 특성은 각종 연결 고리에 민감한 구시대의 악습을 끊고 새로운 우리 사회를 이끌 가장 큰 힘이 될 것이라고 주장함.

사고력 레벨up

제시문 한 대형 엔터테인먼트사가 아티스트 양성 학원을 설립했는데, 입학 조건이 '자퇴'라고 한다. 아티스트를 꿈꾸는 고등학생이라면 누구나 학교와 학원 사이에서 갈등할 수 있다.

질문 1 데뷔가 보장되지 않더라도 재능과 흥미가 있는 분야에 도전해야 할까?

질문 2 정규교육과정을 마치고 자신의 꿈을 찾는 것과 그렇지 않은 경우의 차이점은?

관련 논문 신세대 특성과 라이프 스타일 연구-Z세대를 중심으로(박혜숙, 2016)

이 논문은 급속하게 변화하고 있는 Z세대 소비 욕구를 분석하고 이를 반영할 실질적이고 효과적인 마케팅 전략 수립을 연구한다. Z세대의 특징에 적절한 다양한 마케팅 전략과 상품기획이 사회 문화 전반의 산업 활성화에 도움을 준다는 것을 알려 준다.

관련 도서 《Z세대 트랜드 2023》, 대학내일20대연구소, 위즈덤하우스
《결국 Z세대가 세상을 지배한다》, 김용섭, 퍼블리온

관련 학과 경영정보학과, 경영학과, 경제학과, 관광경영학과, 국제경영학과, 국제관계학과, 국제통상학부, 광고홍보학과, 글로벌경영학과, 글로벌비즈니스학과, 사회학과, 소비자학과, 신문방송학과, 호텔경영학과

관련 교과
2022 개정 교육과정: 화법과 작문, 언어생활 탐구, 확률과 통계, 사회와 문화, 경제
2015 개정 교육과정: 화법과 작문, 확률과 통계, 경제, 사회·문화, 실용 경제

경제

순번	도서명	저자명	출판사명
1	10대를 위한 방과 후 주식 특강	박성현	다림
2	1일 1단어 1분으로 끝내는 금융공부	이혜경	글담
3	1일 1장 뽑아 쓰는 냅킨 경제학	티나 헤이	더퀘스트
4	가난한 미국 부유한 중국	김연규	라의눈
5	가짜 노동	데니스 뇌르마르크, 아네르스 포그 옌센	자음과모음
6	경기순환 알고 갑시다	김영익	위너스북
7	경제기사 궁금증 300문 300답	곽해선	혜다
8	경제학 콘서트 1	팀 하포드	웅진지식하우스
9	경제학이 필요한 순간	김현철	김영사
10	국제거래와 환율 쫌 아는 10대	석혜원	풀빛
11	금리의 역습	에드워드 챈슬러	위즈덤하우스
12	기후를 위한 경제학	김병권	착한책가게
13	나쁜 사마리아인들	장하준	부키
14	넛지: 파이널 에디션	리처드 H. 탈러, 캐스 R. 선스타인	리더스북
15	노이즈: 생각의 잡음	대니얼 카너먼 외	김영사
16	다시, 케인스	존 메이너드 케인스 외	포레스트북스
17	당신의 경제 IQ를 높여라	한순구	삼성글로벌리서치
18	대한민국 돈의 역사	홍춘욱	상상스퀘어
19	대한민국에서 가장 쉽게 쓴 민법책	오수현	시원북스
20	도넛 경제학	케이트 레이워스	학고재
21	돈으로 살 수 없는 것들	마이클 샌델	와이즈베리
22	메타버스 유토피아	마크 반 리메남	21세기북스
23	미래를 읽는 문화경제 트렌드	최연구	중앙경제평론사
24	밥 먹여주는 경제학	셰종보	더페이지
25	벤 버냉키의 21세기 통화 정책	벤 S. 버냉키	상상스퀘어

순번	도서명	저자명	출판사명
26	변절 빌런의 암호화폐 경제학	정재웅	책밥
27	부자 아빠 가난한 아빠1	로버트 기요사키	민음인
28	부자의 그릇	이즈미 마사토	다산북스
29	블록체인과 코인 누가 돈을 버는가	예자선	지식과감성#
30	세계시민이 된 실험경제반 아이들	김나영	리틀에이
31	세계지도를 펼치면 돈의 흐름이 보인다	박정호	반니
32	애덤 스미스	니콜라스 필립슨	한국경제신문
33	앨빈 토플러 청소년 부의 미래	앨빈 토플러, 하이디 토플러	청림출판
34	예정된 미래	이현훈	파지트
35	왜 부자만 더 부유해질까	해들리 다이어, 미첼 버나드	아울북
36	외계어 없이 이해하는 암호화폐	송범근	책비
37	위기의 역사	오건영	페이지2
38	이강국의 경제 EXIT	이강국	책세상
39	일본이 온다	김현철	쌤앤파커스
40	장하준의 경제학 레시피	장하준	부키
41	죽은 경제학자의 살아있는 아이디어	토드 부크홀츠	김영사
42	지방소멸	마스다 히로야	와이즈베리
43	지적 대화를 위한 넓고 얕은 지식 1	채사장	웨일북
44	챗GPT가 내 생각을 훔친다면	김미주	책폴
45	청소년을 위한 위대한 경제학 고전 25권을 1권으로 읽는 책	홍기훈	빅피시
46	초강달러시대,돈의 흐름	홍재화	포르체
47	타임라인 경제교실	태지원	동녘
48	플랫폼노믹스	윤상진	포르체
49	화폐의 미래	에스와르 S. 프라사드	김영사
50	AI 이후의 세계	헨리 키신저 외	윌북

핵심키워드	주식, 채권, 투자, 주가

10대를 위한 방과 후 주식 특강

박성현 | 다림 | 2022

이 책은 청소년들에게 주식 투자 방법을 가르치는 것이 아닌 주식 공부로 경제를 이해하고 세상을 보는 눈을 길러 준다. 주식도, 경제도 모른 채 어른이 된 취준생 구연상의 흥미로운 스토리를 따라가면서 주식 투자에 대한 기초적인 지식뿐만 아니라 성공적인 주식 투자를 위해 필요한 것은 무엇인지 알게 되고, 나아가 살아가는데 필요한 경제활동의 기초적인 지식을 익힐 수 있다.

탐구 주제

주제1 청소년들이 가지고 있는 유행이나 트렌드에 대한 민감성을 물건을 소비하는 데만 이용할 것이 아니라 투자를 하는 데 이용할 수 있다. 어른들은 모르는 청소년들만의 '트렌드 2024'를 선정하고, 이를 바탕으로 투자가치가 높은 기업의 주식에 어떤 것이 있는지 탐구해 보자.

주제2 카지노에서 화폐 대신 사용되는 칩(chip) 중 가장 비싼 칩을 의미하는 '블루칩'처럼 주식시장에서도 대형 우량 업체의 주식을 블루칩이라고 한다. 우리나라의 대표적인 블루칩 주식을 조사해 보고, 다른 주식과의 차이점 및 그로 인한 투자 과정에서의 특징을 탐구해 보자.

주제3 금리와 주가의 상관관계 탐구

주제4 주식과 채권의 공통점과 차이점 비교·분석

학생부 기록 예시 (교과세특)

평소 경제 이슈에 관한 질문을 자주 하며 사회변화에 많은 관심을 많이 보이는 학생임. 자신의 관심 분야와 관련된 활동으로 학생들에게 설문 조사를 실시하여 '청소년 트렌드 2024'를 선정하여 게시하고, 관련 기업의 주가와 투자가치를 분석한 '2024 이 기업의 주식이 답이다'라는 탐구 보고서를 제출함. 국내외 대표적 우량주를 조사하여 다른 주식과의 차이점을 파악하고 이에 따른 투자 과정에서의 특징과 유의점을 정리함.

사고력 레벨up

제시문 주식의 가격은 주식시장의 수요와 공급에 따라 매 순간 달라진다. 특정 회사가 성장할 것이라는 의견을 바탕으로 그 회사의 주식을 매수하며 주변 사람들에게도 적극 추천하였다.

질문 1 주가가 폭락할 것이라는 소식을 들었는데, 중요한 회의 중이라면 어떻게 할 것인가?

질문 2 소식을 전하거나 주식을 매도하는 것 중 하나만 할 수 있는 시간이 주어진다면?

관련 논문 금융이해력이 소비자의 노후 재무대비에 미치는 영향(양덕순, 2022)

이 논문은 금융이해력이 성인 금융소비자의 은퇴 후 노후 재무 대비에 미치는 영향과 기타 관련 요인을 분석했다. 연구 결과를 바탕으로 고령 사회에서 은퇴 후 긴 기간의 재무대비를 위해 필요한 교육적, 정책적 방안을 제시하고자 한다.

관련 도서 《십대들이여, 주식을 탐하라》, 최무연, 행복한미래
《10대를 위한 머니 레슨》, 샘 베크베신저, 현대지성

관련 학과 경제금융학과, 경영·금융교육과, 경제학과, 금융경제학과, 금융보험학과, 금융투자학과, 금융부동산경제금융학과, 디지털금융경영학과, 소비자학과, 창업투자경영학과

관련 교과
2022 개정 교육과정: 경제, 실용경제, 인간과 경제활동, 경제수학, 주제탐구 독서
2015 개정 교육과정: 경제, 금융과 경제생활, 인간과 경제활동, 실용경제, 생애 설계와 자립

핵심키워드 | 세계 대공황, 금융 지표, 금융 기관, 레버리지

1일 1단어 1분으로 끝내는 금융공부

이혜경 | 글담 | 2023

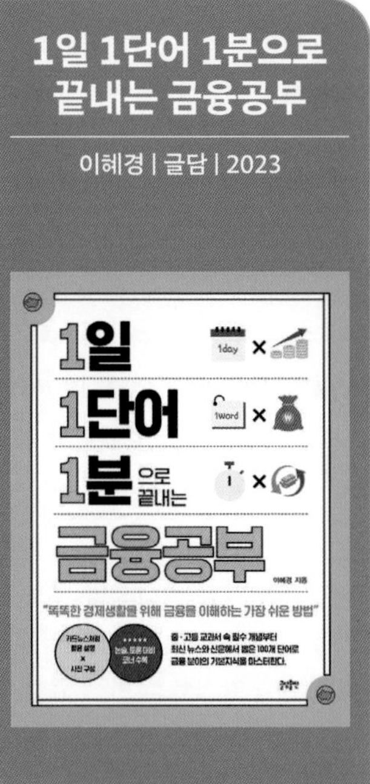

이 책은 중고등학교 교과서부터 최신 뉴스와 신문에 단골로 등장하는 100개 단어를 중심으로 쉽고 빠르게 금융에 관한 기본 지식을 알 수 있도록 돕는다. 예금과 적금, 자산과 부채처럼 일상에서 자주 쓰이지만 제대로 설명하기 어려운 용어부터 주식, 펀드, 청약 통장, 블록체인 등의 투자 관련 주제까지 흥미로운 사례와 시각 자료를 활용해 알기 쉽게 설명한다.

탐구 주제

주제1 제1차 세계대전 이후 미국은 세계 경제를 주도하게 되었다. 미국의 호황과 대외 투자 덕분에 세계 경제 역시 상대적으로 안정되었다. 그러나 1929년에 발생한 대공황은 세계 경제에 충격을 가져다주었다. 대공황의 발생 원인과 영향을 금융 시장을 중심으로 탐구해 보자.

주제2 우리는 일상생활의 소비 경향을 보고 경기를 전망하기도 한다. 불황일수록 미니스커트가 유행하고 립스틱과 소주가 잘 팔린다는 등의 이야기를 하지만 항상 맞아떨어지는 것이 아니다. 정확한 경기 진단을 위해 작성하는 경기 종합 지수의 의미와 종류에 대해 탐구해 보자.

주제3 금융기관의 종류 비교·분석

주제4 레버리지 효과성 탐구

학생부 기록 예시 (교과세특)

금융과 경제에 대한 깊은 이해와 호기심을 바탕으로 금융의 역사와 주요 사건에 대해 자기주도학습을 하여 '1929년 세계 대공황의 원인과 영향'이라는 탐구 보고서를 제출함. 미국 역사상 가장 큰 주식 대폭락인 1929년 월스트리트 대폭락 사건을 탐구하며 주식시장에서 시장 참여자의 생각과 태도의 중요성에 대해 깊게 고찰함. 금융기관의 종류를 탐구하며 금융 관련 다양한 직업의 존재를 인식하고 자신의 진로 탐색에 활용함.

사고력 레벨up

제시문 애널리스트(Analyst)는 금융회사에 소속된 투자분석가이다. 자신의 회사 혹은 회사 고객들에게 금융 및 투자자문을 제공하기 위해 시장 정보를 수집하고 분석하고 연구한다.

질문 1 애널리스트에게 필요한 직업윤리에는 어떤 것이 있을까?

질문 2 위에서 제시한 직업윤리를 갖기 위해서 어떤 노력이 필요할까?

관련 논문 1930년대 세계대공황의 원인에 관한 재해석(이헌대, 2018)

이 논문은 1930년대 세계 대공황의 핵심 원인을 분석하고 그에 관한 기존의 가설들을 수정하고자 한다. 연구 결과 1920년대 무역, 자본, 노동 등 여러 부문에서 나타난 세계화의 후퇴와 세계 경제의 구조적 문제에서 이미 대공황의 전조가 나타났다고 주장한다.

관련 도서 《최강의 실험경제반 아이들》, 김나영, 리틀에이
《1일 1단어 1분으로 끝내는 경제공부》, 태지원, 글담

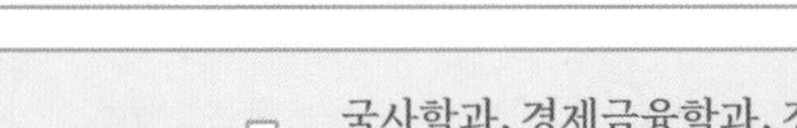

관련 학과 국사학과, 경제금융학과, 경제학과, 금융보험학과, 금융투자학과, 부동산경제금융학과, 사학과, 사회학과, 소비자학과, 심리학과, 역사학과, 재무금융전공, 재무금융회계학부, 정치국제학과, IT금융경영학과

관련 교과 2022 개정 교육과정: 경제, 금융과 경제생활, 국제 관계의 이해, 융합과학 탐구, 소프트웨어와 생활
2015 개정 교육과정: 경제, 사회문제 탐구, 세계사, 인공지능 기초, 실용 경제

핵심키워드 재테크, 경제학, 노후, 경제지표

1일 1장 뽑아 쓰는 냅킨 경제학

티나 헤이 | 더퀘스트 | 2022

이 책은 필수 개념부터 최신 용어까지 경제 기본 지식을 마스터할 수 있도록 돕는다. 당장 경제 뉴스를 보거나 사람들과 대화할 때 도움이 될 수 있는 실생활에서 많이 쓰는 단어가 꼼꼼히 정리되어 있다. 일러스트를 통해 텍스트보다 이미지에 익숙한 요즘 세대가 술술 읽을 수 있도록 구성되어 있다. 책을 읽으면 암기하려 하지 않아도 경제 원리가 머릿속에 저절로 저장될 것이다.

탐구 주제

주제1 소득을 벌 수 있는 시기는 한정적이지만 소비는 평생 이루어진다. 심지어 곧 100세 시대가 도래하고, 지금 청소년들은 120세까지도 살 것이라고 한다. 그러기에 자산 관리를 해야 한다고 하는데, 구체적인 자산 관리 방법에 어떠한 것이 있는지 금융 상품을 중심으로 탐구해 보자.

주제2 최근 인터넷전문은행에서 '하루 단위 복리 이자' 효과를 내는 기능을 선보여 많은 사람의 호응을 얻고 있다. 기존 은행의 경우 정기 예·적금 만기 시 혹은 매달 특정 일 등 은행이 지정한 날짜에만 이자를 받을 수 있다. 두 방식의 차이를 소비자 입장에서 비교·분석해 보자.

주제3 신용의 의미와 신용 관리의 중요성 탐구

주제4 국내총생산(GDP)의 한계점과 대안 지표 탐구

학생부 기록 예시 (교과세특)

'1일 1장 뽑아 쓰는 냅킨 경제학(티나 헤이)'을 읽고 경제에 대한 이해를 넓히며 특히 자산관리의 중요성을 인식하고 스스로 다양한 자산관리 방법을 모색함. 청소년 시기에 할 수 있는 자산관리 방안으로 주식 투자에 관심을 갖고 친구들과 '모의 주식 투자 대회'를 개최함. 대회 진행 과정에서 리더십을 발휘하며 즐겁게 참여하는 모습을 보임. 이를 통해 주식에 대한 이해를 높였을 뿐만 아니라 우리나라의 경제 전반에 관심을 갖게 되었다는 소감을 공유함.

사고력 레벨up

제시문 신용카드를 사용하면 돈이 없어도 소비를 할 수 있다. 그러나 약속된 날짜에 돈을 갚지 못하면 신용이 나빠지게 된다. 흔히 말하는 신용불량자가 되는 것이다.

질문 1 개인의 신용이 나빠지면 어떤 불이익이 발생하는지 알고 있나요?

질문 2 신용 관리를 위해 할 수 있는 것에 무엇이 있는지 말해볼 수 있나요?

관련 논문 밀레니얼 세대의 금융지식 및 위험수용성향과 금융자산투자행태(남슬아, 주소현, 2022)

이 논문은 밀레니얼 세대의 금융자산 투자행태를 이해하고 금융 지식 및 위험수용성향이 밀레니얼 세대의 금융 투자 행태에 어떠한 영향을 미치는지를 파악하고자 한다. 연구 결과 금융지식이 낮을수록 중·저위험 자산만을 보유하고 있을 가능성이 높았음을 밝히고 있다.

관련 도서 《신용으로 부자되는 방법》, 한국신용정보(주), 크라운출판사
《경제 읽어주는 남자의 15분 경제 특강》, 김광석, 더퀘스트

관련 학과 경제금융학과, 경제학과, 경제정보통계학부, 국제학과, 금융보험학과, 금융투자학과, 부동산경제금융학과, 사회학과, 소비자학과, 재무금융전공, 재무금융회계학부, 정보사회학과

관련 교과 2022 개정 교육과정: 경제, 사회문제 탐구, 실용경제, 주제탐구 독서, 생애 설계와 자립
2015 개정 교육과정: 세계사, 경제, 금융과 경제생활, 인간과 경제활동, 실용경제

핵심키워드 희토류, 희소금속, 자원 전쟁, 경제 안보

가난한 미국 부유한 중국

김연규 | 라의눈 | 2022

이 책은 극한으로 치닫는 미중 갈등을 자원 전쟁으로 바라보는 것은 4차 산업혁명 시대에 꼭 필요한 작업이라 주장한다. 희토류와 희소금속 없이는 전기자동차도, 재생에너지도, 첨단 무기체계도 존재할 수 없기 때문이다. 이 책은 희토류와 희소금속이 무엇이며, 중국은 어떻게 희토류 강국이 되었는지, 미국은 어쩌다 자원 빈국으로 전락했는지를 수많은 데이터를 바탕으로 설명한다.

탐구 주제

주제1 희토류는 말 그대로 희귀한 원소 17종류를 총칭하는 말이다. 이 17개의 원소들은 비슷한 성질을 가졌고 광물 형태로는 희귀한 원소여서 희토류라고 묶어 이름 지어졌다. 중국은 이 희토류 생산의 95%를 담당하는 희토류 강국이다. 그 배경을 환경과 관련하여 탐구해 보자.

주제2 10년 전이었다면 희토류와 희소금속은 소수의 사람들만 관심을 가졌을 주제다. 하지만 상황이 완전히 달라졌다. 이미 희토류와 희소금속은 우리 삶의 일부가 되어 수급에 문제가 생기면 멈추는 산업이 한둘이 아니다. 희토류와 관련된 산업과 생산되는 제품에 무엇이 있는지 탐구해 보자.

주제3 희토류의 지질학적 중요성 탐구

주제4 미국의 희토류 대중 의존도 축소 전략 탐구

학생부 기록 예시 (교과세특)

'가난한 미국 부유한 중국(김연규)'을 통해 세계적인 경제 대국, 미국과 중국의 경제적 갈등을 자원 전쟁의 측면에서 이해하게 됨. 나아가 경제성장 과정에서 자원의 중요성, 특히 정보통신 산업 및 4차 혁명 이후 산업에서 희토류와 희소금속의 중요성을 깨닫게 되었다는 소감을 남김. 나아가 중국에만 매장된 것이 아닌 희토류 생산의 95%를 중국이 담당하게 된 배경을 환경 규제 등과 관련하여 탐구한 보고서를 제출하고 미국의 희토류 중국 의존도 축소 전략을 탐구함.

사고력 레벨up

제시문 비교 우위란 국제 거래에서 한 나라의 어떤 재화가 상대국의 것에 비해 절대 우위에서 뒤처지더라도 생산의 기회비용을 고려하였을 때 상대적인 우위를 지닐 수 있다는 개념이다.

질문 1 미국이 중국에서 희토류를 수입해온 이유를 비교 우위를 바탕으로 설명할 수 있나요?

질문 2 자원을 둘러싼 미국과 중국 간의 갈등이 한국 경제에 미친 영향을 설명할 수 있나요?

관련 논문 2005년 이후 중국의 글로벌 희토류 공급망 장악과 미국의 대응(김연규, 안주홍, 2020)

이 논문은 2010년 중국의 대일 희토류 수출금지 조치 이후 글로벌 희토류 수요 공급 구도 변화를 확인하고 2019년 이후 중국의 대미 희토류 수출금지 조치 가능성이 다시 제기됨에 따른 미국 희토류 국산화 전략의 가능성과 한계를 분석하고자 한다.

관련 도서 《수축사회 2.0: 닫힌 세계와 생존 게임》, 홍성국, 메디치미디어
《프로메테우스의 금속》, 기욤 피트롱, 갈라파고스

관련 학과 경제금융학과, 경제학과, 국제경제학, 국제정치학과, 국제통상학과, 국제학과, 글로벌경제학과, 글로벌금융학과, 글로벌비즈니스학과, 산업경영공학과, 사학과, 정치학과, 정치국제학과, 행정학

관련 교과
2022 개정 교육과정: 경제, 금융과 경제생활, 국제 관계의 이해, 융합과학 탐구, 소프트웨어와 생활
2015 개정 교육과정: 경제, 사회문제 탐구, 세계사, 융합 과학, 실용 경제

핵심키워드

가짜 노동, 번아웃, 노동의 본질, 조직 운영

가짜 노동

데니스 뇌르마르크,
아네르스 포그 옌센 | 자음과 모음 |
2022

이 책은 스트레스를 잔뜩 주는 업무, 누구에게도 설명할 수 없는 업무, 누가 설명해도 이해할 수 없는 업무를 포괄한 '가짜 노동'이라는 새로운 개념을 제시한다. 수많은 가짜 노동의 사례를 들며 무의미한 노동시간을 줄이고 진짜 일에 헌신하기를 주장한다. 인류가 당면한 문제 해결을 위해 주의 깊은 성찰 능력을 길러야 하며 이를 위해 놀고 생각할 자유와 공간이 필요하다고 말한다.

탐구 주제

주제1 최근 우리 사회에 비정규직 문제, 감정 노동, 열정 페이, 갑질, 번아웃, 워라벨 같은 용어들이 등장하며 노동의 조건이 다양한 측면에서 널리 관심을 받고 있다. 노동시간과 강도, 복지 수준 등에 관한 학생들의 인식을 조사하여 분석해 보자.

주제2 곳곳에 설치된 키오스크, 나의 취향을 분석해주는 알고리즘, 모든 질문에 답을 하는 챗GPT 등을 보며 "커서 뭐 되지?"라는 생각을 하게 된다. 대부분의 일자리가 기계로 대체된다면 우리는 무엇을 해야 할까? AI 시대에 필요한 새로 만들어질 직업에 대해 탐구해 보자.

주제3 노동시장 유연화 정책의 효과성 탐구

주제4 직업인 인터뷰를 통한 직종별 노동 만족도 비교·분석

학생부 기록 예시 (교과세특)

'가짜 노동(데니스 뇌르마르크 외)'을 읽고 노동의 의미와 본질에 대해 생각해 보고, 당연하다고 생각되는 것을 다르게 바라보는 인식 전환의 중요성을 알게 됨. 학급 친구들의 노동에 대한 인식을 노동시간과 강도, 복지 수준 등에 대한 설문 조사를 바탕으로 분석함. AI 시대에 필요한 새로 만들어질 직업을 탐구하는 과정에서 변화될 미래의 모습을 더욱 구체적으로 그려봄. 참신한 발상으로 다양한 직업을 제시하는 능력이 돋보임.

사고력 레벨up

제시문 인공지능 기술이 빠르게 발달하면서 앞으로 많은 직업이 AI로 대체되므로 인간의 노동이 필요한 영역이 줄어들 것으로 예측한다.

질문 1 미래에는 기본 소득을 지급해야 한다는 주장에 대해 어떤 의견을 가지고 있나?

질문 2 일하지 않고도 기본 소득을 준다면 어떤 방식으로 자아실현을 하고 싶은가?

관련 논문 노동시간이 삶 만족도에 미치는 영향(주은선, 2016)

이 논문은 노동시간이 노동자의 삶 만족도에 미치는 영향을 실증적으로 분석하여 우리나라의 장시간 노동 체제가 가지는 의미를 확인 한다. 연구 결과 노동시간이 길수록, 휴가 수준이 낮을수록 삶 만족도는 떨어지는 것으로 나타났다.

관련 도서 《일과 인생》, 기시미 이치로, 을유문화사
《자동화와 노동의 미래》, 아론 베나나브, 책세상

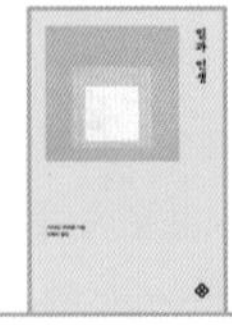

관련 학과 경영학과, 경제금융학과, 경제학과, 노동복지전공, 사회학과, 심리학과, 행정심리학부, 행정복지학부

관련 교과 2022 개정 교육과정: 사회·문화, 사회문제탐구, 경제, 심리학, 진로와 직업
2015 개정 교육과정: 사회와 문화, 사회문제 탐구, 현대 사회와 윤리, 인간과 철학, 진로와 직업

핵심키워드 | 거시경제, GDP, 물가지수, 경제심리지수(ESI)

경기순환 알고 갑시다

김영익 | 위너스북 | 2023

이 책은 경기의 기본 개념과 함께 거시 경제의 흐름을 판단할 수 있는 다양한 경제지표를 알려 준다. 특히 경제에 문외한 사람들도 경기를 쉽게 이해할 수 있도록 풀어썼으며, 경제지표와 주가의 관계도 연결 지어 설명한다. 이 책에서 제시하는 7개의 경제지표만 배우고 이해한다면, 누구나 경제 공부에 쉽게 입문할 수 있고 경제 흐름을 한눈에 꿰뚫어 볼 수 있다.

탐구 주제

주제1 시대의 흐름은 사회, 정치, 경제 등 모든 것을 포함한다. 이 가운데서도 거시경제 흐름은 우리 삶에 매우 중요하다. 특히 자산에 투자할 때나 기업의 의사결정 과정에서 거시경제 흐름은 더욱 중요하다. 그러한 거시경제의 흐름인 경기순환을 판단하는 경기지표에 대해 탐구해 보자.

주제2 여러 재화와 서비스의 가치를 종합하여 평균한 것인 물가가 얼마나 올랐는지를 보기 위해 정부는 물가지수를 작성한다. 대표적 물가지수로 생산자물가지수, 소비자물가지수, GDP 디플레이터 등이 있다. 각 물가지수의 의미와 측정 방법을 조사하여 그 의의를 비교·분석해 보자.

주제3 경제심리지수(ESI)의 측정 방법과 의의 탐구

주제4 실질 GDP와 명목 GDP 비교·분석

학생부 기록 예시 (교과세특)

'경기순환 알고 갑시다(김영익)'를 통해 거시 경제의 흐름이 우리 삶에 미치는 영향력을 이해하고 특히 투자 결정이나 기업의 의사결정 과정에서 경기 예측의 중요성을 확인함. 이에 자기주도학습을 바탕으로 경기를 파악할 수 있는 여러 경제지표를 학생들의 눈높이에서 이해할 수 있는 인포그래픽을 만들어 친구들에게 공유함. 특히 기업가 또는 소비자들의 경제에 대한 인식을 조사하여 작성한 경제심리지수의 측정 방법과 의의를 구체적으로 설명함.

사고력 레벨up

제시문 인플레이션 상황에서 물가 인상분을 반영한 임금 인상을 주장하는 노조와 원자재 등의 비용 인상을 이유로 임금 인상을 주저하는 사측의 갈등은 언제나 상존한다.

질문 1 사측이 인플레이션 상황에서 임금 인상을 주저하는 이유는 무엇인가?

질문 2 정부가 명목 GDP 증가율만큼의 임금 인상을 제안한다면 노조는 어떤 반응을 보일까?

관련 논문 경제심리지수의 유용성 및 개선방안에 관한 연구(김치호 외, 2015)

경기상황에 대한 기업과 소비자들의 인식을 파악하기 위해 기업경기실사지수(BSI)와 소비자동향지수(CSI)를 합성한 경제심리지수(ESI)를 발표하고 있다. 이 논문은 ESI의 유용성을 평가하고 그 결과를 토대로 현행 ESI의 편제방식의 개선 또는 보완 방법을 모색한다.

관련 도서 《3년 후 부의 흐름이 보이는 경제지표 정독법》, 김영익, 한스미디어
《세계 경제지표의 비밀》, 버나드 보몰, 맑은글

관련 학과 경제금융학과, 경제학과, 경제정보통계학부, 금융보험학과, 금융투자학과, 데이터정보학과, 부동산경제금융학과, 사회학과, 소비자학과, 응용통계학과, 재무금융전공, 재무금융회계학부, 정보사회학과, 통계학과

관련 교과
2022 개정 교육과정: 주제 탐구 독서, 경제, 사회문제 탐구, 데이터 과학, 실용 통계
2015 개정 교육과정: 경제, 사회문제 탐구, 금융과 경제생활, 확률과 통계, 실용경제

핵심키워드 | 경기, 물가, 금융, 경제지표

경제기사 궁금증 300문 300답

곽해선 | 혜다 | 2023

자본주의 사회에서 경제를 알지 못하면 하고 싶은 일을 하기 어렵고 일상 생활이 불안할 수밖에 없지만 경제학 서적은 다가가기 어렵다. 이 책은 경제가 어려운 사람들을 위해 경제 개념을 이해하고 경제 흐름을 읽을 수 있도록 기사를 바탕으로 경제 원리와 실물경제를 알기 쉽게 설명해놓은 경제 입문서이다. 최신 기사를 분석하며 현재 경제 상황을 이해하고 미래를 예측할 수 있게 돕는다.

탐구 주제

주제1 코로나 펜데믹 동안 발생한 생산 둔화와 현재 세계 곳곳에서 일어나는 전쟁으로 인한 원자재와 국제 곡물가 인상 등의 영향으로 물가가 지속적으로 오르며 세계 경제가 스테그플레이션을 우려하고 있다. 스테그플레이션과 인플레이션의 차이와 문제점을 비교·분석해 보자.

주제2 많은 사람들이 부자를 꿈꾸며 소원을 빌 때 종종 복권 당첨을 기원한다. 그럼 모든 사람들이 복권에 당첨된다면 우리 모두가 행복해질 수 있을까? 이에 대한 해답을 찾기 위해 통화량과 물가의 관계를 탐구하고 모두가 복권에 당첨된 상황을 적용해 보자.

주제3 미국 중앙은행의 금리 인상이 한국 경제에 미치는 영향 탐구

주제4 실업률과 체감실업률의 차이 비교·분석

학생부 기록 예시 (교과세특)

스테그플레이션과 인플레이션을 비교·분석하고 사례를 바탕으로 스테그플레이션이 경제에 미치는 부정적 영향을 탐구함. 경제에 통화량이 늘어나면 물가가 상승하는 원리를 바탕으로 모두가 복권에 당첨되면 통화량 증가로 물가만 오를 뿐 그 누구도 부자가 될 수 없음을 밝혀냄. 미국 중앙은행의 금리 인상 결정이 우리나라 금융시장에 미치는 영향을 이해하고 실업률의 조사 과정을 분석하여 체감실업률과 차이가 나는 원인을 밝힘.

사고력 레벨up

제시문 실업률을 낮추기 위해 정부가 재정지출을 늘리면 물가가 상승한다. 실업자가 있는 가정에는 소득이 생기겠지만 이에 따라 대다수 사람이 물가 상승을 감내해야 한다.

질문 1 다수를 위한 정책과 실업자를 위한 정책 중 무엇을 지지할 것인가? 그 이유는?

질문 2 당신이 앞에서 선택하지 않는 쪽에 속해있더라도 여전히 같은 선택을 할 것인가?

관련 논문 글로벌 유동성 확대가 우리나라 인플레이션에 미치는 영향(강규호, 최영준, 2014)

이 논문은 글로벌 유동성 확대가 우리나라 인플레이션에 미치는 영향을 분석하고자 한다. 연구 결과 장단기에 걸쳐 글로벌 유동성 증가는 우리나라 인플레이션에 영향을 주는 것으로 확인되었으며, 국내 인플레이션의 상승 압력은 상당 기간 지속될 것으로 예측하고 있다.

관련 도서 《장하준의 경제학 강의》, 장하준, 부키
《경제기사를 읽어야 경제가 보인다》, 임현우, 책들의정원

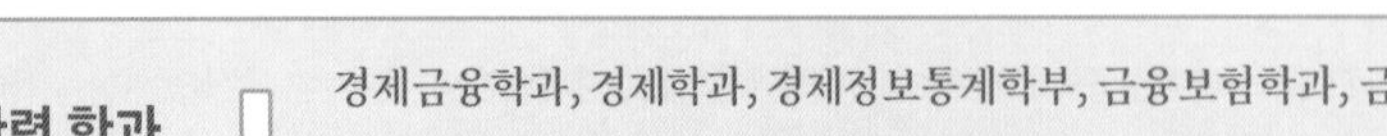

관련 학과 경제금융학과, 경제학과, 경제정보통계학부, 금융보험학과, 금융투자학과, 부동산경제금융학과, 사회학과, 소비자학과, 심리학과, 재무금융전공, 재무금융회계학부, 정보사회학과

관련 교과 2022 개정 교육과정: 경제, 사회문제 탐구, 실용경제, 화법과 작문
2015 개정 교육과정: 경제, 매체 의사소통, 사회문제 탐구, 금융과 경제생활, 인간과 경제활동

핵심키워드	완전경쟁시장, 외부효과, 게임이론, 비교우위

경제학 콘서트 1

팀 하포드 | 웅진지식하우스 | 2022

'슈퍼마켓은 실제로 우리를 최저 가격에 모시는가?', '몸이 아픈 사람일수록 왜 의료보험을 타기 어려운가?' 무심히 지나치기 쉽지만 우리 주변에서는 선뜻 이해하기 어려운 상황들이 자주 일어난다. 이러한 수수께끼를 푸는 열쇠는 다름 아닌 일상에 숨어 있는 경제 법칙들에 있다. 이 책은 경제를 잘 모르는 사람들에게 경제학을 가장 쉽고 재미있게 이해할 수 있도록 도와준다.

탐구 주제

주제1 누군가의 경제활동이 시장의 가격 기능을 통하지 않고 타인에게 혜택이나 손해를 주는 경우가 있다. 이처럼 어떤 사람의 행동이 의도하지는 않았지만 제3자에게 영향을 끼치고도 이에 대해 대가를 받지도 치르지도 않는 것을 '외부효과'라고 하는데 그 종류와 사례를 탐구해 보자.

주제2 시장의 형태는 크게 완전경쟁시장과 불완전경쟁시장으로 나뉜다. 그리고 불완전경쟁시장은 다시 독점시장과 독점적 경쟁시장 그리고 과점시장으로 나눠진다. 이렇게 시장을 구분할 때 각 시장 형태를 결정짓는 요소가 무엇인지 알아보고, 그 사례를 바탕으로 특징을 탐구해 보자.

주제3 게임이론의 원리와 적용 사례 탐구

주제4 비교우위에 따른 우리나라 수출·수입품 비교·분석

학생부 기록 예시 (교과세특)

복잡한 세상을 설명하는 기본 원리가 되는 경제학에 관한 호기심을 바탕으로 여러 시장의 유형을 논리적으로 분석하여 사례와 함께 설명한 '경쟁 관계에 따른 시장의 종류'라는 탐구 보고서를 제출함. 어떤 사람의 행동이 의도하지는 않았지만, 제삼자에게 영향을 끼치고도 이에 대해 대가를 받지도 치르지도 않는 외부효과에 관심을 갖고 그 종류와 사례를 탐구하여 발표하며 이것이 시장 실패의 원인이 될 수 있음을 논리적으로 설명함.

사고력 레벨up

제시문 허생전의 허생은 시장의 말총을 모조리 사들인 후 자기 마음대로 값을 정하여 판매하였고 사람들은 파는 곳이 없으니 비싼 값을 지불하고 구입할 수밖에 없었다고 한다.

질문 1 허생전의 이야기에 등장하는 말총 시장의 형태는 무엇인가요?

질문 2 그러한 시장의 문제점을 해결하는 방안을 이야기해 볼 수 있나요?

관련 논문 동북아 3국의 부가가치 수출과 비교우위(박순찬, 박찬일, 2017)

이 논문은 생산성의 차이가 비교우위를 결정하고 해당 산업의 제품을 수출한다는 리카도 모형의 예측을 한·중·일 3국의 전 세계로의 수출을 대상으로 검증하였다. 분석 결과 수출에서 비교우위의 중요성이 한·중·일 3국에도 유효한 것으로 나타났다.

관련 도서 《경제학 콘서트 2》, 팀 하포드, 웅진지식하우스
《공짜 점심은 없다》, 데이비드 L. 반센, 타임비즈

관련 학과 경제금융학과, 경제학과, 경제통상학부, 국제경제학, 국제통상학과, 금융보험학과, 금융투자학과, 글로벌무역학과, 부동산경제금융학과, 사학과, 사회과학부, 소비자학과, 심리학과, 재무금융전공

관련 교과 2022 개정 교육과정: 주제 탐구 독서, 경제, 사회문제 탐구, 인간과 경제활동, 실용 통계
2015 개정 교육과정: 독서, 경제, 사회문제 탐구, 실용경제, 경제수학

핵심키워드 | 복지 사회, 공공 정책, 안심 소득 제도, 주 4일 근무제

경제학이 필요한 순간

김현철 | 김영사 | 2023

교육과 구직의 기회를 차단당하고, 결혼과 출산을 꺼리고, 아파도 병원에 가지 못하고, 노년에 돌봄을 받지 못하는 시대이다. 의사이자 경제학자인 저자는 의사가 질병을 진단하고 의학적 근거에 따라 처방·치료하는 것처럼, 당위와 직관이 아닌 실험과 데이터로 정책의 문제점을 진단하고 조언하며, 국민의 생존과 행복을 위해 경제학이 무엇을 할 수 있는지에 대해 묻고 답한다.

탐구 주제

주제1 현대 복지 사회에서는 인간다운 삶의 보장을 위해 엄마 배 속에서부터 무덤까지, 우리의 생애주기와 관련된 다양한 복지 정책이 시행되고 있다. 태어나서 지금까지 자신이 받거나 성장에 영향을 준 복지 혜택에 어떤 것이 있는지 부모님과의 인터뷰 등을 통해 탐구해 보자.

주제2 복지 사회란 모든 사회 구성원의 인간다운 생활과 삶의 질이 보장되는 사회를 말한다. 현재 우리나라가 복지 사회를 지향하며 실시하고 있는 여러 정책 들을 사회보험과 공공부조, 사회복지 서비스로 나누어 조사하고, 각각의 차이점과 장단점을 비교·분석해 보자.

주제3 주 4일 근무제의 장단점 분석

주제4 서울시 안심소득제의 효과성 탐구

학생부 기록 예시 (교과세특)

'경제학이 필요한 순간(김현철)'을 읽고, 복지와 정부 정책이 국민의 삶에 미치는 영향을 이해하고 의도가 선하다거나 당위적으로 옳은 정책보다는 데이터와 근거에 기반한 실제로 효과 있는 정책이 실시되어야 한다고 정리함. 자신의 경험을 바탕으로 우리나라 복지 제도에 대해 탐구함. 우리나라에서 실시하고 있는 복지 제도를 사회보험과 공공 부조, 사회복지 서비스로 나누어 조사하고의 그 차이점과 장단점을 비교·분석함.

사고력 레벨up

제시문 다양한 복지 정책을 실시하기 위해서는 높은 세금이 전제되어야 한다. 특히 선별적 복지가 아닌 보편적 복지를 위해서는 더 많은 세금이 필요하다.

질문 1 선별적 복지와 보편적 복지의 차이를 이야기할 수 있나요?

질문 2 자신이 지지하는 복지 방식은 무엇이며 그 이유는 무엇인가요?

관련 논문 안심소득제의 효과(박기성, 변양규, 2017)

이 논문은 현행 복지제도의 문제점인 노동 공급 역유인 효과를 방지·완화하기 위하여 안심소득제를 제안한다. 연구 결과 이 제도 아래에서는 노동 공급이 증가하여 국내총생산이 상승하고, 저소득가구의 처분가능소득 증대로 소득 격차도 완화될 수 있음을 밝히고 있다.

관련 도서 《판단과 선택》, 유효상, 클라우드나인
《그들이 말하지 않는 23가지》, 장하준, 부키

관련 학과 가족복지학과, 경영학과, 경제학과, 공공복지정보관리학과, 공공행정학과, 노동복지전공, 보건의료·사회복지학부, 복지경영학과, 복지상담학과, 사회학과, 정치국제학과, 정치외교학과, 철학생명의료윤리학과

관련 교과 2022 개정 교육과정: 주제 탐구 독서, 경제, 사회문제 탐구, 법과 사회, 정치
2015 개정 교육과정: 정치와 법, 경제, 금융과 경제생활, 생활과 윤리, 사회문제 탐구

핵심키워드 | 국제거래, 환율, 대외의존도, 공정무역

국제거래와 환율 쫌 아는 10대

석혜원 | 풀빛 | 2019

이 책은 경제의 영역이 전 세계로 이어지고 있는 세계화 시대에 나라와 나라 사이에 국제 거래는 왜 이루어지는지, 경제교류를 할 때 통화의 차이와 통화 가치의 차이로 인해 환율이 어떻게 변하는지, 한 나라의 경제 상황과 환율의 변동은 어떤 관계를 맺는지를 다루고 있다. 주인공들을 따라 네덜란드, 벨기에, 독일로 여행하는 동안 국제 거래의 본질을 이해할 수 있을 것이다.

탐구 주제

주제1 일상에서 접하는 상품과 서비스를 살펴보면 국제 거래가 없었더라면 소비하지 못하는 것들이 많다. 한국에서 만든 제품이라도 원재료를 수입한 것이 대부분이고, 기술이나 자본 등이 국제 거래되어 생산된 것도 많기 때문이다. 그러한 상품이나 서비스에 무엇이 있는지 탐구해 보자.

주제2 우리나라의 대외의존도는 2021년 기준 84.3%로 33.6%인 미국이나 43.9%인 일본 등과 비교할 때 매우 높은 편이다. 이를 통해 우리나라 경제에서 국제 거래가 차지하는 중요성을 짐작할 수 있다. 그렇다면 이러한 국제 거래는 왜 발생하는 것일까? 그 원인을 탐구해 보자.

주제3 공정 무역의 의미와 사례 탐구

주제4 고정환율제도와 변동환율제도의 장단점 비교·분석

학생부 기록 예시 (교과세특)

평소 경제와 사회에 관심이 많은 학생으로 우리나라의 대외의존도가 OECD 주요국 중 높은 편임을 알고 대외의존도의 측정 방법과 의의를 조사하여 그 원인을 탐구함. 고교생들이 주로 사용하고 있는 재화와 서비스를 조사하여 국제 거래된 것의 비중이 높음을 밝히고 특히 최근 학생들이 즐겨 이용하는 OTT나 SNS 등도 국제 거래 결과임을 친구들에게 공유하여 좋은 반응을 받음. 공정 무역에 참여하는 기업의 사례를 탐구하여 그 효과성에 대해 통찰력 있게 분석함.

사고력 레벨up

제시문 공정 무역이란 저개발국가의 생산 제품에 대해 정당한 가격을 보장해 줌으로써 저개발국가의 자립을 도와 불평등한 국제 거래와 빈곤 문제를 해결하려는 무역형태이다.

질문 1 세계공정무역기구가 정한 공정 무역의 원칙이 무엇인지 이야기해 볼 수 있나요?

질문 2 기업들이 비용상승의 부담에도 공정 무역에 참여하는 이유는 무엇이라고 생각하나요?

관련 논문 환율제도에 따른 재정정책 재고찰: 한국 사례를 중심으로(정용승, 양두용, 2017)

이 논문은 한국의 재정정책이 서로 다른 환율 제도 하에서 어떠한 효과가 있는가를 실증적으로 분석하고 이론적으로 다른 환율 제도가 재정정책에 미치는 영향을 분석하고 있다. 연구 결과 재정지출 정책의 효과는 변동환율제보다 고정환율제보다 크게 나타났음을 보인다.

관련 도서 《시장과 가격 쫌 아는 10대》, 석혜원, 풀빛
《환율도 모르고 경제 공부할 뻔했다》, 이낙원, 원앤원북스

관련 학과 경제금융학과, 경제학과, 국제경제학, 국제정치학과, 국제통상학과, 국제학과, 글로벌경제학과, 글로벌금융학과, 글로벌비즈니스학과, 사학과, 사회과학부, 역사학과, 정치학과, 정치국제학과, 행정학

관련 교과
2022 개정 교육과정: 주제 탐구 독서, 경제, 사회문제 탐구, 법과 사회, 실용 통계
2015 개정 교육과정: 독서, 경제, 사회문제 탐구, 정치와 법, 경제수학

핵심키워드	금리, 중앙은행, 인플레이션, 통화정책

금리의 역습

에드워드 챈슬러 | 위즈덤하우스 | 2023

금리는 현대 경제의 호황과 불황 사이에 깊이 관여하며 산업의 흥망성쇠를 이끄는 핵심이다. 금리에 따라서 정부는 정책을 수립하고 기업은 사업을 계획한다. 가계의 소비와 투자, 저축도 금리의 영향을 받는다. 이 책은 인류 역사에서 금리가 어떻게 변화해 왔으며 그 변화가 경제를 어떻게 이끌었는지 설명하고, 금리의 문제점과 함께 관련 사상가와 연구자, 기업인을 소개한다.

탐구 주제

주제1 미국의 연방준비제도나 우리나라의 한국은행 등 각 나라의 중앙은행은 은행과의 거래만 이루어지는 곳으로 민간 금융 거래가 이루어지는 곳은 아니다. 그러나 중앙은행이 금리를 올리거나 내리면 모든 경제주체의 관심이 집중되는데, 그 이유를 탐구해 보자.

주제2 인플레이션을 해결하기 위해 금리를 인상하는 방법이 있지만 금리 인상은 가계와 기업에 이자 부담을 키우고, 이는 총수요 감소, 총생산 감소로 연결될 수 있다. 인플레이션을 해결하기 위해 금리를 인상해야 하는지에 대해 토론해 보자.

주제3 금리 변동이 환율에 미치는 영향 탐구

주제4 국내외 통화정책의 효과 사례 분석

학생부 기록 예시 (교과세특)

'금리의 역습(에드워드 챈슬러)'을 읽고 금리의 역사와 경제활동에서 그 중요성을 이해하고, 특히 금리를 이용한 정부의 통화정책이 경제에 미치는 영향을 사례 분석을 통해 확인함. 최근 전 세계적인 인플레이션 상황에서 각국의 금리가 높아진 원인을 파악하고 자신의 경제생활에 미친 영향을 주제로 발표함. 통화정책의 장단점을 비교·분석하여 인플레이션 해결을 위한 금리 인상에 대한 찬반 토론에 참여함.

사고력 레벨up

제시문 한동안 낮은 금리가 유지되면서 대출을 받아 부동산에 투자 하는 '갭(gap)투자'가 성행했었다. 그러나 최근 금리가 높아지면서 갭투자자들의 금융 비용이 커지고 있다.

질문 1 갭투자자의 세입자를 구제하기 위한 전세 사기 특별법의 문제점은 무엇일까?

질문 2 갭투자에 대한 자신의 생각은 어떠하며 그 이유는 무엇인가?

관련 논문 금리의 주택가격 상승 기여도 추정(박진백 외, 2021)

이 논문은 금리가 주택가격변동률에 미치는 영향과 기여 수준을 알아보고자 한다. 분석 결과 2019년 우리나라 금융시장이 저금리 기조로 전환된 시기 전후로 주택담보대출이 증가하였으며, 금리 인하는 주택가격 상승의 주요 원인임을 밝히고 있다.

관련 도서 《금리는 답을 알고 있다》, 김유성, 경이로움

《금리와 환율 알고 갑시다》, 김영익, 위너스북

관련 학과 국사학과, 경제금융학과, 경제학과, 금융보험학과, 금융투자학과, 부동산경제금융학과, 사학과, 사회학과, 소비자학과, 심리학과, 역사학과, 재무금융전공, 재무금융회계학부, 정치국제학과

관련 교과
2022 개정 교육과정: 세계사, 경제, 사회문제 탐구, 실용경제, 정치
2015 개정 교육과정: 세계사, 정치와 법, 경제, 금융과 경제생활, 인간과 경제활동

핵심키워드 | 생태경제학, 기후 위기, 탄소 중립, 지속 가능한 탈성장

기후를 위한 경제학

김병권 | 착한책가게 | 2023

기후 위기는 지구를 살아가는 우리 모두의 문제이며, 이를 해결하지 못한 상황에서 경제 성장은 무의미하다는 견해에 모두 공감할 것이다. 이 책은 생태경제학이 기후 위기의 해법을 찾는 데 도움을 주리라는 믿음 아래 기존 경제학과의 차이를 분석하고 관련 주요 이론과 주장을 살펴본다. 나아가 지구 한계 안에서 좋은 삶을 살기 위해 우리 사회에 필요한 정책 수단을 제시한다.

탐구 주제

주제1 과학자들의 경고가 아니더라도 우리가 기후 위기의 한계선을 넘어가고 있다는 사실을 현실에서 체험하고 있다. 매년 신기록을 갈아 치우는 홍수, 태풍, 가뭄, 폭염 그리고 산불 등을 통해서 기후 위기를 느끼고 있다. 각 지역에서 나타난 재앙의 규모와 경제적 영향을 비교·분석해 보자.

주제2 지구적인 환경 문제를 해결하기 위해서는 국제 사회의 협력이 필요하다. 지난 30여 년 동안 국제 사회에서 기후 위기 극복을 위해 노력한 사례를 탐구하고 그러한 노력에도 여전히 환경 문제가 해결되지 못한 이유에 대해 고찰해 보자.

주제3 식량 자원의 불균형 분배에 따른 식량 문제 해결 방안 탐구

주제4 지속 가능 발전과 연계한 환경 보호의 필요성 고찰

학생부 기록 예시 (교과세특)

기후 위기의 경제적 영향을 확인하기 위해 각 지역에서 발생한 홍수, 태풍, 가뭄, 폭염, 산불로 인한 경제적 피해를 비교·분석함. 분석을 통해 그 피해 규모가 점차 늘어가고 있음을 확인하고 이러한 환경 문제 해결을 위한 국제적 협력의 필요성을 인식함. 식량 자원의 불균형 분배 현황을 확인하고 식량문제 해결 방안에 대해 토의함. 환경 보호는 경제성장과 대립하는 것이 아닌 필수 조건이며 이를 위해 지속 가능한 발전의 필요성을 주장함.

사고력 레벨up

제시문 환경 문제 해결을 위해 국제적 협력이 필요하다. 교토 의정서의 온실가스 규제 등이 그 대표적 사례이다. 그러나 이러한 국제 협약은 강제성이 약하다는 문제점이 있다.

질문 1 협약을 지키지 않는 국가가 있는 경우 우리나라는 어떤 선택을 할 수 있을까?

질문 2 당신이 우리나라의 결정권자라면 어떤 선택을 하겠는가? 그 이유는 무엇인가?

관련 논문 기후변화와 유럽연합 탄소중립 경제체제 구축에 관한 연구(박상철, 2022)

기후변화로 인한 문제를 해결하기 위해 유럽연합은 2050년까지 탄소중립 경제체제 구축전략을 추진하고 있다. 이 논문에서는 유럽의 사례를 조사 분석하여 이를 바탕으로 우리나라 탄소중립 경제체제 구축에 시사점을 제공하고자 한다.

관련 도서 《지속 불가능한 불평등》, 뤼카 샹셀, 니케북스
《기후위기행동사전》, 김병권 외, 산현재

관련 학과 경제금융학과, 경제학과, 금융보험학과, 금융투자학과, 부동산경제금융학과, 부동산금융보험학과, 사회학과, 소비자학과, 심리학과, 재무금융전공, 재무금융회계학부, 정보사회학과

관련 교과 2022 개정 교육과정: 경제, 기후변화와 지속가능한 세계, 정치, 기후 변화와 환경 생태, 주제 탐구 독서
2015 개정 교육과정: 경제, 사회문제 탐구, 생활과 윤리, 생활과 과학, 환경

핵심키워드 | 신자유주의, 보호무역주의, 민영화, 개발도상국

나쁜 사마리아인들

장하준 | 부키 | 2023

이 책은 시장경제에 대한 정부의 규제와 개입을 최소화하고 민영화와 자유무역으로 대표되는 개방과 자유의 보장만이 경제에 성장과 안정을 가져다줄 수 있다는 신자유주의의 주장이 허구임을 국내외 여러 사례를 바탕으로 폭로한다. 대부분의 선진국이 신자유주의 경제학에 배치되는 정책을 통해 부자 나라가 되었다는 사실을 탄탄한 연구를 기반으로 명쾌하게 설명하고 있다.

탐구 주제

주제1 세계 경제의 개방화에 따라 국제무역은 계속해서 크게 증가하고 있다. 특히 우리나라의 국제무역 비중은 경제 규모가 비슷한 나라와 비교했을 때 매우 높은 편에 속한다. 이러한 국제무역이 발생하는 원인을 우리나라의 사례를 바탕으로 탐구해 보자.

주제2 시장 가격 결정 과정에서 가장 효율적인 자원 배분이 보장된다는 것이 시장경제의 핵심이다. 그러나 현실에서는 시장에 의한 자원 배분이 최선의 자원 배분을 이루지 못하는 시장 실패가 발생하는데 그 원인을 구체적 사례를 들어 분석해 보자.

주제3 법인세 인하 정책의 효과성 탐구

주제4 자유무역과 보호무역의 장·단점 비교·분석

학생부 기록 예시 (교과세특)

국가 간 부존자원의 차이뿐만 아니라 생산의 상대적 효율성 때문에 생기는 비교 우위로 인해 국제무역이 발생함을 이해함. 사례 분석을 통해 시장 실패의 다양한 요인을 탐구하고 특히 공공재의 경우 시장원리에 의해서는 적정 수준으로 공급되기 어렵다는 사실을 확인함. 나아가 자유무역과 보호무역의 장단점을 비교·분석하고 공유하였으며, 법인세 인하 정책에 대한 찬반 토론에 참여함.

사고력 레벨up

제시문 세계화 시대에 국가 간 경제적 의존성은 더욱 높아지고 있다. 특히 수출이 중요한 우리나라의 경우 주변 강대국과의 관계가 경제에 많은 영향을 미치고 있다.

질문 1 강대국의 시장개방 요구가 우리나라 경제에 미친 영향의 사례를 알고 있나?

질문 2 앞으로 우리나라는 보호무역과 자유무역 중 어떤 태도를 취해야 할까?

관련 논문 공기업 민영화의 생산성 변화 분석(김현정, 2021)

이 논문은 공기업 민영화의 유형을 부분 민영화와 완전 민영화로 분류하고, 민영화로 인한 공기업들의 생산성 향상 여부를 분석하였다. 분석 결과 민영화가 반드시 생산성 제고로 이어지지 않는다는 것을 밝히고 있다.

관련 도서 《불평등에 맞서는 반주류 경제학》, 로버트 풀린, C. J. 폴리크로니우, 메디치미디어
《악마는 꼴찌부터 잡아먹는다》, 박진서, 헤다

관련 학과 경제금융학과, 경제학과, 경제통상학과, 국제경영학과, 국제관계학과, 국제무역학과, 국제무역통상학과, 글로벌경제학과, 글로벌비즈니스학부, 역사학과, 정치국제학과, 정치외교학과

관련 교과
2022 개정 교육과정: 경제, 국제 관계의 이해, 독서 토론과 글쓰기, 정치, 금융과 경제생활
2015 개정 교육과정: 경제, 동아시아사, 사회문제 탐구, 세계사, 정치와 법

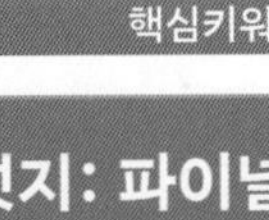

핵심키워드 | 행동경제학, 넛지(nudge), 선택 설계, 슬러지(sludge)

넛지: 파이널 에디션

리처드 H. 탈러, 캐스 R. 선스타인 | 리더스북 | 2022

이 책은 자유주의적 개입, 혹은 간섭을 뜻하는 '넛지(Nudge)'가 인간의 행동 방식과 선택을 변화시킬 수 있다는 행동경제학의 아이디어를 다양한 사례를 통해 설명한다. 현실에서 사람들은 편견으로 인해 반복되는 잘못된 선택을 하는데, 이때 바람직한 방향으로 유도하는 '넛지'를 함으로써 현명한 선택을 이끌어 낼 수 있고, 이를 통해 사회의 많은 문제를 해결할 수 있다고 주장한다.

탐구 주제

주제1 '넛지(nudge)'란 특정 답안을 강요하는 것이 아니라 좋은 의사결정을 돕는 설계도를 짜주는 '선택 설계'이다. 남자 소변기에 파리를 그려 깨끗한 사용을 선택하게 하는 것처럼 말이다. 넛지를 활용하여 점심시간에 교실의 학습 분위기 조성이 가능한지 실험해 보자.

주제2 선한 의도의 선택 설계인 넛지와 달리 나쁜 의사결정을 내리도록 교묘하게 유도하는 것을 슬러지(sludge)라고 한다. 많은 유료 서비스들의 해지 방법이 어려운 것이 그 예이다. 일상에서 넛지와 슬러지의 사례를 찾아보고 슬러지를 피할 수 있는 방안을 고찰해 보자.

주제3 넛지를 활용한 공공정책의 사례 탐구

주제4 경제적 유인과 넛지의 효과성에 대한 비교·분석

학생부 기록 예시 (교과세특)

넛지를 활용하여 점심시간에 교실 내 긍정적인 학습 분위기 조성을 위한 참신한 아이디어를 모색하여 적용해 보고 그 결과를 분석함. 실험을 통해 선택 설계의 중요성을 인식함. 마케팅 기법으로 활용된 슬러지의 사례가 만연하다는 것을 확인하고 회피 방안을 모색하여 사례와 함께 공유함. 넛지를 활용한 공공 정책의 국내외 사례를 조사하여 분석하고 경제적 유인을 주는 경우와 넛지를 활용하는 경우의 각 효과성에 대해 비교·분석함.

사고력 레벨up

제시문 선택 설계의 개념이 마케팅 기법으로 사용되면서 악한 의도의 슬러지라는 부작용이 생겨나고 있다. 상품을 팔아야 하는 판매자 입장에서는 너무 매력적인 전략이다.

질문 1 당신이 판매 담당자라면 슬러지를 사용할 것인가? 그 이유는?

질문 2 당신이 기업의 책임자라면 슬러지 마케팅을 승인할 것인가? 그 이유는?

관련 논문 쓰레기 불법투기 인식 유형과 넛지(nudge): 대구시 달서구 사례를 중심으로(박현주, 2017)

이 논문은 쓰레기 불법 투기에 대한 인식 유형을 알아보고, 쓰레기 불법 투기 문제를 해결하기 위한 수단으로 넛지의 활용 가능성을 살펴본다. 연구 결과 현행의 쓰레기 규제방식의 문제 해결에 넛지가 활용될 수 있음을 밝히고, 다른 정책 부문으로 확대를 기대하고 있다.

관련 도서 《승자의 저주》, 리처드 H. 탈러, 이음
《살아있는 것은 모두 게임을 한다》, 모시 호프먼, 에레즈 요엘리, 김영사

관련 학과 경제학, 경영학, 공공행정전공, 광고홍보학과, 도시사회학과, 사회학, 사회과학부, 사회복지경영전공, 사회융합학부, 소비자학과, 심리학과, 정보사회학과, 행정학, 정치학, 철학과

관련 교과 2022 개정 교육과정: 경제, 사회문제 탐구, 생활과 윤리, 심리학, 독서
2015 개정 교육과정: 주제탐구 독서, 사회와 문화, 경제, 사회문제 탐구, 심리학

핵심키워드	편향, 잡음, 사람 간 잡음, 사람 내 잡음

노이즈: 생각의 잡음

대니얼 카너먼 외 | 김영사 | 2022

행동경제학의 창시자인 대니얼 카너먼의 인간 심리를 해부하는 또 다른 번뜩이는 통찰이 책으로 나왔다. 자신의 저서 '생각에 관한 생각'의 논의를 확장·심화한 신간이다. 편향과 함께 판단 오류를 일으키는 또 다른 원인인 '잡음'을 최초로 규명한 혁명적 연구 보고서인 이 책은 형사 사법제도, 의료제도, 비즈니스 예측, 근무평정, 지문 감식, 정치 등 여러 분야의 다양한 사례 속에 숨은 잡음을 밝혀냈다.

탐구 주제

주제1 편향은 문제의 핵심에서 '체계적으로 이탈'한 판단이다. 입사 지원자의 외모가 지원한 직무와 무관한데도 불구하고 면접관 다수에게 긍정적인 인상을 남겼다면, 그 지원자는 '후광 효과'라는 편향의 덕을 보게 될 확률이 높다. 이러한 편향의 종류와 사례를 탐구해 보자.

주제2 행동경제학의 창시자 대니얼 카너먼은 그동안 존재조차 몰랐던 사람들이 판단 오류를 범하는 원인으로 '잡음'을 제시하며 인지심리학과 행동경제학이 나아갈 새로운 길을 제시했다. 그가 말한 잡음이 의미하는 것이 무엇인지 알아보고 이를 해결하는 방안을 탐구해 보자.

주제3 '사람 간 잡음'과 '사람 내 잡음'의 비교·분석

주제4 여섯 가지 '잡음 축소 전략' 탐구

학생부 기록 예시 (교과세특)

평소 사람의 심리와 행동 방식에 관해 궁금증을 가지고 심리학의 여러 이론에 관심을 보이는 학생으로 '생각의 잡음(대니얼 카너먼 외)'을 읽고 행동경제학에 흥미를 느끼며 관련 책과 이론들을 다양하게 탐구함. 사람들의 판단 과정에서 나타날 수 있는 편향의 종류와 다양한 사례를 탐구하여 이해하기 쉽게 발표 자료를 만들어 친구들과 공유함. 또한 최근 판단 오류의 원인으로 제시된 잡음에 대한 이론을 소개하며 자신의 '잡음 축소 전략' 활용 경험을 이야기함.

사고력 레벨up

제시문 무의식적 편향은 다양한 방식으로 나타나고 다양한 결과를 낳는다. 특히 면접 과정에서 발생하는 후광효과가 채용이나 입학 결과에 영향을 주는 경우가 있다.

질문 1 당신이 인사담당자라면 후광효과를 예방하기 위해 어떤 전략을 쓸 수 있을까?

질문 2 당신이 면접자라면 후광효과를 이용하여 어떤 전략을 세워볼 수 있을까?

관련 논문 법정의사결정에서의 판사들의 인지편향(김청택, 최인철, 2010)

법관은 판단의 전문가로서의 특성과 논리적 오류를 저지르는 인간의 특성을 동시에 지니고 있기 때문에, 법정 상황에서 편향된 판단과 의사 결정을 할 가능성도 있다. 이 논문에서는 인지적 편향들이 법관들의 법정 의사 결정에 영향을 미치는지 확인하고 해결 방안을 제시하고자 한다.

관련 도서 《생각에 관한 생각》, 대니얼 카너먼, 김영사
《넛지: 파이널 에디션》, 리처드 H. 탈러, 캐스 R. 선스타인, 리더스북

관련 학과 경제학, 경영학, 법학과, 사회학, 사회과학부, 사회심리학과, 사회융합학부, 소비자학과, 심리학과, 응용통계학과, 정보사회학과, 행정학, 정치학, 철학과, 행정학과,행정복지학부

관련 교과 2022 개정 교육과정: 주제 탐구 독서, 경제, 인간과 경제활동, 인간과 철학, 인간과 심리
2015 개정 교육과정: 독서, 사회 문제 탐구, 경제, 사회·문화, 심리학

핵심키워드 | 경제성장, 케인즈학파, 새케인즈학파, 총수요관리정책

다시, 케인스

존 메이너드 케인스 외 | 포레스트북스 | 2023

이 책은 100년 전 케인스가 예측한 자본주의의 미래에 대해 21세기의 경제학자들이 답하는 형식으로 구성됐다. 조지프 스티글리츠 등 노벨경제학상 수상자와 유명 대학의 경제학부 교수 등 최고의 경제 석학들이 필진이다. 책을 따라가다 보면 자본주의의 과거와 현재, 미래 모두 통찰하는 지혜를 얻게 될 것이다.

탐구 주제

주제1 경제학자 케인스는 "100년 후 소득은 8배가 증가하고 노동시간은 극단적으로 감소하며 사람들은 여가를 즐기게 될 것"이라고 예측하였다. 그의 예측대로 소득이 상승하며 생활 수준이 높아진 지금 사람들의 여가 시간은 늘어났을까? 현대인의 소득과 여가 시간의 관계를 분석해 보자.

주제2 케인스는 새로운 시대의 지평을 열었으며, 현실에 참여하여 실제 사회변화에 기여한 실천적 경제학자의 전형이었다. 그는 제1차 세계대전의 종결 과정이 새로운 세계대전을 불러올 수 있음을 경고했다. 당시 독일에 부과한 배상금의 영향과 이에 대한 케인스의 경고를 탐구해 보자.

주제3 케인스 경제학의 내용 및 등장 배경 탐구

주제4 완전고용과 실업에 대한 케인즈 이론 탐구

학생부 기록 예시 (교과세특)

'다시, 케인즈(존 메이너드 케인스 외)'를 읽고 그의 경제적 통찰과 실천적 경제학자로서의 삶을 존경한다는 소감문을 제출함. 그 영향으로 케인즈 경제학에 큰 관심을 가지게 되어 그 내용과 등장 배경을 탐구한 탐구 보고서를 제출함. 특히 대공황 극복 방법에 대한 고전학파와의 이론적 차이를 분석하여 논리적으로 설명함. SNS 설문을 통해 현대인의 소득과 여가 시간을 분석하여 케인즈의 예측만큼은 아니지만 고소득자의 상대적 여가 시간은 늘어났음을 보임.

사고력 레벨up

제시문 고전적 이론에 의하면 경제는 불경기를 맞이하더라도 가만히 내버려만 두면 보이지 않는 손에 의해 결국 원상태로 돌아올 수 있다. 그러나 현실에선 쉽게 돌아오지 않았다.

질문 1 케인즈가 고전 이론을 비판하며 대공황의 원인으로 주목한 것은 무엇이었을까?

질문 2 이를 바탕으로 케인즈가 대공황의 해결책으로 내놓은 것은 무엇인지 말해볼 수 있나?

관련 논문 케인즈의 국제평화사상에 관한 연구-전전과 전후까지의 전개 과정(현진덕, 2011)

이 논문은 케인즈의 국제 평화 사상을 파악하고자 한다. 1차대전 종결 직후 저술한 '평화의 경제적 귀결'과 1차 세계대전과 2차 세계대전 사이의 '일반이론' 등 그의 저서를 바탕으로 국제평화를 확보하기 위한 그의 주장이 무엇이었는지 분석한다.

관련 도서 《경제학자의 시대》, 빈야민 애펠바움, 부키
《불만 시대의 자본주의》, 조지프 스티글리츠, 열린책들

관련 학과 경제금융학과, 경제학과, 국제경제학, 국제정치학과, 국제통상학과, 국제학과, 글로벌경제학과, 글로벌금융학과, 글로벌비즈니스학과, 사학과, 사회과학부, 역사학과, 정치학과, 정치국제학과, 행정학

관련 교과 2022 개정 교육과정: 세계사, 경제, 사회문제 탐구, 정치와 법, 역사로 탐구하는 현대 세계
2015 개정 교육과정: 세계사, 정치, 경제, 금융과 경제생활, 고전읽기

핵심키워드	불확실성, 합리적 선택, 경제교육, 컨틴전시

당신의 경제IQ를 높여라

한순구 | 삼성글로벌리서치 | 2023

경제IQ란 무엇일까? 단순히 돈을 잘 벌거나 투자를 잘하는 지능이라고도 할 수 있을 것이다. 하지만 돈을 어떻게 벌고 모으고 쓸지는 결국 인생철학의 문제다. 즉 우리 생활 전반에 관여되는 삶의 방식이다. 이 책은 단순한 돈을 버는 방법이 아닌 스스로를 성찰하며 정확한 계획과 합리적 선택을 통해 인생의 낭비를 줄이고 경제적인 삶을 꾸리는 능력인 경제IQ를 길러 주고자 한다.

탐구 주제

주제1 경제학은 '개미와 베짱이' 이야기에서 개미의 삶이 옳고 베짱이의 삶이 틀리다고 말하지 않는다. 개미의 삶을 선택하면 베짱이의 여유를 포기하는 것이고, 베짱이의 삶을 선택하면 개미의 겨울을 보낼 따뜻한 집을 포기하는 것이기 때문이다. 선택에 따르는 기회비용에 관해 탐구해 보자.

주제2 많은 사람들이 경제적 자유를 꿈꾸는 사회적 분위기 속에서 재테크와 투자서가 넘쳐난다. 주식과 채권뿐 아니라 외화 투자, 암호화폐, ETF 등을 바탕으로 고수익을 이야기하지만 가장 기본적인 저축에 대한 정보는 적다. 저축의 종류와 장단점을 다른 금융 자산과 비교하여 분석해 보자.

주제3 암호화폐의 수익 구조에 대한 탐구

주제4 수능 날 예상되는 위기 상황과 그에 대한 컨틴전시 플랜 탐구

학생부 기록 예시 (교과세특)

'당신의 경제IQ를 높여라(한순구)'를 읽고 경제학이 경제생활뿐 아니라 인생을 위한 학문이라는 생각을 하게 되었다는 소감문을 작성함. 나아가 여러 선택 상황에서 고려해야 할 기회비용에 대해서 그 의미와 중요성을 깊이 있게 고찰한 탐구한 보고서를 제출함. 20대의 시간과 50대의 시간이 가지는 가치가 다름을 이해하고, 각 시간을 어떻게 활용할 것인지는 그 당시의 기회비용을 고려하여 결정해야 한다는 발표로 학급 친구들의 좋은 호응을 받음.

사고력 레벨up

제시문 치밀한 계획 아래 평생 끈기 있게 일하며 풍족하지 않아도 평생 돈 걱정 없이 사는 삶과 언젠가 일확천금을 벌 가능성을 바탕으로 투자 하나에 몰두하는 삶이 있다고 가정하자.

질문 1 두 삶 중 한 가지를 선택할 때 각 선택의 기회비용이 무엇인지 말해볼 수 있나요?

질문 2 본인이라면 어떤 선택을 할지 그 이유는 무엇인지 말해볼 수 있나요?

관련 논문 암호화폐의 위험프리미엄에 대한 연구(손경우 외, 2022)

이 논문은 암호화폐에 위험조정 이후 초과수익률이 존재하는지 여부를 확인하고자 한다. 연구 결과 비트코인의 경우 최근 11년간 초과수익률이 존재하는 것으로 확인되었지만, 이더리움 투자는 최근 5년간 초과수익률이 존재하지 않는 것으로 나타났다.

관련 도서 《인생 경제학》, 한순구, 로고폴리스
《EBS 다큐프라임 자본주의》, EBS 자본주의 제작팀, 가나출판사

관련 학과 경제금융학과, 경제학과, 경제통상학부, 국제경제학, 금융투자학과, 부동산경제금융학과, 사회과학부, 소비자학과, 심리학과, 재무금융전공, 정보사회학과, 철학과

관련 교과 2022 개정 교육과정: 주제 탐구 독서, 경제, 사회문제 탐구, 인간과 경제활동, 인간과 철학
2015 개정 교육과정: 독서, 경제, 사회문제 탐구, 실용경제, 철학

핵심키워드	돈, 주식, 부동산, 버블

대한민국 돈의 역사

홍춘욱 | 상상스퀘어 | 2023

현대 사회는 자본주의 사회이다. 자본주의 사회에서 돈을 벌거나 잃고 싶지 않다면 돈의 역사를 이해해야만 한다. 이 책은 한국 경제의 흐름을 바꾸어놓은 주요 사건들을 중심으로 주식시장과 부동산 시장에서 '돈의 흐름'이 반복되고 있음을 보여준다. 버블의 형성과 붕괴가 반복되어 온 한국경제의 역사를 따라가며 돈에 대한 이해와 투자자로서 필요한 통찰을 기를 수 있다.

탐구 주제

주제1 1997년 외환위기는 우리나라 경제뿐 아니라 정치·사회·문화 등 거의 전 분야에 커다란 변화를 가져온 일대 사건이었다. 정리해고 등 구조조정과 경기침체로 우리 모두에게 고통스러운 시기를 겪게 한 1997년 외환위기의 발생 원인을 탐구해 보자.

주제2 1980년 2차 석유 파동으로 소비자물가 상승률이 30%를 기록했다. 그동안 중화학공업 육성 등 성장 위주의 정책을 펼쳤던 정부는 물가 안정을 위한 새로운 경제계획이 필요했다. 당시 실시했던 안정화 정책의 주요 내용과 효과를 조사해 보자.

주제3 2008년 글로벌 금융위기의 파급 과정 탐구

주제4 부동산 투자 수익 과세율 인상 정책의 장단점 탐구

학생부 기록 예시 (교과세특)

'돈의 역사(홍춘욱)'를 통해 오늘날 한국경제를 형성하는 데 영향을 끼친 주요 사건들을 이해하고, 우리나라 주식시장과 부동산 시장에서 버블의 형성과 붕괴가 반복되고 있음을 확인함. 특히 1997년 외환위기에 집중하여 그 발생 원인을 국내외적 요인으로 나누어 탐구하는 자기주도학습을 진행함. 이를 바탕으로 '1997년 외환위기의 국내외적 발생 요인'이라는 수준 높은 탐구 결과물을 제출함.

사고력 레벨up

제시문 돈은 일상의 필수요소이다. 점차 평균 수명이 길어지면 일해서 버는 돈만으로는 일생동안의 경제생활이 어려울 수 있다. 자산 운용을 통한 재테크가 필요하다는 것이다.

질문 1 부동산 등에서 얻는 수익의 과세율을 올려야 한다는 주장에 대해 어떤 입장인가?

질문 2 주거 공간으로 필수재인 집이 투자 수단이 되는 것에 관한 생각은 어떠한가?

관련 논문 글로벌 금융위기 이후 환율변동과 수출가격(최창열, 함형범, 2011)

20008년 리먼브라더스의 파산으로 시작해 2011년 유럽발 재정 위기로 확산된 글로벌 금융위기는 각국의 환율 변동을 가져왔다. 이 논문은 각국의 환율 변동이 우리나라 수출 가격에 어떤 영향을 미치는지 그 관련성을 증명하고자 한다.

관련 도서 《앨빈 토플러 부의 미래》, 앨빈 토플러, 청림출판

《청소년을 위한 돈이 되는 경제 교과서》, 신동국, 처음북스

관련 학과 경제금융학과, 경제학과, 국사학과, 국제학과, 금융경제학과, 금융보험학과, 금융투자학과, 금융부동산경제금융학과, 디지털금융경영학과, 사학과, 한국사학과, IT금융경영학과

관련 교과 2022 개정 교육과정: 한국사, 동아시아사, 정치, 사회문제 탐구, 경제
2015 개정 교육과정: 한국사, 금융과 경제생활, 정치, 역사로 탐구하는 현대 세계, 국제 관계의 이해

핵심키워드	민법, 계약, 채권, 물권

대한민국에서 가장 쉽게 쓴 민법책

오수현 | 시원북스 | 2023

우리는 살아가면서 다양한 물건을 다양한 사람과 수많은 거래를 하며 생활한다. 온라인 쇼핑몰에서 구매하기도 하고 중고 거래를 하기도 한다. 또 친구의 물건이나 돈을 빌려서 쓰기도 한다. 이런 거래에서 생기는 모든 권리와 의무는 민법에서 규정된다. 이 책을 통해 우리와 상관없어 보이는 매매, 위임, 증여 같은 민법의 용어들이 우리의 일상에 숨어 있다는 것을 알 수 있다.

탐구 주제

주제1 자본주의 사회에서 사람은 계약을 맺어 삶을 영위하고 있다. 원시시대의 물물교환에서부터 농업 사회의 소작영농, 환곡 등에 이르기까지 옛 시대에도 사람의 삶은 거의 대부분이 계약으로 이루어졌다. 이러한 계약의 민법상 의미와 성립 과정을 사례를 바탕으로 탐구해 보자.

주제2 최근 당근마켓 등 손쉬운 거래 플랫폼의 등장으로 중고 거래가 활발해지고 있다. 학생들도 손쉽게 접할 수 있어 주변에서 보지 않는 참고서나 연예인 굿즈 등을 거래하는 경우를 종종 볼 수 있다. 그러한 중고 거래 과정에서 환불이 가능할까? 민법을 바탕으로 탐구해 보자.

주제3 고용 계약, 위임계약, 도급 계약의 차이 비교·분석

주제4 채권과 물권의 차이와 종류 탐구

학생부 기록 예시 (교과세특)

'대한민국에서 가장 쉽게 쓴 민법책(오수현)'을 읽고 우리 생활의 많은 부분이 민법과 관련되어있음을 인식함. 특히 계약이 특별한 문서 없이 개인 간의 의사표시만으로 이루어질 수 있다는 점에 흥미를 보임. 자신이 경험한 계약의 사례들을 떠올리며 중고 거래로 불량품을 받았을 때 환불 받을 수 있는지를 탐구하고 법적인 환불 근거와 방법을 카드 뉴스로 제작하여 친구들에게 공유함. 민법상 재산권에 해당하는 채권과 물권의 차이와 종류를 탐구함.

사고력 레벨up

제시문 당근마켓을 통해 최애 아이돌의 판매 중지된 미개봉 데뷔 앨범을 구매하였다. 설레는 마음으로 택배를 받아 열어보니, 개봉했다가 다시 포장한 상품이었다.

질문 1 중고 거래 상품을 환불 받으려면 무엇을 증명해야 하는지 이야기할 수 있나요?

질문 2 환불을 거부하는 판매자가 알고 보니 친한 친구의 동생이었다. 어떻게 하겠는가?

관련 논문 미성년소비자의 계약해소권에 관한 연구-취소권과 청약철회권을 중심으로(고형석, 2020)

사업자와 소비자 간 실질적 평등을 실현하기 위해 법으로 특별히 보호하는 소비자가 있다. 이에 해당하는 대표적인 대상이 민법상 제한능력자이다. 이 논문은 민법상 제한능력자인 미성년소비자에게 부여된 취소권과 청약철회권이 모호하다는 문제를 제기하며 개정을 제한하고 있다.

관련 도서 《10대를 위한 깜찍한 민법》, 서윤호 외, 다른
《금전거래와 법》, 정성헌, 박영사

관련 학과 경제학과, 금융경제학과, 금융부동산법무학과, 법학과, 법무행정학과, 법·경찰학과, 사회안전학과, 행정학과

관련 교과
2022 개정 교육과정: 경제, 실용경제, 정치, 주제 탐구 독서, 법과 사회
2015 개정 교육과정: 경제, 금융과 경제생활, 인간과 경제활동, 정치와 법, 진로와 직업

핵심키워드 | 생태경제학, 사회적 기초, 생태적 한계, 지속 가능한 발전

도넛 경제학

케이트 레이워스 | 학고재 | 2018

금융시장의 폐해, 세계적인 불평등, 기후변화 등의 위기는 주류경제학에서 다뤄지지 않는다. 주류경제학은 19세기 경제이론에 근거해 있다. 저자는 이 한계를 극복하기 위해 '도넛 경제학'을 제시한다. 도넛의 안쪽 원은 최소 수준의 안녕을 위한 사회적 기초이며, 도넛의 바깥 원은 지구의 생태적 한계선이다. 이 원들이 조화와 균형을 찾을 때 지속 가능한 경제활동이 가능하다 말한다.

탐구 주제

주제1 도넛 경제학에서는 개인의 삶의 기본을 이루는 '사회적 기초'와 지구 전체의 안녕을 이루는 '생태적 한계' 사이를 도넛이라 부르며, 이 곳에 머무를 때 인류는 안전하고 정의롭게 살아갈 수 있다고 말한다. 도넛 경제학에서 말하는 사회적 기초에 해당하는 것이 무엇인지 탐구해 보자.

주제2 공유 경제는 제품이나 서비스를 필요 이상으로 소유하지 말고 여럿이 나눠 효율적으로 쓰자는 취지다. 공유 경제가 지출을 줄이고 환경을 지키는 대안으로 떠오르면서 하나의 사회운동으로도 확대된 바 있다. 이러한 공유 경제에 바탕을 둔 기업과 서비스의 사례를 탐구해 보자.

주제3 인간의 관점에서 생물 다양성의 의의 탐구

주제4 기존 경제학의 인간상과 생태경제학의 인간상 비교·분석

학생부 기록 예시 (교과세특)

'도넛 경제학(케이트 레이워스)'을 통해 기존의 틀에서 벗어나 새로운 시각으로 세상을 바라보는 것의 중요성을 확인하고 지속 가능한 경제활동을 위해 우리 사회가 나아갈 길에 대해 고찰함. 특히 공유 경제에 대해 흥미를 보이며 주변의 공유 경제 사례를 탐구하고 교내에 적용할 수 있는 공유 경제 아이디어로 공유 우산, 공유 교과서, 공유 보조 가방 등을 제시함. 생물 다양성의 의의를 인간의 관점에서 탐구하여 잘 정리된 인포그래픽으로 제작하여 전시함.

사고력 레벨up

제시문 지난 200년 동안 세계 탄소의 대부분은 선진국에서 배출되었고 지금의 기후 위기의 원인이다. 그러나 현재 탄소 배출의 70% 가까이는 개발도상국에서 배출되고 있다.

질문 1 선진국의 탄소 배출량 감축 권고에 대해 개발도상국 입장에서 어떤 선택이 가능할까?

질문 2 개발도상국의 탄소 배출을 줄이게 하려면 선진국에서 어떤 제안을 할 수 있을까?

관련 논문 새로운 생태경제발전론의 비전 설정하기(정연미, 2015)

이 논문은 미래의 다양한 성장과 발전의 경로를 모색하기 위해서 인간의 욕망과 시장에 대한 믿음에 근거해 추상화의 오류에 빠진 신고전파 경제성장 패러다임이 아니라 시장이 해결할 수 없는 생태계의 한계와 정의로운 분배를 위한 새로운 경제 질서를 제시하고자 한다.

관련 도서 《기후를 위한 경제학》, 김병권, 착한책가게
《어반 정글》, 벤 윌슨, 매일경제신문사

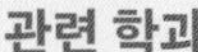

관련 학과 가족복지학과, 경영학과, 경제학과, 공공복지정보관리학과, 공공행정학과, 보건의료·사회복지학부, 복지경영학과, 사회학과, 정치국제학과, 정치외교학과, 철학생명의료윤리학과, 환경생명공학과, 환경생태공학부

관련 교과 2022 개정 교육과정: 경제, 기후변화와 지속가능한 세계, 정치, 기후 변화와 환경 생태, 주제 탐구 독서
2015 개정 교육과정: 경제, 사회문제 탐구, 환경, 생활과 과학, 생태와 환경

핵심키워드 | 시장지상주의, 시장의 도덕적 한계, 공공성, 인센티브

돈으로 살 수 없는 것들

마이클 샌델 | 와이즈베리 | 2012

이 책은 시장의 도덕적 한계와 시장지상주의의 맹점에 대해 논의한 책이다. 저자는 이 책에서 기존에는 시장에서 거래되지 않았던 영역에 돈과 시장이 개입하며 발생한 가치의 변질에 주목한다. 시장 논리가 지배하는 구체적인 사례를 제시하고 '과연 시장은 언제나 옳은가?'에 대한 해답을 제공하며 저자 특유의 문답식 토론과 도발적 문제 제기, 치밀한 논리로 철학 논쟁을 펼친다.

탐구 주제

주제1 거의 모든 것이 시장에서 거래되는 사회이다. 경제적 이익을 위해서 자기 자신, 아니 가족까지도 시장에 내놓는 사례가 심심치 않게 들려온다. 최근에는 영유아에 대한 불법 거래가 성행한다는 탐사 보도가 사회에 충격을 주었다. 영유아 거래의 문제점과 해결 방안에 관해 탐구해 보자.

주제2 내재적 동기를 바탕으로 생산활동에 참여하고 있는 사람에게 돈과 같은 외재적 동기를 지급하면 내재적 흥미나 헌신을 밀어내거나 가치를 떨어뜨려 동기 유발을 악화시킨다는 연구 결과가 있다. 이 밀어내기 효과와 금전적 인센티브의 효과성에 대해 고찰해 보자.

주제3 시장경제에서 공공재의 문제 탐구

주제4 암표 거래에 대한 시장지상주의적 분석 및 그에 대한 고찰

학생부 기록 예시 (교과세특)

'돈으로 살 수 없는 것들(마이클 샌델)'을 통해 저자가 제시한 여러 질문에 대해 깊이 생각하고 답하며 시장지상주의의 한계에 대해 이해하고, 시험 점수와 같은 외재적 동기로 인해 학습에 대한 흥미라는 내재적 동기가 떨어졌던 밀어내기 효과를 경험했음을 친구들에게 공유함. 최근 보도된 영유아 불법 거래가 생명에 대한 도덕적 가치가 변질되어 발생한 시장지상주의 사회의 문제점임을 인식하고 이를 해결하기 위한 방안을 탐구함. 시장경제에서 발생하는 공공재의 문제에 대해 정리함.

사고력 레벨up

제시문 우선 탑승권, 대리모 등 시간이나 생명도 돈으로 살 수 있는 시대이다. 이외에도 우리 주변에서는 많은 것이 거래되고 있고, 다양한 플랫폼을 바탕으로 거래 비용도 낮아지고 있다.

질문 1 당신이 원하는 것 중 결코 돈으로 살 수 없는 것에는 무엇이 있는가? 그 이유는?

질문 2 당신이 가진 것 중 결코 돈으로 바꿀 수 없는 것에는 무엇이 있는가? 그 이유는?

관련 논문 역사적 관점으로 본 자본주의와 건강, 그리고 한국의 의료민영화(박지영, 2020)

이 논문은 자본주의와 의료의 관계를 분석하며 현재 한국에서 진행되고 있는 의료민영화에 대해 검토한다. 의료에 대한 자본의 개입이 야기하는 효과를 검토함으로써, 의료민영화를 지지하는 논리와 그 예상되는 결과를 비판적으로 바라볼 필요성을 강조한다.

관련 도서 《도덕경제학》, 새뮤얼 보울스, 흐름출판
《새뮤얼슨 vs 프리드먼》, 니컬러스 웝숏, 부키

관련 학과 경제학과, 공공복지정보관리학과, 공공행정학과, 노동복지전공, 보건의료·사회복지학부, 사회학과, 정치국제학과, 정치외교학과, 정치행정학과, 철학과, 철학생명의료윤리학과

관련 교과 2022 개정 교육과정: 경제, 사회문제 탐구, 정치, 현대 사회와 윤리, 독서 토론과 글쓰기
2015 개정 교육과정: 정치와 법, 경제, 윤리와 사상, 인간과 경제활동, 독서

핵심키워드	메타버스, 가상현실, 증강현실, 아바타

메타버스 유토피아

마크 반 리메남 | 21세기북스 | 2023

이 책은 메타버스의 개념과 활용 방안, 새로운 디지털 경제, 더 나아가 잠재된 위험 등 메타버스의 현주소와 미래 전망을 상세하게 설명한다. 현재 수천만 명이 동시에 가상의 공간에서 콘서트를 즐길 수 있으며 인터넷 공간에서 업무를 처리한다. 증강 현실 속에서 시공간을 뛰어넘어 협업하고, 창작자가 중심이 되는 디지털 세계에서 어떤 기회를 만날지 예측하고 준비해 보자.

탐구 주제

주제1 메타버스는 거의 모든 산업의 생태계를 뒤흔들고 몰입형 상거래, 이벤트, 광고, 하드웨어 및 소프트웨어와 패션 이외에도 수많은 분야에서 수익 창출의 기회를 만들어 낼 것이라고 한다. 현재 메타버스를 이용한 다양한 마케팅 사례를 찾아 그 브랜드에 대한 청소년의 인식을 탐구해 보자.

주제2 미래에는 가상현실과 증강현실이 자연스러운 일상 속으로 들어오며 메타버스에 연결된 모든 장치는 가상 환경 속에서 서로 간에 상호 작용하는 날이 온다고 한다. 메타버스 세계에서 다니는 학교를 상상하며 지금과 구체적으로 어떻게 다른 삶을 살게 될지 탐구해 보자.

주제3 메타버스의 부작용에 대한 탐구

주제4 메타버스의 의미와 4가지 유형 탐구

학생부 기록 예시 (교과세특)

‘메타버스 유토피아(마크 반 리메)’를 읽고 평소에 관심이 있었던 메타버스 관련 산업에 대한 이해를 높이는 계기가 됐다는 소감을 남김. 특히 메타버스를 이용한 마케팅 사례에 흥미를 느껴 다양한 마케팅 기법과 특징을 분석하고, 그러한 마케팅을 시도하고 있는 기업에 대한 초·중·고등학생의 인식을 비교·분석한 통찰력 있는 탐구 보고서를 제출함. 메타버스 산업에 대한 토론에 자신과 같은 긍정적인 시각의 입장뿐 아니라 부정적인 시각의 입장과 그에 대한 해결 방안도 준비하여 참여함.

사고력 레벨up

제시문 메타버스 속 자신의 분신인 아바타는 곧 디지털 세계 내 개인의 정체성이다. 따라서 메타버스 안에서 자신이 누구이며, 어떤 감정을 느끼고 어떻게 행동할지를 결정한다.

질문 1 메타버스 속 아바타에게 필요한 권리는 무엇이라고 생각하는가?

질문 2 아바타에게 권리가 보장되지 않는다면 예측할 수 있는 부작용에는 무엇이 있을까?

관련 논문 빅데이터 분석을 통한 메타버스 동향 및 메타버스 공연으로서의 발전 가능성 연구(이지현, 2023)

이 논문은 빅데이터 분석을 통해 메타버스의 동향과 메타버스 공연의 발전 가능성을 가늠해보고자 하였다. 분석 결과 메타버스 공연 관련 키워드인 ‘버추얼 아바타(가상인간)’와 ‘엔터테크’에 대한 호감도가 점차 상승하고 있으나, 더불어 거부감과 회의감도 함께 있는 것을 확인했다.

관련 도서 《슈퍼사이트》, 데이비드 로즈, 흐름출판
《메타버스 모든 것의 혁명》, 매튜 볼, 다산북스

관련 학과 경영학과, 빅데이터경영학과, 빅데이터응용학과, 빅데이터창업비즈니스학과, 소프트웨어학과, 사회학과, 심리학과, 융합소프트웨어학과, 플랫폼소프트웨어전공, AI빅데이터융합학과, AI·소프트웨어학부

관련 교과
2022 개정 교육과정: 경제, 소프트웨어와 생활, 지식재산 일반, 인공지능 기초, 데이터 과학
2015 개정 교육과정: 인간과 경제활동, 지식재산 일반, 사회문제 탐구, 생활과 과학, 융합과학

핵심키워드	소프트 파워, 문화산업, 콘텐츠노믹스, 문화자본

미래를 읽는 문화경제 트렌드

최연구 | 중앙경제평론사 | 2023

모든 사업은 아이디어로부터 시작되고 기술 발전으로 실현되지만 결국 사업의 성패는 문화에 달려 있다. 경제 현상이 눈에 보이는 물결이라면 문화 현상은 잘 보이지 않는 큰 해류라고 할 수 있다. 그렇기에 문화의 관점에서 변화를 이해하고 따라잡는 것이 중요하다. 이 책은 문화를 바탕으로 미래 자본주의, 디지털 전환 시대, 인공지능 시대에서 살아남는 방법을 제시한다.

탐구 주제

주제1 스타벅스는 그들의 성공 요인이 "커피가 아닌 문화를 팔기 때문"이라고 한다. 맛과 향이 좋은 커피만을 파는 것이 아니라 편안하고 안정적인 공간, 편안한 음악 등 '스타벅스 경험'이라는 문화를 제공하고 있다는 것이다. 스타벅스와 메가커피에 대한 청소년들의 인식을 비교·분석해 보자.

주제2 소프트 파워는 원하는 결과를 얻을 수 있는 일종의 매력이다. 하드파워가 군사력, 경제력, 자원 등 상대의 이익을 위협하여 강압하는 능력인 반면, 소프트 파워는 상대 스스로 하여금 그렇게 행동하고 싶게 만드는 능력이다. 우리나라의 소프트 파워를 상징하는 한류에 대해 탐구해 보자.

주제3 부르디외의 4가지 자본 탐구

주제4 밈 마케팅 사례 분석

학생부 기록 예시 (교과세특)

'미래를 읽는 문화경제트렌드(최연구)'를 통해 문화가 산업과 기업의 경쟁력에 매우 중요한 의미가 있다는 것을 이해하고, 스타벅스와 애플의 사례를 바탕으로 청소년의 소비에 문화가 차지하는 비중에 대해 분석한 '문화를 소비하는 청소년 소비자'라는 탐구 보고서를 제출함. 자신의 일상생활을 바탕으로 경제 현상을 분석하고자 하는 시도가 인상적임. 나아가 문화 등 소프트 파워의 중요성을 확인하고 관광 산업에서 한류의 영향을 탐구함.

사고력 레벨up

제시문 스타벅스가 한국에서 1,000호점을 돌파했다. 그러다 보니 이제 모두가 갈 수 있는 스타벅스를 더는 고급 카페로 생각하지 않고, 또 다른 고급 카페를 찾는 사람들이 있다고 한다.

질문 1 위와 같은 현상이 나타난 원인을 부르디외의 이론을 바탕으로 설명할 수 있나요?

질문 2 그러한 구별 짓기를 통해 타인과 구분되려고 하는 심리에 대해 어떻게 생각하나요?

관련 논문 4차 산업혁명시대 콘텐츠와 문화콘텐츠(김기덕, 2019)

이 논문은 4차 산업혁명으로 인해 지능화된 디지털기술이 사용자의 컨텍스트(context)를 수집하고 파악하여, 그것을 응용할 수 있도록 해준다는 것에 주목하며 4차 산업 혁명시대는 콘텐츠전문가의 중요성이 커짐을 확인하고, 앞으로 문화콘텐츠가 나아가야 할 방향을 제시한다.

관련 도서 《더 플로》, 안유화, 경이로움
《콘텐츠, 플랫폼(platform)으로 날다!》, 김세을, 콘텐츠경영학회

관련 학과 경영학, 경제학, 글로벌문화콘텐츠학과, 디지털콘텐츠학과, 디지털콘텐츠창작학과, 메타버스융합콘텐츠전공, 문화예술경영학과, 문화콘텐츠학과, 사회학과, 콘텐츠제작전공, SW융합학부 한일문화콘텐츠전공

관련 교과 2022 개정 교육과정: 경제, 사회·문화, 미술과 매체, 인공지능 기초, 매체 의사소통
2015 개정 교육과정: 경제, 사회·문화, 인간과 경제활동, 창의 경영, 문학

핵심키워드	합리적 선택, 시장 가격, 정보의 비대칭, 행동 경제학

밥 먹여주는 경제학

셰종보 | 더페이지 | 2023

이 책은 우리가 살아가면서 마주하는 일상적인 소비 결정에서부터 나의 인생만 힘들게 느껴지는 이유, 도시와 시골 중 어디에서 살 것인가까지 다양한 고민과 궁금증을 실제 사례를 들어 경제학적 관점에서 분석한다. 경제학이 돈과 직접적으로 관련된 학문이 아니라 선택을 연구하는 학문이며 경제를 공부하면 자신에게 가장 알맞은 선택을 할 수 있다는 것을 깨닫게 해준다.

탐구 주제

주제1 우리는 자원의 희소성의 문제로 인해 언제나 선택의 상황에 직면하게 된다. 자신이 경험한 선택을 비용·편익 분석을 통해 합리적 선택이었는지 분석해 보고, 합리적이지 못한 선택을 골라 그러한 선택을 했던 이유에 대해 고찰해 보자.

주제2 상품의 가격이 그 사용 가치에 비해 너무 높거나 낮다고 생각하게 되는 경우가 있다. 주변에서 그러한 사례를 찾아 수요·공급의 원리를 바탕으로 그 이유를 분석해 보고, 이러한 현상이 우리 사회와 경제생활에 미치는 영향에 대해 탐구해 보자.

주제3 정보 비대칭으로 인한 역선택 사례 탐구 및 해결 방안 제시

주제4 경제적 편향이 소비 선택에 미치는 영향 분석

학생부 기록 예시 (교과세특)

희소성 때문에 발생하는 선택의 상황에서 비용과 편익을 고려하여 합리적 선택을 할 수 있음을 이해하고, 사례를 통해 기회비용을 고려하지 않거나 매몰 비용을 고려하는 경우 합리적이지 못한 선택을 할 수 있음을 분석함. 명품의 경우 과시적 가치로 인해 수요는 많고 공급은 독점적이므로 가격이 높게 형성될 수 있음을 이해함. 정보 비대칭으로 인해 발생하는 역선택 사례를 탐구하고 해결 방안에 대해 토의함.

사고력 레벨up

제시문 시간과 노력을 들여 높은 급여와 복지 혜택을 제공하는 기업에 합격하였다. 그러나 그 기업은 환경 오염과 동물 실험 등을 바탕으로 성장한 기업이라는 것을 알게 되었다.

질문 1 위 상황에서 선택을 위해 고려해야 할 사항에 어떠한 것이 있을까?

질문 2 당신이 처한 상황이라면 어떠한 선택을 하겠는가? 그 이유는 무엇인가?

관련 논문 Z세대의 패션 명품 소비에 관한 연구(김장현, 이유림, 2021)

이 논문은 20~30대가 주요 소비층으로 등장하고 있는 패션 명품 시장에서 패션 명품 소비에 따른 사회적 변화상 및 Z세대의 패션 명품 소비에 대한 인식을 살펴본다. 이를 바탕으로 명품 소비에 있어 Z세대가 갖추어야 할 태도를 제시한다.

관련 도서 《MZ세대의 생활경제》, 홍영준, 빨강머리앤

《넛지 경제학》, 히라노 아쓰시 칼, 서울경제신문사

관련 학과 경제금융학과, 경제학과, 금융보험학과, 금융투자학과, 부동산경제금융학과, 부동산금융보험학과, 사회학과, 소비자학과, 심리학과, 재무금융전공, 재무금융회계학부, 정보사회학과

관련 교과 2022 개정 교육과정: 경제, 금융과 경제생활, 사회문제 탐구, 인간과 경제활동, 주제 탐구 독서

2015 개정 교육과정: 경제, 사회문제 탐구, 사회·문화, 실용 경제, 심리학

핵심키워드 | 연방준비제도, 통화 정책, 양적완화, 인플레이션

벤 버냉키의 21세기 통화 정책

벤 S. 버냉키 | 상상스퀘어 | 2023

세계 경제는 연결되어 있고 특히 미국 경제의 영향력은 막강하다. 오늘날 경제 상황을 제대로 이해하려면, 미국의 통화 정책을 제대로 이해해야만 한다. 이 책은 노벨경제학상 수상자이자 미국 연방준비제도의 의장이었던 벤 버냉키의 내공이 집결된 책이다. 이 책을 통해 20세기 동안 이루어진 통화 정책의 역사를 설명하고, 21세기에 이루어질 통화 정책과 경제의 변화를 예측한다.

탐구 주제

주제1 '미국이 기침할 때, 한국은 감기에 걸린다.'라는 말이 있다. 그만큼 한국 경제는 미국으로부터 큰 영향을 받고 있다는 것이다. 그런 미국 경제의 방향성을 결정하고 조율하는 곳이 바로 미국 연방준비제도다. 경제 위기 상황에서 연방준비제도의 주요 기능을 탐구해 보자.

주제2 2008년 금융위기 발생 이전에는 흔히 들을 수 없었지만, 그 이후 신문의 경제면에서 많이 등장한 용어 중 하나는 양적완화이다. 금융시장의 혼란과 경기침체 위험에 시달리던 각 나라들이 앞다투어 실시했던 양적완화 정책이 무엇인지 조사하고 그 영향을 탐구해 보자.

주제3 미국 연방준비제도의 탄생 배경 탐구

주제4 연방준비제도와 연방준비은행의 차이 비교·분석

학생부 기록 예시 (교과세특)

'벤버냉키의 21세기 통화 정책(벤 S. 버냉키)'을 읽고, 중앙은행의 역할과 위상을 이해함. 특히 세계 경제에 미치는 미국의 연방준비제도의 영향력이 막대함을 확인하고, 경제 상황에 따라 실시하는 정책의 종류와 전달 경로에 호기심을 갖고 탐구한 '2008 글로벌 금융위기와 연준의 양적완화 정책'이라는 보고서를 제출함. 나아가 미국이 연방준비제도를 만든 배경과 과정을 조사하고 중앙은행이 아닌 연방준비제도라고 불리는 이유를 친구들에게 논리적으로 설명함.

사고력 레벨up

제시문 현재의 전 세계적인 인플레이션은 코로나19 팬데믹이나 러시아-우크라이나 전쟁 때문만이 아니라 미국의 연방준비위원회의 역할도 있었다고 설명한다.

질문 1 연준의 어떤 결정이 전 세계적인 인플레이션을 발생시켰는지 설명할 수 있나요?

질문 2 당신이 당시 연준의 의장이었다면 어떤 결정을 내렸을까? 그 이유는 무엇인가?

관련 논문 미국 통화정책이 국내 금융시장 및 자금유출입에 미치는 영향: TVP-VAR 모형 분석(서현덕, 강태수, 2019)

이 논문은 미국 통화 정책이 국내 금융시장과 자본 유·출입에 미친 충격이 글로벌 금융위기 이후 크게 확대되었음을 확인한다. 또한 미국의 정책금리 인상 자체보다 정책으로 인해 금융시장이 불안해질 때 국내 금융시장에 더 큰 부작용을 미치는 것으로 나타났다.

관련 도서 《벤 버냉키 연방준비제도와 금융위기를 말하다》, 벤 S. 버냉키, 미지북스
《돈을 찍어내는 제왕, 연준》, 크리스토퍼 레너드, 세종서적

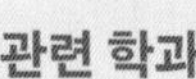

관련 학과 경제금융학과, 경제학과, 경제통상학부, 국제경제학, 국제통상학과, 금융보험학과, 금융투자학과, 글로벌무역학과, 부동산경제금융학과, 부동산금융보험학과, 사학과, 사회과학부, 역사학과, 행정학과

관련 교과 2022 개정 교육과정: 세계사, 경제, 사회문제 탐구, 정치와 법, 역사로 탐구하는 현대 세계
2015 개정 교육과정: 세계사, 정치, 경제, 금융과 경제생활, 진로와 직업

핵심키워드	암호화폐, 블록체인, 가치안정코인, De-Fi

변절 빌런의 암호화폐 경제학

정재웅 | 책밥 | 2022

이 책은 금융시장의 메커니즘, 비트코인의 등장과 그 핵심인 블록체인 기술, 이더리움의 등장과 발전(스마트 계약), 가상자산시장의 대안으로 떠오른 알트코인과 이들의 변화, 그리고 De-Fi와 NFT, CBDC와 가상자산의 미래, 마지막으로 투자에 앞서 꼭 짚고 넘어가야 할 가상자산 투자 Q&A까지 암호화폐 및 가상자산시장에 대해 장기적인 관점에서 넓은 시각으로 정리한다.

탐구 주제

주제1 코인 업계에서는 매년 5월 22일을 '비트코인 피자데이'로 기념하고 있다. 미국의 한 프로그래머가 비트코인 1만 개로 피자 두 판을 구매하며 최초의 가상자산 실물 거래가 이뤄진 날이기 때문이다. 현재 이루어지고 있는 비트코인을 이용한 실물 거래의 국내외 사례를 탐구해 보자.

주제2 2022년 테라-루나 폭락 사태는 가상자산시장에 투자한 투자자들을 좌절케 한 사건이다. 가치안정 코인으로 주목받았던 테라와 루나 코인이 일시에 폭락하면서 가상자산시장 전체를 대혼란에 빠트린 사건이었다. 이러한 가치안정 코인이 등장하게 된 배경과 그 종류를 탐구해 보자.

주제3 자산으로서 암호화폐의 장단점 탐구

주제4 블록체인 트릴레마에 대한 탐구

학생부 기록 예시 (교과세특)

'변절 빌런의 암호화폐 경제학(정재웅)'을 읽고 화폐에 대해 이해하고 암호화폐 및 가상자산시장이 기존 화폐 및 금융 시스템의 효율성을 제고시킬 수 있음을 알게 되었다는 소감문을 작성함. 또한 그동안 투자 수단으로만 알고 있었던 가상화폐가 실물 거래에서 교환의 매개로 사용되었음을 알고 관련 사례를 탐구하여 공유함. 여러 긍정적인 측면에도 불구하고 여전히 암호화폐와 가상자산에 대한 부정적인 시각이 있음을 이해하고 자산으로서 암호화폐의 장단점을 탐구하여 보고서를 제출함.

사고력 레벨up

제시문 언제부턴가 어떤 가상화폐의 가격이 폭등, 폭락했다는 기사가 주기적으로 들려온다. 그 과정에서 누군가는 많은 돈을 벌기도 하고 많은 돈을 잃기도 했을 것이다.

질문 1 그 가치가 쉽게 변하는 가상화폐는 화폐의 기능을 잘 수행한다고 생각하는가?

질문 2 가치안정코인으로 가상화폐의 수익성이 낮아진다면 당신은 계속 투자하겠는가?

관련 논문 분산 암호화폐 거래소 모델 및 이슈 분석(이태규, 2022)

이 연구는 현재 서비스 중인 중앙통제 기반의 중앙암호화폐거래소 현황 및 문제점을 기술하고, 거래소의 분산화 모델로서 분산암호화폐거래소 모델링 전략을 제시한다. 나아가 이 전략이 블록체인을 기초로 한 암호화폐의 익명성, 분산화, 자치성 등을 강화시킴을 밝히고자 한다.

관련 도서 《안전하고 친절한 블록체인 안내서》, 조재우, 월요일의꿈
《블록체인과 데이터 3.0》, 최성원, 더블북

관련 학과	경제금융학과, 경제학과, 금융투자학과, 글로벌미래경영학과, 기업융합법학과, 법학과, 산업경영공학과, 소프트웨어공학과, 재무금융회계학부, 정보보호학과, 정보통신학과, 지적재산권전공, 컴퓨터공학과
관련 교과	2022 개정 교육과정 : 주제 탐구 독서, 경제, 금융과 경제생활, 융합과학 탐구, 소프트웨어와 생활 2015 개정 교육과정 : 경제, 사회문제 탐구, 세계사, 인공지능 기초, 실용 경제

핵심키워드	부, 재테크. 경제적 사고방식, 금융 IQ

부자 아빠 가난한 아빠 1

로버트 기요사키 | 민음인 | 2018

이 책은 저자가 유년 시절 겪은 두 아버지를 통해 가난한 사람과 부자의 사고방식을 비교한다. 직설적인 화법과 몰입도 있는 스토리텔링으로 경제에 대한 기초 상식은 물론, 자산과 부채의 개념과 성공적인 투자를 위한 금융 IQ를 기르는 비법 등을 누구나 이해할 수 있도록 쉽고 명쾌하게 전한다. 돈에 대한 선입관을 깨뜨리는 파격적인 내용과 변하지 않는 투자 원칙을 담은 책이다.

탐구 주제

주제1 사람들 사이에서 경제적 자유가 인기 키워드로 회자되고 있다. 경제적 자유란 노동 소득 이외 자산으로 추가 소득이 발생하여 생계를 위해 일할 필요가 없는 상태는 뜻한다. 그러한 경제적 자유를 얻으려면 금융 지식이 필수이다. 금융 지식을 키우기 위해 금융 시장에 대해 탐구해 보자.

주제2 최근 물가 안정을 위한 급격한 금리 인상 정책이 지속되고 있다. 이로 인해 받을 수 있는 최대한의 대출을 받아 집을 사거나 갭투자를 한 사람들이 고통을 겪고 있다는 기사가 종종 등장한다. 이러한 상황이 발생한 원인을 이해하기 위해 자산과 부채의 관계에 관해 탐구해 보자.

주제3 세금의 종류와 특징 탐구

주제4 핀테크와 전자금융의 차이 비교·분석

학생부 기록 예시 (교과세특)

'부자 아빠 가난한 아빠 1(로버트 기요사키)'를 읽고, 금융 지식과 돈을 대하는 태도가 살아가는 경제적 여건을 결정한다는 것을 알게 됨. 자신의 금융 지식을 키우기 위해 자기주도학습을 실천하고 AI 플랫폼을 이용하여 '청소년도 이해하는 금융'이라는 소책자를 만들어 교내 플리마켓에서 판매함. 판매 수익을 주식에 투자하고 수익과 손해를 경험하며 주식시장에 대한 이해를 높임. 다양한 사례를 바탕으로 핀테크와 전통적 전자금융의 차이를 비교·분석함.

사고력 레벨up

제시문 복지 사회를 추구하는 과정에서 더 많은 조세는 필수이다. 그러나 이를 피하려고 법인세를 떼지 않거나 법인세 비중이 낮은 조세 회피처에 회사를 설립하는 경우가 늘고 있다.

질문 1 당신이 새로운 회사를 설립하고자 한다. 어디에 회사를 설립할 것인가? 그 이유는?

질문 2 합법적인 조세 회피 방법이 있다면 이를 활용해야 부자가 된다고 한다. 당신이라면?

관련 논문 금융지식이 금융행동에 미치는 영향(권세훈, 반주일, 2021)

이 논문은 금융 지식이 금융 행동에 어떤 영향을 미치는지 분석하였다. 분석 결과 금융 지식 점수가 높을수록 수익률을 중시하며 노후의 경제 상황을 준비하고 부채를 활발하게 사용하여 금융 자산 비율을 증가시켰으며 간편결제, 가상화폐 등 핀테크 상품의 수용성도 높게 나타났다.

관련 도서 《부자가 되려거든 기록하라》, 최용규, 다온북스
《부의 추월차선》, 엠제이 드마코, 토트

관련 학과 경제금융학과, 경제학과, 금융보험학과, 금융투자학과, 부동산경제금융학과, 사학과, 사회학과, 소비자학과, 심리학과, 역사학과, 재무금융전공, 재무금융회계학부, 정치국제학과, IT금융경영학과

관련 교과 2022 개정 교육과정: 경제, 사회문제 탐구, 주제탐구 독서, 사회와 문화, 금융과 경제생활
2015 개정 교육과정: 경제, 금융과 경제생활, 인간과 경제활동, 실용경제, 독서

경영
경제
미디어
역사
상담심리

핵심키워드	부, 신용, 부채, 돈의 본질

부자의 그릇

이즈미 마사토 | 다산북스 | 2020

이 책은 일본 최고의 경제금융 교육 전문가인 저자가 소설 형식으로 쓴 경제경영 교양서다. 한때 연 매출 12억의 주먹밥 가게 사장이었다가 도산해 3억 원의 빚을 지고 공원을 방황하던 한 젊은 사업가가 수수께끼 노인을 만나 돈의 본질과 돈을 다루는 능력을 키우는 법을 배우는 과정을 다루고 있다. 이 책을 통해 부자가 되는 방법은 신용을 쌓는 데 있다는 것을 알게 된다.

탐구 주제

주제1 옛날에는 사람들이 물물 교환을 했다. 그러다 직접 물건으로만 바꾸는 게 어려우니 조개껍데기 등으로 대신 거래를 했다. 결국 서로의 신용을 거래한 셈이다. 이렇게 신용을 눈에 보이고 거래하기 쉬운 형태로 바꾼 것이 바로 돈, 즉 화폐이다. 이러한 화폐와 신용의 관계를 탐구해 보자.

주제2 금융시장이란 자금이 부족하여 이를 필요로 하는 사람과 여유 자금을 보유한 사람 간에 자금의 거래가 원활하게 이루어지도록 만드는 시장이다. 즉 금융시장은 자금의 수요자와 공급자를 연결해주는 자금 중개 기능을 수행하는데, 자금 중개 기능의 필요성을 탐구해 보자.

주제3 브랜드의 가격 탄력성과 신용의 관계 탐구

주제4 금융시장에서 신용의 중요성 탐구

학생부 기록 예시 (교과세특)

'부자의 그릇(이즈미 마사토)'을 읽고 부와 부자에 대한 깊은 고찰을 하며 돈을 쫓으며 사는 사람이 아닌 신뢰를 바탕으로 돈을 부르는 사람이 되어야겠다는 다짐을 발표함. 거래 과정에서 발명된 화폐의 기본이 신용이라는 것을 확인하고 역사적 사례를 바탕으로 화폐에 신용이 부여된 과정을 탐구함. 경영이나 투자 과정에서 많은 사람들이 빌린 자본을 사용한다는 것을 이해하고, 자본의 수요자와 공급자를 연결해주는 금융시장의 자금 중개 기능의 필요성을 탐구함.

사고력 레벨up

제시문 신용은 상환 능력에 대한 믿음을 뜻한다. 일상적으로 하는 소비 대부분이 신용을 바탕으로 이뤄지는데 그 종류는 크게 대출 신용, 판매 신용, 서비스 신용으로 구분할 수 있다.

질문 1 신용카드 사용은 어떤 종류의 신용이 사용되는지 이야기해 볼 수 있나요?

질문 2 신용을 떨어뜨리는 요인에는 어떤 것이 있는지 이야기해 볼 수 있나요?

관련 논문 기업대출금리와 신용등급 변동(설성화, 정무권, 2017)

이 논문은 기업 신용 등급 변동이 대출금리에 어떠한 영향을 미치는지를 분석한다. 연구 결과, 기업 신용 등급이 악화(개선) 될수록 대출금리 인상률(인하율)이 높은 것으로 나타났으며, 신용등급 변동이 기업 대출 금리에 미치는 영향이 기업 규모에 따라 상이함을 확인하였다.

관련 도서 《레버리지》, 롭 무어, 다산북스
《나는 천천히 부자가 되기로 했다》, 조너선 클레멘츠, 리더스북

관련 학과 경제금융학과, 경제학과, 금융보험학과, 금융투자학과, 부동산경제금융학과, 사학과, 사회학과, 소비자학과, 심리학과, 역사학과, 재무금융전공, 재무금융회계학부, 철학과

관련 교과 2022 개정 교육과정: 주제 탐구 독서, 경제, 사회문제 탐구, 인간과 경제활동, 인간과 철학
2015 개정 교육과정: 독서, 경제, 사회문제 탐구, 실용경제, 철학

핵심키워드 | 블록체인, 암호화폐, 탈중앙화 금융, 스테이블코인

블록체인과 코인 누가 돈을 버는가

예자선 | 지식과감성# | 2022

이 책은 가상화폐의 사업 비밀을 돈의 흐름으로 파헤치고자 한다. 많은 사람들이 가상화폐를 실제로 활용할 수 있거나, 적어도 돈을 벌 기회라고 믿고 있다. 그러나 어떤 서비스의 실체는 그것을 제공하는 '사업자 관점'에서 보면 안다. 즉 돈이 이동하는 대가로 사회에 어떤 가치가 제공되는지를 보라는 것이다. 저자는 기본적 기술 개념만 알면 스스로 판단할 수 있다고 말한다.

탐구 주제

주제1 물리적 실체가 없는 암호화폐가 환경 오염의 주범으로 지목되고 있다. 컴퓨터의 연산 능력을 이용해 암호화폐의 거래 장부인 블록체인을 끊임없이 생성·유지하는 '작업증명 채굴 방식'이 그 원인이라고 한다. 이러한 작업증명 채굴 방식의 환경적 측면의 문제점을 탐구해 보자.

주제2 2023년 예정되었던 암호화폐 과세가 2025년으로 미뤄졌다. 과세 이전에 거래 투명성을 확보하고 소비자 보호 장치 및 안정성 등과 관련한 인프라 정비, 관련 법안 마련 등이 선행되어야 한다고 본 것이다. 다른 나라의 사례를 바탕으로 암호화폐 과세 방안을 탐구해 보자.

주제3 암호화폐와 블록체인의 이론적 토대, 암호학의 기원 탐구

주제4 블록체인의 기능적 특징과 한계 탐구

학생부 기록 예시 (교과세특)

'블록체인과 코인 누가 돈을 버는가(예자선)'를 통해 그동안 궁금했던 블록체인과 암호화폐에 대한 이해를 높이고 투자와 관련하여 그 위험성에 대해 알게 되었다는 소감을 남김. 이를 바탕으로 최근 화제가 되고 있는 암호화폐의 환경오염 문제에 관심을 갖고 블록체인을 지속적으로 생성·유지하는 작업증명 채굴방식이 에너지 과다 사용으로 환경문제를 일으킬 수 있음을 밝힌 탐구 보고서를 제출함. 나아가 블록체인의 기능적 특징과 한계를 탐구하여 관련 토론에 참여함.

사고력 레벨up

제시문 여러 우려에도 불구하고 가상화폐 시장은 더욱 확대되고 있다. 가상화폐로 인해 금융시스템의 효율성이 제고되고 금융혁신 및 경제성장에 기여할 수 있을 것이라는 전망이다.

질문 1 가상화폐 시장의 성장요인은 무엇이라고 생각하는지 말해 볼 수 있나요?

질문 2 경제정책 결정자 입장에서 우려되는 부분과 그에 대한 해결 방안을 말해 볼 수 있나요?

관련 논문 스테이블코인의 분류와 위험 분석(김준상, 2022)

이 논문에서는 스테이블코인의 유형과 특징에 따른 분류 방법을 제안하고 위험 요인으로 신뢰성 문제 등에 의한 디페깅, 급격한 가격변동으로 인한 청산, 그리고 오라클 공격을 들어 현재 암호화폐 시장에서 유통되는 주요 스테이블코인의 위험을 분석한다.

관련 도서 《암호화폐 전쟁》, 에리카 스탠포드, 북아지트
《암호화폐와 NFT, 무엇이 문제일까?》, 김승주, 동아엠엔비

관련 학과 경제금융학과, 경제학과, 금융공학과, 글로벌경제학과, 산업경영공학과, 소프트웨어공학과, 수학과, 수리통계사이언스학부, 정보보호학과, 정보통신학과, 컴퓨터공학과, 핀테크융합학과, IT금융경영학과

관련 교과
2022 개정 교육과정: 주제 탐구 독서, 경제, 금융과 경제생활, 융합과학 탐구, 소프트웨어와 생활
2015 개정 교육과정: 경제, 사회문제 탐구, 인공지능 기초, 실용 경제, 융합과학

핵심키워드

지속 가능한 미래, 환율, 통화량, 공유자원의 비극

세계시민이 된 실험경제반 아이들

김나영 | 리틀에이 | 2022

이 책에서는 국가의 경제체제나 국가 간 교역 등이 우리 경제에 미치는 영향을 이해하고, 개인과 사회, 세계의 여러 경제 현상과 문제들을 함께 고민하고 풀어 나간다. 저자는 학생들이 자신의 미래를 위한 경제를 살피는 안목을 지니고 성장시키면서 지속 가능한 미래를 위해 개인의 이익과 사회의 이익이 조화를 이루는 지점을 어떻게 찾아가야 하는지에 대해서도 다루고 있다.

탐구 주제

주제1 환율의 상승과 하락이 뉴스의 메인 기사로 뜨는 경우를 자주 볼 수 있다. 외화의 교환 비율인 환율의 변동은 무역업에 종사하지 않는 사람의 경제활동과 상관없다고 생각할 수 있지만 현실에서 그렇지 않다. 환율의 변동이 사람들의 경제활동에 어떤 영향을 주는지 탐구해 보자.

주제2 중앙은행에 의해 공급된 본원통화는 민간의 화폐수요를 전부 충족시킬 수 있을 만큼 충분한 것이 아니다. 그럼에도 불구하고 민간의 화폐수요가 충분히 충족될 수 있을 만큼 화폐가 공급될 수 있는 이유는 은행의 예금통화 창출 때문인데 그 의미와 과정을 탐구해 보자.

주제3 역선택의 사례 및 해결 방안 탐구

주제4 공유지의 비극이 환경과 미래세대에 미치는 영향 탐구

학생부 기록 예시 (교과세특)

'세계시민이 된 실험경제반 아이들(김나영)'을 읽고 모두가 함께 잘사는 지속 가능한 미래를 위해서 경제에 대한 이해와 세계를 바라보는 넓은 시각이 필요함을 이해함. 특히 환율의 변동이 초래하는 긍정적 부정적 영향을 실제 사례를 바탕으로 탐구하여 '환율의 변동, 이런 영향까지?'라는 컷 만화 형식의 쉽고 재미있는 카드 뉴스를 제작함. 중앙은행의 화폐 발행 이외에 예금통화 창출로 화폐가 공급되는 과정을 탐구하여 논리적으로 설명함.

사고력 레벨up

제시문 누구나 양에게 풀을 먹일 수 있는 마을의 공유지가 있다. 각 개인은 최대한 많은 양을 오랫동안 먹이는 것이 이익이므로 공유지의 풀은 금세 없어지고 양들은 굶어 죽을 것이다.

질문 1 위와 같은 상황이 발생하는 원인이 무엇인지 이야기해 볼 수 있나요?

질문 2 이러한 상황을 해결하는 방안에는 무엇이 있는지 이야기해 볼 수 있나요?

관련 논문 실손의료보험의 역선택과 보험료 차등화(이경아, 이항석, 2016)

이 연구는 실손의료보험의 위험 특성에 적합한 보험료 차등화에 관한 연구이다. 분석결과 질병의 신뢰도계수는 지속적으로 상승한 반면 상해의 신뢰도계수는 소폭 상승하였다. 분석을 통해 실손의료보험 질병 담보에 대한 보험료 차등화의 필요성을 확인할 수 있다.

관련 도서 《지구학교 1교시 경제학 수업》, 잉그리드 세튀메르, 푸른숲주니어

《오늘부터 나는 세계 시민입니다》, 공윤희, 윤예림, 창비교육

관련 학과 국사학과, 경제금융학과, 경제학과, 교육학과, 금융투자학과, 부동산경제금융학과, 사학과, 사회학과, 소비자학과, 심리학과, 역사학과, 재무금융전공, 정치국제학과, 정치행정학과, 행정복지학부

관련 교과 2022 개정 교육과정 : 세계시민과 지리, 경제, 국제 관계의 이해, 사회문제 탐구, 인간과 경제활동

2015 개정 교육과정 : 세계사, 경제, 사회문제 탐구, 실용경제, 융합과학

핵심키워드	새로운 시장, 네옴시티, 불확실성, 자원

세계지도를 펼치면 돈의 흐름이 보인다

박정호 | 반니 | 2023

미국의 인플레이션을 비롯해 중국의 침체, 러시아-우크라이나 전쟁까지 겹치면서 세계 경제의 불확실성은 그 어느 때보다 커졌다. 이 불확실성은 주식, 부동산, 환율, 금리등에 급격한 변화를 불러와 우리 일상을 흔들고 있다. 경제 혹한기에 대비하라는 목소리와 하반기에는 반등 가능하다는 추측도 들려온다. 이 책을 통해 세계 경제의 큰 흐름을 읽고 미래를 가늠할 수 있는 관점을 배워 보자.

탐구 주제

주제1 서울 면적의 44배에 달하는 미래도시를 짓는 사우디아라비아 '네옴(NEOM) 시티' 프로젝트의 글로벌 수주 경쟁이 본격화되고 있다. 반면 네옴시티 프로젝트의 경제적 효과성에 대한 우려의 목소리도 있는 것도 사실이다. 네옴시티 프로젝트의 내용과 그 효과성에 대해 탐구해 보자.

주제2 기후 위기의 심각성이 더해질수록 그린란드의 몸값은 높아지고만 있다. 공개적으로 매입 의사를 밝힌 미국뿐 아니라 중국, 캐나다 등도 관심을 보이며 경쟁하고 있는 상황이다. 그 배경을 밝히기 위해 그린란드에 매장된 자원과 경제학적 가치에 대해 탐구해 보자.

주제3 스웨덴의 복지 제도 탐구

주제4 인도네시아 1인당 GDP 추세 및 경제적 잠재력 탐구

학생부 기록 예시 (교과세특)

'세계지도를 펼치면 돈의 흐름이 보인다(박정호)'를 일고 우리나라의 경제가 인근에 있는 나라뿐 아니라 물리적으로 거리가 먼 국가들과도 상호 작용 하고 있으며 앞으로 그 영향이 점점 더 커지리라는 것을 이해하고 본인도 준비와 노력을 해야겠다는 소감문을 작성함. 나아가 최근 세계적으로 관심이 집중된 사우디아라비아의 네옴시티 프로젝트의 내용과 실현 가능성 및 효과성 대한 여러 사람의 의견을 체계적으로 정리하여 '네옴시티 프로젝트의 진실'이라는 탐구 보고서를 제출함.

사고력 레벨up

제시문 복지 천국으로 알려진 스웨덴은 출산과 양육, 의료보장, 그리고 노후 생활까지 국가가 보장한다. 이러한 복지 정책의 재원은 25%의 소득세 등 높은 세율을 바탕으로 한다.

질문 1 만일 우리나라가 스웨덴식 복지를 지향하며 세금을 인상한다면 찬성하겠는가?

질문 2 자신의 그와 같이 생각하는 이유를 구체적으로 이야기해 볼 수 있나?

관련 논문 그린란드의 지질과 광물자원 현황(박성원, 김유동, 2013)

그린란드 지질은 주로 시생대와 초기 원생대 조산운동 시 형성된 선캠브리아 순상지 결정질암이 대부분이다. 이 논문에서는 그린란드에 금과 호상철광층이 형성되어 있음을 확인하고, 금광상과 퇴적 분기성 연-아연광상, 희토류 광상 등의 분포가 나타나는 지역을 확인하고 있다.

관련 도서 《더 위험한 미래가 온다》, 김영익 외, 한스미디어
《대한민국 위기와 기회의 시간》, 선대인, 지와인

관련 학과 경제금융학과, 경제학과, 금융투자학과, 부동산경제금융학과, 사학과, 사회학과, 소비자학과, 심리학과, 역사학과, 재무금융전공, 재무금융회계학부, 정치국제학과, 정치외교학과, 지리학과, IT금융경영학과

관련 교과 2022 개정 교육과정: 세계시민과 지리, 경제, 도시의 미래 탐구, 국제 관계의 이해, 사회문제 탐구
2015 개정 교육과정: 세계지리, 세계사, 경제, 사회문제 탐구, 융합과학

핵심키워드	국부론, 보이지 않는 손, 분업, 전문화

애덤 스미스

니콜라스 필립슨 | 한국경제신문 | 2023

이 책은 자유로운 경제활동의 중요성을 강조했지만, 시장의 차가움보다 인간의 따뜻한 도덕심을 강조했던 사상가 애덤 스미스의 전 생애와 사상을 본격적으로 다룬 평전이다. 스코틀랜드 계몽주의와 그에게 지대한 영향을 미친 데이비드 흄과의 만남, 그의 강의를 들은 학생들이 남긴 강의 노트, 친구들과 주고받은 편지 등을 통해 그의 생애와 사상을 이해할 수 있을 것이다.

탐구 주제

주제1 경제활동 과정에서는 자원의 희소성으로 인해 세가지 경제 문제게 직면하게 된다. '무엇을 얼마나 생산할 것인가', '어떻게 생산할 것인가', '누구에게 분배할 것인가' 라는 문제가 그것이다. 이러한 경제 문제의 해결 방식에 따른 시장경제와 계획경제의 차이를 비교·분석해 보자.

주제2 애덤 스미스의 저서 국부론 첫 장에 요약되어있는 경제성장 이론의 핵심은 분업을 통해 이뤄지는 전문화다. 분업을 통해 생산 과정을 작게 나누고 분야별 전문화가 이루어지면 생산성이 크게 향상될 수 있다고 한다. 분업과 전문화의 중요성을 국가 간 교역 과정에 적용하여 탐구해 보자.

주제3 국부론에서 보이지 않는 손의 의미 탐구

주제4 시장경제와 계획경제의 비교·분석

학생부 기록 예시 (교과세특)

'애덤스미스(니콜라스 필립슨)'를 읽고 그가 단순한 경제학자가 아니라 철학자이자 위대한 사상가인 이유를 알게 되었다는 소감문을 작성함. 책에서 얻은 지식을 바탕으로 경제 문제 해결 방식에 따른 시장경제와 계획경제의 차이점을 비교·분석하여 친구들에게 논리적으로 설명함. 나아가 세계를 무대로 활동하는 다국적 기업들이 분업과 전문화를 통해 생산성을 향상한 사례임을 밝히는 '300년 전 애덤 스미스의 예언, 다국적 기업'이라는 탐구 보고서를 제출함.

사고력 레벨up

제시문 '모든 인간은 이기적이고 합리적이다.' 경제학의 기초를 마련한 애덤 스미스의 대전제이다. 이를 바탕으로 자유시장과 보이지 않는 손이 모두가 행복한 결과를 가져다준다고 한다.

질문 1 죄수의 딜레마에서 자백이라는 비합리적 선택을 하는 이유는 무엇이라고 생각하나요?

질문 2 자유로운 시장과 보이지 않는 손이 작동하지 못한 사례를 이야기해 볼 수 있나요?

관련 논문 아담 스미스의 국가관: 정부의 역할을 중심으로(김성준, 홍승헌, 2023)

이 연구는 자유방임주의자 혹은 심지어 무정부주의자로 알려진 애덤 스미스에 대한 오해를 해소하고자 한다. 시민의 생명, 재산, 자유를 보호하고 안전한 거래와 계약을 위해 필요한 정부의 역할에 대해 애덤 스미스의 생각을 돌아보고 현대 행정의 정책적 함의를 제시한다.

관련 도서 《존 메이너드 케인스》, 재커리 D. 카터, 로크미디어
《식탁 위의 경제학자들》, 조원경, 페이지2

관련 학과 경영학과, 경제금융학과, 경제학과, 경제통상학부, 국제정치학과, 국제통상학과, 국제학과, 금융보험학과, 금융투자학과, 글로벌무역학과, 사학과, 사회과학부, 소비자학과, 역사학과

관련 교과
2022 개정 교육과정: 경제, 국제 관계의 이해, 세계사, 인간과 철학, 인간과 경제활동, 윤리와 사상
2015 개정 교육과정: 정치와 법, 경제, 세계사, 역사로 탐구하는 현대 세계, 윤리와 사상

핵심키워드	부, 심층 기반(시간, 공간, 지식), 비화폐 경제, 대안 화폐

앨빈 토플러 청소년 부의 미래

앨빈 토플러, 하이디 토플러 | 청림출판 | 2023

《미래 쇼크》,《제3물결》 등의 저서로 일찍이 지식혁명의 시대를 예견했던 토플러 박사가 그린 미래가 지금 펼쳐져 있다. 앨빈 토플러의 눈으로 경제와 사회의 시스템을 읽으면 부의 이동을 이해하고 앞날을 예측하는 힘을 기를 수 있다. 빠른 기술 발전과 더불어 더 커지는 불확실성 앞에서 부의 흐름을 읽고 다가올 미래에 대응해야 하는 청소년이 익혀야 할 놀라운 인사이트가 담겨 있다.

탐구 주제

주제1 금세기 최고 미래학자로 불리는 앨빈 토플러는 그동안 세상을 바꿔온 큰 변화를 농업혁명, 산업혁명, 지식혁명이라는 3가지 물결로 설명하였다. 그가 말한 3가지 물결이 의미하는 바가 무엇인지 조사하고 각 물결이 우리 사회에 미친 영향을 탐구해 보자.

주제2 산업혁명 이후 지구상에서 가장 중요한 자원은 석유였다. 그러나 지식혁명 이후 가장 중요한 자원은 지식이라고 한다. 지식을 미래의 자원이라고 부르는 이유와 자원으로서 지식이 석유와의 차이점은 무엇인지 알아보고 사용 과정에서 주의할 점을 탐구해 보자.

주제3 첨단 미래 농업의 필요성 및 관련 직업 탐구

주제4 프로슈머 경제(비화폐 경제)의 의미와 작동 방식 탐구

학생부 기록 예시 (교과세특)

'앨빈 토플러 청소년 부의 미래(앨빈 토플러)'를 읽고, 농업혁명, 산업혁명, 지식혁명이라는 3가지 물결과 각 물결이 우리 사회에 미친 영향을 한눈에 이해할 수 있는 인포그래픽으로 만들어 친구들과 선생님에게 공유함. 세계 인구의 폭발적인 증가와 기후변화의 위기로 인해 앞으로 첨단 농업의 중요성이 커질 것이라고 예측하며 자기주도학습을 통해 이와 관련된 관련 직업을 탐구함. 프로슈머 경제의 의미와 작동 방식을 탐구하고 앞으로 더욱 촉진될 것이라고 진단함.

사고력 레벨up

제시문 프로슈밍(prosuming)은 필요로 하는 사람들이 직접 생산하고, 지식정보를 교환하며 생산과 소비를 한다. 미래의 부는 프로슈밍이 기술과 만나 사업화로 전환되면 창출된다고 한다.

질문 1 공유경제를 프로슈밍이라고 이야기 할 수 있을까? 그렇게 생각하는 이유는 무엇인가?

질문 2 프로슈밍으로 부를 창출한 사례에 무엇이 있나? 그 사례가 프로슈밍인 이유는?

관련 논문 전력 거래방식을 고려한 에너지 프로슈머의 운용전략 및 경제성평가에 관한 연구(김경화 외, 2022)

정부의 신재생에너지 확대 정책 및 2030 에너지신산업 확산 전략을 수립에 따라 에너지 프로슈머의 중요성이 증가하고 있다. 이 논문은 에너지 프로슈머의 경제성을 향상시키기 위한 운용전략을 제시하고, 이를 바탕으로 거래방식을 고려한 경제성 평가 모델링을 제안한다.

관련 도서 《엔데믹 빅체인지 7》, 최윤식, 김영사

《모바일 미래보고서 2024》, 커넥팅랩 외, 비즈니스북스

관련 학과 경제학과, 글로벌미래경영학과, 농업경제학과, 농업시스템학과, 미래모빌리티학과, 사회학, 사회과학부, 사회복지경영전공, 생명과학기술학부, 소비자경제학과, 스마트농업학과, 국제학과, IT인공지능학부

관련 교과 2022 개정 교육과정: 경제, 정치, 도시의 미래 탐구, 융합과학 탐구, 기후변화와 환경생태

2015 개정 교육과정: 정치와 법, 경제, 인간과 경제활동, 농업생명과학, 지식 재산 일반

핵심키워드	디지털 사회, 인구 고령화, 사회 양극화, 기후 위기

예정된 미래

이현훈 | 파지트 | 2022

인류가 농업혁명, 산업혁명 그리고 디지털혁명을 겪어 왔고, 우리는 그 어느 때 보다 윤택한 삶을 살고 있다. 하지만 이제는 그동안 잊었던 인구 고령화, 사회 양극화, 기후 위기, 디지털 사회에 대해 직시해야 할 시기이다. 이 문제의 해답으로 지구상의 모든 생태 환경이 서로 동등한 가치를 인정하고 지속적으로 포용하며 상생하는 제4의 길(참 성장, 분배, 환경의 융합)을 제시한다.

탐구 주제

주제1 지난 몇 년 동안 코로나19 팬데믹으로 지구상 많은 사회는 급격한 변화를 겪었다. 학교와 직장에서는 SF소설에서 보던 원격 수업이나 화상 회의 등이 일상에 녹아들었고, 원격 공동 작업 프로그램의 사용이 일반화되었다. 팬데믹과 함께 찾아온 디지털 혁명의 주요 내용을 탐구해 보자.

주제2 "대한민국 완전히 망했네요." 한 다큐멘터리에서 우리나라 출산율을 들은 외국 교수의 반응이 최근 인터넷에서 밈으로 유행했다. 0.7대의 합계출산율과 기대수명의 증가로 우리나라는 초고령사회로의 진입을 눈앞에 두고 있다. 이러한 저출산, 고령화가 초래할 사회적 문제를 탐구해 보자.

주제3 인류세의 의미와 특징 탐구

주제4 블랙스완과 그린스완의 비교·분석

학생부 기록 예시 (교과세특)

'예정된 미래(이현훈)'를 읽고 현재 디지털 사회, 인구 고령화, 사회 양극화, 기후 위기라는 네 가지 변화가 빠르게 진행되며 우리의 삶을 위협한다는 것을 이해하고, 이에 걱정만 할 것이 아니라 그 상황을 분석하고 해결 방안을 찾기 위해 협력해야겠다는 소감을 남김. 특히 가속화되고 있는 우리나라의 저출산, 고령화 문제에 대해 그 원인과 해결 방안을 탐구하여 보고서를 제출함. 인류가 지구 환경에 큰 영향을 준 지질 시대를 의미하는 인류세에 대해 탐구함.

사고력 레벨up

제시문 저출산·고령화로 여러 문제가 발생하고 있다. 특히 노동력이 줄어들면서 성장잠재력 약화로 이어질 것을 우려하는 목소리가 높아지고 있으며 관련 대책이 필요한 실정이다.

질문 1 고령화 문제의 해결 방안 중 하나인 정년 연장과 관련해 고려해야 할 점은 무엇인가?

질문 2 가사도우미 등 외국인 노동력의 유입으로 예상되는 사회 문제에는 무엇이 있을까?

관련 논문 초고령사회를 대비한 고령자 고용의 쟁점과 과제(최홍기, 2020)

고령자 고용은 노인을 부양하기 위한 사회적 부담을 줄이면서, 초고령사회에 효과적으로 대비하는 중요한 방안이 아닐 수 없다. 이 연구는 고령자가 계속 일을 할 수 있고, 양질의 일자리를 찾을 수 있도록 하는 고용환경 및 고용시스템을 만드는 정책 방향을 제시하고자 한다.

관련 도서 《인구 대역전》, 찰스 굿하트, 마노즈 프라단, 생각의힘
《기후변화는 어떻게 세계 경제를 위협하는가》, 폴 길딩, 더블북

관련 학과 경제금융학과, 경제학과, 경제통상학과, 공공복지정보관리학과, 국제경영학과, 국제관계학과, 국제무역통상학과, 글로벌경제학과, 글로벌비즈니스학부, 역사학과, 정치국제학과, 정치외교학과, 환경생태공학부

관련 교과 2022 개정 교육과정: 경제, 국제 관계의 이해, 세계사, 정치, 금융과 경제생활
2015 개정 교육과정: 경제, 동아시아사, 사회문제 탐구, 세계사, 정치와 법

핵심키워드	경제적 불평등, 빈부격차, 양극화, 공정 사회

왜 부자만 더 부유해질까

해들리 다이어, 미첼 버나드 | 아울북 | 2023

이 책은 경제적 불평등이 무엇인지, 그것이 어떻게 우리 삶과 사회의 모든 부분에 영향을 끼치는지 설명한다. 나아가 어떻게 하면 경제적 불평등을 극복하고 더 공평하고 공정한 사회를 만들 수 있는지에 대한 저자의 생각을 담고 있다. 자칫 어려워 보이는 이야기를 흥미로운 사례와 생생한 그림을 통해 청소년이 이해하기 쉽게 풀어 놓았다.

탐구 주제

주제1 안타깝게도 우리 사회에서는 개인적인 능력과 상관없는 다양한 불평등이 존재한다. 그러한 불평등이 우리 삶에 미치는 영향을 알아보기 위해 다양한 사회적 차별과 불평등의 목록을 작성하여 그것이 개인과 가족, 지역 사회와 국가 나아가 세계에 미치는 영향에 관해 탐구해 보자.

주제2 잊을만하면 흉악한 청소년 범죄가 발생했다는 뉴스가 등장하고, 그때마다 소년법에 의해 형사처벌을 할 수 없는 형사미성년자의 연령을 낮춰야 한다는 주장이 힘을 받는다. 그러나 그 연령이 쉽게 낮아지지 않고 있는 이유를 낙인 이론과 연결 지어 탐구해 보자.

주제3 부모의 경제력이 자녀의 학습 능력에 미치는 영향 탐구

주제4 성별과 경제적 불평등의 관련성 탐구

학생부 기록 예시 (교과세특)

우리 사회에 존재하는 다양한 사회적 차별과 불평등의 목록을 작성하여 그것이 개인과 가족, 지역 사회와 국가, 나아가 세계에 미치는 영향을 분석한 '사회적 불평등의 영향'이라는 탐구 보고서를 제출함. 탐구를 통해 사회적 불평등이 개인의 능력 때문에 발생하는 것이 아니라 소수자에 대한 인식과 사회 구조적 문제임을 깨닫고 사회적 불평등 해결을 위해 개인과 사회가 함께 노력해야 한다고 주장하여 친구들로부터 좋은 호응을 얻음.

사고력 레벨up

제시문 현행 우리나라 대학 입시 제도는 학습 성취도에 따라 결정된 내신 성적이 수학능력시험의 결과와 합쳐져 원하는 대학의 진학 여부를 결정한다.

질문 1 성적에 따른 진학은 공정하다고 할 수 있을까? 그렇게 생각하는 이유는 무엇인가?

질문 2 현행 입시 제도의 공정성을 보완하기 위해 실시하고 있는 방안을 설명할 수 있는가?

관련 논문 대학생의 경제적 불평등, 교육 불평등, 미래 불평등 간의 관계(유화영, 김동심, 2022)

이 논문은 대학생의 경제적 불평등(부모 소득, 용돈), 교육 불평등(자기인식, 독서여부, 학교활동), 미래 불평등(미래사회인식, 미래직업 결정여부)의 관계를 분석한다. 나아가 그 결과를 바탕으로 대학생의 불평등 해소를 위한 대학과 사회의 역할을 제안한다.

관련 도서 《10대를 위한 공정하다는 착각》, 마이클 샌델, 미래엔아이세움
《도시는 왜 불평등한가》, 리처드 플로리다, 매일경제신문사

관련 학과 경제학과, 공공행정학과, 노동복지전공, 법학과, 보건의료·사회복지학부, 사회학과, 정치행정학과, 철학과, 철학생명의료윤리학과, 행정학과, 행정복지학부

관련 교과 2022 개정 교육과정: 세계사, 경제, 사회문제 탐구, 정치, 독서 토론과 글쓰기
2015 개정 교육과정: 세계사, 정치와 법, 경제, 윤리와 사상, 사회문제 탐구

핵심키워드 암호화폐, 블록체인, 탈중앙화, 디앱(DApp)

외계어 없이 이해하는 암호화폐

송범근 | 책비 | 2018

2017년 암호화폐 시장이 기록적인 성장세를 보인 이후 암호화폐에 대한 관심이 커졌고, 그 기반이 되는 기술인 블록체인도 주목받기 시작했다. 그러나 여전히 블록체인과 암호화폐가 무엇인지를 30초 이상 설명할 수 없는 사람이 많다. 이 책은 문과 출신인 저자가 자신의 힘들었던 공부 경험을 바탕으로 블록체인과 암호화폐를 재미있게 '비유'와 '스토리'를 통해 설명한다.

탐구 주제

주제1 디지털 혁명과 함께 앞으로 실물 화폐가 사라지고 중앙은행이 아닌 민간에서 발행한 화폐가 등장할 것이라는 예측이나 아예 중앙정부에서 암호화폐를 발행할 것이라는 예측 등 여러 이야기가 들린다. 그러한 이야기들의 중심에 있는 암호화폐와 블록체인의 의미와 관계를 탐구해 보자.

주제2 비트코인이 최초의 암호화폐인 것은 맞지만 유일한 암호화폐는 아니다. 비트코인의 출시 이후 1만 개가 넘는 코인과 토큰이 출현했다. 그 종류도 다양한데, 비트코인으로 대표되는 지불형 코인과 이더리움으로 대표되는 플랫폼 코인의 차이를 비교·분석해 보자.

주제3 전자화폐, 가상화폐, 암호화폐의 비교·분석

주제4 프라이빗 블록체인의 등장 배경 및 장단점 탐구

학생부 기록 예시 (교과세특)

'외계어 없이 이해하는 암호화폐(송범근)'를 통해 디지털 혁명과 함께 변화할 미래 시대를 예측해 보며 암호화폐와 블록체인에 대해 이해함. 특히 데이터 분산 처리 기술인 블록체인 기술이 암호화폐의 핵심 기술임을 이해하고 그 관계를 탐구하여 '암호화폐와 블록체인'이라는 카드 뉴스를 제작하여 친구들에게 공유함. 탐구 과정에서 알게 된 프라이빗 블록체인에 흥미를 느껴 그 등장 배경에 대해 조사하고 퍼블릭 블록체인과 비교하며 장단점을 분석한 탐구 보고서를 제출함.

사고력 레벨up

제시문 암호화폐 시장은 주식보다 시장 규모가 작기 때문에 유의미한 보도자료가 아닌데도 관련 기사만 나오면 가격이 급등하거나 급락하는 경우가 종종 있다.

질문 1 당신이 암호화폐 투자자이자 경제부 기자이다. 투자 중인 암호화폐 기사를 쓰겠는가?

질문 2 만일 기사를 쓴다고 가정한다면, 독자를 위한 안전장치로 필요한 것이 무엇일까?

관련 논문 익명인증서 및 블록체인 암호화로 익명성이 강화된 디지털화폐 모델(윤재호, 김용민, 2023)

이 논문은 디지털화폐의 익명성 강화를 위해 디피헬만 키공유 알고리즘으로 거래내용을 모두 암호화하는 거래모델을 제시한다. 거래의 암호화를 통해 비연결성, 추적불가성 등의 익명성을 제공하며, 불법 등 추적이 필요한 거래는 사후 추적이 가능한 모델을 제시한다.

관련 도서 《더 그레이트 비트코인》, 오태민, 거인의정원
《블록체인, 디지털에 가치를 더하다》, 심준식, 한국금융연구원

관련 학과 경제금융학과, 경제학과, 금융공학과, 글로벌경제학과, 산업경영공학과, 소프트웨어공학과, 수학과, 수리통계사이언스학부, 정보보호학과, 정보통신학과, 컴퓨터공학과, 핀테크융합학과, IT금융경영학과

관련 교과
2022 개정 교육과정: 경제, 금융과 경제생활, 국제 관계의 이해, 융합과학 탐구, 소프트웨어와 생활
2015 개정 교육과정: 경제, 사회문제 탐구, 세계사, 인공지능 기초, 실용 경제

핵심키워드 | 경제 위기, 외환위기, 닷컴 버블, 글로벌 금융 위기

위기의 역사

오건영 | 페이지2 | 2023

이 책은 우리나라를 뒤흔든 네 번의 경제 위기를 돌아본다. 또 당시 위기가 벌어졌던 원인, 국가 간의 이해관계, 사회 분위기를 생생하게 설명하며 위기의 실체를 파헤친다. 위기를 겪었든 겪지 않았든 모든 사람은 과거를 제대로 알지 못하기 때문에 같은 실수를 반복한다. 이 책을 통해 우리는 위기를 바라보는 객관적인 시선을 갖추게 되고 앞으로 다가올 위기를 대비할 수 있을 것이다.

탐구 주제

주제1 최근 주식시장에 AI 투자 열기가 뜨거워지면서, 2000년 전후로 증시에서 IT 기업 주가가 급등했다가 단기간에 폭락하면서 전체 주식시장에도 큰 영향을 미쳤던 닷컴 버블이 재현되는 건 아니냐는 걱정이 등장하고 있다. 당시 닷컴 버블의 형성 및 전개 과정을 탐구해 보자.

주제2 지난 몇 년간 코로나 팬데믹의 영향으로 학교에 등교하지 못하고, 해외로의 이동이나 모임 등이 제한되는 등 사회에 많은 영향이 있었다. 특히 팬데믹 이후 40년 만에 나타난 인플레이션으로 우리 경제가 위기라는 이야기 들린다. 코로나 팬데믹과 인플레이션의 관련성을 탐구해 보자.

주제3 서브프라임 모기지 상품의 문제점 탐구

주제4 1997년 외환위기 극복 과정 탐구

학생부 기록 예시 (교과세특)

'위기의 역사(오건영)'를 읽고 그동안 경제 위기가 반복되었고, 경제 위기가 발생하면 경제적인 측면 이외에 가족의 해체, 빈부격차 심화 등 여러 사회 문제가 함께 생긴다는 것을 이해함. 우리나라의 위기 때마다 이를 극복하는 과정에서 많은 사람이 노력했음을 알고 고맙다는 생각이 들었다는 소감을 친구들과 공유함. 최근 대두되는 위기인 인플레이션의 원인을 코로나19 팬데믹과 연관 지어 탐구한 '코로나19와 인플레이션'이라는 보고서를 제출함.

사고력 레벨up

제시문 '금모으기 운동'은 1997년 외환위기 당시 우리나라의 부채를 갚기 위해 국민들이 자신이 가지고 있던 금을 나라에 자발적인 희생정신으로 내어놓은 운동이다.

질문 1 당시엔 원화보다 금을 가지고 있는 것이 유리했다. 당신이라면 금을 내놓았을까?

질문 2 우리나라에 다시 외환위기가 닥친다면 제2의 금모으기 운동이 벌어질까? 그 이유는?

관련 논문 코로나 19 팬데믹 경제위기의 특성과 원인 그리고 전망(홍태희, 2020)

이 논문은 코로나 19 팬데믹과 이로 인해 발생한 경제 위기의 특성과 발생 원인 및 전망을 분석한다. 나아가 분석 결과를 바탕으로 코로나 19 팬데믹 종식 이후 전개된다고 하는 뉴노멀과 연관해서 더 나은 경제와 사회를 만들고, 또 다른 팬데믹을 방지하는 방안을 모색한다.

관련 도서 《인플레이션에서 살아남기》, 오건영, 페이지2
《돈은 좋지만 재테크는 겁나는 너에게》, 뿅글이, 황금부엉이

관련 학과 경제금융학과, 경제학과, 경제통상학부, 국제경제학, 글로벌무역학과, 동아시아학과, 부동산경제금융학과, 사학과, 사회과학부, 아시아학전공, 역사학과, 정치학과, 행정학과

관련 교과 2022 개정 교육과정: 경제, 동아시아사 주제 탐구, 사회문제 탐구, 정치와 법, 주제 탐구 독서
2015 개정 교육과정: 경제, 정치, 금융과 경제생활, 인간과 경제활동, 한국사

핵심키워드	인플레이션, 최저임금제, 경제적 불평등, 세계화의 위기

이강국의 경제 EXIT

이강국 | 책세상 | 2023

이 책은 저자가 수년간 연재한 칼럼 중 팬데믹 전후의 경제 변화를 확연히 보여주고 대중의 관심을 끈 것만 담았다. 특히 사회적 불공정이 낳은 경제적 불평등에 주목하며, 우리 삶과 직결된 경제 현안들을 경제학자의 시각으로 비평하고 해법을 모색한다. 긴축과 감세, 전쟁으로 인한 세계화의 위기와 급등하는 인플레이션, 기후 위기와 빈곤의 관계 등 한국 경제의 현재를 알려 준다.

탐구 주제

주제1 바이러스는 평등하다. 바이러스는 부자와 가난한 자를 가리지 않고 사람들에게 침투할 수 있다. 그러나 전염병은 평등하지 않다. 사람들이 전염병에 걸리고 피해를 당하는 정도는 소득과 직업에 따라 다르기 때문이다. 코로나19 팬데믹 시기 발생한 실업자의 계층을 조사하여 분석해 보자.

주제2 최저임금제도는 최저임금법에 근거하여 최저임금 이상을 근로자에게 지급해야 하는 제도이다. 물가가 상승하는 상황에서 최저임금의 이상은 필수이나 그 정도에 대한 사람들의 생각은 각자 처한 상황에 따라 다르다. 최저임금 인상의 효과와 우려되는 부작용에 대해 탐구해 보자.

주제3 소득주도성장의 효과성 탐구

주제4 저출산의 원인과 영향 분석

학생부 기록 예시 (교과세특)

'이강국의 경제 EXIT(이강국)'를 읽고 경제 불평등에 대해 깊이 있는 고찰을 바탕으로 한 소감문을 작성함. 나아가 관련 경제 개념에 대한 자기주도학습을 진행하며 경제학과 사회에 대한 이해를 높이고자 노력함. 특히 소득주도성장에 대해 궁금증을 갖고 그 의미와 효과성을 탐구한 보고서를 제출함. 최저임금제 인상에 대한 토론에 참여하여 꼼꼼한 자료 조사를 바탕으로 추측이 아닌 실제 데이터를 기반으로 자신의 의견을 논리적으로 설명함.

사고력 레벨up

제시문 우리나라의 2023년도 합계 출산율이 0.7정도로 예상되면서 급격한 인구 감소 및 그 어느 나라보다 빠른 고령화 속도에 많은 사람들이 우려의 이야기를 하고 있다.

질문 1 이와 같은 저출산·고령화 현상이 우리나라의 경제에 미치는 영향은 무엇인가?

질문 2 당신은 아이를 낳을 것인가? 그렇게 생각하는 이유는 무엇인지 말해볼 수 있나?

관련 논문 최저임금 인상의 고용 및 임금효과(김태훈, 2019)

이 논문은 최저임금 인상이 고용률 등에 미친 영향을 종합적으로 분석한다. 연구 결과 최저임금 인상은 전체 고용률에는 유의한 영향을 미치지 않았으나, 일용근로자들의 고용률은 감소되었다. 또한 전체 근로자들의 평균 근로 시간 역시 감소한 것으로 나타났다.

관련 도서 《10대 지표로 보는 오늘의 한국경제》, 한홍열 외, 코리아컨센서스
《인구 미래 공존》, 조영태, 북스톤

관련 학과 경제학과, 공공복지정보관리학과, 공공행정학과, 노동복지전공, 보건의료·사회복지학부, 사회학과, 정치국제학과, 정치외교학과, 정치행정학과, 철학과, 철학생명의료윤리학과

관련 교과
2022 개정 교육과정: 독서 토론과 글쓰기, 경제, 사회문제 탐구, 국제 관계의 이해, 인간과 경제활동
2015 개정 교육과정: 화법과 작문, 경제, 사회·문화, 사회문제 탐구, 철학

핵심키워드	일본의 대외 팽창, 미중 패권경쟁, 한일 경제전쟁, 글로벌 경제전략

일본이 온다

김현철 | 쌤앤파커스 | 2023

일본이 새로운 대외 팽창을 시작했다. 다시 아시아의 패권국이 되고자 하는 일본과, 일본을 넘어서려는 한국. 두 나라 경제는 앞으로 어떻게 될까? 한미일 3국의 협력은 과연 한국 경제에 득일까, 실일까? 미중 패권경쟁의 대리전이 된 한일 경제 전쟁에서 한국은 어떤 선택을 해야 할까? 이 책은 국제정세의 큰 흐름 속에서 어떤 선택을 해야 할지, 경제 성장의 걸림돌은 무엇인지 살펴본다.

탐구 주제

주제1 1980년대 말 일본의 1인당 국민소득은 4만 5천 달러로 세계 최고를 기록할 정도로 성공적인 경제 성장의 대표 국가였다. 그러나 30년이 지난 지금 연평균 경제 성장률이 0.7%, 1인당 국민소득은 4만 달러 남짓으로 세계 33위로 떨어졌다. 일본 경제의 장기 침체 원인을 탐구해 보자.

주제2 2019년 '노노재팬'이란 구호를 앞세운 전국적인 일본 불매 운동이 있었다. 당시 일본은 한국 여행객이 끊겨 여객선 운항 중단, 항공편 축소 등이 있었고 일부 기업들은 매장 문을 닫기도 했었다. 당시 일본 불매 운동의 원인을 조사하고, 대 일본 무역 수지를 현재와 비교·분석해 보자.

주제3 엔저 현상이 우리나라와 일본 경제에 미치는 영향 비교·분석

주제4 일본 정부의 초저금리 정책 원인 탐구

학생부 기록 예시 (교과세특)

지난 30년간 일본이 겪은 장기 침체 원인을 초고령화·저출산의 인구구조, 디지털 혁명에 대처하지 못한 제조업 중심의 산업 구조 등으로 분석한 '일본의 잃어버린 30년'이라는 탐구 보고서를 제출함. 특히 초고령화·저출산 현상이 심각한 우리나라는 일본과 같은 길을 걷지 않기 위해 노력해야 함을 강조하며 설득력 있는 주장을 펼침. 엔저 현상의 영향을 우리나라와 일본의 입장으로 나누어 정리하고 AI 프로그램을 이용하여 시각화한 자료를 친구들에게 공유함.

사고력 레벨up

제시문 일본 불매 운동이 벌어졌던 2019년과 다르게 현재는 엔저 현상 등의 이유로 많은 사람이 일본 여행을 가는 등 대 일본 무역 수지가 악화되고 있는 상황이다.

질문 1 세계화 시대, 영원히 지속될 수 없는 특정국의 불매 운동을 벌이는 이유는 무엇일까?

질문 2 현재 다른 나라와의 정치적·경제적 마찰이 일어난다면 불매 운동에 참여하겠는가?

관련 논문 일본 경제의 회복과 필립스곡선 분석(이찬우, 이창민, 2019)

이 논문은 최근 일본에서 관찰된 임금과 물가상승률의 반전에 주목하여 일본 경제의 필립스곡선을 분석하였다. 연구 결과 최근의 반전이 고용의 질, 외부적인 요인, 기대인플레이션 등을 근거로 일시적인 현상이라고 판단하며 앞으로 지속적인 관찰을 제안하고 있다.

관련 도서 《가난한 미국 부유한 중국》, 김연규, 라의눈
《한국상인, 중국상인, 일본상인》, 이영호, 스노우폭스북스

관련 학과 경제학과, 금융경제학과, 국제경제학, 국제학부, 동아시아학과, 융합전공학부 철학-동아시아문화학 전공, 융합일본지역학부, 일본학, 일어일본문화학과, 정치학과, 정치국제학과

관련 교과
2022 개정 교육과정: 세계사, 동아시아사 주제탐구, 경제, 사회문제 탐구, 정치와 법
2015 개정 교육과정: 세계사, 동남아시아사, 정치, 경제, 금융과 경제생활

핵심키워드 | 부, 공정, 규제, 복지

장하준의 경제학 레시피

장하준 | 부키 | 2023

이 책의 저자는 마늘에서 초콜릿까지 우리에게 친숙한 18가지 재료와 음식으로 가난과 부, 성장과 몰락, 자유와 보호, 공정과 불평등, 제조업과 서비스업, 민영화와 국영화, 규제 철폐와 제한, 금융 자유화와 금융 감독, 복지 확대와 복지 축소 등 우리에게 밀접한 경제 현안들을 여러 지식과 통찰로 풀어낸다. 경제에 대한 우리의 편견을 깨뜨리고 앞으로의 대안과 비전을 찾을 수 있다.

탐구 주제

주제1 자유무역주의란 국가가 무역에 간섭하지 않고 무역 거래를 자유 방임하여야 한다는 입장이며, 보호무역주의란 자국 산업이 국제경쟁력을 갖출 때까지 국가가 국내 산업을 보호·육성하면서 통제를 가하는 것이 좋다는 입장이다. 두 입장과 관련된 경제 제도를 탐구해 보자.

주제2 현재 한국의 의료기관은 전부 비영리법인이어야 한다. 영리병원은 기업이나 민간 투자자의 자본으로 설립될 수 있으며, 다른 의료기관과 다르게 영리병원의 투자자는 병원 운영으로 생긴 수익금을 회수할 수 있다. 외국의 영리병원의 사례를 조사하여 그 장단점을 탐구해 보자.

주제3 우리나라의 금융 자유화 과정 탐구

주제4 한계효용의 의미와 효용의 극대화 방안 탐구

학생부 기록 예시 (교과세특)

'장하준의 경제학 레시피(장하준)'를 읽고 음식과 관련된 흥미로운 이야기를 따라가면서 기본적인 경제이론을 쉽게 이해할 수 있었으며, 여러 현상이나 사회적 담론에 대한 저자의 다양한 해석과 시각을 경험하게 되었다는 소감문을 작성함. 책을 통해 알게 된 영리병원 설립에 대한 서로 다른 견해에 궁금증을 느껴 영리병원의 의미와 장단점을 다른 나라의 사례를 바탕으로 탐구하여, 설립 반대 입장을 갖게 된 이유를 논리적으로 주장하는 보고서를 제출함.

사고력 레벨up

제시문 자유무역주의자들은 각국이 비교우위의 원리에 따라 완전한 자유무역을 하게 되면 세계 경제 전체의 생산량을 극대화시킬 수 있고, 모든 나라의 후생이 커질 것이라고 주장한다.

질문 1 1970년대와 현재 한국의 비교우위 산업이 바뀐 주요 원인은 무엇이라고 생각하나요?

질문 2 한국이 완전 자유무역을 했다면 기술집약적 산업에 비교우위를 가질 수 있었을까요?

관련 논문 보호무역주의의 확산과 미·중 통상갈등에 관한 연구(홍진영, 박슬기, 2018)

미국은 자국 경제 활성화를 위하여 보호무역주의에 대한 강한 의지를 보이고 있으며 중국 정부는 자유무역을 추구하는 동시에 보호무역을 넘나드는 이중적 태도를 취하고 있다. 이 논문은 미·중 통상갈등에 대한 원인과 함께 어떻게 보호무역조치가 이루어지고 있는지 파악한다.

관련 도서 《나쁜 사마리아인들》, 장하준, 부키
《힘든 시대를 위한 좋은 경제학》, 아비지트 배너지, 에스테르 뒤플로, 생각의힘

관련 학과 경제학과, 공공복지정보관리학과, 공공행정학과, 노동복지전공, 법학과, 보건의료·사회복지학부, 사회학과, 정치국제학과, 정치외교학과, 정치행정학과, 철학과, 철학생명의료윤리학과

관련 교과
2022 개정 교육과정: 경제, 국제 관계의 이해, 사회문제 탐구, 인간과 철학, 인간과 경제활동
2015 개정 교육과정: 세계사, 경제, 사회문제 탐구, 실용경제, 철학

핵심키워드 | 경제사상사, 고전파 경제학, 마르크스주의, 케인즈주의

죽은 경제학자의 살아있는 아이디어

토드 부크홀츠 | 김영사 | 2023

이 책은 애덤 스미스부터 카를 마르크스, 케인즈, 밀턴 프리드먼 등 지난 300년의 경제학 역사를 이끌어온 거장들의 이론과 사상을 그들의 삶과 함께 담은 가장 쉽고 권위 있는 경제학 교과서이다. 일반적인 수식 모델이나 복잡한 도표 대신 간단명료한 설명과 비유를 통해 그동안 세계를 움직여 온 경제학의 주요 아이디어를 누구나 손쉽게 이해할 수 있도록 설명한다.

탐구 주제

주제1 애덤 스미스는 시장에서 가격이 형성되는 원리를 '보이지 않는 손'이라는 개념으로 설명하였다. 수요 공급의 원리에 따른 자유로운 시장에서 인기 아이돌 공연 티켓의 상대적 가격을 예측해 보고 현실에서 상품 가격을 규제하는 이유에 대해서 고찰해 보자.

주제2 멜서스는 인구론에서 인구의 자연적 증가 속도를 식량 생산 증가 속도가 따라갈 수 없으므로 인구를 억제해야 한다고 주장하였다. 당시 많은 사람에게 받아들여졌던 멜서스의 예측이 현실에서 빗나간 원인을 사례를 바탕으로 탐구해 보자.

주제3 뉴딜정책의 효과성에 대한 탐구

주제4 경제안정화 정책으로서 재정정책과 통화정책 비교·분석

학생부 기록 예시 (교과세특)

자유로운 시장에서 공급자가 독과점적일 때 공급자가 가격을 결정하거나 가격이 상대적으로 높게 형성될 수 있음을 도출하고, 이를 바탕으로 정부 규제의 필요성을 이해함. 멜서스가 인구론에서 전제한 인간에 대한 단순한 이해를 문제점으로 지적하고 식량 생산에 있어 과학 기술의 발전을 예측하지 못했음을 사례를 바탕으로 탐구하여 인구론의 예측이 현실에서 빗나갔음을 설명함. 뉴딜정책의 효과성에 대한 찬반 토론을 진행함.

사고력 레벨up

제시문 경제 정책은 때로 발표만으로도 그 효과가 나타나기도 한다. 그러나 발표 후 실제 실시하지 않는 일이 반복되면 정부의 정책은 더 이상 효과를 거두기 어려워진다.

질문 1 원하는 효과가 나타난 상황에서 당신이 정책 결정자라면 어떻게 하겠는가?

질문 2 당신이 정부 이외의 경제주체라면 취할 수 있는 최선의 선택은 무엇일까?

관련 논문 아담스미스의 경제윤리사상에 관한 고찰: 도덕감정론을 중심으로(심경섭, 2009)

이 논문은 '보이지 않는 손'으로 대표되는 아담스미스의 자유주의 경제사상을 그의 저서인 도덕감정론을 중심으로 분석하였다. 이를 통해 인간에 대학 낙관론을 바탕으로 한 그의 경제윤리사상이 갖는 현대적 의의를 고찰하고자 한다.

관련 도서 《위대한 경제학 고전 30권을 1권으로 읽는 책》, 홍기훈, 빅피시
《나의 첫 경제사 수업》, 조너선 콘린, 타인의사유

관련 학과 경제금융학과, 경제학과, 경제통상학부, 국제통상학과, 금융보험학과, 금융투자학과, 글로벌무역학과, 부동산경제금융학과, 부동산금융보험학과, 사학과, 사회과학부, 소비자학과, 역사학과

관련 교과 2022 개정 교육과정: 경제, 금융과 경제생활, 세계사, 인간과 경제활동, 정치
2015 개정 교육과정: 경제, 세계사, 정치와 법, 사회문제 탐구, 사회·문화

핵심키워드 대도시 인구 집중, 지방소멸, 저출산, 고령화

지방소멸

마스다 히로야 | 와이즈베리 | 2015

저출산과 고령화, 그에 따른 인구 감소는 여러 선진국 공통의 문제이다. 하지만 저자는 미국이나 유럽과는 달리 인구가 도쿄 한 곳으로만 집중되는 것을 인구 문제를 더욱 악화시키는 주범이라 말한다. 일자리는 한정되어 있는데 몰려드는 젊은이들로 실업률은 높아지고, 이에 결혼과 출산을 포기하여 고령화로 연결되는 악순환이 계속된다는 것이다. 이는 우리나라에도 해당된다.

탐구 주제

주제1 한국의 합계 출산율은 1960년 6에서 2018년에 0.98로 떨어졌고, 2023년에는 0.7정도로 예상된다. 낮은 출산율은 우리 사회를 변화시키고 있고, OECD에서 가장 빠른 인구 고령화에 기여하고 있다. 이러한 저출산의 원인을 우리나라 노동 문화와 관련하여 탐구해 보자.

주제2 최근 정치권에서 시작된 수도권 일부 지역의 서울 편입을 바탕으로 한 서울의 '메가시티' 정책이 부산, 광주 등지로 확장되어 논의될 분위기이다. 이미 인구와 여러 기능이 집중된 대도시를 더욱 확장 시키는 '메가시티' 정책이 나오게 된 배경과 영향을 탐구해 보자.

주제3 초고령사회 유망 산업 및 직업 탐구

주제4 초고령사회 노동력 부족 문제 해결 방안 탐구

학생부 기록 예시 (교과세특)

'지방소멸(마스다 히로야)'을 읽고, 일본의 도쿄 인구 집중 및 지방소멸 모습이 한국과 닮았음을 이해하고 앞으로 예상되는 여러 문제에 대해 깊게 고찰함. 특히 한국의 낮은 출산율이 노동 문화와 관련되어 있음을 여러 통계 자료를 바탕으로 정리한 탐구 보고서를 제출함. 또한 예상보다 빨라진 초고령사회 진입 과정에서 노동력 부족 문제의 해결 방안으로 AI를 해법으로 제안하고, 실버산업이 성장을 예측하여 새롭게 만들어지거나 주목받을 직업을 탐구함.

사고력 레벨up

제시문 우리나라 인구의 92%가 도시에 살고 있다. 국토의 12%가 안 되는 서울과 수도권에 인구의 50% 이상이 거주하고 있으며, 청년층의 수도권 유입이 가장 큰 원인이다.

질문 1 우리나라의 청년층이 대도시로 이동하는 원인은 무엇이라고 생각하나요?

질문 2 지방경제 활성화를 위한 방안에는 어떤 것이 있는지 말해 볼 수 있을까요?

관련 논문 인구감소가 초래한 지방소멸 위기와 이민(임형백, 2022)

본 논문은 국가균형발전과 지역소멸의 관점에서 인구와 이민을 고찰한다. 지난 16년간 인구문제 해결을 위해 280조 원의 예산을 투입했음에도 불구하고 2022년 2분기 출산율은 0.75명으로 급감했다. 그 원인을 실패한 국가균형발전정책에서 살펴보고 해결 방안으로 이민을 제시한다.

관련 도서 《인구소멸과 로컬리즘》, 전영수, 라의눈
《인구 감소 사회는 위험하다는 착각》, 우치다 타츠루, 위즈덤하우스

관련 학과 가족복지학과, 경제학과, 공공복지정보관리학과, 국제경제학, 국제학부, 노인복지상담학과, 동아시아학과, 복지·경영학과, 사회과학부, 사회복지학과, 소비자학과, 심리학과, 시니어복지상담학과, 일본학

관련 교과 2022 개정 교육과정: 주제 탐구 독서, 경제, 사회와 문화, 도시의 미래 탐구, 인간과 경제활동
2015 개정 교육과정: 세계지리, 사회문제 탐구, 사회·문화, 실용경제, 가정과학

핵심키워드	경제체제, 정치체제, 성장, 분배

지적 대화를 위한 넓고 얕은 지식 1

채사장 | 웨일북 | 2020

이 책은 역사, 경제, 정치, 사회, 윤리 다섯 분야를 꿰뚫어 설명하여 어렵고 딱딱하던 인문학 분야의 판도를 뒤바꿨다. 기초 상식에 목말라 있던 보통 사람들이 토론에 참여하고 뉴스를 쉽게 접하고 선거에서 주관을 갖게 한 책으로 평가받는다. 우리가 사는 세상의 과거와 현재를 이해하고 미래를 예측할 수 있도록 지식을 구조화하고 이미지화하여 누구나 쉽고 재미있게 읽을 수 있는 책이다.

탐구 주제

주제1 경제 체제를 분류하는 가장 근원적 기준은 재산권의 인정 여부다. 소비재는 먼 옛날부터 사유가 허용됐으므로 문제가 되는 것은 생산적 자산, 즉 자본과 토지 등의 생산 수단이다. 생산 수단을 기준으로 경제 체제를 분류해 보고 각 운용 방식의 특성을 비교·분석해 보자.

주제2 초기 자본주의는 시장의 자유만이 존재하는 경제 체제다. 그리고 후기 자본주의는 정부의 적극적인 개입을 강조하는 경제 체제이다. 신자유주의는 다시 정부의 개입을 축소하고 시장의 자유를 확대하려는 경제 체제이다. 각 경제 체제가 등장하게 된 역사적 배경을 탐구해 보자.

주제3 경제 체제와 정치 체제의 결합 방식에 따른 사회 형태 탐구

주제4 성장중심정책과 분배중심정책의 장단점 비교·분석

학생부 기록 예시 (교과세특)

'지적 대화를 위한 넓고 얕은 지식1(채사장)'을 읽고, 파편적으로 알고 있던 역사적 사실 및 정치, 경제, 사회학, 철학의 이론들이 어떻게 연결되어 있는지 이해하게 되었다는 소감을 남김. 책을 통해 얻은 시각을 바탕으로 각 경제 체제의 분류 방식과 운용 과정에서의 특성을 이해하고, 역사적 배경을 탐구함. 나아가 경제 체제와 정치 체제의 결합 방식에 따른 사회 형태를 탐구하여 그 내용을 쉽게 이해할 수 있도록 이미지화한 인포그래픽을 제작하여 친구들에게 공유함.

사고력 레벨up

제시문 경제와 관련된 정치권의 첨예한 논쟁 중 하나가 바로 '성장이냐, 분배냐'이다. 일반적으로 보수성향 사람들은 성장을 중시하고, 진보성향 사람들은 분배를 중시한다.

질문 1 두 입장 중 본인의 생각은 어느 쪽에 더 가까운가요? 그 이유는 무엇인가요?

질문 2 경제성장의 궁극적인 목적과 이를 위한 국가의 역할은 무엇이라고 생각하나요?

관련 논문 경제성장·소득분배·사회지표 간의 관계분석을 통한 성장 중심 거시경제정책 평가(김승원, 최상명, 2014)

이 논문은 우리나라 경제발전 과정을 단순히 양적 성과만으로 평가하려는 기존의 시각에서 탈피하여 사회지표의 개선 측면에서 살펴보았다. 연구결과 경제성장을 통한 소득 수준 상승이 자동적으로 일자리 창출, 빈곤 해소, 삶의 행복도 증진 등을 동반하지는 않았음을 확인하고 있다.

관련 도서 《지적 대화를 위한 넓고 얕은 지식 2》, 채사장, 웨일북
《사피엔스》, 유발 하라리, 김영사

관련 학과 경제금융학과, 경제학과, 경제통상학부, 국제경제학, 국제정치학과, 국제통상학과, 국제학과, 글로벌무역학과, 사학과, 사회과학부, 역사학과, 정치학과, 정치외교학과, 철학과, 행정학과

관련 교과 2022 개정 교육과정: 세계사, 경제, 사회와 문화, 현대 사회와 윤리, 정치와 법
2015 개정 교육과정: 세계사, 정치, 경제, 사회·문화, 윤리와 사상

핵심키워드

지식재산권, 공유 사회, 챗GPT, 인공지능

챗GPT가 내 생각을 훔친다면

김미주 | 책폴 | 2023

챗GPT나 너티와 같은 딥러닝 AI 프로그램이 점차 발전하고 있다. 생활을 좀 더 편리하고 효율적으로 이끄는 데 도움 된다면 좋겠지만, 딥러닝 AI 프로그램에서 발생한 문제가 바로 저작권이다. 이 책은 그러한 저작권이나 상표권, 특허권 등을 포함한 지식재산권(IP, Intellectual Property rights)이 무엇인지 국내외 다양한 사례를 바탕으로 설명한다.

탐구 주제

주제1 우리 사회에 정보량이 많아질수록 저작권이나 상표권 등과 같은 지식재산권과 관련 이슈 역시 늘어나고 있다. 친구들을 대상으로 한 인터뷰를 통해 주변에서 벌어지고 있는 지식재산권 침해 사례를 조사하고 그러한 침해를 막기 위해 청소년이 실천할 수 있는 해결 방안을 탐구해 보자.

주제2 지난 코로나 팬데믹 당시 강대국들이 자국의 이익만을 위해 백신을 필요 이상으로 확보하면서 약소국이나 최빈국은 백신 확보를 할 수 없게 되는 불평등 현상이 나타나기도 했다. 백신 등 공중보건 분야에서 지식재산권 예외 적용을 주장한 도하 선언에 관해 탐구해 보자.

주제3 생성형 AI가 만들어낸 예술품의 저작권 인정 논란 분석

주제4 지식재산권 보장의 효과성 탐구

학생부 기록 예시 (교과세특)

'챗GPT가 내 생각을 훔친다면(김미주)'을 읽고, 지식재산권에 대해 깊이 이해함. 특히 무심코 사용하고 있는 SNS 속 많은 정보가 지식재산권의 보호 대상이며 자신도 모르게 그동안 다른 사람의 지식재산권을 침해한 경험이 있었다는 것을 확인하고, 포스터와 홍보 자료 등을 만들어 지식재산권을 알리고 보호하자는 캠페인을 추진함. 공중보건 분야에서 지식재산권 예외 적용을 주장한 도하 선언에 대해 조사하여 '도하 선언의 등장 배경과 의의'라는 탐구 보고서를 제출함.

사고력 레벨up

제시문 챗GPT는 과제를 하려는 학생뿐만 아니라 다양한 업무를 처리해야 하는 회사원, 새로운 아이디어가 필요한 공공 정책 분야까지 그 활용 범위가 무궁무진하게 확장되고 있다.

질문 1 챗GPT가 만들어낸 새로운 아이디어나 콘텐츠의 지적재산권은 누가 소유해야 할까?

질문 2 지식재산권을 보호하는 측면에서 챗GPT는 어떻게 활용될 수 있을까?

관련 논문 생성형 AI에 의한 창작물과 저작권(손영화, 2023)

인공지능(AI)은 우리의 경제와 사회를 빠르게 변화시키고 있다. 특히 생성적인 AI 시스템이 현장에 나타나서 누구나 창작에 이용할 수 있게 되었다. 이 논문은 생성형 AI에 의한 창작물의 저작권 인정과 관련하여 법적 불확실성을 제거하기 위한 방안을 제시하고자 한다.

관련 도서 《AI 쇼크, 다가올 미래》, 모 가댓, 한국경제신문
《IP 유니버스》, 이한솔, 미래의창

관련 학과 경제금융학과, 경제학과, 글로벌미래경영학과, 기업융합법학과, 법학과, 산업경영공학과, 소프트웨어공학과, 정보보호학과, 정보통신학과, 지적재산권전공, 컴퓨터공학과

관련 교과
2022 개정 교육과정: 경제, 사회문제 탐구, 정치, 지식재산 일반, 주제탐구 독서
2015 개정 교육과정: 정치와 법, 생활과 윤리, 인간과 경제활동, 지식재산 일반, 논술

핵심키워드 | 경제학 고전, 경제학자, 자본주의, 경제철학사

청소년을 위한 위대한 경제학 고전 25권을 1권으로 읽는 책

홍기훈 | 빅피시 | 2023

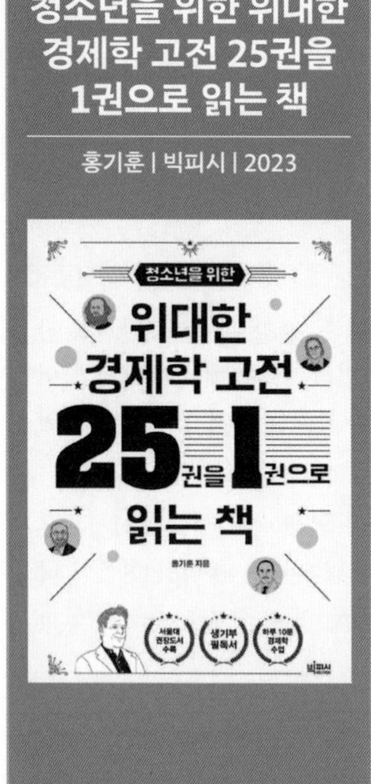

이 책은 지난 300년 경제사에서 중요하다고 평가받는 위대한 고전 25권을 모아 소개하고 있다. 애덤 스미스의 '국부론'부터 리처드 탈러의 '넛지'까지, 인류에 큰 영향을 끼치는 동시에 각종 시험에 나오는 빈도가 높은 고전의 핵심을 쉽고 재미있게 정리하였다. 이 책을 통해 만난 위대한 경제학자들의 가르침은 최소한의 교양 지식이 되어 우리의 미래를 위한 인생 지침이 될 것이다.

탐구 주제

주제1 자본주의 경제 철학의 기초를 만들었다고 평가되는 애덤 스미스의 저서 '국부론'은 단순히 경제학 저서를 넘어 인간 행동, 사회 구조, 정치 체계 등 다양한 주제를 탐구하는 훌륭한 도구이다. 18세기에 쓰여진 국부론이 현재 우리나라 경제에 주는 시사점에 관해 탐구해 보자.

주제2 조지프 슘페터는 자신의 저서 '경제 발전의 이론'에서 경제 성장의 핵심 요소로 '기업가 정신'과 '창조적 파괴'를 강조하였다. 조지프 슘페터가 말한 '기업가 정신'과 '창조적 파괴'가 의미하는 바와 강조한 이유가 무엇인지 그 대표적인 사례를 조사하여 탐구해 보자.

주제3 빈곤 퇴치를 위한 국제 원조의 효과성 탐구

주제4 블랙스완의 의미와 사례 탐구

학생부 기록 예시 (교과세특)

애덤 스미스의 '국부론'에 등장하는 '자유 시장에서의 경쟁', '노동 분배와 특화' 그리고 '교육의 중요성'에 대한 고찰이 우리나라 경제에 주는 시사점에 대해서 논리적으로 정리한 탐구 보고서를 제출함. 경제와 사회에 대한 통찰력이 돋보임. 애플의 스티브 잡스를 사례로 조지프 슘페터가 제시한 경제성장의 핵심 요소인 '기업가 정신'과 '창조적 파괴'를 훌륭하게 설명하여 친구들로부터 좋은 호응을 얻음. 빈곤 퇴치를 위한 국제 원조의 효과성을 탐구함.

사고력 레벨up

제시문 최근 화석연료의 고갈 및 환경 오염 문제와 빈부격차에 따른 사회 시스템의 정당성 문제가 현대 시장 경제체제의 지속 가능성에 물음표를 던지고 있다.

질문 1 게임이론을 바탕으로 사람들이 탄소 배출을 줄이지 않는 이유를 설명할 수 있나?

질문 2 내쉬 균형을 이루기 위해 사용할 수 있는 정책에 무엇이 있는지 이야기할 수 있나?

관련 논문 '빈곤의 종말' vs '죽은 원조': 지구촌 빈곤퇴치를 위한 지식인들의 논쟁(문경연, 2020)

이 논문은 빈곤의 근원적인 이유와 해결 방안을 찾기 위해 제프리 삭스의 '빈곤의 종말'과 담비사 모요의 '죽은 원조'를 분석한다. 원조에 대한 두 학자의 인식 차이를 확인하고, 원조를 확대해야 한다는 삭스의 주장과 중단해야 한다는 모요의 주장을 비교한다.

관련 도서 《세계 경제학 필독서 50》, 톰 버틀러 보던, 센시오
《경제는 내 친구》, 정광재, 박경순, 유아이북스

관련 학과 경영학과, 경제금융학과, 경제학과, 경제통상학부, 국제정치학과, 국제통상학과, 국제학과, 금융보험학과, 금융투자학과, 글로벌무역학과, 사학과, 사회과학부, 소비자학과, 역사학과

관련 교과 2022 개정 교육과정: 세계사, 경제, 사회문제 탐구, 실용경제, 정치
2015 개정 교육과정: 세계사, 정치와 법, 경제, 금융과 경제생활, 고전읽기

핵심키워드 | 환율, 달러, 기축통화, 외환시장

초강달러시대, 돈의 흐름

홍재화 | 포르체 | 2023

세계보다 먼저 움직이는 것이 달러이자 환율이기 때문에 달러, 환율의 흐름이 중요하다. 달러의 흐름을 읽고, 돈의 흐름을 읽는 것이 글로벌 경제를 잡는 기본이다. 이 책은 돈의 흐름을 바탕으로 경제의 기본을 알려주며 초강달러 시대를 대처하는 법을 기업별, 개인별로 설명하고 있다. 각자에게 맞는 대응책을 세운다면 경제 불황, 초강달러 시대를 예측하고 대응할 수 있을 것이다.

탐구 주제

주제1 환율은 외환의 가격이다. 그러므로 외환시장의 수요와 공급에 따라서 환율이 정해진다. 최근 들어 환율이 오르며 강달러를 넘어 초강달러 시대가 온다는 주장이 있다. 이렇게 달러의 가치가 높아지며 환율이 오른 원인을 수요와 공급의 원리에 따라 분석해 보자.

주제2 가까운 북한의 도발이나 중국의 경제 상황뿐만 아니라 거리가 먼 다른 나라의 전쟁이 우리나라 주식시장의 흐름을 좌지우지하고, 환율에 영향을 주었다는 기사를 종종 볼 수 있다. 경제 상황이 불안해지면 환율이 어떻게 변하는지, 그 이유는 무엇인지 탐구해 보자.

주제3 국제거래에서 강달러의 영향 분석

주제4 기축통화의 의미와 영향 탐구

학생부 기록 예시 (교과세특)

'초강달러시대, 돈의 흐름(홍재화)'을 읽고 환율에 대해 이해하고 환율 변동이 우리나라에 미치는 영향에 대해 관심을 갖게 됨. 이러한 관심을 바탕으로 최근 달러의 가치가 높아지며 환율이 높아진 원인에 대해 외환시장의 수요와 공급이 변동되었음을 확인한 탐구 보고서를 제출함. 또한 높아진 환율의 영향으로 앞으로 우리나라의 무역수지가 악화될 가능성이 있음을 다양한 기사를 바탕으로 논리적으로 분석하여 친구들에게 공유함.

사고력 레벨up

제시문 환율의 상승하면 국내 외국인 여행객이 늘어나고 외국으로 판매되는 수출 상품의 외화표시 가격이 낮아져 수출 경쟁력이 높아진다는 긍정적인 측면이 있다.

질문 1 환율 상승으로 인해 불리해지는 사람은 어떤 사람들인지 알고 있나요?

질문 2 본인이 불리해지는 상황이라면 어떤 방법으로 이 상황을 이겨낼 수 있을까요?

관련 논문 원/달러환율 변동이 국내물가에 미치는 영향(이근영, 장한익, 2023)

이 논문은 원/달러 환율 변화가 국내 물가에 미치는 영향을 살펴보았다. 분석 결과에 따르면 원/달러 환율 변화에 대한 국내 물가의 반응은 일정하지 않고 시간에 따라 변화하는 것으로 나타났다. 이를 통해 시의적절한 통화 및 외환 정책이 필요함을 제시하고 있다.

관련 도서 《세계지도를 펼치면 돈의 흐름이 보인다》, 박정호, 반니
《저도 환율은 어렵습니다만》, 송인창 외, 바틀비

관련 학과 경제금융학과, 경제학과, 국사학과, 국제학과, 국제무역학과, 국제무역행정학과, 국제물류학과, 국제통상학과, 국제통상·금융투자학부, 금융경제학과, 금융투자학과, 디지털금융경영학과, 사학과, IT금융경영학과

관련 교과 2022 개정 교육과정: 세계사, 경제, 사회문제 탐구, 실용경제, 정치
2015 개정 교육과정: 세계사, 정치와 법, 경제, 금융과 경제생활, 인간과 경제활동

핵심키워드	경제사, 경제 사건, 경제 지식, 경제 위기

타임라인 경제교실

태지원 | 동녘 | 2023

이 책은 청소년 경제 교양서로 월별로 날짜를 통해 경제 이슈와 경제 기본 개념을 익히게 한다. 특정 시기에 벌어진 세계사 속 경제 사건을 통해 경제 지식과 상식을 이해하기 쉽게 소개한다. 역사적 기념일에 얽힌 경제 개념과 원리를 짚어 의미 있는 사건들을 설명한다. SNS 타임라인 방식으로 구성된 내용을 통해 이야기하듯 쉽게 역사적 사건과 경제를 함께 살펴볼 수 있다.

탐구 주제

주제1 1920년대 초 독일은 급격한 물가 상승을 겪었다. 초인플레이션의 마지막 1년 동안은 연간이 아닌 월간 물가상승률이 300%를 웃돌아 빵 1파운드의 가격이 30억 마르크였다고 한다. 당시 독일에서 이러한 하이퍼인플레이션이 나타난 원인과 영향에 관해 탐구해 보자.

주제2 2021년 블록체인 기술을 기반으로 한 NFT그림이 크리스티 경매에서 785억에 판매되었다. 이 그림은 비플(Beeple)이라는 예명으로 활동하는 디지털 아티스트 마이크 윈켈만이 제작한 '매일: 최초 5000일'이다. NFT가 무엇이고 고가에 거래될 수 있는 이유가 무엇인지 탐구해 보자.

주제3 스노브효과의 의미와 사례 분석

주제4 1993년 금융실명제 시행 과정과 경제적 의의 탐구

학생부 기록 예시 (교과세특)

'타임라인 경제교실(태지원)'을 읽고 국내외 수많은 역사적 사건들과 경제가 연결되어 있음을 인식하고 자기주도학습을 통해 독일의 초인플레이션이 발생한 원인과 영향을 분석한 탐구 보고서를 제출함. 역사와 경제에 대한 관심과 통찰력을 바탕으로 여러 각도에서 그 원인을 찾으려 노력한 부분이 인상적임. 최근 인기 투자 대상으로 떠오르고 있는 NFT그림에 대해 '과거 발생했던 버블의 재현은 아닌가?'라는 의문을 제기하며 투자 가능성을 탐구함.

사고력 레벨up

제시문 물가는 상승하고 화폐 가치는 하락하는 인플레이션은 여러 면에서 사람들을 힘들게 하지만 특히 부와 소득을 불공정하게 재분배한다는 문제점이 있다.

질문 1 인플레이션 상황에서 부를 빼앗기는 입장의 사람은 누구인지 이야기할 수 있나요?

질문 2 왜 그렇게 생각하는지 화폐 가치를 바탕으로 설명할 수 있나요?

관련 논문 외환위기와 한국경제 패러다임 변화(심지홍, 2011)

이 논문은 한국 자본주의 경제사의 전환점인 1997년 외환위기를 분석하고 있다. 당시 시장원리와 글로벌 스탠더드를 도입하여 기업, 금융, 노동 및 공공 부문의 개혁을 추진한 결과 위기를 무사히 넘겼으나 공적자금의 회수불능, 국부 유출, 양극화와 같은 문제점이 등장했음을 밝힌다.

관련 도서 《불황의 역사》, 토머스 바타니안, 센시오
《꼬리에 꼬리를 무는 한국경제사》, 김정인, 휴머니스트

관련 학과 경제금융학과, 경제학과, 경제통상학부, 국제경제학, 국제통상학과, 금융보험학과, 금융투자학과, 글로벌무역학과, 부동산경제금융학과, 부동산금융보험학과, 사학과, 사회과학부, 역사학과, 정치학과, 행정학과

관련 교과
2022 개정 교육과정: 세계사, 경제, 사회문제 탐구, 실용경제, 정치와 법
2015 개정 교육과정: 세계사, 정치, 경제, 금융과 경제생활, 인간과 경제활동

핵심키워드: 플렛폼, 빅데이터, 인공지능, 플랫폼 경제

플랫폼노믹스

윤상진 | 포르체 | 2021

플랫폼은 쇼핑, 금융, 배달, 숙박, 운송, 여행, 교육 등 '생활 밀착형' 서비스로 기능하며 일상에 깊숙이 스며들었다. 이처럼 소비자와 접점을 넓힌 플랫폼은 세상 모든 것을 손안에 담아내며, 현대 사회의 경제 체계를 대표하는 한 형태로 떠올랐다. 이 책은 플랫폼 경제에 관한 안내서이자 플랫폼 비즈니스 전략서로 우리 생활의 일부가 된 플랫폼 경제의 특징과 작동 원리를 쉽게 풀어냈다.

탐구 주제

주제1 현대 사회는 플랫폼 전성시대다. 유튜브로 영상을 보고, 페이스북이나 인스타그램으로 친구들과 소통하고 정보를 수집한다. 이제 플랫폼은 쇼핑, 금융, 배달, 교육 등 우리 일상에 깊숙이 스며들었다. 청소년이 자주 사용하는 플랫폼의 목록을 선정하고 그 기능을 탐구해 보자.

주제2 인공지능은 우리 삶에서 알게 모르게 다양한 역할을 하며 많은 도움을 주고 있다. 유튜브의 동영상 추천 시스템도 인간이 설계한 알고리즘을 바탕으로 인공지능이 딥러닝을 통해 추천해 주는 방식이다. 인공지능을 서비스로 구현하는 과정에서 플랫폼의 역할을 탐구해 보자.

주제3 플랫폼의 네트워크 효과와 독점화 경향 탐구

주제4 플랫폼 협동조합의 사례와 장단점 분석

학생부 기록 예시 (교과세특)

'플랫폼노믹스(윤상진)'를 읽고 디지털 공간에서 네트워크에 참여한 다양한 행위자들이 관계 맺으며 가치를 만들어 내는 플랫폼의 경제적 가치를 이해하고, 청소년이 자주 사용하는 플랫폼에 어떤 것들이 있는지 조사하여 그 기능을 탐구한 '플랫폼으로 이런 것도 가능해?'라는 흥미로운 탐구 보고서를 제출함. 이 과정에서 얻은 지식과 아이디어를 바탕으로 학습에 적용할 수 있는 새로운 플랫폼을 디자인하여 학급 친구들에게 공유함.

사고력 레벨up

제시문 플랫폼 기업이 표방하는 효율, 혁신, 협력과 공유 등의 긍정적 가치의 이면에서, 개인 주체성의 알고리즘 종속, 데이터 소외, 프라이버시 등의 문제를 안고 있기도 하다.

질문 1 플래폼 기업의 대표적인 사례를 들어 긍정적 측면을 설명해 볼 수 있나요?

질문 2 플래폼 기업의 대표적인 사례를 들어 부정적 측면을 설명해 볼 수 있나요?

관련 논문 플랫폼 자본주의의 부상과 문제들(장진호, 2020)

이 논문은 플랫폼 기업들의 부상을 현재 자본주의의 특징과 변모를 이해하는 데 가장 핵심적인 현상 중 하나로 꼽는다. 연구를 통해 이러한 플랫폼 자본주의 진전에 따른 부작용을 확인하고 이를 줄이기 위한 사회적 이해의 확대와 대책 마련을 촉구하고 있다.

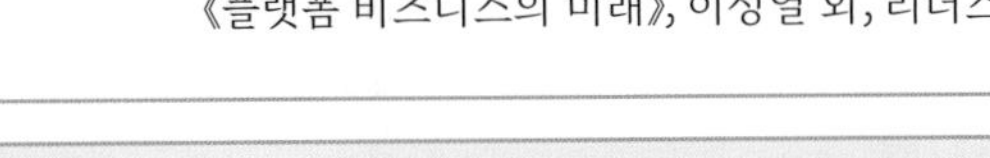

관련 도서 《플랫폼의 생각법: 새로운 시선》, 이승훈, 한스미디어
《플랫폼 비즈니스의 미래》, 이성열 외, 리더스북

관련 학과 경제학과, 경영학과, 빅데이터경영학과, 빅데이터응용학과, 빅데이터창업비즈니스학과, 소프트웨어학과, 융합소프트웨어학과, 플랫폼소프트웨어전공, AI빅데이터융합학과, AI·소프트웨어학부, AI응용학과

관련 교과
2022 개정 교육과정: 경제, 소프트웨어와 생활, 지식재산 일반, 인공지능 기초, 데이터 과학
2015 개정 교육과정: 인간과 경제활동, 지식재산 일반, 사회문제 탐구, 창의 경영, 융합과학

핵심키워드 | 핀테크(FinTech) 혁명, 암호화폐, 정부주도디지털화폐(CBDC), 국제금융

화폐의 미래

에스와르 S. 프라사드 | 김영사 | 2023

이 책은 글로벌 기업이 암호화폐 경쟁에 뛰어들며 정부가 디지털 화폐를 발행하는 시대에 화폐의 개념이 어떻게 변화하고, 금융 시스템은 어떻게 진화할 것인지 예측하며 다가올 디지털 금융 세계를 설명하고 있다. 국제 금융 전문가인 저자의 경험을 바탕으로 실체 없는 투자 수단으로 여겨온 암호화폐의 명암과 가치를 밝히고, 거대한 금융 혁신 과정에서 최선의 대비 방법을 제시한다.

탐구 주제

주제1 물품 화폐를 시작으로 금속 화폐와 지폐를 거쳐 최근의 전자 화폐의 등장까지 인류는 다양한 종류의 화폐를 사용해 왔다. 시대별로 사용한 화폐를 기능을 중심으로 비교·분석하며 인류 역사 발달 과정에 미친 영향력에 관해 탐구해 보자.

주제2 여러 국가에서 달러를 대신할 기축통화로 만들기 위한 수단으로 정부주도디지털화폐(CBDC)를 개발하는데 열을 올리고 있다. 그만큼 자국 화폐의 기축통화 여부가 중요하기 때문인데, 국제 경제에서 기축통화의 역할과 중요성을 사례를 바탕으로 분석해 보자.

주제3 각국의 암호화폐 정부 규제 사례 탐구

주제4 암호화폐와 정부주도디지털화폐(CBDC)의 장단점 비교·분석

학생부 기록 예시 (교과세특)

시대별로 사용한 화폐를 그 기능을 중심으로 비교·분석하여 인류 역사 발달 과정에 미친 화폐의 영향력에 관해 탐구함. 사례 분석을 통해 국제 경제에서 기축통화의 역할과 중요성을 이해함. 정보통신 기술을 기반으로 한 금융 혁명이 세계 경제에 미친 영향을 이해하고 그로 인해 등장한 암호화폐의 정부 규제에 대한 찬반 토론을 진행함. 암호화폐와 정부주도디지털화폐의 장단점을 비교·분석함.

사고력 레벨up

제시문 초기 암호화폐 사례처럼 기술 발전 속도를 사회의 규제가 따라가지 못하는 경우, 새로운 기술을 이용하여 누군가는 이익을, 누군가는 손해를 볼 수 있는 경우가 발생한다.

질문 1 기술 개발자 입장에서 어떤 선택이 가능할까? 각 선택의 장단점은 무엇인가?

질문 2 당신에게 이익이 확실한 상황이라면 그 기술을 이용하겠는가? 그 이유는?

관련 논문 해외 주요국 중앙은행 디지털 화폐(CBDC) 전략 비교분석 및 정책적 시사점(박미영, 최공필, 2022)

이 논문은 해외 주요국의 정부주도디지털화폐(CBDC) 전략을 비교·분석한다. 특히 개발을 주도하면서도 정치구조가 다른 중국과 미국을 비교하며 국제 통화질서의 변화 방향을 예측하고 우리나라에서 발행될 정부주도디지털화폐(CBDC)에 대한 정책적 시사점을 제시한다.

관련 도서 《결제는 어떻게 세상을 바꾸는가》, 고트프리트 라이브란트, 나타샤 드 테란, 삼호미디어
《달러 이야기》, 홍익희, 한스미디어

관련 학과 경제금융학과, 경제학과, 금융공학과, 글로벌경제학과, 산업경영공학과, 소프트웨어공학과, 수학과, 수리통계사이언스학부, 정보보호학과, 정보통신학과, 컴퓨터공학과, 핀테크융합학과, IT금융경영학과

관련 교과 2022 개정 교육과정: 주제 탐구 독서, 금융과 경제생활, 국제 관계의 이해, 융합과학 탐구, 소프트웨어와 생활
2015 개정 교육과정: 경제, 사회문제 탐구, 세계사, 인공지능 기초, 실용 경제

핵심키워드	생성형 인공지능, 머신러닝, 생성형 적대 신경망, 네트워크 플랫폼

AI 이후의 세계

헨리 키신저 외 | 윌북 | 2023

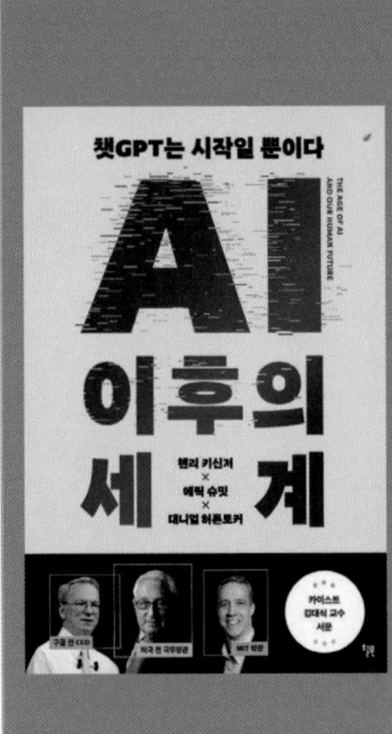

이 책은 사회, 경제, 정치, 외교, 기술 등 여러 분야에서 AI가 일으킬 변화 과정에서 나타날 딜레마를 다룬 책이다. 현재 생성형 AI가 내놓는 결과물과 활용법에 주목하지만 그것이 인류에게 끼칠 철학적·전략적 영향에 관한 논의는 부족하다. 사람을 대신해 생각과 판단을 해 주는 인공지능을 당연하게 여길 'AI 네이티브' 세대의 등장이 예고된 가운데, AI의 효용과 한계를 함께 고민해 보자.

탐구 주제

주제1 지금까지의 인공지능은 우리 눈에 보이지 않는 곳에 자리해 왔다. 온라인 몰에서 물건을 주문하면 AI 알고리즘이 취향을 분석하고, 마음에 드는 영상을 시청하면 AI 알고리즘이 유사한 영상을 추천한다. 그러나 생성형 AI는 다르다. 현재 상용화된 생성형 AI 서비스 사례를 탐구해 보자.

주제2 생성형 AI는 기계가 콘텐츠, 예술, 음악 등을 만들고 생성할 수 있도록 하는 기술이다. 독특하고 독창적인 결과를 생성하기 위해 인간의 행동, 사고 과정 및 창의성을 시뮬레이션할 수 있는 알고리즘을 사용한다. 이렇게 만들어진 예술품의 가치 인정에 대한 고등학생의 인식을 탐구해 보자.

주제3 생성형 적대 신경망의 작동 원리 탐구

주제4 AI시대 새롭게 만들어진 직업의 종류 탐구

학생부 기록 예시 (교과세특)

'AI 이후의 세계(헨리 키신저 외)'를 읽고 이제 우리 사회에 등장했다고 생각한 인공지능이 이미 우리 삶에 많은 영향을 주며 함께 살아가고 있음을 알게 되었다는 소감을 남김. 특히 생성형 인공지능에 관심을 갖고 현재 우리 주변에 상용화 된 생성형 인공지능의 사례를 탐구하여 공유함. 나아가 생성형 인공지능이 만들어낸 다양한 예술품을 조사하여 이에 대한 고등학생의 인식을 조사하여 그 결과를 인포그래픽으로 제작함. 인공지능 시대에 새롭게 등장할 직업에 관해 탐구함.

사고력 레벨up

제시문 생성형 인공 AI는 대화, 이야기, 이미지, 동영상, 음악 등 새로운 콘텐츠와 아이디어를 만들 수 있는 AI의 일종이다. 여러 분야에서 인간 지능을 모방한 창작과 결정 등이 가능하다.

질문 1 인사 담당 AI가 승진에서 당신을 탈락시켰다면, 당신은 이를 수용할 수 있는가?

질문 2 안보 전문 AI가 적국을 타격하라고 제안한다면, 장군이나 대통령은 따라야 할까?

관련 논문 생성형 AI의 개발 및 이용에 관한 규제의 필요성(양은영, 2023)

이 논문은 진보한 기술만큼이나 복잡하고 다양한 사회적 문제를 수반하고 있는 생성형 AI, 특히 텍스트를 중심으로 대화나 검색엔진에 특화된 대규모 언어모델에 기반한 AI의 현주소를 분석하여 문제를 지적하고 그에 대한 해결 방안으로 규제의 필요성에 대해 고찰하고자 한다.

관련 도서 《인공지능과 딥러닝》, 마쓰오 유타카, 동아엠앤비
《나의 첫 인공지능 수업》, 김진우, 메이트북스

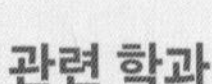

관련 학과 경제학과, 글로벌미래경영학과, 빅데이터응용학과, 소프트웨어공학과, 융합소프트웨어학과, 정보통신학과, 지적재산권전공, 컴퓨터공학과, 플랫폼소프트웨어전공, AI빅데이터융합학과, AI응용학과

관련 교과
2022 개정 교육과정: 경제, 소프트웨어와 생활, 지식재산 일반, 인공지능 기초, 데이터 과학
2015 개정 교육과정: 인간과 경제활동, 지식재산 일반, 생활과 과학, 공학 일반, 융합과학

미디어

순번	도서명	저자명	출판사명
1	1인 미디어	변용수	커뮤니케이션북스
2	AI 저널리즘	박창섭	두리반
3	CIA 분석가가 알려 주는 가짜 뉴스의 모든 것	신디 L. 오티스	원더박스
4	OTT 스토리텔링 생존 공식	김공숙 외	북코리아
5	OTT시대 스포츠 보편적 시청권	신삼수 외	한울
6	SNS와 스마트폰 중독 어떻게 해결할까?	김대경 외	동아엠앤비
7	감정과 미디어	나은영	컬처룩
8	광고 리터러시	안순태	한나래
9	근데 에디터는 무슨 일 해요?	박의나, 윤경민	고호콘텐츠
10	뉴욕타임스 읽어주는 여자	박세정	씽크스마트
11	디지털 세대의 아날로그 양육자들	소니아 리빙스턴, 얼리샤 블럼-로스	위즈덤하우스
12	디지털 시대 영상 문화와 윤리	홍석경 외	컬처룩
13	딥페이크의 얼굴	이소은, 최순욱	스리체어스
14	랜선 사회	에이미 S. 브루크먼	한빛미디어
15	문화산업과 미디어콘텐츠	구문모 외	시간의물레
16	뮤직비디오의 이해	김진곤	커뮤니케이션북스
17	미디어 리터러시	이현주, 이현옥	북스타
18	미디어, 노동인권을 말하다	진선미	메이킹북스
19	미디어, 디지털 세상을 잇다	주형일	한국문학사
20	미디어와 홍보	송의호	한국학술정보
21	미디어의 역사	자크 아탈리	책과함께
22	배리어프리 영상제작론	김정희	산지니
23	서사의 위기	한병철	다산초당
24	소셜 미디어 프리즘	크리스 베일	상상스퀘어
25	소셜미디어는 인생의 낭비일까요?	김보미	서해문집

순번	도서명	저자명	출판사명
26	숏폼 기획 아이디어	연희승	박영사
27	시선을 사로잡는 매력적인 영상 만들기	강수석	북펀
28	언론을 상대하는 법	신상진	이담북스
29	언론자유와 정치철학	손영준	박영사
30	언커머셜: 한국 상업사진, 1984년 이후	강혜원 외	워크룸프레스
31	여론조사, 모르면 말하지 마세요	김현태	미다스북스
32	연결하는 소설: 미디어로 만나는 우리	김애란 외	창비교육
33	영상은 움직이지 않는다	이훈희	책과나무
34	우리는 도전을 즐겼다	박관우 외	생각나눔
35	위험, 사회, 미디어	김용찬 외	컬처룩
36	인공지능 시대의 미디어 윤리	박아란	커뮤니케이션북스
37	잡지 만드는 법	박지수	유유
38	장면들	손석희	창비
39	Chalkak 찰칵 03	찰칵 편집부	옐로퀸스
40	챗GPT 교육혁명	정제영 외	포르체
41	챗GPT 시대, 청소년을 위한 미디어 탐구	이창호	지금
42	출판기획의 한계를 넘어	이시우	투데이북스
43	클로징 멘트	조재익	하양인
44	파피루스에서 전자책까지 모든 책의 역사	우베 요쿰	마인드큐브
45	패션, 영화를 디자인하다	진경옥	산지니
46	프리한 10대 미디어 프리	강병철	푸른들녘
47	플랫폼 내러티브	권승태	커뮤니케이션북스
48	플레이밍 사회	이토 마사아키	북바이북
49	한국영화가 사라진다	이승연	바틀비
50	현대사회와 미디어커뮤니케이션	한국언론정보학회	한울

핵심키워드 | 1인 미디어, 크리에이터, 커뮤니티, 콘텐츠

1인 미디어

변용수 | 커뮤니케이션북스 | 2023

이 책은 1인 미디어의 생성과 성장부터 미디어 콘텐츠 제작의 과정 및 특징, 주목해야 할 동향 등을 담고 있다. 디지털 기술의 발전으로 개인 콘텐츠를 창작하고 이를 시청자에게 바로 전달하는 1인 미디어는 지속적으로 성장하고 있다. 크리에이터들은 자신만의 독특한 콘텐츠를 만들고 홍보하면서 이용자들과 소통한다. 1인 미디어의 현재를 통해 미래에 대한 전망도 다루고 있다.

탐구 주제

주제1 개인미디어콘텐츠제작자(크리에이터)는 미디어 플랫폼 서비스에 자신이 표현하고 싶은 주제의 콘텐츠를 제작하여 공유하는 일을 한다. 이러한 크리에이터는 사회적 영향력을 행사할 수 있는 중요한 역할을 한다. 직업인으로서 크리에이터의 역할과 책임에 대해 토론해 보자.

주제2 인터넷과 디지털 플랫폼의 발전은 1인 미디어의 성장에 큰 영향을 미쳤다. 비교적 낮은 비용으로 시작할 수 있다는 장점은 많은 사람들로 하여금 보다 쉽게 자신만의 독창적인 콘텐츠를 만들고 공유할 수 있게 만들고 있다. 1인 미디어의 성장과 한계를 탐구하고 보고서를 작성해 보자.

주제3 1인 미디어의 영향력과 사회적 변화 탐구

주제4 1인 미디어가 정보를 수집하고 검증하는 방법에 대한 분석

학생부 기록 예시 (교과세특)

디지털 기술의 발전으로 인한 직업 세계의 변화에 대해 학습한 후, 도서 '1인 미디어(변용수)'를 읽고 개인미디어콘텐츠제작자(크리에이터)에 대해 조사함. 이용자가 많아지고 이용자의 연령층도 낮아지고 있어서 크리에이터의 직업의식이 무엇보다 중요하다는 생각을 밝힘. 크리에이터는 자신이 제작하는 콘텐츠에 전문성을 갖추어야 하며, 사회적 영향력이 크다는 것을 인지하고 책임감을 갖고 고품질의 콘텐츠 제작을 위해 노력해야 한다는 의견을 피력함.

사고력 레벨up

제시문 1인 미디어 크리에이터가 광고성 콘텐츠를 제작할 때, 크리에이터로서 자신의 이미지 및 가치관과 협업을 하는 기업의 요구 사이에서 충돌이 발생하는 경우가 생긴다.

질문 1 당신이 크리에이터라면 어떤 선택을 하겠는가, 그 이유는 무엇인가?

질문 2 크리에이터가 채널을 운영할 때, 가장 중요한 것은 무엇이며 그 이유는 무엇인가?

관련 논문 1인 미디어 콘텐츠 및 인플루언서의 속성이 이용자들의 신뢰, 시청몰입, 구매의도에 미치는 영향(이준섭, 김지영, 2023)

이 논문은 1인 미디어 콘텐츠와 인플루언서의 속성을 분석하고 이러한 속성이 이용자의 신뢰에 미치는 영향을 탐구하고 있다. 1인 미디어 플랫폼 이용자들이 콘텐츠를 선택할 때 무엇을 중요시하는지를 파악함으로써 콘텐츠 제작과 마케팅 전략을 제시한다.

관련 도서 《1인 미디어 유튜브 크리에이터》, 선정훈 외, 디지털북스
《1인 미디어 크리에이터 101문 101답》, 김형진, 형설이엠제이

관련 학과 경제학과, 경영학과, 광고홍보학과, 문헌정보학과, 문화콘텐츠학과, 미디어커뮤니케이션학과, 사회학과, 소비자학과, 신문방송학과, 심리학과, 언론정보학과, 인류학과, 정보보안학과, 정보통신공학과

관련 교과 2022 개정 교육과정: 매체 의사소통, 사회와 문화, 사회문제 탐구, 미술과 매체, 진로와 직업, 정보
2015 개정 교육과정: 언어와 매체, 사회·문화, 사회문제 탐구, 정보, 창의 경영, 실용 경제, 진로와 직업

핵심키워드	저널리즘, AI 저널리즘, 협력, 윤리성

AI 저널리즘

박창섭 | 두리반 | 2023

스포츠 뉴스, 기업 수익 정보, 일기 예보, 선거 개표 등 현대의 수많은 기사는 인공지능 로봇에 의해 작성된다. 대표적으로 아이엠에프엔봇, 나리봇, 워드스미스, 헬리오그래프, 사이보그, 에디터, 퀘이크봇 등이 있다. 이 책은 인공지능이 기자가 할 일을 대체하며 언론 미디어 산업의 대전환을 일으키고 있는 이 시점에서 언론과 언론인이 나아가야 할 방향이 무엇인지에 대해 다루고 있다.

탐구 주제

주제1 도서《AI 저널리즘》에 따르면 세계 주요 언론사들은 인공지능과의 공존을 시작했다. 워드스미스, 헬리오그래프, 사이보그, 에디터, 퀘이크봇을 비롯하여 우리나라에도 아이엠에프엔봇, 나리봇 등의 사례가 있다. AI가 기자를 완전히 대체할 수 있을 것인가에 대한 찬반 토론을 진행해 보자.

주제2 현대의 수많은 기사들이 인공지능 로봇에 의해 작성되고 있으며, AI 저널리즘은 기자들의 업무를 돕고, 시간적·경제적으로 기사 생산 비용을 크게 줄이는 역할을 하고 있다. 반면에 저작권, 신뢰성, 품질 등에서 논란이 일어나고 있다. AI 저널리즘의 이러한 윤리적 문제에 대해 고찰해 보자.

주제3 AI가 쓴 기사의 책임은 누구에게 있는지에 대한 토론

주제4 인간 기자와 인공지능 기자의 협업 전략 모색

학생부 기록 예시 (교과세특)

인공지능 로봇이 쓴 일기 예보를 읽고, 인공지능의 발달이 기자에게 미치는 영향에 대해 탐구함. 'AI 저널리즘(박창섭)'을 읽고, 세계 주요 언론사들이 인공지능 저널리즘을 도입하여 데이터를 정리하거나 기사를 작성하고 있음을 알게 되었다는 소감문을 작성함. 통계 조사를 통해 인공지능 저널리즘의 도입으로 기자의 일자리가 실제로 감소했음을 파악하고, 인공지능이 기자를 완전히 대체할 수 있을 것인가에 대해 반대의 입장에서 토론을 진행함.

사고력 레벨up

제시문 언론사가 경영 위기를 타파하기 위해 AI 저널리즘을 도입하고자 할 때, 이를 통한 경영 혁신이 가능하다는 견해와 AI는 기자들의 직업을 위협한다는 견해 사이에 충돌이 발생한다.

질문 1 당신이 언론사 경영인의 입장이라면, 어떤 방법으로 AI를 도입할 것인가?

질문 2 AI 저널리즘의 도입이 기자의 직업에 미치는 긍정적인 영향은 무엇이 있을까?

관련 논문 저널리즘에서 인공지능 활용과 기본권 보호(이희옥, 2021)

이 논문은 AI 저널리즘의 활용 현황을 분석하고, 뉴스 콘텐츠 생산자와 이용자의 입장에서 AI 저널리즘의 법적 지위를 살펴본 후, 기본권 침해 문제를 검토한다. 더 나아가 헌법상 정보의 자유 관점에서 이론적으로 고려할 수 있는 기본권 보호 방법을 모색한다.

관련 도서 《AI시대의 저널리즘》, 김태균 외, 커뮤니케이션북스
《웹 3.0시대의 디지털미디어와 저널리즘》, 임현찬 외, 서울인스티튜트

관련 학과 국어국문학과, 기술교육과, 문헌정보학과, 미디어커뮤니케이션학과, 사회교육과, 사회학과, 소프트웨어공학과, 신문방송학과, 언론정보학과, 윤리교육과, 정보보안학과, 정보통신공학과

관련 교과 2022 개정 교육과정: 화법과 언어, 매체 의사소통, 인간과 철학, 진로와 직업, 소프트웨어와 생활
2015 개정 교육과정: 화법과 작문, 언어와 매체, 철학, 진로와 직업, 논리학, 공학 일반, 기술·가정

핵심키워드 | 가짜 뉴스, 신뢰성, 디지털 시대, 미디어 리터러시

CIA 분석가가 알려 주는 가짜 뉴스의 모든 것

신디 L. 오티스 | 원더박스 | 2023

고대 이집트의 람세스 2세, 루이 13세, 벤저민 프랭클린, 에드거 앨런 포, 조지프 퓰리처의 공통점은 가짜 뉴스를 즐겨 작성하고 유포했다는 것이다. 이 책은 역사 속 인간의 감정과 약점을 이용하는 가짜 뉴스의 전략과 패턴을 파악한다. 저자는 진실을 찾는 것은 어렵지만 가치 있는 일이라고 말한다. CIA 분석가로 일한 경험을 바탕으로 가짜 뉴스에 속지 않을 수 있는 해법을 담고 있다.

탐구 주제

주제1 가짜 뉴스는 인간의 감정과 약점을 이용하여 목표를 달성하기 위해 만들어지고 배포된다. 소셜 네트워크 서비스의 활성화로 인해 가짜 뉴스의 양과 속도는 이전보다 더욱 증가하고 있다. 진짜 뉴스와 가짜 뉴스를 구별할 수 있는 역량을 키우는 방법을 제시해 보자.

주제2 언론은 사회적으로 중요한 이슈를 보도하고 공공의 이익을 위해 정보를 제공함과 동시에 다양한 관점을 제공하고 공정성을 유지해야 한다. 언론인으로서 객관적 사실만을 전달해야 한다는 의견과 해석과 분석을 제공하여 독자들의 판단을 도울 수 있다는 의견에 대한 토론을 진행해 보자.

주제3 가짜 뉴스가 개인의 행동과 심리에 미치는 영향 탐구

주제4 세계 각국의 가짜 뉴스 대응 사례 연구

학생부 기록 예시 (교과세특)

미디어 리터러시에 대해 수업 시간에 학습한 후, 'CIA 분석가가 알려 주는 가짜 뉴스의 모든 것(신디 L. 오티스)'을 읽고 가짜 뉴스와 진짜 뉴스를 구별할 수 있는 역량을 키우는 방법을 탐구하여 발표함. 학교뿐 아니라 지역사회에서도 미디어 리터러시에 대한 프로그램을 제공해야 하며, SNS 사용자들이 책임감을 느끼고 콘텐츠를 만들고 공유해야 한다는 자신의 의견을 제시함. 탐구한 내용과 비판적 사고를 바탕으로 포털사이트에서 직접 가짜 뉴스를 찾아봄.

사고력 레벨up

제시문 뉴스를 제작하고 보도할 때, 다른 언론사보다 앞서 신속하고 빠르게 보도하는 것과 검증 과정을 거쳐 확인된 정보를 제공하는, 신속성과 정확성이라는 두 가치가 충돌하게 된다.

질문 1 신속성과 정확성을 각각 선택했을 때, 각 선택의 장단점은 무엇인가?

질문 2 뉴스를 신속하게 전달하면서 동시에 정확성을 유지하기 위한 방법은 무엇인가?

관련 논문 영상정보를 활용한 소셜 미디어상에서의 가짜 뉴스 탐지: 유튜브를 중심으로(장윤호, 최병구, 2023)

이 논문에서는 영상정보 기반의 '뉴스 보기'로 변화하고 있는 최근 뉴스 소비 형태를 반영함으로써 텍스트 위주의 기존 연구를 보완하고자 한다. 텍스트 및 이미지 정보와 영상정보를 동시에 고려한 가짜 뉴스 탐지 방법론을 제안함으로써 가짜 뉴스 탐지 성능을 개선하고자 한다.

관련 도서 《세계사를 뒤바꾼 가짜뉴스》, 미야자키 마사카츠, 매일경제신문사
《가짜 뉴스, 뭔데 이렇게 위험해?》, 만프레트 타이젠, 리듬문고

관련 학과 경영학과, 경제학과, 광고홍보학과, 문헌정보학과, 문화콘텐츠학과, 미디어커뮤니케이션학과, 사회학과, 소비자학과, 신문방송학과, 심리학과, 언론정보학과, 인류학과, 정보통신공학과, 정치외교학과

관련 교과 2022 개정 교육과정: 매체 의사소통, 통합사회, 사회와 문화, 현대사회와 윤리, 법과 사회, 사회문제 탐구
2015 개정 교육과정: 언어와 매체, 통합사회, 사회·문화, 정치와 법, 생활과 윤리, 사회문제 탐구, 심리학

핵심키워드 | OTT, 플랫폼 전쟁, 차별성, 서사 전략

OTT 스토리텔링 생존 공식

김공숙 외 | 북코리아 | 2022

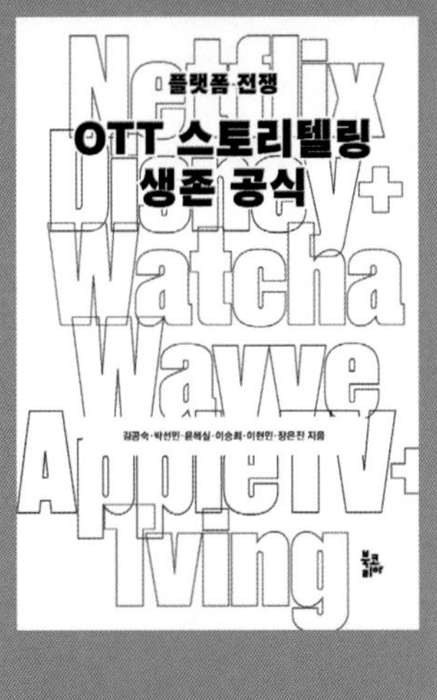

이 책은 넷플릭스, 디즈니, 티빙, 왓챠 등 강력한 미디어 플랫폼으로 떠오른 OTT를 다루고 있다. 콘텐츠 저작 실무와 이론에 익숙한 저자들은 성공한 드라마와 프로그램을 중심으로 작품의 성공 전략을 분석했다. OTT 스토리텔링과 K-콘텐츠에 관심 있는 독자들은 OTT 시장에서 살아남는 스토리텔링 생존 공식을 알 수 있고 더 깊이 OTT를 탐구할 수 있다.

탐구 주제

주제1 기업이 경쟁에서 살아남고 위기를 극복하기 위해 사례 분석은 중요한 전략이 될 수 있다. 위기를 극복한 글로벌 콘텐츠 미디어 기업의 사례를 선정하여 역사와 혁신 과정을 분석하고, 분석한 내용을 토대로 국내 콘텐츠 미디어 기업이 나아가야 할 방향을 제시해 보자.

주제2 글로벌 OTT(온라인 동영상 서비스 플랫폼) 기업이 전 세계적으로 성공함으로써 여러 나라의 미디어 산업에 큰 변화를 일으켰다. 글로벌 OTT 기업이 한국에 진출한 과정과 그 과정에서 발생한 갈등과 해결 과정을 분석하고, OTT 기업이 갖추어야 할 바람직한 자세에 대해 토론해 보자.

주제3 개인의 가치관 변화에 따른 OTT 플랫폼의 성공 전략 탐색

주제4 기술이 OTT 스토리텔링의 미래에 미치는 영향 연구

학생부 기록 예시 (교과세특)

'OTT 스토리텔링 생존 공식(김공숙 외)'을 읽고, 온라인 동영상 서비스 플랫폼의 현황을 이해하고 국내 온라인 동영상 서비스 플랫폼의 성공 전략을 분석함. 위기를 극복한 글로벌 콘텐츠 미디어 기업의 사례를 선정하여 역사와 혁신 과정을 분석하고, 이를 통해 국내 콘텐츠 미디어 기업이 나아가야 할 방향을 제시함. 사례 분석 과정에서 기업의 좌절, 성공, 혁신 등을 깊이 있게 탐구하며, 자신의 통찰력을 바탕으로 현실적이면서도 혁신적인 의견을 제시함.

사고력 레벨up

제시문 해외 OTT 플랫폼의 독점을 막기 위한 대안으로 'OTT 쿼터제'를 도입하고자 할 때, 국내 콘텐츠 보호와 자유 경쟁 제한이라는 두 가치가 충돌하게 된다.

질문 1 'OTT 쿼터제' 도입에 대한 자신의 입장은 무엇인가? 그 이유는 무엇인가?

질문 2 'OTT 쿼터제'가 국내 콘텐츠 제작과 방송 분야에 미치는 영향에는 어떤 것이 있을까?

관련 논문 K-콘텐츠에 대한 분석: 거대 OTT 서비스 플랫폼의 킬러콘텐츠로서의 K-drama를 중심으로(김현정, 2022)

이 논문은 OTT 플랫폼에서의 킬러 콘텐츠로 주목받아 온 K-드라마 4편의 사례를 분석하고 있다. 문화 콘텐츠 창출, 소통, 향유의 체계 및 내적 구조로 구성된 킬러 콘텐츠 분석 도구를 활용하여 K-드라마의 강점을 탐구하고, 킬러콘텐츠 분석의 중요성을 고찰한다.

관련 도서 《디즈니플러스와 대한민국 OTT 전쟁》, 김종원, 이은북
《OTT 시대의 미디어 백가쟁명》, 김동식, 한울

관련 학과 경영학과, 경제학과, 광고홍보학과, 국어국문학과, 만화애니메이션학과, 문예창작학과, 문화콘텐츠학과, 미디어커뮤니케이션학과, 방송연예과, 소비자학과, 신문방송학과, 심리학과, 언론정보학과, 연극영화학과

관련 교과
2022 개정 교육과정: 문학과 영상, 매체 의사소통, 소프트웨어와 생활, 인간과 경제활동, 사회와 문화
2015 개정 교육과정: 언어와 매체, 정보, 실용 경제, 사회·문화, 경제, 생활과 윤리, 지식 재산 일반

핵심키워드 | OTT 플랫폼, 스포츠 방송, 보편적 시청권, 독점 중계

OTT시대 스포츠 보편적 시청권

신삼수 외 | 한울 | 2023

스포츠는 사회를 통합할 수 있는 수단 중 하나고, 스포츠 중계는 각본 없는 드라마라고 불릴 정도로 재미와 감동을 준다. 그러나 스포츠의 인기가 높아질수록 상업화의 물결이 거세지고 OTT 플랫폼의 등장으로 미디어 스포츠 생태계에 큰 변화가 생겼다. 이 책은 누구나 스포츠 방송을 시청할 수 있어야 한다는 저자의 견해와 보편적 시청권 제도의 현황 및 개선 방안을 담고 있다.

탐구 주제

주제1 OTT 플랫폼의 등장으로 사람들은 다양한 장르의 콘텐츠를 시간과 장소에 구애받지 않고 이용하고 있다. 한편 스포츠 중계권의 보유는 큰 수익을 창출할 수 있어서 일부 플랫폼에서 독점적으로 방송권을 가져가기도 한다. 이러한 현상이 일으킬 수 있는 문제와 해결 방안을 모색해 보자.

주제2 OTT 플랫폼의 등장은 전통적인 TV 방송사들에게 큰 도전을 가져다 주고 있다. 소비자의 요구가 무엇인지 파악하여 그에 맞는 콘텐츠 제작뿐 아니라 새로운 경쟁 환경에도 발 빠르게 대응할 필요가 있다. 'TV 방송사들이 경쟁력을 유지할 수 있는 방안'을 주제로 제안하는 글을 써 보자.

주제3 OTT 스포츠 방송이 사회와 경제에 미치는 영향에 대한 탐구

주제4 사례 분석을 통한 국내외 보편적 시청권 보장 방안 비교·분석

학생부 기록 예시 (교과세특)

온라인 동영상 서비스 플랫폼의 등장으로 인해 가중된 스포츠 중계권의 독점과 이에 따른 문제점을 파악하여 보고서를 작성함. 특정 온라인 동영상 서비스 플랫폼이 인기 있는 스포츠 리그나 경기를 독점적으로 확보하여 다른 플랫폼에서는 해당 경기를 즐길 수 없는 경우가 발생할 수 있다는 문제를 지적함. 이를 해결하기 위해 스포츠 보편적 시청권 확보가 필요하며, 스포츠 중계권 독점 거래와 관련된 제도적 장치가 필요하다고 발표함.

사고력 레벨up

제시문 소비자가 OTT 스포츠 방송을 구독하고자 할 때, 가격과 채널 등에 있어 여러 가지 다양한 옵션으로 인해 어떤 플랫폼을 선택해야 하는지에 대한 고민을 하게 된다.

질문 1 당신이 소비자라면, 어떤 기준으로 플랫폼을 선택하겠는가? 그 이유는 무엇인가?

질문 2 당신에게 있어서 OTT 방송 구독은 어떤 가치를 지니는가?

관련 논문 OTT 시대 보편적 시청권 실현을 위한 시론적 논의: 스포츠 이벤트를 중심으로(봉미선, 신삼수, 2022)

이 논문은 미디어의 상업화 속에서 시청자의 보편적 시청권을 보장하는 방안을 탐색하고 있다. OTT 플랫폼에서 어떻게 하면 보다 폭넓은 사용자들에게 공정하고 평등한 접근 기회를 제공할 수 있는지에 대한 탐구를 통해서 보편적 시청권 실현에 대한 방향성을 제시한다.

관련 도서 《쿠팡은 왜 올림픽 방송을 욕심냈을까》, 백창범, 산그리다
《OTT 미디어 산업론》, 송민정, 박영사

관련 학과 경제학과, 공공행정학과, 광고홍보학과, 문화콘텐츠학과, 미디어커뮤니케이션학과, 사회교육과, 사회복지학과, 사회체육학과, 사회학과, 소비자학과, 스포츠레저학과, 신문방송학과, 언론정보학과

관련 교과
2022 개정 교육과정: 스포츠 문화, 스포츠 생활, 인간과 경제활동, 사회와 문화, 경제, 사회문제 탐구
2015 개정 교육과정: 스포츠 생활, 체육 탐구, 체육, 실용 경제, 사회·문화, 통합사회, 사회문제 탐구

핵심키워드

SNS ,스마트폰, 중독, 디지털 리터러시

SNS와 스마트폰 중독 어떻게 해결할까?

김대경 외 | 동아엠앤비 | 2023

SNS는 세계 각국의 사람들과 소통하고 정보를 공유하며 인간관계를 형성할 수 있게 했고 사람들의 일상이 되었다. SNS의 순기능은 정보의 공유와 소통에 있어 편리함을 가져다주지만, SNS와 스마트폰의 무절제한 활용은 과의존을 유발하고 중독 상태에 이르게 하기도 한다. 이 책은 이를 해결하기 위한 방안으로 디지털 환경에서 비판적 이해와 성찰 능력 함양이 필요하다고 말한다.

탐구 주제

주제1 스마트폰 없이 살아가기 힘든 세대를 '포노 사피엔스(phono sapiens)'라고 한다. 그러나 스마트폰 사용은 건강에 지대한 영향을 미칠 수 있다. '스마트폰 사용이 건강에 미치는 영향'을 주제로 설문지를 만들어 온라인과 오프라인을 활용하여 조사를 실시하고, 보고서를 작성해 보자.

주제2 스마트폰은 인류 문명의 역사 과정에서 중요한 역할을 한 우리의 삶을 변화시킨 혁신 기술 중 하나이다. 그러나 스마트폰은 양면성을 갖고 있다. 스마트폰 사용의 장단점을 분석하고, 스마트폰 과의존이나 중독을 예방할 수 있는 구체적이고 실질적인 해결 방안을 모색해 보자.

주제3 청소년의 스마트폰 중독과 학업 스트레스의 관계 연구

주제4 청소년의 스마트폰 중독이 자아존중감에 미치는 영향 탐구

학생부 기록 예시 (교과세특)

'SNS와 스마트폰 중독 어떻게 해결할까?(김대경 외)'를 읽고, 전 세계가 인터넷과 소셜미디어를 통해 연결과 소통이 가능한 시대에, 스마트폰 과의존이나 중독의 위험성을 깨닫고 대책 마련이 시급하다는 소감문을 작성함. 양면성을 갖고 있는 스마트폰 사용의 장단점을 분석함. 스마트폰 과의존이나 중독을 예방하기 위해 스마트폰 사용 규칙을 만들어 실천했던 자신의 경험을 공유하고, 개인의 의지와 디지털 리터러시 역량 함양의 중요성을 발표함.

사고력 레벨up

제시문 버킷리스트 여행지에 도착해서 아름다운 경관을 마주했을 때, 여행지의 경관을 촬영하는 것에 가치를 두는 사람과, 감각기관으로 순간을 즐기는 것에 가치를 두는 사람이 있다.

질문 1 당신은 이 두 가지 중, 어디에 가치를 두는 사람인가? 그 이유는 무엇인가?

질문 2 일행과의 가치관 대립으로 갈등상황이 발생했을 때, 어떻게 해결할 것인가?

관련 논문 청소년의 부모 관계, 또래 관계, 교사 관계가 스마트폰 의존에 미치는 영향(윤은영, 2023)

이 논문은 다중회귀분석을 통하여 부모 관계, 또래 관계, 교사 관계가 스마트폰 의존에 미치는 영향을 검증한다. 청소년들의 사회 관계적 측면이 스마트폰 의존에 영향을 미치는지 살펴보고, 이에 따른 사회 복지적 해결 방안을 제시한다.

관련 도서 《디지털, 잠시 멈춤》, 고용석, 이지북
《인스타 브레인》, 안데르스 한센, 동양북스

관련 학과 국어국문학과, 문헌정보학과, 문화콘텐츠학과, 미디어커뮤니케이션학과, 사회교육과, 사회학과, 상담심리학과, 소비자학과, 심리치료학과, 심리학과, 정보통신공학과, 컴퓨터공학과, 컴퓨터교육과

관련 교과 2022 개정 교육과정: 매체 의사소통, 사회와 문화, 현대사회와 윤리, 사회문제 탐구, 정보, 인간과 심리
2015 개정 교육과정: 언어와 매체, 사회·문화, 생활과 윤리, 사회문제 탐구, 정보, 기술·가정, 심리학

핵심키워드 | 감정, 미디어, 미디어 심리학, 미디어 테라피

감정과 미디어

나은영 | 컬처룩 | 2021

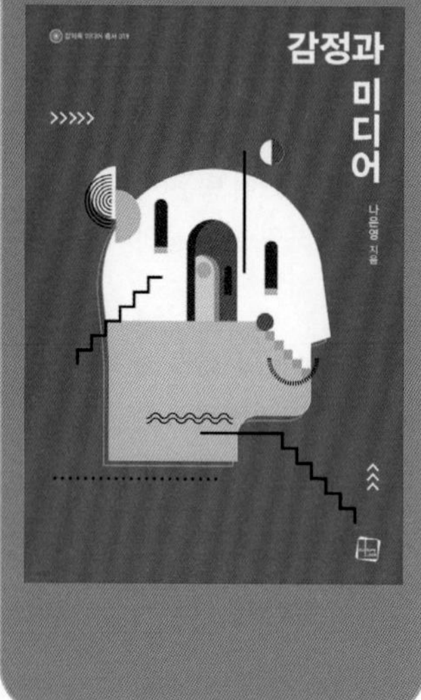

미디어 심리학은 미디어를 통해 전달되는 정보가 생각, 감정, 행동에 주는 영향을 연구하는 학문이다. 이 책은 서로 밀접한 관련이 있는 감정, 미디어, 뇌, 심리, 힐링 등을 연결하고 있다. 감정의 중요성과 발달 과정 및 특성, 감정과 미디어의 관계, 뇌과학과 미디어 심리학의 융합, 미디어 테라피의 가능성 등을 다루고 있다. 미디어 심리학을 접하는 것은 행복한 삶의 밑바탕이 된다.

탐구 주제

주제1 도서《감정과 미디어》에서는 긍정 감정과 미디어의 관계, 부정 감정과 미디어의 관계를 살펴보며, 미디어 수용과 감정, 미디어 표현과 감정에 대해 다루고 있다. 책을 읽고, 감정과 미디어의 관계를 분석하고, 미디어가 인간의 뇌와 마음에 주는 영향을 탐구해 보자.

주제2 도서《감정과 미디어》에서는 생활 속에서 미디어를 이용하여 뇌를 건강하게 유지하며 살아가기 위해 필요한 요소로 환경 리터러시, 미디어 리터러시, 헬스 리터러시, 소셜/감성 리터러시의 필요성을 언급하고 있다. 이 밖에 어떤 리터러시가 필요할지 자신만의 새로운 개념을 만들어 보자.

주제3 미디어 기반 심리치료 방안 모색

주제4 뇌과학 연계 미디어 리터러시 교육과정 개발에 관한 연구

학생부 기록 예시 (교과세특)

‘감정과 미디어(나은영)’를 읽고 감정, 미디어, 뇌, 심리 등에 대한 의미를 이해함. 감정을 긍정, 부정, 복합 감정으로 구분하여 각 감정의 특징을 살펴보고, 각각의 감정과 미디어의 관계를 분석함. 미디어가 인간의 뇌와 마음에 주는 영향에 대한 탐구를 통해서 미디어를 이용하여 뇌를 건강하게 유지하며 살아갈 수 있다는 사실을 확인함. 항상 디지털 미디어에 노출된 채 살아가는 자신의 모습을 성찰하고 건강하고 행복한 삶을 위한 도구로 활용해야겠다고 다짐함.

사고력 레벨up

제시문 대중이 미디어를 통해 소통하고 감정을 공유함으로써 심리적 안정을 이루고자 할 때, 대중이 얻고자 하는 긍정 감정 뿐만 아니라 부정 감정도 겪을 수 있다.

질문 1 미디어가 인간의 감정에 미치는 긍정적인 사례와 부정적인 사례에는 무엇이 있을까?

질문 2 미디어를 통한 감정 관리는 어떻게 할 수 있을까, 구체적인 방법은 무엇인가?

관련 논문 2030 비정규직 직장인을 위한 문화예술교육에서의 미디어아트 기반 융합예술치료 적용방안 탐색(김지민, 이에스더, 2022)

이 논문은 미디어아트 기반 융합예술치료 프로그램 개발을 통해 문화예술교육 현장에서의 적용 가능성을 탐색하고 있다. 연구를 통해 2030세대 비정규직 직장인의 직무스트레스를 완화시키는 데 도움을 주고 미디어아트 교육이 적합한 치료적 요소로써 작용될 수 있는지를 고찰한다.

관련 도서 《미디어 심리학》, 김옥태 외, 한국방송통신대학교출판문화원
《영화와 상담심리가 만나다》, 김은지, 마음책방

관련 학과 디지털미디어과, 문화콘텐츠학과, 미디어커뮤니케이션학과, 방송미디어과, 방송미디어과학과, 상담심리학과, 소비자학과, 신문방송학과, 심리학과, 언론정보학과, 정보통신공학과, 통계학과, 철학과

관련 교과 2022 개정 교육과정: 소프트웨어와 생활, 데이터 과학, 정보, 융합과학 탐구, 인간과 심리, 논리와 사고
2015 개정 교육과정: 정보, 기술·가정, 심리학, 논리학, 생활과 과학, 사회·문화, 생활과 윤리, 철학

핵심키워드 | 디지털 미디어 시대, 광고 리터러시, 브랜디드 콘텐츠, 뒷광고

광고 리터러시

안순태 | 한나래 | 2023

광고는 인터넷 사이트, 애플리케이션, 대중교통, 엘리베이터, 드라마, 게임 등에서 수시로 등장한다. 이 책은 광고 노출이 일상이 된 이 시대에 광고 리터러시를 진지하게 고찰한다. 브랜디드 콘텐츠의 문제점을 분석하고, 디지털 미디어 시대에 요구되는 광고 리터러시를 소비자들에게 함양시킬 수 있는 사회적 논의와 지원, 정책, 교육의 방향성 등을 제안한다.

탐구 주제

주제1 《광고 리터러시》에서는 기업이 전하고자 하는 브랜드 메시지를 엔터테인먼트 콘텐츠에 담아내 소비자가 자연스럽게 광고에 노출될 수 있도록 유도하는 광고의 형태를 브랜디드 콘텐츠라고 말한다. 브랜디드 콘텐츠가 우리 사회에 미치는 영향을 구체적 사례 분석을 통해 탐구해 보자.

주제2 오늘날 광고는 각종 인터넷 사이트, 애플리케이션, 게임, SNS, 포털사이트 등의 온라인 플랫폼에서 수시로 등장한다. 디지털 미디어 시대에 소비자의 광고 리터러시 함양을 위해 온라인 플랫폼은 어떤 역할을 해야 하는지에 대해 고찰하고 칼럼을 작성해 보자.

주제3 국내 광고산업의 문제점과 광고 리터러시의 중요성 탐구

주제4 광고 미디어로써 메타버스를 활용하는 방법 모색

학생부 기록 예시 (교과세특)

'광고 리터러시(안순태)'를 읽고, 디지털 미디어를 활용한 광고가 다양해지고 폭발적으로 증가하면서 광고의 효과를 높이기 위한 전략이 사용되고 있음을 이해함. 이 중 방송, 영화, 게임, 웹툰 등과 융합하여 우리의 일상에서 흔히 볼 수 있는 브랜디드 콘텐츠에 대해 깊이 있게 탐구함. 게임 속에 녹아있는 운동화 광고 사례 탐구를 통해 소비자의 입장에서 광고와 비광고를 구분하기 힘들고 정보를 객관적으로 판단하기 어렵다는 문제점이 있음을 밝힘.

사고력 레벨up

제시문 광고의 신뢰성과 투명성을 보장하고 광고 리터러시 향상을 위해 광고를 규제하는 정책을 도입하고자 할 때, 광고 창작자의 창의성과 자유라는 가치도 제한될 수 있다.

질문 1 광고의 신뢰성 보장 정책이 광고 창작자의 창의성을 억제한다고 생각하는가?

질문 2 광고 규제 정책의 장단점과 정책 도입 시 고려해야 할 구체적 요소는 무엇인가?

관련 논문 장르 인식을 활용한 스마트 광고 리터러시 교육 연구(김은지, 2021)

이 논문은 장르 인식을 활용한 스마트 광고 리터러시 교육의 요소와 방안을 모색한다. 장르 인식, 장르 분석, 스마트 광고, 스마트 광고 리터러시, 스마트 광고 리터러시 교육의 개념 및 교육의 요소를 탐색하고, 스마트 광고 리터러시 교육 방안을 제안한다.

관련 도서 《디지털 시대의 광고 리터러시》, 엄남현, 서울경제경영
《온라인 광고 이슈 2022》, 이정기, 커뮤니케이션북스

관련 학과 경제학과, 광고홍보학과, 문헌정보학과, 문화콘텐츠학과, 미디어커뮤니케이션학과, 법학과, 사회교육과, 사회학과, 소비자학과, 신문방송학과, 심리학과, 언론정보학과, 윤리교육과, 컴퓨터교육과

관련 교과 2022 개정 교육과정: 매체 의사소통, 사회와 문화, 현대사회와 윤리, 법과 사회, 소프트웨어와 생활
2015 개정 교육과정: 언어와 매체, 사회·문화, 생활과 윤리, 사회문제 탐구, 정치와 법, 경제, 정보

핵심키워드	콘텐츠 기획, 콘텐츠 제작, 에디터, 매체

근데 에디터는 무슨 일 해요?

박의나, 윤경민 | 고호콘텐츠 | 2021

이 책은 콘텐츠 기획, 프로젝트 매니징과 섭외, 저자 관리, 인터뷰, 원고 작성 및 편집, 디자인 기획 및 조율 등 콘텐츠 제작 전반에 걸쳐 에디터가 하는 일을 단계별로 상세하게 담고 있다. 단행본, 매거진, 뉴스레터, SNS, 디지털 콘텐츠 등 에디터가 활동하는 대표적 매체의 특징을 다루고 있으며, 실무에 바로 적용해 볼 수 있는 팁도 제공한다.

탐구 주제

주제1 언어적 소양을 바탕으로 콘텐츠 제작 실무를 총괄하는 사람인 출판편집자는, 제작하는 콘텐츠나 매체의 종류에 따라 다른 역량이 요구되기도 한다. 단행본, 매거진, SNS, 디지털 콘텐츠, 뉴스레터, 영상 콘텐츠 등 다양한 매체에 따른 출판편집자의 역할을 비교·분석해 보자.

주제2 기술의 지속적인 발전으로 매체 또한 끊임없이 발달하고 있다. 이러한 매체의 발달은 에디터가 활동할 수 있는 영역을 확장시키는데 큰 기여를 한다. 사회 발전에 따라 에디터라는 직업에 어떠한 변화가 생겨날지 예측해 보고, 에디터에게 필요한 역량을 탐구해 보자.

주제3 에디터의 기술 활용 능력이 콘텐츠의 품질에 미치는 영향 분석

주제4 에디터의 윤리와 책임에 대한 고찰

학생부 기록 예시 (교과세특)

'근데 에디터는 무슨 일 해요?(박의나 외)'를 읽고, 출판편집자는 단행본, 잡지, SNS, 디지털 콘텐츠, 영상 콘텐츠 등 다양한 매체에서 활동하고 있음을 이해함. 제작하는 콘텐츠나 매체의 종류에 따라 출판편집자의 역할이 달라질 수 있음을 이해하고, 단행본 출판편집자와 영상 콘텐츠 출판편집자의 역할을 비교·분석함. 작업 도구, 콘텐츠 형태, 협업 직업인의 차이점을 분석하고 한 눈에 이해하기 쉽게 표로 정리하고 발표함. 논리적인 발표력이 돋보임.

사고력 레벨up

제시문 에디터가 저자와 함께 콘텐츠를 기획할 때, 독자의 이해와 콘텐츠의 효과를 높이기 위해 편집을 통해 글의 일부를 수정하고자 할 경우, 저자와의 관계에서 갈등이 발생할 수 있다.

질문 1 에디터와 저자의 협업에서 가장 중요한 가치관은 무엇인가? 그 이유는 무엇인가?

질문 2 당신이 에디터라면, 저자와의 갈등을 어떻게 해결할 것인가?

관련 논문 편집자 오영수-『현대문학』 편집장 활동을 중심으로(나보령, 2023)

이 논문은 오영수의 『현대문학』 편집장 활동을 재구성한다. 「현대문학」의 창간전사를 재조명하고, 오영수가 담당했던 역할, 그가 시도한 다양한 편집상의 기술과 변화, 상업과 예술의 경계를 가로지르는 미적 감각, 독자와의 소통에 주목하여 편집장으로서 그의 활동을 재구성했다.

관련 도서 《에디터의 일》, 김담유, 스리체어스
《되살리기의 예술》, 다이애나 애실, 아를

관련 학과 경영학과, 국어국문학과, 문예창작학과, 문헌정보학과, 문화콘텐츠학과, 미디어커뮤니케이션학과, 사진학과, 사회교육과, 산업디자인학과, 시각디자인학과, 신문방송학과, 심리학과, 언론정보학과

관련 교과
2022 개정 교육과정: 독서와 작문, 문학과 영상, 직무 의사소통, 매체 의사소통, 미술 창작, 미술과 매체
2015 개정 교육과정: 화법과 작문, 언어와 매체, 미술 창작, 미술, 진로와 직업, 지식 재산 일반, 정보

핵심키워드	국제 뉴스, 객관성, 미디어 리터러시, 다양한 시각

뉴욕타임스 읽어주는 여자

박세정 | 씽크스마트 | 2023

이 책은 시사 프로그램에서 국제 뉴스를 전하는 저자가 세계 여러 나라에서 일어난 사건들을 8개의 헤드라인으로 정리해서 담았다. 똑같은 사건이라도 나라마다, 언론마다 다르게 보도하기에 한쪽으로 치우치지 않기 위해 다양한 기사를 접하고 자신만의 견해를 가져야 한다고 조언한다. 하나의 주제로 여러 언론사의 영어로 된 원문 기사와 해석, 핵심 영단어도 정리하여 제시하고 있다.

탐구 주제

주제1 동일한 하나의 주제에 대해서 언론사에 따라, 그리고 나라마다 다른 관점으로 보도하기도 한다. 이로 인해 독자는 뉴스의 신뢰성에 의문을 갖게 된다. 어떤 뉴스 기사가 신뢰할 만한지 탐구할 수 있는 방안을 제시하고, 실제 뉴스 기사를 활용하여 자신이 제시한 방안을 적용해 보자.

주제2 기사의 작성과 미디어 윤리는 떼려야 뗄 수 없는 관계이다. 언론사 및 기자들이 뉴스 기사를 작성할 때 다양한 윤리적 고려사항을 염두에 두어야 한다. 자신이 생각하는 윤리적 고려사항을 제시하고, 이에 어긋나는 뉴스 기사 사례를 조사하여 보고서를 작성해 보자.

주제3 뉴스가 사회에 미치는 영향에 대한 탐구

주제4 사례 탐구를 통한 뉴스 헤드라인에 숨어있는 기자의 의도 분석

학생부 기록 예시 (교과세특)

'뉴욕타임스 읽어주는 여자(박세정)'를 읽고, 같은 주제에 대해서 언론사마다, 나라마다 다른 관점으로 뉴스 보도를 할 수 있으므로 자신만의 견해를 갖는 것이 중요함을 알게 되었다는 감상문을 작성함. 뉴스의 신뢰성을 확인하기 위해서는 비판적 사고를 통해 기사를 평가하고 정보를 검증해야 하며, 출처 확인이 필요함을 피력함. 실제 뉴스 기사를 국가별로 비교 대조하고, 학급 친구들과의 토론을 통해 다양한 관점을 이해하고 수용하는 자세를 기르고자 노력함.

사고력 레벨up

제시문 뉴스에 보도된 기사 내용이 개인이 평소 가지고 있는 가치관과 맞지 않을 경우, 개인은 다양한 의견 및 관점 수용과 자신의 견해 유지라는 두 가치의 충돌을 경험할 수 있다.

질문 1 이와 같은 상황에서, 개인은 어떻게 대처해야 하는가? 구체적인 방법은 무엇인가?

질문 2 자신의 가치관에 영향을 미친 뉴스 기사 사례는 무엇이며, 어떤 영향을 받았는가?

관련 논문 뉴스리터러시와 가짜뉴스 식별능력 간 관계에 대한 연구(최숙 외, 2021)

이 논문은 뉴스 리터러시와 가짜 뉴스 식별능력간의 관계를 실증적으로 검증하고자 한다. 또한 정치적 성향, 전통적/비전통적 뉴스 매체 이용량, 뉴스 정보원에 대한 신뢰 등과 가짜 뉴스 식별 능력의 관계를 분석하고 있다. 이를 통해 미디어 리터러시 교육의 중요성을 고찰한다.

관련 도서 《뉴스 속보! 가짜 뉴스 속에서 진짜 뉴스를 찾다!》, 닉 셰리든, 나무말미
《왜요, 그 뉴스가 어때서요?》, 김청연, 동녘

관련 학과 경제학과, 국어국문학과, 문헌정보학과, 미디어커뮤니케이션학과, 사회교육과, 사회학과, 신문방송학과, 심리학과, 언론정보학과, 영어교육과, 영어영문학과, 윤리교육과, 인류학과, 정치외교학과

관련 교과 2022 개정 교육과정: 매체 의사소통, 미디어 영어, 사회와 문화, 현대사회와 윤리, 사회문제 탐구
2015 개정 교육과정: 언어와 매체, 실용 영어, 영어권 문화, 사회·문화, 생활과 윤리, 사회문제 탐구

경영 경제 미디어 역사 상담심리

핵심키워드

디지털 이주민, 디지털 원주민, 자녀 양육, 부모의 역할

인공지능, 메타버스 같은 새로운 기술들이 쉴 새 없이 등장하는 시대에, 양육자는 '해로운 중독'과 '교육적 활용' 사이에서 끊임없이 갈등하고 방황하며 어떻게 아이들을 지도해야 하는지에 대해 고민한다. 저자는 디지털 세상 속 양육자 사례를 분석하고, 디지털 기기나 기술, 정보와 콘텐츠에 양육자가 어떻게 대처하면 좋은지, 사회적 개선 방안은 무엇인지를 제안한다.

탐구 주제

주제1 디지털 미디어 시대에, '디지털 이주민'인 부모는 '디지털 원주민'인 자녀와 디지털 기술에 대한 이해와 경험의 차이가 발생할 수 있다. 이것은 부모와 자녀 간 소통 문제의 원인이 될 수 있다. 디지털 기기로 인한 부모와 자녀 간 이해와 소통 문제를 해결할 수 있는 방법을 토론해 보자.

주제2 도서 《디지털 세대의 아날로그 양육자들》에서는 자녀의 인터넷 이용을 통제하고자 하지만 학교에서는 코딩을 배우는 자녀의 사례를 보여준다. 이와 같이 디지털 시대에 부모가 겪을 수 있는 딜레마 상황을 구체적으로 제시하고, 해결 방안을 모색해 보자.

주제3 디지털 중독이 건강에 미치는 영향 탐구

주제4 게임을 통한 학습과 양육에 대한 찬반토론

학생부 기록 예시 (교과세특)

'디지털 세대의 아날로그 양육자들(소니아 리빙스턴 외)'을 읽고, '디지털 이주민'과 '디지털 원주민'이라는 개념을 이해함. 디지털 기기로 인해 부모와 자녀 간 이해와 소통의 문제가 발생할 수 있음을 파악하고, 이를 해결할 수 있는 방법을 모색하여 친구들과 의견을 공유함. 자신의 경험을 사례로 들며, 열린 대화를 통해 부모와 자녀 간 생각의 차이를 좁힐 수 있다고 발표함. 논리적 사고와 근거를 제시하며, 적극적이고 개방적인 자세로 토론에 참여함.

사고력 레벨up

제시문 부모는 스크린 타임 기능을 활용하여 자녀가 디지털 기기를 얼마나 오래 사용하고 어떻게 사용하는지에 대한 모니터링을 할 수 있다. 이때, 자녀의 자율성을 침범할 수 있다.

질문 1 부모의 스크린 타임 기능 활용이 가족 관계에 미칠 수 있는 장단점은 무엇인가?

질문 2 스크린 타임 기능 활용 시, 가장 우선시해야 할 가치관과 그 이유는 무엇인가?

관련 논문 '위험한 미디어 vs 든든한 육아 도우미': 영유아 스마트 미디어 이용 담론에 대한 탐구(최이숙 , 김반야, 2021)

이 논문은 영유아의 스마트 미디어 이용 담론이 어떻게 구성되는지를 분석하고 있다. 이를 통해 미디어의 홍수 속에서 부모들이 어떠한 판단에서 스마트 미디어의 노출 및 이용을 바라보고 있는지를 파악하고, 영유아의 스마트 미디어 이용에 있어 고려해야 할 부분을 논의한다.

관련 도서 《디지털 시대에 아이를 키운다는 것》, 줄리아나 마이너, 청림Life
《GEN Z》, 로버타 카츠 외, 문학동네

관련 학과 가정교육과, 교육학과, 기술교육과, 문헌정보학과, 미디어커뮤니케이션학과, 소프트웨어공학과, 심리학과, 아동보육학과, 유아교육학과, 윤리교육과, 정보보안학과, 정보통신공학과, 컴퓨터교육과, 컴퓨터공학과

관련 교과 2022 개정 교육과정: 정보, 인공지능 기초, 데이터 과학, 소프트웨어와 생활, 기술·가정, 로봇과 공학세계
2015 개정 교육과정: 정보, 공학 일반, 기술·가정, 가정과학, 교육학, 언어와 매체, 생활과 윤리, 심리학

핵심키워드 | 소셜미디어, 영상 문화, 영상 리터러시, 윤리

디지털 시대 영상 문화와 윤리

홍석경 외 | 컬처룩 | 2022

소셜미디어들은 영상을 소통의 핵심 수단으로 이용하며 그 영향력은 매우 크고 광범위하다. 디지털 기술로 인해 누구나 영상을 생산하고 유통하는 주체가 될 수 있으며 동시에 다른 영상의 소비자가 되기도 한다. 이 책은 디지털 시대 영상의 생산과 유통 조건, 영상의 활용이 가져오는 문화적 문제들을 해결하기 위해서는 영상 리터러시 교육과 윤리 교육이 필요하다고 강조한다.

탐구 주제

주제1 디지털 기술을 기반으로 영상 문화의 디지털화도 빠르게 진행되고 있다. 디지털 기술을 이용한 영상의 변형과 조작도 빈번히 이루어지면서 시청자의 신뢰성이 무너지고 있다. 디지털 시대 영상 윤리 정립을 위한 법적, 제도적, 정치적 대응 방안을 모색해 보자.

주제2 대표적인 소셜미디어 플랫폼들은 영상을 소통의 핵심 수단으로 활용하고 있다. 자신이 주로 활용하는 소셜미디어 플랫폼에서 사람들은 영상을 매개로 어떻게 의사소통을 하는지에 대한 분석을 통해 '올바른 영상 문화 형성을 위해 필요한 태도'를 주제로 칼럼을 작성해 보자.

주제3 영상이 인류 문명에 끼친 영향 탐구

주제4 영상이 의미를 생산하고 전달하는 방법에 대한 연구

학생부 기록 예시 (교과세특)

일상생활에서 조작되거나 변형된 영상이 많이 유통되고 있다는 사실을 기반으로 이러한 영상이 야기시키는 사회적·문화적 문제들에 대한 탐구를 진행함. '디지털 시대 영상 문화와 윤리(홍석경 외)'를 읽고, 디지털 시대 영상 윤리 정립을 위한 법적, 제도적, 정치적 대응 방안을 모색하고 보고서로 정리함. 영상 윤리 정립을 위해 자신이 개인적 차원에서 할 수 있는 일을 찾고 실천과 행동을 통해 사회의 발전에 기여하고 싶다는 포부를 밝힘.

사고력 레벨up

제시문 온라인 플랫폼 영상 제작자가 광고 수익으로 수익을 극대화하고자 할 때, 광고가 영상의 흐름을 끊어 광고 없는 영상을 보고자 하는 시청자와의 사이에 가치관 갈등이 발생한다.

질문 1 온라인 플랫폼 영상 제작자가 광고를 하고자 할 때 고려해야 할 사항은 무엇인가?

질문 2 자신이 시청자로서 영상을 선택할 때, 가장 우선적으로 고려하는 것은 무엇인가?

관련 논문 새로운 교육매체로서 영상 미디어의 본성에 대한 교육철학적 고찰(이진호, 곽덕주, 2020)

이 논문은 우리나라 미디어 교육의 목적으로서 '미디어 리터러시' 개념이 가진 개념적 한계를 지적하고, 빌렘 플루서의 '기술이미지' 개념을 통해 미디어에 대한 새로운 교육적 관점을 탐색하고 있다. 플루서의 이론을 통해 오늘날 미디어의 핵심적 특징인 영상의 본성을 탐색한다.

관련 도서 《영상미디어와 사회》, 주형일, 한울
《정의로운 영화수업》, 정은해 외, 초록비책공방

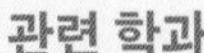

관련 학과 교육공학과, 문헌정보학과, 문화콘텐츠학과, 미디어커뮤니케이션학과, 사회교육과, 사회학과, 소비자학과, 신문방송학과, 심리학과, 언론정보학과, 윤리교육과, 철학과, 컴퓨터교육과

관련 교과 2022 개정 교육과정: 소프트웨어와 생활, 미술과 매체, 음악과 매체, 현대사회와 윤리, 윤리문제 탐구
2015 개정 교육과정: 정보, 지식 재산 일반, 언어와 매체, 생활과 윤리, 사회·문화, 사회문제 탐구

핵심키워드 | 기술발전, 딥페이크, 양면성, 윤리

딥페이크의 얼굴

이소은, 최순욱 | 스리체어스 | 2023

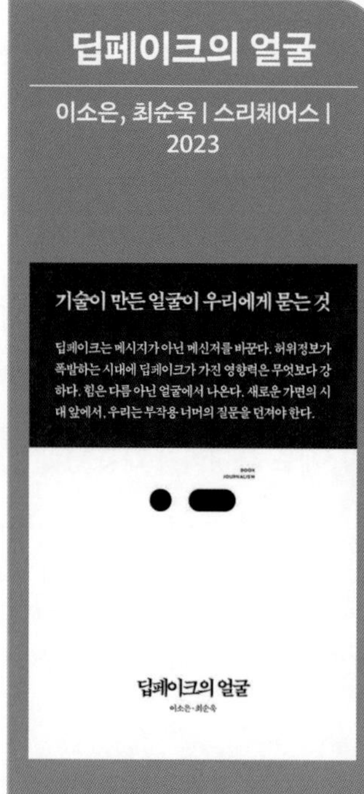

기술이 발전함에 따라 딥페이크의 기술도 더욱더 정교해지고 있다. 딥페이크 이미지는 때로는 사회적 파장을 가져올 정도로 큰 영향을 미친다. 이 책은 딥페이크는 어떤 기술인지 설명하고, 딥페이크의 부작용과 긍정적인 면을 다룬다. 딥페이크 이미지의 진위 여부를 가려내는 것보다 그 안에 숨은 가치를 이해하도록 하고 딥페이크가 지닌 양면성 사이에서 우리는 무엇을 해야 하는지를 제시한다.

탐구 주제

주제1 딥페이크 기술이 발전할수록 우려의 목소리도 커지고 있다. 도서《딥페이크의 얼굴》에서는 딥페이크가 갖고 있는 양면성을 분석하면서, 딥페이크 이미지 안에 숨은 가치를 이해하는 자세가 필요하다 말한다. 딥페이크 기술이 만들어낼 수 있는 긍정적 사례와 가치를 탐색해 보자.

주제2 딥페이크 기술이 발전할수록 부작용에 대한 사회적 논의가 끊임없이 이루어지고 있다. 딥페이크 기술을 악용한 사례를 조사하고, 딥페이크 기술이 악용되지 않기 위해서 개인, 기업, 정부 차원에서 할 수 있는 일이 무엇이 있는지 탐구하여 보고서를 작성해 보자.

주제3 딥페이크 기술로 만든 이미지의 저작권 문제에 대한 토론

주제4 딥페이크를 식별할 수 있는 기술 개발에 관한 연구

학생부 기록 예시 (교과세특)

소셜미디어를 통해 딥페이크 기술로 만들어진 이미지를 본 후, 딥페이크 기술에 대한 호기심이 생겨 '딥페이크의 얼굴(이소은 외)'을 탐독함. 딥페이크 기술을 긍정적 사례로 활용한다면 새로운 가치를 창출할 수 있음을 이해하고, 딥페이크 기술이 만들어낼 수 있는 긍정적 사례와 가치를 탐색함. 과거의 배우들을 딥페이크 기술을 사용하여 재현한다면 대중에게 향수를 불러일으킬 수 있다고 발표함. 이 과정에서 윤리적이고 법적인 측면에 대한 고려가 필요함을 강조함.

사고력 레벨up

제시문 딥페이크 기술은 창의적이며 대중에게 즐거움을 줄 수 있지만, 이러한 딥페이크 기술을 활용하는 과정에서 개인의 프라이버시가 침해될 수 있다.

질문 1 딥페이크 기술의 양면성을 보여주는 구체적인 사례에는 무엇이 있는가?

질문 2 딥페이크 기술이 개인의 프라이버시를 침해할 때, 구체적 대응 방안은 무엇인가?

관련 논문 이미지 생성 인공지능의 가능성과 한계-한국 초상화 기반 생성사진 제작 사례(박평종, 2023)

이 논문은 한국 초상화 기반 생성사진을 제작해 보고, 그 결과를 통해 생성 인공지능의 가능성과 한계를 탐구한다. 실제와 가상의 경계가 희미해진 현재 이미지 생성 인공지능의 실제 성능을 점검해 보고 '생성사진'이 '이미지의 역사'에서 갖는 의미를 살펴본다.

관련 도서 《된다! 생성형 AI 사진&이미지 만들기》, 김원석, 장한결, 이지스퍼블리싱
《생성형 AI 빅3 챗GPT, 미드저니, 스테이블 디퓨전》, 이용태, 책바세

관련 학과 광고홍보학과, 문화콘텐츠학과, 미디어커뮤니케이션학과, 방송연예과, 사진학과, 소비자학과, 소프트웨어공학과, 신문방송학과, 언론정보학과, 정보보안학과, 정보통신공학과, 컴퓨터공학과

관련 교과 2022 개정 교육과정: 정보, 인공지능 기초, 데이터 과학, 소프트웨어와 생활, 기술·가정, 미술과 매체
2015 개정 교육과정: 정보, 기술·가정, 공학 일반, 지식 재산 일반, 정치와 법, 미술 감상과 비평

핵심키워드 | 온라인, 커뮤니티, 협업, 정체성

랜선 사회

에이미 S. 브루크먼 | 한빛미디어 | 2023

온라인에는 서로 격려하고 지지하는 커뮤니티가 있는가 하면 차별적·혐오적인 관점을 공유하거나 음모론을 조장하는 커뮤니티도 있다. 이 책은 온라인 커뮤니티의 명암을 파헤치면서 온라인 협업으로 어떻게 지식이 형성되는지 탐구한다. 온라인 협업으로 성취할 수 있는 것은 무엇인지, 온라인 정체성이란 어떤 것인지 등을 사례를 들어 설명한다.

탐구 주제

주제1 온라인 사이트에서는 지식 형성과 창작의 사례가 무궁무진하게 일어난다. 도서 《랜선 사회》에서는 이러한 온라인 커뮤니티를 통해 일어나는 지식 형성과 창작의 과정을 탐구하고 있다. 온라인 협업으로 성취할 수 있는 것은 무엇인지 구체적 사례를 분석해 보자.

주제2 도서 《랜선 사회》의 저자는 우리는 타인 앞에서 언제나 역할을 연기하며 상황에 따라 다르게 행동한다고 말한다. 온라인에서도 마찬가지로 표현하고 싶은 인상을 연출하며 각자 원하는 정체성을 형성한다. 온라인에서 사람들이 정체성을 표현하는 방식을 탐구해 보자.

주제3 온라인 커뮤니티에서의 공동체 형성에 영향을 미치는 요소 연구

주제4 온라인 정보 출처의 신뢰성 판단 방법 모색

학생부 기록 예시 (교과세특)

'랜선 사회(에이미 S. 브루크먼)'를 읽고 온라인 플랫폼에서 지식의 형성과 창작이 일어날 수 있음을 이해함. 누구나 편집할 수 있는 온라인 백과사전을 사례로 들고 온라인 협업으로 성취할 수 있는 것이 무엇인지 분석하여 보고서를 작성함. 사람들로 하여금 온라인 백과사전을 만들어 가는 과정에 참여하도록 동기부여 함으로써 협업을 장려하고, 이러한 협업을 통해 서로의 지식을 공유하고 발전시킬 수 있다고 분석함. 미래 사회에서 협업의 중요성을 이해함.

사고력 레벨up

제시문 누구나 편집 가능한 온라인 백과사전은 많은 사람의 참여로 정보의 양을 확보할 수 있다는 것과 전문성 부족으로 신뢰성 확보에 문제가 생길 수 있다는 두 가치가 충돌하게 된다.

질문 1 사용자 참여 온라인 백과사전의 질과 양의 딜레마 상황을 어떻게 극복할 수 있을까?

질문 2 사용자 참여 온라인 백과사전의 신뢰성 확보 방법에는 무엇이 있을까?

관련 논문 빅데이터 분석을 통해 본 한국 위키피디아의 지식형성 과정에 관한 연구(이정연, 전수현, 2020)

이 논문은 대표적인 온라인 협업커뮤니티인 한국 위키피디아의 공동협업과정을 분석하고 있다. 이를 통해 한국 위키피디아 편집자의 참여 방법, 데이터 내용의 특징, 문서 생성의 추이, 사회 문화적 특징 등을 설명하고, 집단 지성의 지속화를 위한 방안을 제언한다.

관련 도서 《디지털 커뮤니케이션》, 김태희 외, Book Insight
《온라인 커뮤니티, 영혼들의 사회》, 박현수, 갈무리

관련 학과 디지털미디어학과, 미디어언론학과, 미디어창작학과, 미디어커뮤니케이션학과, 방송미디어과, 사회심리학과, 심리학과, 언론미디어학과, 언론정보학과, 정보사회미디어학과, 콘텐츠크리에이터과

관련 교과 2022 개정 교육과정: 소프트웨어와 생활, 정보, 인간과 심리, 매체 의사소통, 사회와 문화, 사회문제 탐구
2015 개정 교육과정: 정보, 기술·가정, 심리학, 언어와 매체, 사회·문화, 생활과 윤리, 사회문제 탐구

핵심키워드

미디어콘텐츠, 지역문화콘텐츠, 실감형 미디어콘텐츠, 온라인교육

문화산업과 미디어콘텐츠

구문모 외 | 시간의물레 | 2022

이 책은 온라인 미디어 시대에 우리 사회가 어떻게 대처하고 있는지를 다루고 있다. 팬데믹으로 인한 절망과 혼돈 속에서 위기에 대처하는 방안으로 저자들이 각자의 영역에서 연구했던 경험을 담고 있다. 각 장에서 미디어콘텐츠, 지역문화콘텐츠, 실감형 미디어콘텐츠를 다루며, 팬데믹에 대응한 온라인교육 정책개선방안과 인터넷 신문사 보도 뉴스의 현황과 문제점도 논의한다.

탐구 주제

주제1 팬데믹이라는 절망과 혼돈 속에서 사람들은 자신들에게 주어진 위기를 자신들이 개발한 도구들을 적극적으로 발전시켜 사람들에게 이익을 주는 도구로 활용하였다. 도서《문화산업과 미디어콘텐츠》를 읽고, 이와 관련된 구체적 사례를 조사하여 발표해 보자.

주제2 예기치 못한 팬데믹이라는 상황은 한국의 교육에도 큰 변화를 가져왔다. 대면 교육이 어려워지면서 온라인교육이 활성화 되었으며, 이는 기술의 발달로 더욱 가속화 되었다. 학생 참여도, 교사와 학생의 상호 작용, 교육평가 등에서 온라인 수업의 효과를 높일 수 있는 방법을 모색해 보자.

주제3 지역문화콘텐츠가 지역 경제에 미치는 영향에 대한 탐구

주제4 전통 미디어와 디지털 공간에서 뉴스 보도의 차이 비교·분석

학생부 기록 예시 (교과세특)

'문화산업과 미디어콘텐츠(구문모 외)'를 읽고, 감염병으로 인한 팬데믹 상황에서 사람들이 자신들이 개발한 도구들을 적극적으로 발전시켜 다른 사람들에게 이익을 주는 도구로 활용한 사실에 흥미를 갖고 구체적 사례 탐구를 진행함. 실제 공연에 참석하지 않고 가상현실 기술을 활용하여 공연을 즐기는 실감형 미디어콘텐츠의 사례를 분석하여 발표함. 이러한 기술은 사람들에게 현실감과 몰입감을 높여주면서 다양한 경험의 기회를 제공한다는 의견을 제시함.

사고력 레벨up

제시문 지역문화콘텐츠를 개발하고자 할 때, 전통적인 지역문화 보존과 전승이 중요하다는 입장과 지역문화를 현대적으로 발전시켜야 한다는 입장 사이에서 갈등이 발생할 수 있다.

질문 1 당신이 살고 있는 지역의 특성을 살려, 어떤 지역문화 콘텐츠를 제안할 수 있는가?

질문 2 지역문화 콘텐츠를 개발할 때, 가장 우선시해야 할 가치는 무엇이라고 생각하는가?

관련 논문 실감콘텐츠 사례 분석을 통한 무형문화유산 전수 교육 활성화 방안(진화수, 2023)

이 논문은 무형문화재 전수 교육관 및 플랫폼 사례를 중심으로 관련 실감 콘텐츠 제작 현황 및 사례를 수집하고 분석하고 있다. 이를 통해 전승 단절 위기에 있는 무형문화유산의 효과적 보존 및 전승을 위한 전수 교육의 활성화 방안에 대해 고찰하고 있다.

관련 도서 《챗GPT 활용 AI 교육 대전환》, 류태호, 포르체
《게임·애니메이션·VR의 이해》, 김옥태 외, 한국방송통신대학교출판문화원

관련 학과 교육공학과, 교육학과, 기술교육과, 메카트로닉스공학과, 문화콘텐츠학과, 미디어커뮤니케이션학과, 사회교육과, 소프트웨어공학과, 신문방송학과, 언론정보학과, 정치외교학과, 컴퓨터교육과

관련 교과 2022 개정 교육과정: 정보, 소프트웨어와 생활, 인공지능 기초, 기술·가정, 로봇과 공학세계, 사회와 문화
2015 개정 교육과정: 정보, 공학 일반, 기술·가정, 사회·문화, 생활과 윤리, 교육학, 사회문제 탐구

핵심키워드 뮤직비디오, 영상, 음악 홍보, 뮤직비디오 제작 과정

뮤직비디오의 이해

김진곤 | 커뮤니케이션북스 | 2018

이 책은 뮤직비디오의 역사를 중심으로 뮤직비디오의 발전 과정을 설명한다. 뮤직비디오는 음악과 시각적 이미지가 결합된 짧은 영상으로 주로 음악을 홍보하고 시청자들에게 전달하기 위해 제작된다. 뮤직비디오는 영상에 맞추어 음악을 삽입하는 것이 아니라, 음악에 맞추어 영상을 제작하여 음악을 더 잘 드러나게 한다. 이 책을 통해 뮤직비디오 장르의 특성을 깊이 이해할 수 있다.

탐구 주제

주제1 뮤직비디오는 음악과 시각적 이미지가 결합된 짧은 영상으로 음악을 표현하는 중요한 수단이다. 뮤직비디오 감독은 대중들에게 음악과 메시지를 효과적으로 전달해야 한다. 뮤직비디오의 기획, 제작, 메시지 전달에 있어서 가장 중요한 요소가 무엇인지 탐구하여 발표해 보자.

주제2 뮤직비디오 제작을 위해서 아티스트를 포함하여 기술 담당, 카메라 담당, 메이크업 담당, 의상 담당 등 다양한 분야의 직업인이 참여하게 된다. 이들의 협업은 최상의 작품을 만들어내는데 중요한 부분을 차지한다. 협업을 위해 어떤 노력을 해야 하는지 토론해 보자.

주제3 뮤직비디오 속 음악과 이미지가 메시지를 전달하는 방법 분석

주제4 아티스트가 자신의 가치관을 뮤직비디오를 통해 표현한 사례탐구

학생부 기록 예시 (교과세특)

음악 감상과 비평 시간에 뮤직비디오를 감상하고 뮤직비디오의 역사와 특성을 깊이 있게 탐구하고자 '뮤직비디오의 이해(김진곤)'를 읽음. 도서 탐독을 통해 뮤직비디오의 개념과 제작 이유를 이해하고, 뮤직비디오의 제작에 있어 가장 중요한 요소를 탐구하기 위해 뮤직비디오 수십 편을 감상하여 분석함. 시각적 이미지를 음악과 함께 결합하여 메시지를 전달하고 함께 일하는 직업인들과의 협업을 통해 완성도 있는 작품을 만들어야 한다고 발표함.

사고력 레벨up

제시문 아티스트가 뮤직비디오를 제작할 때, 대중성을 위해 널리 알려진 뮤직비디오 스타일과 자신만의 독창성을 드러낼 수 있는 스타일 사이에서 갈등을 겪기도 한다.

질문 1 아티스트가 자신의 예술성을 유지하면서 대중성도 확보할 수 있는 방안은 무엇인가?

질문 2 아티스트와 제작사 사이에서 이러한 갈등이 발생한다면, 어떻게 해결해야 할까?

관련 논문 방탄소년단 뮤직비디오에 나타난 환대와 연대(강성애, 2023)

이 논문은 방탄소년단 뮤직비디오의 이미지를 통해 그들이 전달하려는 메시지를 분석하고 있다. 방탄소년단의 뮤직비디오는 스토리텔링 방식으로 제작되었으며, 뮤직비디오에서 반복적으로 나타나는 이미지를 통해 '환대와 연대'라는 메시지를 전달한다.

관련 도서 《마이클 잭슨 그의 인생과 음악》, 리샤르 르코크, 프랑수아 알라르, 북피엔스
《처음 만드는 뮤직비디오》, 최안식, 부크크

관련 학과 광고홍보학과, 문화콘텐츠학과, 방송연예과, 뷰티디자인학과, 사진학과, 소프트웨어공학과, 시각디자인학과, 실용음악학과, 음악학과, 의류학과, 정보통신공학과, 컴퓨터공학과, 패션디자인학과

관련 교과 2022 개정 교육과정: 음악, 음악 감상과 비평, 음악과 미디어, 음악 연주와 창작, 인간과 철학
2015 개정 교육과정: 음악, 음악 감상과 비평, 음악 연주, 철학, 심리학, 실용 경제, 진로와 직업

핵심키워드	미디어 리터러시, 챗GPT, 정보분별 능력, 창의 융합 인재

미디어 리터러시

이현주, 이현옥 | 북스타 | 2023

미디어 리터러시 능력이란 정보의 홍수 속에서 정보를 선별하고, 진위를 따지면서 필요한 것과 불필요한 것을 구분해 내는 능력을 말한다. 이 책은 챗GPT의 등장으로 인해 더욱 부각되는 미디어 리터러시 역량을 개발함으로써 디지털 세상에 대비할 수 있는 방법을 소개한다. 넘쳐나는 정보 속에서 정보를 분별하고, 자신의 생각을 더해 창의 융합력을 갖춘 인재가 되는 길잡이가 되어준다.

탐구 주제

주제1 생성형 인공지능 챗봇이 우리 사회에 가져온 변화는 매우 혁신적이다. 단지 요약과 검색만 할 뿐 아니라 창의적 아이디어 생성까지 가능할 정도로 기술이 발전했다. 도서《미디어 리터러시》를 읽고 인공지능 시대를 현명하게 살아가기 위해 갖추어야 할 자세에 대해 토론해 보자.

주제2 디지털 환경에서 학생들은 디지털 사회의 다양한 문제점에 노출되어 생활하고 있다. 미디어 리터러시는 이러한 사회를 살아가는데 필요한 핵심 역량으로 꼽힌다. 미디어 리터러시 역량 개발이 자신의 관심 진로 분야에 미치는 긍정적인 영향을 탐구하고 구체적 사례를 제시해 보자

주제3 생성형 인공지능 챗봇이 미디어 산업에 미치는 영향에 대한 탐구

주제4 미디어 리터러시 교육의 내용과 방향 고찰

학생부 기록 예시 (교과세특)

인공지능이 우리 사회에 가져온 변화를 탐구하고 일상생활에서 자신이 인공지능을 활용하는 빈도와 사례를 조사하여 정리함. 단순 정보 검색뿐 아니라 학습과 과제를 할 때도 활용하고 있음을 파악함. '미디어 리터러시(이현주 외)'를 읽고 인공지능에 전적으로 의존할 것이 아니라 비판적 사고를 통해 정보를 선별하고 자신의 생각을 더해 새로운 아이디어를 내는 창작자로서의 자세를 갖추어야 한다는 의견을 제시함. 인공지능과의 협업과 올바른 활용 능력을 강조함.

사고력 레벨up

제시문 생성형 인공지능 챗봇의 등장으로 인공지능이 인류 문명에 가져올 긍정적인 효과와 함께 인간의 통제 범위를 벗어날 수 있다는 위험성에 대한 경고가 공존한다.

질문 1 생성형 인공지능 챗봇의 긍정적인 면과 부정적인 면은 무엇인가?

질문 2 인공지능 챗봇의 단점을 보완하여 교육 현장에서 활용할 수 있는 방법은 무엇인가?

관련 논문 고등학생의 디지털 리터러시 조사 연구-디지털 리터러시 활동과 효능감을 중심으로(이창희, 2023)

이 논문은 고등학생의 디지털 리터러시 활동과 효능감 간의 관계를 분석하고 있다. 디지털 리터러시 환경, 디지털 기기 사용 시간, 디지털 리터러시 활동 빈도와 선호도, 디지털 리터러시 효능감에 대한 조사를 토대로 디지털 리터러시 교육에 시사점을 던진다.

관련 도서 《AI시대 챗GPT 리터러시를 만나다》, 김미진, 주혜정, 광문각출판미디어
《이대로 속고만 살 수 없다》, 박민영, 오승현, 북트리거

관련 학과 교육공학과, 국어국문학과, 기술교육과, 문헌정보학과, 미디어커뮤니케이션과, 소프트웨어공학과, 소프트웨어학과, 언어학과, 윤리교육과, 정보보안학과, 정보통신공학과, 컴퓨터공학과, 컴퓨터교육과

관련 교과 2022 개정 교육과정: 정보, 인공지능 기초, 데이터 과학, 소프트웨어와 생활, 기술·가정, 로봇과 공학세계
2015 개정 교육과정: 정보, 창의 경영, 기술·가정, 논리학, 언어와 매체, 사회·문화, 사회문제 탐구

핵심키워드 | 노동인권, 미디어의 역할, 노동의 가치, 노동 환경

미디어, 노동인권을 말하다

진선미 | 메이킹북스 | 2023

현직 노무사인 저자가 5년간 공영방송 시청자위원회 노동 부문 위원으로 활동하며 작성한 의견서를 모아 출간한 책이다. 노동 환경 개선을 위해서는 언론과 미디어의 역할이 매우 중요하다고 말한다. 저자는 공영 미디어에서 다루는 노동 문제(비정규직, 이주 노동자, 인구 고령자, 배달노동자, 직장 내 괴롭힘 금지 등)의 미흡한 부분을 지적하고 해결을 위한 대안을 제시한다.

탐구 주제

주제1 현대 사회에서 미디어는 생각이나 감정 또는 정보를 주고받는 단순한 수단에 그치는 것이 아니라 인간에게 심리적, 사회적 영향을 미치는 기능도 하고 있다. 미디어 속에서 노동인권 관련 문제를 다룬 기사를 찾고 문제 상황을 분석한 후, 해결 방안을 모색해 보자.

주제2 우리는 평생 어떠한 형태로든 노동을 하며 살아간다. 이에 따라 행복한 삶을 위해서는 법에 명시된 노동자의 권리는 충분히 보장되어야 하며, 국가와 타인이 보호해야 할 의무가 있다. 노동인권 향상을 위해 개인적, 사회적, 국가적 차원에서 할 수 있는 일을 구체적으로 제시해 보자.

주제3 사례를 통해 살펴보는 노동에 대한 편견과 해결 방안 탐구

주제4 노동하기 좋은 환경을 만들기 위한 방법 모색

학생부 기록 예시 (교과세특)

수업 시간에 노동인권에 대해 학습한 후 '미디어, 노동인권을 말하다(진선미)'를 읽고 미디어 속 노동인권 문제가 어떻게 다루어지고 있는지에 대해 탐구함. 최근 신문 기사 중에서 청소년 노동인권에 관한 기사를 찾고, 청소년이 청소년 노동인권에 대한 관심이 적다는 문제 상황을 분석함. 이를 해결하기 위해 청소년 노동인권 센터 신설, 노동인권 교육 강화와 함께 청소년의 문화를 반영하여 노동인권 관련 애플리케이션을 활성화시키자는 해결 방안을 모색함.

사고력 레벨up

제시문 당일 주문하면 신선한 식재료를 다음날 새벽에 집 앞에 가져다주는 새벽 배송은 고객 맞춤형 서비스와 배달노동자의 노동인권이라는 두 가치가 충돌하게 된다.

질문 1 새벽 배송 서비스는 지속되어야 하는가, 그 이유는 무엇인가?

질문 2 고객의 요구와 노동자의 인권을 모두 충족시킬 수 있는 대안에는 어떤 것이 있을까?

관련 논문 리얼리티 예능의 아동 출연자 보호를 위한 법제 연구(윤성옥, 2022)

이 논문은 리얼리티 예능에서 아동 출연자의 노동권, 인격권, 정서와 감정 보호에 대해 다루고 있다. 아동 출연자의 일할 권리와 노동권 보호 범위, 인권 보호 범위, 정서와 감정 문제, 아동 출연자 보호를 위한 국내 법제 현황과 특징을 살펴보고 법제 개선방안을 제시한다.

관련 도서 《청소년을 위한 노동인권 에세이》, 구정화, 해냄
《노동 인권 수업을 시작합니다》, 양설 외, 학교도서관저널

관련 학과 경영학과, 경제학과, 공공인재학과, 공공행정학과, 광고홍보학과, 교육학과, 법학과, 사회교육과, 사회복지학과, 사회학과, 소비자학과, 신문방송학과, 언론정보학과, 윤리교육과, 정치외교학과

관련 교과 2022 개정 교육과정: 진로와 직업, 인간과 경제활동, 사회문제 탐구, 윤리문제 탐구, 현대사회와 윤리
2015 개정 교육과정: 진로와 직업, 실용 경제, 창의 경영, 사회문제 탐구, 생활과 윤리, 사회·문화

핵심키워드	미디어, 커뮤니케이션, 미디어 리터러시, 소통

미디어,
디지털 세상을 잇다

주형일 | 한국문학사 | 2023

이 책은 수많은 분야와 연결된 미디어 커뮤니케이션학의 성격을 분석하고 미디어 리터러시 능력의 중요성을 다룬다. 4차 산업 혁명의 발달과 함께 등장한 스마트 미디어는 뛰어난 기능을 갖고 있지만, 포모 증후군, 딥페이크, 탈진실, 저작권 침해, 필터 버블 등의 부작용도 초래한다. 미디어의 양면성을 이해하고 효과적으로 사용하기 위한 방법을 알려 준다.

탐구 주제

주제1 미디어 리터러시는 미디어의 본질을 꿰뚫어 보고 이용하고 활용하는 종합적인 커뮤니케이션 능력이다. 디지털 기술을 바탕으로 사람과 사물이 디지털 미디어로 연결되는 사회에서 미디어 리터러시 능력 함양은 필수적이다. 미디어 리터러시 능력을 함양시킬 수 있는 방안을 탐구해 보자.

주제2 디지털 미디어를 올바르게 사용하기 위해서는 미디어 리터러시 능력이 필요하다. 미디어 리터러시는 개인적 문제이므로 개인의 능력과 책임에 의해 자율적으로 함양해야 한다는 입장과 사회적 시스템 구축을 통해 리터러시 교육을 제공해야 한다는 입장에 대한 찬반 토론을 해 보자.

주제3 디지털 세상에서 아날로그의 장점을 융합시킬 수 있는 방법 모색

주제4 초연결 사회에서 개인정보침해의 문제점 분석 및 대안 모색

학생부 기록 예시 (교과세특)

'미디어, 디지털 세상을 잇다(주형일)'를 읽고, 최첨단 디지털 기술을 바탕으로 사람과 사물이 디지털 미디어로 연결되는 사회에서 미디어 리터러시 능력 함양이 중요함을 이해함. 평소 자신의 디지털 활용 습관을 돌아보고, 미디어 리터러시 능력을 함양할 수 있는 방안을 탐구하고 실천 계획을 세움. 여러 매체를 통해 다양한 시각을 접하고, 이를 비교·분석하여 친구들과 의견을 공유함으로써 비판적 사고 능력을 함양하고자 하는 실천적 자세가 돋보임.

사고력 레벨up

제시문 생성형 인공지능 챗봇을 통해 개인 맞춤형 서비스와 혜택을 얻고자 할 때, '데이터의 활용과 공유'라는 가치와 '개인정보의 수집과 사용 제한'이라는 가치가 충돌하게 된다.

질문 1 생성형 인공지능 챗봇을 활용하여 실현할 수 있는 가장 큰 가치는 무엇인가?

질문 2 생성형 인공지능 챗봇을 현명하게 활용하는 자신만의 전략은 무엇인가?

관련 논문 디지털 시대 새로운 패러다임과 리터러시: 디지털 리터러시와 AI 리터러시를 중심으로(이유미, 2022)

이 논문은 디지털 시대라는 새로운 시대적 변화가 가져온 사회·문화적 특징을 이해하고, 디지털 시대의 새로운 패러다임의 관점에서 디지털 리터러시와 AI 리터러시의 의미를 탐색하고 있다. 이를 바탕으로 AI 리터러시의 교육적 목표와 역량을 고찰하고자 한다.

관련 도서 《청소년을 위한 매체 이야기》, 김봉섭 외, 한울
《미디어 리터러시, 세상을 읽는 힘》, 강용철, 정형근, 샘터사

관련 학과 교육학과, 기술교육과, 문헌정보학과, 미디어커뮤니케이션학과, 사회교육과, 소프트웨어공학과, 신문방송학과, 언론정보학과, 윤리교육과, 정보보안학과, 정보통신공학과, 컴퓨터공학과

관련 교과
2022 개정 교육과정: 소프트웨어와 생활, 정보, 기술·가정, 매체 의사소통, 교육의 이해, 로봇과 공학세계
2015 개정 교육과정: 정보, 기술·가정, 공학 일반, 교육학, 언어와 매체, 생활과 윤리, 사회문제 탐구

핵심키워드 | 미디어, 홍보, 커뮤니케이션, 성공

미디어와 홍보

송의호 | 한국학술정보 | 2023

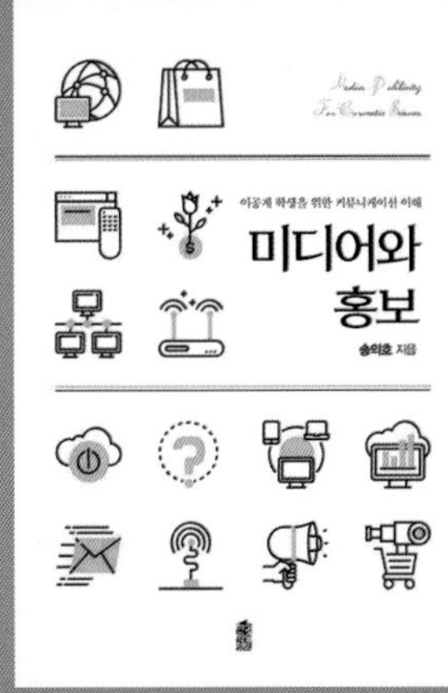

이 책은 공학도들이 조직의 성과를 홍보하는 과정에서 활용할 수 있는 내용을 담았다. 아무리 좋은 제품을 연구하고 개발해도 효과적으로 홍보하지 못한다면 좋은 결과를 얻을 수 없다. 반대로 대중의 감정을 움직일 수 있는 홍보를 할 수 있다면 결과는 성공으로 이어질 수 있다. 신문, 잡지, TV, SNS 등 미디어를 활용한 마케팅에 대해 구체적으로 다루고 있는 책이다.

탐구 주제

주제1 도서《미디어와 홍보》에서는 제품을 연구하고 개발하거나 품질 관리 등을 공부하는 학생들에게 마케팅, 디자인, 미디어에 대한 이해도 수반되어야 한다고 말한다. 신문, 잡지, TV, SNS등으로 대표되는 미디어를 활용한 마케팅의 장단점을 분석해 보자.

주제2 홍보는 연구·개발된 제품이 성공적인 성과로 이어지는 데 큰 역할을 할 수 있다. 이를 위해 다양한 홍보 전략을 활용하는 역량이 필요하다. 온라인을 통한 홍보와 오프라인을 통한 홍보를 비교하고, 효과적인 홍보를 위해 이 둘을 통합할 수 있는 전략을 모색해 보자.

주제3 디지털 미디어를 활용한 효과적인 마케팅 전략 분석

주제4 미디어를 활용한 마케팅의 한계점과 지향점에 대한 연구

학생부 기록 예시 (교과세특)

제품을 연구하고 개발하는 일을 하는 직업인에게 마케팅에 대한 이해는 성과를 높여 줄 수 있음을 이해하고, '미디어와 홍보(송의호)'를 읽고, 미디어를 활용한 마케팅 전략에 대해 탐구함. 신문, 잡지, TV, SNS등 다양한 미디어를 활용한 홍보 방법을 탐색하고, 미디어를 활용한 마케팅의 장단점을 분석함. 분석한 장단점을 토대로, 미디어를 활용한 제품 홍보에 성공한 사례와 실패한 사례를 탐구하고, 각각의 원인을 분석하여 자신만의 미디어 홍보에 관한 통찰력을 키움.

사고력 레벨up

제시문 기업이 방송을 통해 제품을 홍보하고자 할 때, 이윤 추구를 목적으로 한 '상업적 이익'과 투명한 정보 전달을 목적으로 한 '정보의 정확성'이라는 두 가치가 충돌하게 된다.

질문 1 기업의 입장에서, 어떤 가치를 우선해야 한다고 생각하는가, 그 이유는 무엇인가?

질문 2 '상업적 이익'과 '정보의 정확성'의 균형을 맞출 수 있는 방법에는 무엇이 있을까?

관련 논문 모바일 환경변화에 따른 관계지향적 마케팅 성공전략(김영철, 김원일, 2023)

이 논문은 온라인 마케팅 환경변화에 따른 새로운 마케팅을 위한 요인을 분석하고, 성공적인 마케팅을 위한 전략을 제시한다. 관계지향적 마케팅 성공을 위한 제언, 인공지능 기술 발전에 따른 마케팅 제언, 환경변화에 따른 마케팅 전략 제언을 담고 있다.

관련 도서 《메타버스 마케팅 광고 미디어 가능성》, 김건하, 정재현, 북랩
《디지털트랜스포메이션 시대의 디지털마케팅 커뮤니케이션 전략》, 김형택, 비제이퍼블릭

관련 학과 광고홍보언론학과, 광고홍보학과, 미디어커뮤니케이션학과, 산업공학과, 산업·광고심리학과, 산업디자인학과, 소비자학과, 시각디자인학과, 신문방송학과, 심리학과, 언론정보학과, 언론홍보학과

관련 교과 2022 개정 교육과정: 소프트웨어와 생활, 정보, 데이터 과학, 경제, 인간과 경제활동, 인간과 심리
2015 개정 교육과정: 정보, 기술·가정, 창의 경영, 경제, 심리학, 실용 경제, 통합사회, 언어와 매체

핵심키워드 | 미디어 역사, 미디어 환경, 미디어의 미래, 디지털 리터러시

미디어의 역사

자크 아탈리 | 책과함께 | 2022

저자는 정보는 넘쳐나고 생활은 편리해졌지만, 가짜 뉴스가 쏟아지는 오늘날의 미디어 환경을 진단하고 돌파구를 찾기 위해 미디어의 역사를 살펴본다. 과거를 통해 현재를 분석하고 미래를 예견하면서 올바른 미디어 환경 구축을 위한 지침들도 제시한다. 연기 신호에서 SNS까지 수천 년을 아우르는 미디어의 역사를 알 수 있고 올바른 미디어 환경을 위해 해야 할 일을 생각할 수 있다.

탐구 주제

주제1 디지털 기술의 발달로 정보는 넘쳐나고 생활은 편리해졌지만, 가짜 뉴스가 넘쳐나고, 진실과 허위를 가려내기 어려워졌다. 소셜 네트워크의 등장으로 개인의 표현의 자유 또한 중요시되고 있다. 올바른 미디어 환경 구축을 위한 미디어 사용자의 역할과 책임을 주제로 글을 써 보자.

주제2 《미디어의 역사》에서는 한국 최초의 참여형 뉴스 미디어 사례를 제시하고 있다. 누구나 기사를 작성하여 제출할 수 있고 어떠한 편집도 이루어지지 않으며, 사실 검증이 이루어진 뒤 게재할 기사가 선택되는 방식이다. 이러한 환경에서 미디어 제작자의 역할과 책임에 관해 토론해 보자.

주제3 언론의 정치적·사회적 영향력 탐구

주제4 미디어의 역사에서 COVID-19가 미친 영향에 대한 탐구

학생부 기록 예시 (교과세특)

'미디어의 역사(자크 아탈리)'를 읽고, 수천 년을 아우르는 미디어의 역사를 이해함. 디지털 기술의 발달이 우리 사회에 미친 긍정적인 면과 부정적인 면에 관심을 갖고 관련 내용을 탐구하여 표로 정리한 후 온라인 학급 게시판에 공유함. 올바른 미디어 환경 구축을 위해서는 사용자의 역할이 중요함을 인지하고, '올바른 미디어 환경 구축을 위한 미디어 사용자의 역할과 책임'이라는 주제로 에세이를 작성함. 미디어 제작자의 역할과 책임에 관한 후속 탐구도 진행함.

사고력 레벨up

제시문 올바른 미디어 환경을 구축하고자 할 때, 규제를 통한 안전하고 평화로운 미디어 환경을 구축해야 한다는 의견과 다양한 시각을 반영해야 한다는 의견 사이에서 갈등이 발생한다.

질문 1 미디어 규제로 인해 발생할 수 있는 문제점과 그 해결책은 무엇인가?

질문 2 다양성을 우선했을 때 발생할 수 있는 문제점과 그 해결책은 무엇인가?

관련 논문 디지털 미디어 환경의 특성에 입각한 디지털 리터러시 교육 방향 고찰(주민재, 2022)

이 논문은 디지털 미디어 환경의 특성을 살펴보고, 대학의 디지털 리터러시 교육 방향을 모색하고 있다. 디지털 리터러시 교육의 방향을 기술적 측면, 디지털 미디어 활용에 대한 비판적 인식과 성찰적 접근이 가능하도록 설정해야 하며 교육 콘텐츠 개발이 필요함을 제안한다.

관련 도서 《디지털 테라포밍》, 백승희, 이나래, 세창출판사
《매체의 역사 읽기》, 안드레아스 뵌, 안드레아스 자이들러, 문학과지성사

관련 학과 기술교육과, 문헌정보학과, 문화콘텐츠학과, 미디어커뮤니케이션학과, 사학과, 사회교육과, 소비자학과, 신문방송학과, 언론정보학과, 윤리교육과, 인류학과, 정보통신학과, 초등교육과, 컴퓨터교육과

관련 교과
2022 개정 교육과정: 인공지능 기초, 소프트웨어와 생활, 기술·가정, 현대사회와 윤리, 윤리문제 탐구
2015 개정 교육과정: 정보, 기술·가정, 언어와 매체, 생활과 윤리, 사회문제 탐구, 사회·문화, 철학

핵심키워드 배리어프리, 영상제작론, 접근성, 배리어프리 작가론

배리어프리 영상제작론

김정희 | 산지니 | 2018

배리어프리 Barrier-Free 영상제작론

김정희 지음

산지니

이 책은 배리어프리와 장애인에 대한 이해를 토대로 모두 함께 즐길 수 있는 영상 제작을 위한 이론을 단계적으로 설명한다. 배리어프리 개념, 국내외 배리어프리 영상 제작 현황, 배리어프리 영상제작론과 작가론 등을 소개한다. 저자가 참여한 영화 작품을 중심으로 제작 과정을 소개하면서 유용한 정보를 제공한다. 이 책을 통해 배리어프리 영상 제작이 필요한 이유를 이해할 수 있다.

탐구 주제

주제1 배리어프리 영상은 장애인과 비장애인이 같은 지점에서 함께 울고 웃으면서 같이 즐길 수 있도록 제작하는 것이 목적이다. 이러한 영상을 만드는 영상 제작자들은 무엇보다 장애에 대한 이해가 우선되어야 한다. 다양한 장애 유형을 고려하여 배리어프리 영상을 만드는 방법을 모색해 보자.

주제2 도서《배리어프리 영상제작론》에서는 배리어프리의 개념과 국내외 배리어프리 영상 제작 현황을 다루고 있다. 영화 작품을 사례로 들고, 제작 과정 전반을 소개하며 배리어프리 영상에 대한 이해도를 높여준다. 배리어프리 영화 한 편을 골라 분석하여 보고서를 작성해 보자.

주제3 배리어프리 영상 제작의 어려움과 해결 방안에 대한 탐구

주제4 배리어프리 영상 제작이 나아가야 할 방향 모색

학생부 기록 예시 (교과세특)

'배리어프리 영상제작론(김정희)'을 읽고 배리어프리 영상 제작이 필요한 이유를 이해하게 되었다는 감상문을 작성함. 배리어프리 영상 제작에 있어서 기술적인 문제보다 장애에 대한 이해를 하는 것이 중요하다는 것을 깨달음. 다양한 장애 유형을 고려하여 배리어프리 영상을 만드는 방법에 대해 탐구함. 청각 장애인을 위해 자막과 수화를 활용하고, 시각 장애인을 위해 오디오 설명과 적절한 명도 대비를 활용할 수 있다는 자신의 의견을 공유함.

사고력 레벨up

제시문 배리어프리 영상을 제작할 때, 장애인들의 영상접근권 확보를 위해 배리어프리 해설을 위한 요소를 추가하거나 수정함으로써 원작의 의도나 예술성이 손상될 수 있다.

질문 1 당신이 배리어프리 영상제작자라면, 접근성과 예술성의 균형을 어떻게 맞출 것인가?

질문 2 배리어프리 영상 제작의 핵심 가치는 무엇인가? 그렇게 생각하는 이유는 무엇인가?

관련 논문 '더 많은' 모두를 위한 영화-배리어프리 영상과 문화적 시민권(이화진, 2019)

이 논문은 영상 콘텐츠에 대한 접근성을 높이는 배리어프리 영상과 관련해 장애와 비장애의 차별 없는 '문화적 시민권'의 문제를 제시한다. 글로벌 동영상 스트리밍 서비스의 진화가 이루어진 현시대에, 언어와 국가, 장애와 상관없이 '더 많은 모두'를 위한 영상 문화의 중요성을 다룬다.

관련 도서 《배리어프리를 위한 해설대본》, 오숙희, 석당
《배리어프리 화면해설 글쓰기》, 송명희 외, 지식과교양

관련 학과 광고홍보학과, 국어국문학과, 문예창작학과, 문화콘텐츠학과, 미디어커뮤니케이션학과, 사회복지학과, 사회학과, 소비자학과, 소프트웨어공학과, 신문방송학과, 연극영화학과, 인류학과, 특수교육과

관련 교과 2022 개정 교육과정: 매체 의사소통, 공통국어, 문학, 화법과 언어, 문학과 영상, 미디어 영어, 통합사회
2015 개정 교육과정: 언어와 매체, 국어, 문학, 화법과 작문, 통합사회, 사회·문화, 진로와 직업

핵심키워드 | 서사, 스토리, 삶의 의미, 이야기 공동체

서사의 위기

한병철 | 다산초당 | 2023

저자 한병철 교수는 자신의 생각, 느낌, 감정을 이야기하지 못하고 방향성 없는 삶을 '서사 없는 텅 빈 삶'이라고 표현하며 통렬하게 비판한다. 동시에 내면의 진실된 이야기에 집중함으로써 삶의 의미를 찾을 수 있다는 자신의 시각을 독자에게 전달하고 있다. 디지털 세상 속에서 새로운 정보 공유에 집중하기보다 철학적 사유를 통해 자신을 성찰하고 인생의 의미를 찾는 것을 제안한다.

탐구 주제

주제1 도서 《서사의 위기》에서 저자는 나만의 생각과 맥락이 '서사'라면, 반짝하고 사라져 버리는 뉴스와 정보들은 '스토리'라고 표현하고 있다. 책을 읽고 저자가 이야기하는 서사와 스토리를 비교·분석하여 설명하고, 서명 '서사의 위기'를 통해 저자가 말하고자 하는 바가 무엇인지 발표해 보자.

주제2 현시대는 인스타그램이나 페이스북 같은 디지털 플랫폼을 통해 끊임없이 타인과 정보를 공유한다. 도서 《서사의 위기》를 읽고 디지털 시대 자신의 삶을 공유하고 다른 사람의 반응을 살피는 사람들의 심리를 분석하고 앞으로 우리 사회가 나아가야 할 방향을 모색해 보자.

주제3 디지털 미디어 시대 타인과의 공동체를 이룰 수 있는 방법 모색

주제4 디지털로 기록되는 사회에서 '잊혀질 권리'에 대한 토론

학생부 기록 예시 (교과세특)

'서사의 위기(한병철)'를 읽고, '서사'와 '스토리'의 의미 차이를 저자의 시각에서 비교·분석함. 순식간에 사라져 버리는 것이 스토리이며 자신의 생각과 맥락이 서사임을 이해하고 인생의 가치를 찾고 행복한 삶을 위해서는 서사가 중요함을 깨달았다는 소감문을 작성함. 저자는 현시대를 서사의 위기라고 표현하면서 자신의 생각과 타인과의 진실한 관계에 집중함으로써 자신이 삶의 주체가 되어 타인과 진정한 공동체를 이루는 것이 필요함을 강조하고 있다고 분석함.

사고력 레벨up

제시문 디지털 시대로 들어서면서 개인 정보가 인터넷에 기록되고 기억되며 검색엔진을 통한 개인 정보 접근도 용이하다. 이때, 사생활 보호와 표현의 자유라는 두 가치가 충돌하게 된다.

질문 1 사생활 보호와 표현의 자유 중 어떤 것이 우선하는가? 그 이유는 무엇인가??

질문 2 자신의 개인 정보가 인터넷에서 검색되고 노출된다면, 어떻게 대처할 것인가?

관련 논문 디지털 문화 속 주체형성에 대한 교육적 고찰(홍성수, 2022)

이 논문은 스위스의 매체학 연구자인 Stalder와 독일의 사회학자 Reckwitz의 연구를 중심으로 디지털 문화가 가져온 근본적인 변화와 주체의 형성에 끼치는 영향을 고찰하였다. 이를 통해 디지털 문화 속에서 교육이 나아가야 할 방향성을 제시하고 있다.

관련 도서 《정보의 지배》, 한병철, 김영사
《생각을 빼앗긴 세계》, 프랭클린 포어, 반비

관련 학과 교육학과, 문화콘텐츠학과, 미디어커뮤니케이션학과, 사회교육과, 사회학과, 소비자학과, 소프트웨어학과, 소프트웨어공학과, 심리학과, 윤리교육과, 정보보안학과, 정보통신학과, 철학과, 컴퓨터교육과

관련 교과
2022 개정 교육과정: 매체 의사소통, 사회와 문화, 현대사회와 윤리, 사회문제 탐구, 정보, 인간과 철학
2015 개정 교육과정: 언어와 매체, 사회·문화, 사회문제 탐구, 정보, 생활과 윤리, 철학, 심리학

핵심키워드 | 소셜미디어, 정치, 양극화, 프리즘

소셜 미디어 프리즘

크리스 베일 | 상상스퀘어 | 2023

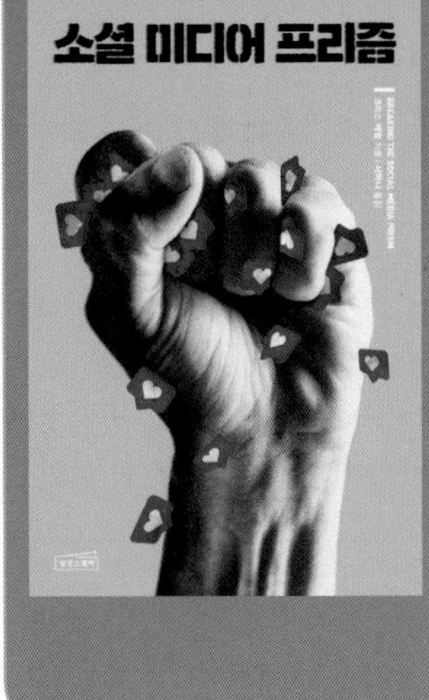

이 책은 소셜미디어가 우리의 삶을 어떻게 지배하고, 소셜미디어를 통해 정치가 어떻게 전개되고 확산되는지를 다룬다. 사람들은 자유로운 정체성 연출, 사람들의 반응, 소속감 때문에 소셜미디어에 사로잡힌다. 이 책을 통해 복잡한 현실을 단순화하고 타인과 세상을 바라보는 시선을 왜곡시키는 프리즘인 소셜미디어를 위한 더 나은 방향을 생각해 볼 수 있다.

탐구 주제

주제1 오늘날 소셜미디어와 정치는 떼려야 뗄 수 없는 관계이다. 도서《소셜 미디어 프리즘》에서는 소셜미디어를 통해 우리 시대의 정치가 어떻게 전개되고 확산되는지를 다루고 있다. 소셜미디어가 정치 정보의 전달과 확산에 어떤 영향을 미치는지 구체적 사례를 통해 분석해 보자.

주제2 소셜미디어는 개인이나 집단이 정치적인 문제에 대해 토론하고, 다른 사람들과 소통할 수 있는 플랫폼으로 활용될 수 있다. 소셜미디어를 활용한 시민의 정치 참여(정치적 의견 표출, 정치적인 캠페인 운동, 정치 정보 공유, 온라인 의견조사 등)의 장점과 한계점을 탐구해 보자.

주제3 알고리즘 필터링이 개인의 정치적 관점에 미치는 영향 탐구

주제4 건전한 정치적 토론의 공간을 위한 소셜미디어의 역할 모색

학생부 기록 예시 (교과세특)

소셜미디어 속 정치적 양극화에 관심을 갖고 '소셜 미디어 프리즘(크리스 베일)'을 탐독함. 소셜미디어를 통해 정치가 어떻게 전개되고 확산되는지를 이해하고, 소셜미디어가 정치 정보의 전달과 확산에 미치는 영향을 탐구하기 위해 역대 미국 대통령 선거 사례를 분석함. 두 명의 대통령 후보자가 소셜미디어 플랫폼을 통해 정치적 메시지를 전달한 사례를 예로 들며, 그들의 전략을 비교·분석함. 소셜미디어의 정치적 활용의 부작용을 우려하는 의견을 발표함.

사고력 레벨up

제시문 소셜미디어가 공개 토론 장으로 활용될 때, 의견의 '다양성'을 존중하는 입장과 이로 인한 갈등이 조장될 수 있으므로 '규제'가 필요하다는 입장 사이에서 대립이 발생한다.

질문 1 소셜미디어가 갈등 조장의 장이 되지 않기 위한 구체적 방안은 무엇이 있는가?

질문 2 소셜미디어에서 정치적 양극화 문제가 발생한다면 어떻게 해결할 수 있는가?

관련 논문 미디어를 통한 정치 정보 습득의 부작용: 확증편향과 비확증편향을 중심으로(하상응, 2022)

이 논문은 미디어 활용이 유권자들의 확증편향 및 비확증편향과 의미있는 상관 관계가 있는지, 자신과 상반되는 정치 견해에 대한 관용에 영향을 주는지, SNS를 통한 정치 활동을 촉진시키는지를 탐구한다. 이를 통해 미디어를 통한 정치 정보의 취득과 관련한 시사점을 던진다.

관련 도서 《미디어와 정치》, 이건호, 이화여자대학교출판문화원
《세상을 움직이는 글쓰기》, 이진수, 메디치미디어

관련 학과 미디어커뮤니케이션학과, 소비자학과, 신문방송학과, 심리학과, 언론미디어학과, 언론보도학과, 언론정보학과, 정보보안학과, 정보통신공학과, 정치언론·국제학과, 정치언론안보학과, 정치외교학과

관련 교과
2022 개정 교육과정: 정치, 통합사회, 사회와 문화, 현대사회와 윤리, 매체 의사소통, 인간과 심리
2015 개정 교육과정: 정치와 법, 통합사회, 사회·문화, 생활과 윤리, 언어와 매체, 사회문제 탐구, 심리학

핵심키워드 | 소셜미디어, 정보의 신뢰성, 의존성, 개인정보

소셜미디어는 인생의 낭비일까요?

김보미 | 서해문집 | 2018

이 책은 소셜미디어 문화의 긍정적 측면과 부정적 측면을 동시에 제시하며, 청소년에게 소셜미디어를 객관적으로 바라볼 수 있는 안목을 길러 준다. 소셜미디어와 관련된 주요 이슈와 문제들을 다루며 독자들에게 자신의 소셜미디어 사용 습관과 태도를 성찰해 볼 수 기회를 제공한다. 쉽고 재미있는 주제로 소셜미디어를 어떻게 하면 현명하게 사용할 수 있는지를 다룬다.

탐구 주제

주제1 도서《소셜미디어는 인생의 낭비일까요?》에서 저자는 소셜미디어 플랫폼은 인류 역사상 가장 광범위한 관계망이라고 할 정도로 소셜네트워크에 접속하지 않고는 살기 힘든 시대라고 말한다. 소셜미디어가 인생의 낭비가 되지 않게 하는 자신만의 사용 원칙을 만들고 소개해 보자.

주제2 도서《소셜미디어는 인생의 낭비일까요?》에서는 소셜미디어의 양면성을 보여 주고 있다. 무엇이든 가능하고 가장 자유로운 세계임과 동시에 세상의 한쪽 면만 보여주는 위험한 세계이기도 하다. 소셜미디어가 우리 사회에 미치는 영향력과 사회적 변화를 탐구하고 보고서를 작성해 보자.

주제3 소셜미디어와 자아존중감의 관계에 대한 연구

주제4 소셜미디어에서 형성되는 커뮤니티의 특징과 기능에 대한 탐구

학생부 기록 예시 (교과세특)

'소셜미디어는 인생의 낭비일까요?(김보미)'를 읽고 매일 마주하고 있는 소셜미디어의 양면성을 이해함. 어떻게 하면 소셜미디어를 현명하게 사용할 수 있을까를 고민하고 자신만의 방법과 사용 원칙을 만듦. 명확한 목적을 갖고 사용하며, 소셜미디어에 지나치게 많은 시간을 할애하여 생활에 균형을 깨트리지 않도록 해야겠다는 다짐의 글을 작성함. 실천을 위한 체크리스트를 만듦. 계획을 세우고, 실천을 통해 지속적인 성장을 이루기 위해 노력하는 모습이 돋보임.

사고력 레벨up

제시문 소셜미디어 사용자의 입장에서, 자신의 삶을 공유하고 다른 사람과의 소통을 우선시하는 가치관과 프라이버시(개인정보)와 보안이라는 가치관이 서로 충돌하게 된다.

질문 1 소셜미디어에서 개인정보 공개와 개인정보 보호는 각각 어떤 의미를 갖는가?

질문 2 소셜미디어에서 개인정보 공개 범위에 대한 기준과 구체적인 사례는 무엇인가?

관련 논문 소셜미디어 시대의 디지털 리터러시 재개념화-카스텔과 젠킨스의 정체성 개념을 중심으로(강승한, 2023)

이 논문은 소셜미디어에서의 정체성 형성에 관한 연구를 한 대표적인 두 학자 카스텔과 젠킨스의 이론을 비교·분석하고 있다. 카스텔과 젠킨스의 정체성 개념을 비교 하고, 소셜미디어 시대에 부합하는 디지털 리터러시를 자기표현과 정체성의 관점에서 재개념화를 시도한다.

관련 도서 《유튜브에 빠진 너에게》, 구본권, 북트리거
《착한 소셜미디어는 없다》, 조현수, 리마인드

관련 학과 문헌정보학과, 문화콘텐츠학과, 미디어커뮤니케이션학과, 사회교육과, 사회학과, 소비자학과, 소프트웨어학과, 신문방송학과, 심리학과, 언론정보학과, 인류학과, 정보보안학과, 정보통신공학과

관련 교과 2022 개정 교육과정: 매체 의사소통, 사회와 문화, 사회문제 탐구, 소프트웨어와 생활, 현대사회와 윤리
2015 개정 교육과정: 언어와 매체, 사회·문화, 사회문제 탐구, 정보, 심리학, 생활과 윤리, 기술·가정

핵심키워드	숏폼, 광고, 기획, 아이디어

숏폼 기획 아이디어

연희승 | 박영사 | 2022

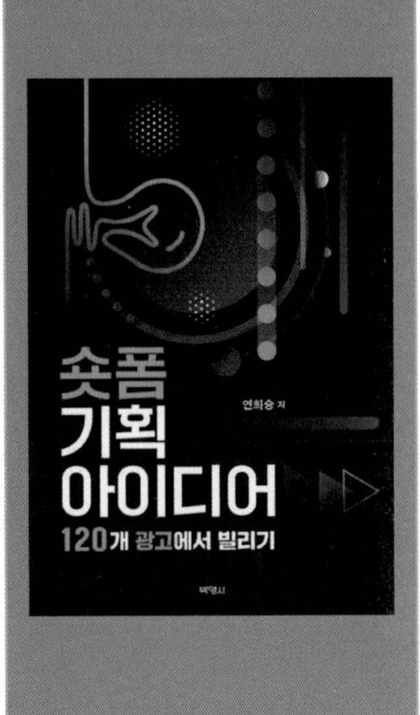

소셜미디어 플랫폼에서 재생되는 동영상 콘텐츠의 길이가 점점 짧아지고 있고 시청자도 숏폼을 제작할 수 있는 시대이다. 이 책은 숏폼의 인기 비결을 시청자, 콘텐츠, 제작자 이렇게 세 가지 관점을 적용해 분석하고 있다. 광고와 숏폼의 제작 의도, 콘텐츠 성격, 시청자에게 접근하는 방법, 아이디어 도출 과정이 비슷함을 알고, 광고 기획을 통해 숏폼 제작의 아이디어를 얻는다.

탐구 주제

주제1 몇 분 내외의 드라마나 기존 방송의 핵심 부분만 편집하여 보여주는 형태가 인기를 끌고 있으며, 숏폼은 점점 대중화되고 있다. 도서《숏폼 기획 아이디어》를 읽고 숏폼이 대중에게 인기를 끌고 있는 이유를 시청자, 콘텐츠, 제작자의 관점에서 분석하고 정리해 보자.

주제2 광고와 숏폼은 짧은 시간에 메시지를 전달하려는 궁극적인 목적이 같고, 콘텐츠 성격, 시청자에게 접근하는 방법, 아이디어 도출 과정이 비슷하다. 자신의 관심 분야와 관련된 광고 한 편을 선정하여 분석하고, 이 과정에서 얻은 아이디어를 활용하여 자신만의 숏폼 콘텐츠를 제작해 보자.

주제3 숏폼 크리에이터가 갖추어야 할 역량에 대한 탐구

주제4 숏폼에서 사용자 참여를 촉진하기 위한 효과적인 전략 탐구

학생부 기록 예시 (교과세특)

'숏폼 기획 아이디어(연희승)'를 읽고, 숏폼이 대중에게 인기를 끌고 있는 이유를 시청자, 콘텐츠, 제작자의 관점에서 분석하고 정리함. 시청자의 관점에서 시청자들이 숏폼을 즐기는 이유를 분석하고, 콘텐츠의 관점에서 숏폼이 증가한 이유를 분석함. 제작자의 관점에서 숏폼을 반기는 이유를 분석한 후, 증가하는 숏폼에 대한 넘쳐나는 수요 속에서 제작자는 숏폼 기획에 대한 아이디어와 자신만의 전략을 갖고 있어야 한다고 정리함.

사고력 레벨up

제시문 크리에이터가 숏폼 영상을 제작하는 경우, 정보 전달을 목적으로 자기 메시지를 부각시키고자 할 때, 즐거움을 추구하는 대중의 요구 사이에서 가치관 대립 상황이 발생할 수 있다.

질문 1 크리에이터가 정보 전달과 동시에 즐거움을 추구할 수 있는 전략에는 무엇이 있을까?

질문 2 크리에이터가 숏폼 콘텐츠를 기획하고 제작할 때 고려해야 할 사항은 무엇인가?

관련 논문 Youtube숏폼 콘텐츠의 편집스타일 변화에 대한 연구(김미미, 변혁, 2022)

이 논문은 숏폼 콘텐츠의 편집 스타일을 시각적 측면에 따라 분석하고 있다. 분석 결과를 기반으로 프레임의 사용, 밈의 활용, 화면분할, 블루스크린, 자막의 활용이라는 다섯 가지의 특징을 정리하고, 숏폼 콘텐츠의 편집 스타일 변화에 대해 탐구하고 있다.

관련 도서 《인스타그램 릴스 마케팅》, 허지영, 비제이퍼블릭
《숏폼 콘텐츠 머니타이제이션》, 김용태 외, 작가출판

관련 학과 경영학과, 경제학과, 광고홍보학과, 만화애니메이션학과, 문화콘텐츠학과, 미디어커뮤니케이션학과, 방송연예과, 소비자학과, 소프트웨어공학과, 시각디자인학과, 신문방송학과, 심리학과, 언론정보학과

관련 교과 2022 개정 교육과정: 소프트웨어와 생활, 정보, 미술과 매체, 음악과 미디어, 사회와 문화, 사회문제 탐구
2015 개정 교육과정: 정보, 지식 재산 일반, 창의 경영, 기술·가정, 사회·문화, 사회문제 탐구, 공학 일반

핵심키워드 | 영상 기획, 영상 촬영, 영상 편집, 크리에이터

시선을 사로잡는 매력적인 영상 만들기

강수석 | 북핀 | 2022

이 책은 기획부터 촬영, 편집까지 영상 크리에이터에게 도움이 되는 52가지 조언을 담은 영상 제작 지침서이다. 저자는 영상 제작은 좋은 소재를 기반으로 제작자의 의도를 담아 카메라의 프레임으로 이야기를 전달하는 것이라고 말한다. 영상 제작을 위해 해야 할 일이 무엇인지를 다루는 책으로 영상 기획부터 구체적 제작법, 좋은 영상 제작자가 되는 방법까지 여러 정보를 담고 있다.

탐구 주제

주제1 크리에이터는 종종 다른 크리에이터와 함께 작업하면서 새로운 프로젝트를 수행하거나 창의적인 콘텐츠를 제작하기도 한다. 이러한 크리에이터 간 협업의 구체적 사례를 조사하고, 이들의 협업이 가져올 수 있는 긍정적인 효과와 부정적인 효과를 분석해 보자.

주제2 크리에이터는 자신만의 가치관과 창의성을 바탕으로 다양한 주제의 영상 콘텐츠를 제작하고 공유한다. 사회, 역사, 문화, 정치, 예술, 인권, 환경 등 다양한 분야와 관련된 이슈를 다루고 사회적 논의를 이끌어 내기도 한다. 크리에이터로서 가져야 할 윤리적 원칙에 대해 토론해 보자.

주제3 크리에이터의 저작권 인식과 개선 방안에 관한 연구

주제4 청소년 크리에이터의 디지털 윤리 역량 강화 방안 탐구

학생부 기록 예시 (교과세특)

'시선을 사로잡는 매력적인 영상 만들기(강수석)'를 읽고, 평소 관심있던 영상 제작과 관련한 조언을 얻어 직접 영상 제작에 적용해 봄. 크리에이터 간 협업을 통해 창의적 콘텐츠를 제작한 사례를 조사하고, 크리에이터 각각의 창의성을 결합하여 더욱 흥미로운 콘텐츠가 만들어질 수 있음을 이해함. 협업 과정에서 의견 충돌과 분쟁이 생길 수 있음을 파악하고, 이를 해결하기 위해서는 의사소통과 서로에 대한 존중이 필요함을 발표함.

사고력 레벨up

제시문 영상 크리에이터가 콘텐츠를 만들 때, 자신만의 독특한 스타일과 신념을 표현하는 창의성과 빠른 업로드 주기를 유지하는 생산성이라는 두 가치가 충돌하게 된다.

질문 1 당신이 영상 크리에이터라면 어떤 선택을 하겠는가, 그 이유는 무엇인가?

질문 2 생산성을 유지하면서 창의성을 발휘할 수 있는 구체적 전략에는 무엇이 있을까?

관련 논문 청소년 메타버스 크리에이터의 다중정체성에 대한 질적 사례연구(허지은, 남지은, 2023)

이 논문은 메타버스 플랫폼에서 크리에이터로 활동하고 있는 청소년들의 사례연구를 통해 청소년 메타버스 크리에이터의 다중정체성을 이해하고자 한다. 청소년 메타버스 크리에이터의 현실 세계 정체성 경험과 가상 세계 정체성 경험을 살펴보고, 이들의 관계를 분석하고 있다.

관련 도서 《스마트폰 유튜브 크리에이터 가이드》, 김미선 외, SNS소통연구소
《된다! 김메주의 유튜브 영상 만들기》, 김혜주, 이지스퍼블리싱

관련 학과 문화예술콘텐츠학과, 문화콘텐츠학과, 미디어커뮤니케이션학과, 방송연예과, 방송영상미디어과, 방송영상학과, 신문방송학과, 영상문화학과, 영상예술디자인학과, 영상예술학과, 영상제작과, 영상학과

관련 교과 2022 개정 교육과정: 소프트웨어와 생활, 영상 제작 기초, 미디어 콘텐츠 일반, 촬영·조명, 편집·사운드
2015 개정 교육과정: 영상 제작의 이해, 영상 제작 기초, 지식 재산 일반, 미디어 콘텐츠 일반

핵심키워드	언론, 피해, 법, 소송

언론을 상대하는 법

신상진 | 이담북스 | 2023

이 책은 억울한 언론 피해를 바로잡고 예방하기 위한 법 가이드북이다. 법리와 관련해 꼭 알아야 할 지식을 정리하고, 상황별로 필요한 문서 작성과 대응 수단을 다루고 있다. 판례를 통해 법을 어려워하는 대중의 이해도를 높이고자 하였으며, 유용한 사이트, 법 조항, 질문 등으로 내용을 찾아볼 수 있는 색인도 있다. 잘못된 기사나 부당한 언론에 대응할 수 있는 실질적 방안을 제시한다.

탐구 주제

주제1 언론은 폭넓은 표현의 자유와 권리를 법으로 보장 받는다. 하지만 언론을 보호하는 법적 자유와 권리로 인해 언론 때문에 피해를 보는 억울한 상황이 생기기도 한다. 언론으로 인해 피해를 본 사례를 탐구하고, 틀린 기사를 바로잡을 수 있는 방안을 제시해 보자.

주제2 언론은 권력을 감시하고 사회를 비판하는 역할을 하며 우리 사회에 꼭 필요하다. 그러나 때로는 사실과 다른 기사나 콘텐츠 무단 도용, 도를 넘은 취재 행위 등으로 사회적 논란을 야기하기도 한다. 언론의 순기능과 한계점을 바탕으로 언론의 발전 방향을 모색해 보자.

주제3 언론 피해 사례 탐구를 통한 피해자의 트라우마 치료 방안 모색

주제4 언론인의 취재 윤리 위반이 사회에 미치는 영향에 대한 탐구

학생부 기록 예시 (교과세특)

언론을 보호하는 법적 권리와 이로 인한 피해 사례에 관심을 갖고 사례 탐구를 진행함. '언론을 상대하는 법(신상진)'을 읽고 언론 피해를 바로잡고 예방하기 위한 다양한 법이 있음을 이해함. 가짜 뉴스가 언론에 보도된 사례를 탐구하고, 언론의 허위보도로 피해를 받았을 경우, 해당 언론사에 기사의 허위 사실을 알리고 정정기사를 요구하는 정정 보도를 청구할 수 있음을 발표함. 언론인이 진로목표인 학생으로서 언론인의 직업 윤리에 대한 후속 탐구를 진행함.

사고력 레벨up

제시문 언론이 범죄 보도를 할 때, 범죄자의 인권과 프라이버시라는 가치와 국민의 범죄 정보에 대한 접근 권리라는 가치 사이에서 가치관 대립 상황이 발생할 수 있다.

질문 1 언론이 범죄 보도를 할 때, 어떤 가치관을 우선하여 보도를 해야 하는가? 그 이유는?

질문 2 범죄자의 인권 존중과 국민의 알권리 사이의 균형을 맞출 수 있는 방법은 무엇인가?

관련 논문 반론권과 언론의 자유-국가기관의 반론권 주체성을 중심으로(문재완, 2023)

이 논문은 국가기관이 반론권을 행사하는 것이 헌법적으로 정당화될 수 있는지 분석하고 있다. 반론권의 의의가 무엇인지에 대한 이해를 바탕으로 반론권의 헌법적 근거가 되는 조항을 살펴보고, 이를 통해 국가기관의 반론권 주체성과 반론권 행사에 관해 제언한다.

관련 도서 《기자를 위한 실전 언론법》, 김상우, 한울
《한국 언론 직면하기》, 이정환 외, 자유언론실천재단

관련 학과 국제법무학과, 미디어언론학과, 방송미디어과학과, 방송보도제작과, 방송영상과, 법무법학과, 법률실무과, 법률학과, 법률행정학과, 법학과, 신문방송학과, 언론미디어학과, 언론정보학과, 정보사회미디어학과

관련 교과 2022 개정 교육과정: 법과 사회, 현대사회와 윤리, 윤리와 사상, 사회문제 탐구, 윤리문제 탐구
2015 개정 교육과정: 정치와 법, 생활과 윤리, 윤리와 사상, 사회·문화, 사회문제 탐구, 통합사회

핵심키워드 | 언론자유, 언론철학, 정치철학, 소통

언론자유와 정치철학

손영준 | 박영사 | 2023

이 책은 언론자유가 보장되지만 사회적 소통이 잘 이루어지지 않는 이유를 고찰한다. 저자는 사회적 소통과 언론자유를 이루기 위해서 언론자유가 무엇인지 성찰하고 언론철학의 정립이 필요하다고 말한다. 이를 위해 정치철학을 통해 언론의 문제를 바라볼 필요가 있다. 언론철학을 정치철학의 틀 속에서 살펴봄으로써 소통 위기의 본질을 종합적·거시적·체계적으로 성찰하는 방법을 다룬다.

탐구 주제

주제1 《언론자유와 정치철학》에서는 자유지상주의, 평등주의적 자유주의, 공화주의, 공동체주의 정치철학과 언론자유의 의미를 살펴본다. 또한 각 정치철학을 대표하는 사상가를 선정하고, 그들의 저작을 분석하고 있다. 이 중 한 명을 골라 그의 정치철학을 언론자유와 연계하여 탐구해 보자.

주제2 도서《언론자유와 정치철학》에서는 언론자유를 이루기 위해서는 언론철학의 정립이 필요하며, 이를 위해서는 정치철학을 살펴볼 필요가 있다고 말한다. 언론자유가 정치철학과 어떻게 관련되며, 정치 철학적 이론 및 개념이 언론자유에 어떻게 영향을 미치는지 탐구해 보자.

주제3 각 나라별 법에 보장된 언론자유와 관련된 권리 비교

주제4 언론철학의 정립이 사회적 소통에 미치는 긍정적 영향 탐구

학생부 기록 예시 (교과세특)

'언론자유와 정치철학(손영준)'을 읽고, 언론자유를 이루기 위해서 언론철학의 정립이 필요함을 깨닫고, 언론철학의 정립을 위해서 정치철학을 살펴볼 필요성이 있음을 이해함. 자유지상주의, 평등주의적 자유주의, 공화주의, 공동체주의 정치철학과 언론자유의 의미를 살펴보고 각 정치철학을 대표하는 사상가에 대해 탐구함. 공동체주의를 대표하는 정치사상가 마이클 샌델의 정치철학을 분석한 후, '공동체주의와 언론자유'라는 주제로 보고서를 작성함.

사고력 레벨up

제시문 언론자유에 관해 논의할 때, 구성원들의 자유의 평등을 의미하는 사회적 자유(공적자유)와 개인의 자유(사적자유)라는 두 가치가 충돌할 수 있다.

질문 1 사적자유와 공적자유가 어떻게 충돌할 수 있는지 구체적 사례에는 무엇이 있을까?

질문 2 당신은 두 가치 중, 어떤 것이 우선해야 한다고 생각하는가? 그 이유는 무엇인가?

관련 논문 신공화주의 논의를 통해 재상상하는 표현의 자유-비지배자유와 균형된 미디어 개념을 중심으로(손영준, 허만섭, 2021)

이 논문은 신공화주의 논의를 바탕으로 저널리즘의 기초인 표현의 자유를 철학적으로 재상상한다. 신공화주의를 표현의 자유 문제와 연결하여 표현의 자유 논의의 이념적 기반을 확장하고 저널리즘의 위기와 같은 시급한 현실 문제를 바르게 진단하고자 한다.

관련 도서 《존 롤스, 시민과 교육》, M. 빅토리아 코스타, 어문학사
《정치철학》, 데이비드 밀러, 교유서가

관련 학과 미디어언론학과, 미디어커뮤니케이션학과, 사회교육과, 사회학과, 신문방송학과, 언론보도제작과, 언론정보학과, 윤리교육과, 정치언론안보학과, 정치·언론학과, 정치외교학과, 철학과

관련 교과
2022 개정 교육과정: 매체 의사소통, 인간과 철학, 정치, 윤리와 사상, 사회와 문화, 사회문제 탐구
2015 개정 교육과정: 언어와 매체, 철학, 정치와 법, 생활과 윤리, 윤리와 사상, 사회문제 탐구

핵심키워드 | 상업사진, 상업사진가, 상업사진의 역사, 디지털 기술

언커머셜: 한국 상업사진, 1984년 이후

강혜원 외 | 워크룸프레스 | 2023

이 책은 1980년대 이후 한국에서 상업사진이 성취한 독자적인 스타일을 조명하고 그 변화 과정을 담고 있다. 상업사진계는 지금까지 패션, 엔터테인먼트 산업뿐 아니라 사회 변화, 경제적 변화, 디지털 기술의 발전 등을 적극적으로 흡수하며 실험적이고 독창적인 스타일을 구축해 왔다. 사진가 29인의 작품을 통해 1980년대부터 2020년대까지 한국 상업사진이 겪어 온 변화를 담고 있다.

탐구 주제

주제1 AI는 공학, 의학 등에서뿐 아니라 사회의 여러 분야에 영향을 미치고 있으며 예술계 역시 예외가 아니다. 예술 창작 분야까지 영역 범위를 넓힌 AI가 상업사진 분야에서 활용되고 있는 사례를 분석하고, AI의 발전이 상업사진 분야에 미치는 영향을 탐구해 보자.

주제2 상업사진은 광고 또는 상업적 목적을 가짐과 동시에 예술적 표현을 추구하기도 한다. 제품이나 브랜드의 이미지를 전달하면서, 그 속에서 작가의 예술성을 드러내기도 한다. 예술성과 상업성의 균형이 상업사진에 미치는 영향에 대해 구체적 사례 분석을 통해 탐구해 보자.

주제3 사회·경제적 변화가 상업사진 분야에 가져온 영향 탐구

주제4 상업사진에서 문화적 다양성을 표현하는 방법 모색

학생부 기록 예시 (교과세특)

'언커머셜: 한국 상업사진, 1984년 이후(강혜원 외)'를 읽고 한국 상업사진의 변화를 이해함. 상업사진 분야에서 AI의 기술이 이미지나 사진을 수정하는 과정에서만 활용되는 것이 아니라 광고사진가의 촬영기획에도 활용되고 있는 사례를 분석함. 패션 광고사진 촬영이 가능한 사진 촬영 자동화 로봇이 개발될 정도로 기술이 발전했음을 파악함. 상업사진 분야의 발전을 위해서는 인공지능 활용 역량을 키우고, 이와 관련한 윤리적 기준이 필요함을 제안함.

사고력 레벨up

제시문 상업적인 목적을 위해 광고사진을 제작하고 촬영할 때, 인공지능 이미지를 사용하는 것과 실제 모델과 작업하는 것 사이에서 갈등 상황이 발생하는 경우가 있다.

질문 1 인공지능 이미지와 실제 모델 화보를 활용했을 때, 각 선택의 장단점은 무엇인가?

질문 2 인공지능 이미지를 활용한 광고는 창의적인가? 그렇게 생각하는 이유는 무엇인가?

관련 논문 광고사진의 미니멀리즘적인 표현에 관한 연구(포정달, 안시준, 2023)

이 논문은 미니멀리즘식 표현을 사용한 광고사진을 분석함으로써 미니멀리즘 광고사진의 의미와 활용방안을 탐구하고 있다. 미니멀리즘과 연관성이 높은 기업의 광고사진 분석을 통하여 미니멀리즘 광고사진의 특성을 파악하고, 현대사회가 추구하는 철학과의 연계성을 탐구한다.

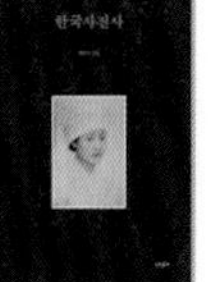

관련 도서 《인간과 사진》, 제프 다이어, 을유문화사
《한국사진사》, 박주석, 문학동네

관련 학과 광고홍보학과, 광고사진영상학과, 문화콘텐츠학과, 뷰티디자인학과, 사진영상학과, 사진예술학과, 사진학과, 산업디자인학과, 소비자학과, 시각디자인학과, 신문방송학과, 의류학과, 패션디자인학과

관련 교과
2022 개정 교육과정: 사진의 이해, 사진 촬영, 사진 표현 기법, 사진 감상과 비평, 사진과 삶, 촬영·조명
2015 개정 교육과정: 사진의 이해, 기초 촬영, 암실 실기, 중급 촬영, 사진 표현 기법, 사진 감상과 비평

핵심키워드 | 여론조사, 신뢰성, 여론 조작, 여론 읽기

여론조사, 모르면 말하지 마세요

김헌태 | 미디스북스 | 2023

여론조사는 국민의 여론을 보여주는 공식적인 기능을 담당한다. 이 책은 제대로 된 여론조사가 무엇인지에 대해 이야기한다. 저자는 여론조사가 정확한 결과물로 도출되기 위해서는 어떤 과정이 필요한지 설명하고, 여론조사의 신뢰성, 공정성, 정확성 등을 위협하는 여론조작의 개념부터 여론조작을 예방하고 조작된 조사를 찾아낼 수 있는 방법을 알려 준다.

탐구 주제

주제1 여론조사는 국민의 여론을 보여 주고 전달하는 공식적인 기능을 담당하므로 신뢰성, 공정성, 정확성이 필수적이다. 도서《여론조사, 모르면 말하지 마세요》를 읽고 여론조사에 대해 이해해 보자. 다양한 여론조사 방법(전화, 온라인, 면접 등)의 장단점을 분석해서 보고서를 작성해 보자.

주제2 뉴스를 통해 보도되는 여론 조작은 국민이 여론조사를 믿지 못하는 근거가 될 수 있다. 도서《여론조사, 모르면 말하지 마세요》에서는 여론조사를 조작하는 사례를 다루고 있다. 책을 읽고 여론 조작 사례를 살펴본 후, 여론 조작을 예방할 수 있는 방안을 탐구해 보자.

주제3 개인의 프라이버시가 여론조사의 신뢰성에 미치는 영향 탐구

주제4 여론조사의 문제점과 개선 방안 탐구

학생부 기록 예시 (교과세특)

'여론조사, 모르면 말하지 마세요(김헌태)'를 읽고, 여론조사에 있어 신뢰성, 공정성, 정확성의 중요함을 이해함. 여론조사의 방법에 대한 탐구 활동을 통해, 전화, 온라인, 면접, 우편 등을 활용한 다양한 여론조사가 있음을 파악함. 여론조사에서는 환경과 목적에 따라 다양한 방법이 활용될 수 있음을 깨달음. '학교 급식 식단'을 주제로 면접 조사 방법을 활용하여 급식 식단에 대한 의견을 조사하고, 통계 결과와 자신의 생각을 더해 '학교 급식 식단 제안서'를 작성함.

사고력 레벨up

제시문 사회적 의사결정 과정에서 여론조사를 할 때, 여론조사의 순기능으로 인한 필요성과 여론조사에 참여하는 개인 정보 보호라는 두 가지 가치관이 충돌하게 된다.

질문 1 개인 정보 보호와 여론조사의 필요성 중, 어떤 것이 우선일까? 그 이유는 무엇인가?

질문 2 여론조사를 실시할 때, 개인정보 보호를 위해 취할 수 있는 조치는 무엇인가?

관련 논문 한국의 여론과 정책 연계에 관한 탐색적 연구(최광은, 2022)

여론과 정책 사이의 관계를 묻는 문제는 오늘날 대의 민주주의에서 정책 대표성을 논할 때 가장 핵심적이다. 이 논문은 한국의 여론과 정책 사이의 관계를 분석하고 있다. 정책 일치성과 정책 반응성 수준을 분석하여, 대중의 선호가 정책 결과에 얼마나 반영되고 있는지를 탐구한다.

관련 도서 《한국의 여론 조사, 실태와 한계 그리고 미래》, 이갑윤 외, 푸른길
《여론 조사를 믿어도 될까?》, 질 도웩, 민음인

관련 학과 경영학과, 경제학과, 문헌정보학과, 사회교육과, 사회학과, 소비자학과, 수학과, 신문방송학과, 심리학과, 윤리교육과, 인류학과, 정보보안학과, 정보통신공학과, 정치외교학과, 통계학과

관련 교과
2022 개정 교육과정: 통합사회, 사회와 문화, 현대사회와 윤리, 정치, 사회문제 탐구, 데이터 과학
2015 개정 교육과정: 통합사회, 정치와 법, 사회·문화, 생활과 윤리, 사회문제 탐구, 정보, 심리학

핵심키워드	미디어, 소통, 가족, 미디어 리터러시

연결하는 소설: 미디어로 만나는 우리

김애란 외 | 창비교육 | 2023

이 책은 미디어의 본질, 미디어를 통한 소통, 미디어 리터러시 등 미디어를 테마로 한 여덟 편의 단편을 엮은 책이다. 여덟 명의 작가는 현대사회에서 미디어를 통한 인간관계, 소통, 가족 등 다양한 주제를 다루면서 인터넷과 스마트폰 등 디지털 미디어가 우리 일상에 어떤 영향을 주는지를 탐구한다. 미디어를 현명하게 활용하는 법에 대한 고민을 독자에게 던져 주는 책이다.

탐구 주제

주제1 디지털 미디어의 발달로 인간관계에도 큰 변화가 생기고 있다. 오프라인에서 이어지는 관계보다 소셜 네트워크 서비스와 온라인 커뮤니티를 통해 형성되는 인간관계가 삶에 큰 영향을 미치기도 한다. 미디어를 통한 인간관계가 실제 생활에 어떠한 영향을 미칠 수 있을지 토론해 보자.

주제2 디지털 미디어를 통한 소통과 커뮤니티 형성이 활발해지면서 이로 인해 발생하는 부정적 결과가 뒤따르기도 한다. 익명을 앞세워 타인의 명예를 훼손하기도 하고, 사이버 괴롭힘과 혐오 발언 등 부정적인 온라인 상호 작용이 증가하고 있다. 이를 해결할 수 있는 방안을 모색해 보자.

주제3 디지털 미디어를 통한 가족 구성원의 소통 방식 연구

주제4 디지털 미디어의 사용이 신체와 정신 건강에 미치는 영향 탐구

학생부 기록 예시 (교과세특)

'연결하는 소설: 미디어로 만나는 우리(김애란 외)'를 읽고 인터넷과 스마트폰 등 디지털 미디어가 우리의 일상생활에 어떠한 영향을 주는지를 탐구함. 소셜 네트워크 서비스를 통해 형성된 인간관계는 정보 공유, 공감과 상담을 통한 감정적 연결 등 긍정적 효과를 가져옴과 동시에 디지털 세계로 과몰입하여 소외감이나 고립감을 경험할 수도 있다는 부정적 효과도 있음을 파악함. 자신의 경험을 사례로 들며 토론에 활발하게 참여함.

사고력 레벨up

제시문 부모는 자녀의 스마트폰 사용 시간을 제한하거나 애플리케이션 사용을 규제하고자 하는 가치관과 자유롭게 허용하고자 하는 가치관 사이에서 갈등을 경험한다.

질문 1 자신이 부모의 입장이라면 어떤 선택을 하겠는가, 그 이유는 무엇인가?

질문 2 스마트폰 사용에 있어, 부모와 자녀 간의 가치관이 다를 경우 어떻게 해결할 것인가?

관련 논문 디지털 환경 속 원활한 세대 소통을 위한 탐색적 연구(안순태 외, 2022)

이 논문은 온라인 커뮤니티에서 소통하는 대화 양상을 살펴보고, 각 세대가 관심을 둔 주제를 분석하고 있다. 각 세대가 온라인상에서 어떠한 내용의 대화를 주고 받는지, 이를 통해 무엇을 충족하고 싶어 하는지에 대한 탐색을 통해서 세대 간 소통에 필요한 자세와 방법을 논의한다.

관련 도서 《디지털 자녀와 아날로그 부모를 위한 대화법》, 박선미, 따스한이야기
《Z세대 부모를 위한 SNS 심리학》, 케이트 아이크혼, 현대지성

관련 학과 가정교육과, 국어국문학과, 문화콘텐츠학과, 문헌정보학과, 미디어커뮤니케이션학과, 사회교육과, 사회학과, 소비자학과, 신문방송학과, 심리학과, 언론정보학과, 정보보안학과, 정보통신공학과

관련 교과 2022 개정 교육과정: 매체 의사소통, 사회와 문화, 현대사회와 윤리, 사회문제 탐구, 소프트웨어와 생활
2015 개정 교육과정: 언어와 매체, 사회·문화, 사회문제 탐구, 생활과 윤리, 정보, 심리학, 기술·가정

핵심키워드	영상미학, 종합예술, 아름다움, 철학적 가치

영상은 움직이지 않는다

이훈희 | 책과나무 | 2022

누구나 영상을 촬영하고 편집하여 공유할 수 있는 시대에, 이미지와 메시지를 영상을 통해 효과적으로 전달하는 방법을 담고 있다. 영상 예술을 표현하고 해석하는 데 필요한 미학과 기호학을 사례를 들어 알기 쉽게 설명한다. 저자는 모든 장르를 아우르는 종합예술이자 인류의 문화적 성취를 집약한 장르로 발전해 온 영상에는 시대의 가치와 철학이 담겨 있어야 한다고 말한다.

탐구 주제

주제1 예술은 아름다움뿐 아니라 동시대인이 고민해야 하거나 고민할 수 있는 사회와 인간에 대한 철학과 가치를 담아 변화하고 발전해 왔다. 시대에 따라 어떠한 철학적 가치를 품은 예술로 발전해 왔는지 당시의 시대상과 연계하여 조사하고 보고서를 작성해 보자.

주제2 알타미라 동굴벽화가 그려졌던 선사시대부터 블록체인 기술을 활용한 현재의 디지털 영상에 이르기까지 예술의 형태와 매체는 다양해지고 끊임없이 변화하고 있다. 단 10초에서 30초 사이의 짧은 영상 콘텐츠가 유행하는 시대에 영상 제작자가 갖추어야 할 자세는 무엇인지 토론해 보자.

주제3 영상미학을 통한 연출 주제 표현 방법 연구

주제4 디지털 테크놀로지가 영화에 끼친 영향 탐구

학생부 기록 예시 (교과세특)

선사시대 알타미라 동굴벽화가 그려졌던 시대부터 현재에 이르기까지 예술의 형태와 매체가 어떻게 변화하고 발전해 왔는지에 대해 탐구함. 탐구를 통해 기술의 발전이 예술의 형태에 영향을 미치고 있음을 이해함. 나이나 성별 등과 관계없이 누구나 영상 콘텐츠를 매일 마주할 수 있는 현시대에 영상 제작자는 철학과 가치관을 담은 영상을 만들어야 하며, 사회에 영감을 줄 수 있는 영상을 만들기 위해 노력할 필요성이 있다는 자신의 의견을 피력함.

사고력 레벨up

제시문 영화 시나리오 작가가 자신의 작품을 통해 사회 문제를 다루고자 할 때, 자신의 가치관과 견해가 사회의 통념과 다를 경우, 작품 주제 선택에 딜레마가 생기게 된다.

질문 1 영화 시나리오 작가가 작품 주제를 선택할 때 가장 우선시해야 하는 가치는 무엇인가?

질문 2 자신이 영화 시나리오 작가라면 어떤 선택을 할 것인가? 그 이유는 무엇인가?

관련 논문 인공지능과 영화영상제작: 영화영상제작 도구로서 인공지능의 활용사례를 통해(전병원, 2023)

이 논문은 인공지능이 영화영상 제작에 어떻게 활용되고 있는지에 대해 분석하고 인공지능 영화의 가능성에 대해 탐구하고 있다. 인공지능이 영화영상 제작 과정에서 활용되고 있는 사례를 통해 인공지능의 효율성과 인공지능 시네마의 가능성, 윤리적 문제 등을 예측해 볼 수 있다.

관련 도서 《디지털 영상 미학》, 최원호, 커뮤니케이션북스
《디지털 영상제작 이야기: 촬영 편》, 현승훈, 아모르문디

관련 학과 광고홍보학과, 문예창작학과, 문화콘텐츠학과, 미디어커뮤니케이션학과, 사진학과, 소프트웨어공학과, 소프트웨어학과, 신문방송학과, 심리학과, 연극영화학과, 인류학과, 정보통신공학과, 철학과

관련 교과 2022 개정 교육과정: 미술 창작, 미술 감상과 비평, 미술과 매체, 정보, 소프트웨어와 생활, 인간과 철학
2015 개정 교육과정: 미술 창작, 미술, 미술 감상과 비평, 언어와 매체, 정보, 사회문제 탐구, 철학

핵심키워드 | 영상 기자, 저널리즘, 가이드라인, 보도 윤리

우리는 도전을 즐겼다

박관우 외 | 생각나눔 | 2022

이 책은 현장의 최전선에서 활동하고 있는 영상 기자들의 도전과 기록을 담고 있다. 영상 기자들은 폭염과 혹한의 날씨에도 가리지 않고 재난 현장, 사건 사고 현장을 발 빠르게 다니며 바른 뉴스를 만들기 위해 노력하고 있다. 열악한 현장 상황 속에서도 뉴스 특보를 전달해야 하고, 때로는 안전을 위협받는 곳에서도 치열하게 일하는 영상 기자들의 생생한 모습을 볼 수 있다.

탐구 주제

주제1 2~3분짜리 짧은 뉴스 속에는 영상 기자들의 땀과 노력이 담겨 있다. 무인 카메라, 드론, 스마트폰 등으로 뉴스가 만들어지고 시청자 제보 영상이 뉴스로 만들어지기도 한다. 디지털 시대의 뉴스 생산 과정의 다양성을 분석하고 영상 기자의 역할과 책임을 주제로 칼럼을 작성해 보자.

주제2 영상 기자는 뉴스를 제공하고 사회에 정보를 전달하는 매개체로서 매우 중요한 역할을 한다. 기사를 작성하고 보도하는 과정에서 공정하고 믿을 수 있는 정보를 선별하여 대중에게 제공해야 한다. 영상 기자가 지켜야 할 보도 윤리에는 어떤 것이 있을지 토론해 보자.

주제3 메타버스 저널리즘의 특징과 나아가야 할 방향성 모색

주제4 디지털 뉴스 플랫폼 증가를 바라보는 다양한 관점 비교·분석

학생부 기록 예시 (교과세특)

언론인이 되고 싶다는 진로 목표를 갖고 있는 학생으로 '우리는 도전을 즐겼다(박관우 외)'를 읽고 영상 기자를 탐구함. 디지털 시대에는 무인 카메라나 시청자 제보 영상 등 다양한 방법으로 뉴스가 만들어지고 보도되기도 한다는 사실을 알게 됨. 이에 따라 직업인으로서 영상 기자의 중요성을 깨닫고 '영상 기자의 역할과 책임'을 주제로 칼럼을 작성함. 뉴스 기사 작성과 보도 과정에서 사실성과 윤리를 기반으로 신뢰할 수 있는 정보를 제공해야 한다는 생각을 밝힘.

사고력 레벨up

제시문 언론인이 뉴스를 전달하고 정보를 제공하는 과정에서, '언론 보도로 인한 초상권 침해'와 '언론표현의 자유 및 국민의 알 권리'라는 두 가치가 충돌하게 된다.

질문 1 각각의 가치가 침해되었을 때, 생길 수 있는 문제점에는 무엇이 있을까?

질문 2 당신이 언론인이라면 어떤 선택을 하겠는가, 그 이유는 무엇인가?

관련 논문 디지털 플랫폼 환경과 알고리즘 기술이 뉴스산업에 미친 영향에 대한 전문가 인식 유형 연구(김선미, 신명환, 2021)

이 논문은 디지털 플랫폼 환경이 가져온 뉴스의 변화를 살펴보고 있다. 4차 산업혁명 기술(빅데이터, AI, 알고리즘, 실감 미디어 기술)이 저널리즘과 뉴스 품질에 미칠 영향을 탐구함으로써 미래를 예측하고 저널리즘의 발전 방향을 제시한다.

관련 도서 《오늘을 역사로 기록하는 영상기자》, 나준영, 토크쇼
《2020 영상보도 가이드라인》, 김창룡 외, 커뮤니케이션북스

관련 학과 미디어커뮤니케이션학과, 방송미디어과, 방송보도제작학과, 방송영상과, 방송영상학과, 방송제작과, 방송크리에이터학과, 사회교육과, 사회학과, 신문방송학과, 언론정보학과, 윤리교육과, 정치외교학과

관련 교과 2022 개정 교육과정: 현대사회와 윤리, 사회문제 탐구, 윤리문제 탐구, 매체와 의사소통, 진로와 직업
2015 개정 교육과정: 사회문제 탐구, 사회·문화, 생활과 윤리, 언어와 매체, 진로와 직업, 철학

핵심키워드

위험, 사회, 커뮤니케이션, 미디어

위험, 사회, 미디어

김용찬 외 | 컬처룩 | 2023

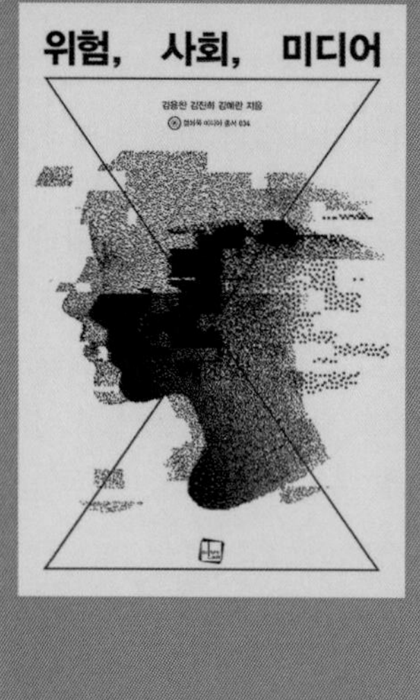

이 책은 현대사회에서 위험의 의미와 미디어와 커뮤니케이션이 위험의 문제와 어떻게 연관되는지를 다룬다. 인공지능, 사물 인터넷, 모바일 기술, 스마트 기술, 소셜미디어 등 최근의 기술 변화는 위험, 사회, 미디어 사이의 관계를 더욱 복잡하게 만들고 있다. 위험이 보편화된 사회 현실을 이해하고, 미디어가 수행하는 여러 기능, 위험을 예방하고 개선하기 위한 미디어 실천 방안을 다룬다.

탐구 주제

주제1 자연재해, 범죄, 국제적인 문제 등 다양한 사회적 사건을 위험으로 인지하고 대처하는데 미디어는 중요한 역할을 수행한다. 이러한 위험 상황에서 미디어가 어떻게 소통의 장으로 활용되는지, 정보 전달과 위기 대응에 있어서 어떤 역할을 하는지 탐구하여 보고서를 작성해 보자.

주제2 우리 사회에서 일어나는 위험과 관련한 대부분의 사건을 인터넷, 텔레비전, 뉴스, 소셜미디어 등 매체를 통해 인지하고 대처한다. 미디어가 어떻게 효과적으로 위험 정보를 전달하고, 대중에게 영향을 끼치는지, 미디어를 통한 소통의 효과와 한계점에 대해 탐구해 보자.

주제3 위험 상황에서 사람들이 디지털 연대와 적대를 보이는 이유 분석

주제4 미디어를 통한 위험 정보 제공과 윤리적 원칙의 중요성 탐구

학생부 기록 예시 (교과세특)

재난 대피 훈련을 한 뒤, 실제 재난이 발생했을 때 미디어를 통해 정보 교류를 하고 위기 대응을 한다면 효과적일 것이라는 생각이 들어 더욱 깊이 있는 탐구를 위해 '위험, 사회, 미디어(김용찬 외)'를 탐독함. 위험 상황에서 미디어가 어떻게 소통의 장으로 활용되는지, 정보 전달과 위기 대응에 있어서 어떤 역할을 하는지에 대해 탐구하기 위해 뉴스 기사를 검색하고, 국내에서 발생한 산불 재난 사례를 분석하여 보고서를 작성함.

사고력 레벨up

제시문 우리는 미디어를 통해 폭우, 폭설, 지진, 산불, 범죄, 감염병 등에 대한 위험을 접한다. 이러한 정보를 제공하는 미디어는 위험의 해결자라는 입장과 촉진자라는 입장이 공존한다.

질문 1 미디어는 위험의 해결자일까, 촉진자일까? 그렇게 생각하는 이유는 무엇인가?

질문 2 위험을 인식하고 올바른 대처를 하기 위해서는 미디어를 어떻게 활용해야 할까?

관련 논문 미세먼지 재난의 내러티브 보도 영향력 연구(임인재, 나은영, 2020)

이 논문은 미세먼지 재난의 보도 영향력을 수용자의 인지와 감정반응 측면에서 탐구하고 있다. 내러티브 유형이 수치적 유형보다 수용자의 반응에 더 큰 영향을 미치는지를 검증하고 이 과정에서 인지적 평가, 부정적 감정, 위험 인식의 매개 경로를 분석한다.

관련 도서 《팬데믹과 언론보도, 코로나19와 스페인 독감》, 김영호, 우희창, 봄인터랙티브미디어
《감정과 미디어》, 나은영, 컬처룩

관련 학과 기술교육과, 미디어커뮤니케이션학과, 사회교육과, 사회복지학과, 사회학과, 소프트웨어공학과, 신문방송학과, 심리학과, 언론정보학과, 윤리교육과, 정보통신공학과, 정치외교학과, 통계학과

관련 교과
2022 개정 교육과정: 매체 의사소통, 인간과 심리, 사회와 문화, 현대사회와 윤리, 소프트웨어와 생활
2015 개정 교육과정: 언어와 매체, 심리학, 사회·문화, 생활과 윤리, 사회문제 탐구, 정보, 기술·가정

핵심키워드	인공지능, 커뮤니케이션, 문제점, 미디어 윤리

인공지능 기술 발달과 함께 여러 가지 문제점이 발생할 수 있다. 이 책은 인간의 편견이 알고리즘에 반영된 혐오 표현 증가, 딥페이크를 통한 개인 사생활 침해, 인공지능의 창작품에 대한 지식재산권 논란, 크롤링으로 수집한 데이터와 정보를 둘러싼 법적 분쟁, 메타버스 환경에서 아바타에 대한 성범죄와 인격권 침해 등을 다루고 있다. 또한 이러한 문제들을 윤리와 법의 측면에서 어떻게 풀어가고 개선할 수 있을지 고찰한다.

탐구 주제

주제1 인공지능을 활용한 커뮤니케이션 기술이 발전하고 증가하면서 미디어를 악용하는 사례도 늘어나고 있다. 인공지능의 개발과 이용 과정에서 인간의 윤리적 관점이 매우 중요한 이유이다. 인공지능 개발과 이용에 있어서 개인적, 국가적, 국제적 차원에서 노력해야 할 점을 고찰해 보자.

주제2 세계 각국에서 인공지능을 규제하기 위한 노력이 지속되고 있다. 특히 유럽연합 인공지능 법안은 전 세계적으로 인공지능 규제의 방향을 제시할 가능성이 크다. 유럽연합 인공지능 법안의 주요 내용을 살펴보고, 우리나라의 인공지능 법안 제정과 관련하여 제안서를 작성해 보자.

주제3 인공지능의 창작품에 대한 지식재산권 설정 관련 찬반 토론

주제4 미디어 윤리 측면에서 딥페이크 기술 고찰

학생부 기록 예시 (교과세특)

인공지능을 활용한 정보 공유와 소통이 활발해짐에 따라 미디어를 통한 범죄나 악용 사례가 늘어나고 있음을 학습하고, '인공지능 시대의 미디어 윤리(박아란)' 탐독을 통해 미디어 윤리의 중요성을 이해함. 윤리적 측면에 초점을 맞추어 인공지능의 개발과 이용 과정에서 개인적, 국가적, 국제적 차원에서 노력해야 할 점을 고찰하고 보고서를 작성함. 인간의 존엄성, 사회적 다양성 보장, 인권침해 방지 등을 위해 전 세계적으로 노력해야 함을 강조함.

사고력 레벨up

제시문 인공지능과 결합된 미디어는 알고리즘으로 인해 개인화된 미디어 이용이 가능하지만, 다양한 정보나 의견을 제공하지 못한다는 양면성을 갖고 있다.

질문 1 인공지능 알고리즘은 어떤 면에서 다양성을 반영하지 못하는가?

질문 2 적절한 콘텐츠 알고리즘 제공을 위한 플랫폼 규제에 대해 어떻게 생각하는가?

관련 논문 메타버스 플랫폼에서의 저작권 쟁점 고찰-콘텐츠 제작 및 이용을 중심으로(정윤경, 2023)

이 논문은 메타버스 플랫폼에서의 콘텐츠 제작 및 이용과 관련된 저작권 쟁점에 대해 고찰하고 있다. 대표적인 메타버스 플랫폼의 이용약관, 저작권 귀속 여부에 관한 사항, 이용허락에 관한 사항, 공정이용에 관한 사항, 온라인서비스제공자 책임 범위에 관한 사항을 분석하고 있다.

관련 도서 《모두를 위한 인공지능과 윤리》, 김성애 외, 삼양미디어
《인공지능 윤리로 갓생살기》, 이성태 외, 연두에디션

관련 학과 문화콘텐츠학과, 미디어커뮤니케이션학과, 법학과, 사회교육과, 사회학과, 소비자학과, 소프트웨어공학과, 신문방송학과, 심리학과, 언론정보학과, 윤리교육과, 정보보안학과, 정보통신공학과, 통계학과

관련 교과 2022 개정 교육과정: 정보, 소프트웨어와 생활, 인공지능 기초, 데이터 과학, 기술·가정, 사회문제 탐구
2015 개정 교육과정: 정보, 지식 재산 일반, 기술·가정, 생활과 윤리, 사회문제 탐구, 정치와 법

핵심키워드 | 잡지, 매뉴얼, 편집자, 일지

잡지 만드는 법

박지수 | 유유 | 2023

이 책은 14년 넘게 잡지를 만든 베테랑 편집장의 실무 매뉴얼로 잡지가 만들어지는 모든 공정을 촘촘하게 다루고 있다. 크게 편집 일지와 마감 일지로 구성되어 있으며 편집 일지는 창간 준비, 기획, 편집, 제작, 출간으로 나뉘어 잡지 한 권이 만들어지는 모든 과정을 조명한다. 마감 일지는 편집자의 잡지에 대한 애정을 가득 담고 있다. 잡지 만드는 일의 기쁨과 슬픔도 담겨 있다.

탐구 주제

주제1 기술과 사회는 빠르게 변화하고 있으며, 이에 따라 잡지의 역할과 형태도 변화하고 있다. 세월이 흐르면서 수많은 잡지가 새롭게 창간되고 발행되기도 하지만, 휴간하거나 폐간하는 잡지도 많이 있다. 잡지의 지속성과 성공을 위해 잡지 산업에서 핵심적인 가치는 무엇인지 탐구해 보자.

주제2 출판은 잡지, 신문, 단행본 등 다양한 매체를 활용하여 이루어진다. 이들 매체는 각각 형태와 특징이 다르며, 이에 따라 출판편집자가 하는 일도 조금씩 달라진다. 이 중, 잡지와 단행본의 특징을 탐색하고, 잡지와 단행본 편집자의 역할과 책임이 어떻게 다른지 비교·분석해 보자.

주제3 잡지의 디자인이 시각적 커뮤니케이션에 미치는 효과 탐구

주제4 독자의 참여가 잡지의 지속성에 미치는 영향 탐구

학생부 기록 예시 (교과세특)

기술과 사회의 변화가 잡지의 역할과 형태에 미치는 영향에 대해 탐구함. '잡지 만드는 법(박지수)'을 읽고, 수많은 잡지가 새롭게 창간되고 발행되는 반면, 휴간하거나 폐간하는 잡지도 많이 있음을 이해함. 시간이 지나도 변함없이 두터운 독자층을 지닌 잡지의 사례를 통해 잡지의 지속성과 성공을 위해 잡지 산업에서 핵심적인 가치를 탐구함. 독자들에게 신뢰할 수 있는 정보와 고품질의 콘텐츠를 제공하는 것이 핵심 요소임을 강조하며 탐구한 내용을 발표함.

사고력 레벨up

제시문 잡지 편집자가 잡지의 형태와 배포 방식을 결정하고자 할 때, 전통을 중시(인쇄 매체)하는 가치와 사회 흐름 반영(디지털 매체)이라는 가치가 충돌하게 된다.

질문 1 잡지 편집자가 취할 수 있는 선택은 무엇이 있을까? 각 선택의 장단점은 무엇인가?

질문 2 자신이 잡지 편집자라면 어떤 선택을 하겠는가, 그 이유와 구체적 방법은 무엇인가?

관련 논문 생태계 관점에서 국내 잡지산업 구조 및 구성요인 분석(이용준, 김원제, 2023)

이 논문은 생태계 관점에서 잡지시장을 분석함으로써 잡지산업생태계를 지속 가능하게 하는 방안을 탐색하고자 한다. 잡지콘텐츠의 '생산(기획 및 제작)-유통/서비스-소비/재생산' 이라는 라이프사이클에 따라 잡지산업생태계를 분석하여 한계점을 찾고, 해결 방안을 도출한다.

관련 도서 《편집자의 사생활》, 고우리, 미디어샘
《편집자가 되기로 했습니다》, 배경진, 책이라는신화

관련 학과 광고홍보학과, 국어국문학과, 문예창작학과, 문헌정보학과, 문화콘텐츠학과, 미디어커뮤니케이션학과, 사진학과, 산업디자인학과, 소비자학과, 시각디자인학과, 신문방송학과, 심리학과, 언론정보학과, 인류학과

관련 교과
2022 개정 교육과정: 매체 의사소통, 독서 토론과 글쓰기, 진로와 직업, 미술과 매체, 사회와 문화
2015 개정 교육과정: 언어와 매체, 화법과 작문, 진로와 직업, 미술 창작, 사회·문화, 정보, 심리학

핵심키워드 | 앵커, 저널리즘, 철학, 어젠다 키핑

장면들

손석희 | 창비 | 2021

이 책은 대한민국의 대표적인 뉴스·시사 프로그램을 진행해 온 저자의 저널리즘 에세이로 그간 대한민국이 걸어온 길이 어떤 과정이었는지 성찰하게 만든다. 명사들과의 인터뷰, 함께 보도를 만들어 간 사람들과의 소통 과정, 방송 중에 있었던 돌발 상황 등이 다채롭게 담겨 있다. 이 책은 어젠다 키핑의 관점에서 저자가 경험하고 보도한 사건, 저자의 저널리즘 철학이 담겨 있다.

탐구 주제

주제1 도서《장면들》에는 대한민국의 대표적인 뉴스·시사 프로그램의 진행자이자 책임자였던 저자가 기획하고 실행해 온 저널리즘의 핵심 철학이 담겨 있다. 자신이 생각하는 저널리즘의 핵심 철학은 무엇인지 고찰하고, 이를 실천하기 위한 방안을 모색해 보자.

주제2 뉴스는 다양한 사회적 이슈를 다루며, 대중에게 비판적이고 주체적 사고를 할 수 있도록 돕는다. 이러한 뉴스를 진행하는 TV 앵커의 연설과 발언은 뉴스 소비자에게 큰 영향을 미친다. 앵커의 연설과 발언이 사회, 문화, 정치, 경제 등 사회의 다양한 분야에 미치는 영향을 탐구해 보자.

주제3 뉴스의 기획부터 제작에 이르기까지에 참여하는 직업인 탐색

주제4 사회 변화에 따른 앵커의 역할 변화와 역량 탐구

학생부 기록 예시 (교과세특)

'장면들(손석희)'을 읽고, 앵커라는 직업의 사회적 위치와 책임에 대해 고찰함. 책을 읽고, 저자의 저널리즘 철학인 '어젠다 키핑'의 의미를 이해함. 자신이 생각하는 저널리즘의 핵심 철학을 고찰하고 실천 방안을 모색하여 보고서를 작성하고 발표함. TV 앵커는 신뢰성과 공정성이라는 핵심 철학을 갖고 있어야 하며, 이를 위해서는 다양한 시각과 의견을 수용하는 열린 자세와 정확한 정보를 다루는 객관성을 가져야 한다는 의견을 피력함.

사고력 레벨up

제시문 뉴스 앵커가 정보를 전달할 때, 뉴스 보도에 객관성을 유지하고자 하는 가치관과 대중의 공감을 이끌기 위한 인간적인 멘트를 하고자 하는 가치관의 대립이 발생할 수 있다.

질문 1 뉴스 앵커가 취할 수 있는 선택은 무엇인가? 각 선택의 장단점은 무엇인가?

질문 2 뉴스 앵커가 공감을 이끌기 위한 멘트가 필요한 사례는 어떤 것이 있을까?

관련 논문 뉴스 앵커의 발화와 제도적 정체성-KBS <뉴스9>·JTBC <뉴스룸>·TV조선 <뉴스9>를 중심으로(김병건, 2020)

이 논문은 TV 뉴스 프로그램의 앵커가 어떻게 언어로써 다양한 정체성을 드러내는지 비교·분석 하고 있다. 이를 위해 앵커가 프로그램에서 수행하는 역할이 무엇인지, 앵커가 바람직하다고 생각하는 형상화된 세계는 무엇인지, 앵커는 어떤 사회언어를 사용하는지를 분석한다.

관련 도서 《아젠다 세팅》, 맥스웰 맥콤스, 라이온북스
《호준석 앵커의 원초적 질문》, 호준석, 미학사

관련 학과 미디어커뮤니케이션학과, 방송보도제작과, 방송연예과, 방송영상스피치과, 사회교육과, 사회학과, 소비자학과, 신문방송학과, 심리학과, 언론미디어학과, 언론정보학과, 윤리교육과, 정치외교학과, 철학과

관련 교과
2022 개정 교육과정: 사회와 문화, 현대사회와 윤리, 정치, 법과 사회, 경제, 인간과 철학, 진로와 직업
2015 개정 교육과정: 사회·문화, 생활과 윤리, 정치와 법, 경제, 사회문제 탐구, 철학, 진로와 직업

핵심키워드	포토그래퍼, 예술가 인플루언서, 소셜미디어, 진로 개척

Chalkak 찰칵 03

찰칵 편집부 | 엘로퀀스 | 2023

이 책은 국내외 포토그래퍼 중 최신 트렌드를 이끄는 아티스트 9인의 인터뷰가 담겨 있다. 이들은 소셜미디어를 통해 개인적·사회적 매력을 드러내고 대중들과 소통한다. 독자들은 그들의 핸드폰 스크린숏과 비디오 레코딩 자료를 QR코드를 통해 살펴볼 수 있으며, 소셜미디어에서 성공할 수 있었던 이야기를 들을 수 있다.

탐구 주제

주제1 도서《Chalkak 찰칵 03》에서는 포토그래퍼 9인을 소개하고 있다. 스스로 새로운 영역을 개척하거나, 시대의 흐름을 읽는 인사이트를 갖고 있어서 현재의 위치에 오른 포토그래퍼도 있다. 책을 읽고 가장 인상 깊은 포토그래퍼 한 명을 선정한 후, 그의 작품 세계를 조사해 보자.

주제2 예술가들은 자신의 신념에 따라 작품을 창조하기도 하고 다양한 영역 간의 콜라보레이션을 통해 자신을 드러내기도 한다. 이 밖에 예술가가 자신을 표현하는 다양한 방법에는 어떤 것들이 있는지 기술의 발전과 매체의 다양성의 관점에서 분석하여 발표해 보자.

주제3 디지털 기술의 발전이 이미지 생성과정에 가져온 변화 탐색

주제4 사회 변화에 따라 사진사에게 요구되는 역량의 변화 탐구

학생부 기록 예시 (교과세특)

사진 관련 자율 동아리 활동을 할 정도로 사진에 관심이 많은 학생으로 'Chalkak 찰칵 03(찰칵 편집부)'을 읽고 사진작가 김문독의 작품 세계에 대해 탐구함. 작가만의 감각과 강렬한 색감, 과감한 연출 속에 정서를 표현하는 그의 작품들이 인상적이었다는 감상문을 작성함. 메이크업 아티스트, 모델, 크리에이터 등과 함께 작품 활동을 하는 작가를 보고 예술 분야에서 협업이 가져올 효과에 대한 후속 탐구를 진행함.

사고력 레벨up

제시문 미국의 한 미술 대회에서 한 참가자는 자신이 가장 좋아하는 미술 작품과 인공지능 그림 생성 도구를 활용하여 미술 대회에 등록했고, 디지털 아트 부문에서 수상을 하였다.

질문 1 당신이 심사위원이라면, 이 작품을 어떻게 평가할 것이며 그 이유는 무엇인가?

질문 2 저작권이란 무엇인가? 그렇다면, 이 작품에 저작권을 인정할 수 있을까?

관련 논문 사진 분야 문화예술교육 발전을 위한 문화예술교육사 역량 및 양성 교육과정에 관한 인식과 요구 탐색(박지은, 2022)

이 논문은 사진 분야 문화예술교육사 6인의 사례를 통해 직업인으로서 그들의 역량과 양성 교육과정에 관한 인식과 요구를 탐색한다. 디지털 매체의 발달 속에서 필요한 역량과 개선되어야 할 양성 교육과정은 무엇인지에 대한 탐구를 통해 사진 교육의 발전 방향을 모색한다.

관련 도서 《사진작가 어떻게 되었을까?》, 구자현, 캠퍼스멘토
《사진》, 바바라 런던 외, 미진사

관련 학과 문화콘텐츠학과, 미디어커뮤니케이션학과, 미술교육과, 미술학과, 방송연예과, 뷰티디자인학과, 사진학과, 산업디자인학과, 신문방송학과, 심리학과, 연극영화학과, 전자공학과, 철학과, 패션디자인학과

관련 교과 2022 개정 교육과정: 미술, 미술 창작, 미술 감상과 비평, 미술과 매체, 소프트웨어와 생활, 진로와 직업
2015 개정 교육과정: 미술, 미술 창작, 미술 감상과 비평, 정보, 진로와 직업, 철학, 심리학

핵심키워드	챗GPT, 미래 교육, 역량, 교수법

챗GPT 교육혁명

정제영 외 | 포르체 | 2023

이 책은 챗GPT를 활용하여 무엇을 어떻게 가르칠 것인지를 다룬다. AI와 챗GPT를 활용하는 교수법과 교사의 역할, 교육의 미래를 설명한다. 챗GPT와 관련된 교육 이슈들, 챗GPT 활용법과 활용하기 위한 역량, 하이터치의 개념을 소개하며, 교사가 인공지능과 공존하는 길을 제시하고, 미래 교육의 방향성을 제안한다. 첨단 기술을 이용해 더욱 인간적으로 가르치라는 메시지를 담고 있다.

탐구 주제

주제1 《챗GPT 교육혁명》에서는 챗GPT를 올바르게 사용하기 위해 갖춰야 할 역량으로, 개념적 지식 기반의 판단력, 커뮤니케이션 역량, 문제 해결 능력, 창의성과 인문학적 상상력, 디지털 리터러시, 자기주도적 학습역량을 제시하고 있다. 이 중 한 가지를 골라 깊이 있게 탐구해 보자.

주제2 도서 《챗GPT 교육혁명》에서는 생성형 인공지능을 실제 교육 현장에서 활용할 수 있는 다양한 방법을 구체적으로 소개하고 있다. 이렇게 인공지능을 교육 현장에서 활용할 때, 교사와 인공지능 각각 어떤 역할을 할 수 있는지 상호 협력할 수 있는 방안을 모색해 보자.

주제3 인공지능을 평가에 활용할 수 있는 방안 탐구

주제4 인공지능을 교육에 활용할 때 필요한 윤리적 가이드라인 모색

학생부 기록 예시 (교과세특)

생성형 인공지능 챗봇이 우리 사회에 가져온 변화를 학습한 후, '챗GPT 교육혁명(정제영 외)'을 탐독함. 생성형 인공지능 챗봇을 올바르게 사용하기 위해 갖춰야 할 역량을 파악하고, 특히 문제 해결 능력에 초점을 맞추어 깊이 있는 탐구를 진행함. 생성형 인공지능 챗봇의 한계점을 기반으로, 문제를 인식하고 해결하기 위해서는 좋은 질문을 할 수 있는 역량을 키워야 함을 이해함. 탐구 활동 후, 독서와 비판적 사고를 통해 자신의 역량을 키워야겠다는 소감을 발표함.

사고력 레벨up

제시문 생성형 인공지능을 교육에 활용할 때, 인공지능이 개별 학습자에게 맞춤형 교육을 제공할 수 있다는 것과 교사의 역할이 대체되거나 축소될 수 있다는 우려 사이에 갈등이 생긴다.

질문 1 인공지능을 교육에 활용할 때, 교사의 역할은 어떻게 변하며 그 이유는 무엇인가?

질문 2 당신이 교사라면 미래를 위해 어떤 준비를 하겠는가, 구체적인 방법은 무엇인가?

관련 논문 인공지능 기반 맞춤형 교육의 실제와 쟁점(주정흔, 2023)

이 논문은 인공지능 기술을 활용한 교육은 정말 학생들에게 도움이 되는가에 대해 끊임없이 고찰하게 한다. 학생의 지속적인 성장을 가능하게 하는 개별 맞춤형 교육이라는 관점에서 사회적 대화와 토론을 촉구하며, 향후 인공지능 활용 교육 정책의 방향을 제안한다.

관련 도서 《ChatGPT 인공지능 융합교육법》, 변문경 외, 다빈치books
《하이테크 교실수업》, 정대홍 외, 다빈치books

관련 학과 교육공학과, 교육학과, 기술교육과, 문헌정보학과, 미디어커뮤니케이션학과, 사회교육과, 사회학과, 소프트웨어공학과, 윤리교육과, 정보보안학과, 정보통신학과, 초등교육과, 컴퓨터공학과, 컴퓨터교육과

관련 교과 2022 개정 교육과정: 정보, 인공지능 기초, 데이터 과학, 소프트웨어와 생활, 기술·가정, 교육의 이해
2015 개정 교육과정: 정보, 공학 일반, 기술·가정, 교육학, 언어와 매체, 생활과 윤리, 사회문제 탐구

핵심키워드	Z세대, 미디어 종류, 미디어 리터러시, 소통

챗GPT 시대, 청소년을 위한 미디어 탐구

이창호 | 지금 | 2023

이 책은 Z세대가 미디어를 올바르게 활용할 수 있는 능력을 함양할 수 있는 방법을 고찰한다. 청소년 미디어 이용에 관한 연구 결과 소개, 저자의 생생한 경험담, 풍부한 사례 제시 등을 통해 청소년이 슬기롭게 미디어를 이용하는 습관을 기를 수 있는 방안을 제시한다. 다양한 미디어(언론, SNS, 유튜브, 메타버스, 챗GPT)와 디지털 미디어 리터러시에 대한 이해를 돕는다.

탐구 주제

주제1 청소년들은 소셜 네트워크 서비스를 통해 친구들과 관계를 유지하고 새로운 커뮤니티를 만들기도 한다. 청소년에게 있어 소셜미디어는 소통의 장이면서 정보 공유의 도구로 중요한 역할을 한다. 소셜미디어가 자신의 사회적 관계에 미치는 영향을 주제로 에세이를 작성해 보자.

주제2 도서 《챗GPT 시대, 청소년을 위한 미디어 탐구》에서는 태어날 때부터 디지털 기기에 둘러싸여 생활하는 세대를 Z세대라고 정의하고 있다. 이러한 Z세대가 소셜미디어를 어떻게 활용하고 있으며, 어떤 영향을 받는지에 대해 탐구하여 보고서를 작성해 보자.

주제3 청소년의 디지털 미디어 중독 현황 조사 및 대안 방법 모색

주제4 청소년의 디지털 미디어 소비가 학업 성취에 미치는 영향 탐색

학생부 기록 예시 (교과세특)

소셜 네트워크 서비스를 통해 친구들과 정보를 공유하고 소통을 하는 자신의 모습을 돌아보고, '챗GPT 시대, 청소년을 위한 미디어 탐구(이창호)'를 읽고, 슬기롭게 미디어를 이용하는 습관의 중요성을 깨달았다는 소감문을 작성함. 소셜미디어를 통해 시간적·지리적 제약 없이 친구들과 관계를 유지하고 있으며, 다양한 캠페인에 참여하고 있는 자신의 사례를 토대로 소셜미디어가 사회적 관계에 미치는 영향에 대한 에세이를 작성함. 명료하고 간결한 문장이 돋보임.

사고력 레벨up

제시문 크리에이터가 진로 목표인 학생이 유튜브를 운영하고자 할 때, 시간 관리와 배분에 있어서, 유튜브 운영과 학업이라는 두 가치가 충돌하게 된다.

질문 1 학업과 유튜브 운영을 동시에 진행하면서 겪을 수 있는 어려움은 무엇이 있을까?

질문 2 당신이 이 학생에게 진로멘토 역할을 해 준다면, 어떤 조언을 해 줄 것인가?

관련 논문 청소년의 디지털미디어 사용과 심리적 적응의 관계에서 디지털 리터러시 교육과 부모중재의 조절효과(김동하, 2023)

이 논문은 청소년의 디지털미디어 사용이 청소년의 생활만족도와 공격성에 미치는 영향을 분석하고, 이를 바탕으로 향후 디지털 리터러시 교육의 필요성에 관한 정책적, 실천적 제언을 한다. 청소년에 대한 디지털 리터러시 교육을 위해 부모, 교사, 사회가 해야 할 역할을 제시한다.

관련 도서 《처음 읽는 미디어 리터러시》, 홍재원, 태학사
《10대와 통하는 미디어》, 손석춘, 철수와영희

관련 학과 디지털미디어학과, 디지털콘텐츠창작학과, 문화콘텐츠학과, 미디어창작학과, 미디어커뮤니케이션학과, 신문방송학과, 실용콘텐츠창작학과, 언론미디어학과, 언론정보학과, 정보보안학과, 정보사회미디어학과

관련 교과 2022 개정 교육과정: 소프트웨어와 생활, 정보, 인공지능 기초, 디지털과 직업 생활, 미디어 콘텐츠 일반
2015 개정 교육과정: 정보, 미디어 콘텐츠 일반, 언어와 매체, 사회·문화, 생활과 윤리, 사회문제 탐구

핵심키워드	출판기획, 출판기획자, 독자, 콘텐츠

출판기획의 한계를 넘어

이시우 | 투데이북스 | 2023

이 책은 저자의 출판기획 경험을 바탕으로 출판기획의 시작부터 실제 출판과 마케팅 내용까지 다룬다. 출판기획자에게 독자는 어떤 의미인지, 출판기획자가 가져야 할 마음가짐, 성공을 위한 습관 등 여러 조언도 담고 있다. 출판기획이란 무엇이며 어떻게 책을 만들면 좋은 것인지에 대한 제안은 책을 처음 출판하거나 제작하고자 하는 사람에게 길잡이가 되어줄 것이다.

탐구 주제

주제1 출판기획은 출판 콘텐츠를 계획하고 실행하는 과정을 의미하며, 이 과정에서 출판기획자는 시장 동향 분석, 콘텐츠 선정, 작가와의 협력, 마케팅 전략 수립 등을 주도하며 성공적인 출판기획의 중추적인 역할을 한다. 출판기획자로서 필요한 역량을 탐구하여 보고서를 작성해 보자.

주제2 디지털 미디어 기술의 발달은 출판기획 분야에도 많은 변화를 가져왔다. 현대 출판 분야에서 소셜미디어와 플랫폼을 활용한 출판기획은 중요한 역할을 하는 도구로 활용될 수 있다. 출판기획 분야에서 소셜미디어와 플랫폼을 활용한 홍보와 마케팅 전략 계획서를 작성해 보자.

주제3 출판분야가 사회적·환경적 문제에 기여할 수 있는 방안 탐구

주제4 디지털 출판의 현황과 출판산업의 미래에 대한 연구

학생부 기록 예시 (교과세특)

평소 책을 즐겨 읽고 다른 사람들과 함께하는 활동 속에서 돋보이는 학생으로, '출판기획의 한계를 넘어(이시우)'를 읽고, 출판기획자에 대해 깊이 있게 탐구함. 출판기획자가 하는 일을 조사하고, 출판기획자에게 필요한 역량을 탐색하여 보고서를 작성함. 작가, 편집 부서, 디자인 부서, 마케팅 부서 등 다양한 부서의 직업인들과 협업을 진행하는 출판기획자에게는 작가 및 협업 직업인들과의 소통, 독자의 시각으로 바라보기 등에 대한 역량이 필요함을 탐구함.

사고력 레벨up

제시문 출판기획자가 출판물을 통해 자기 관점이나 특정 주제를 다루고자 할 때, 그 출판물이 대중성과 맞지 않을 경우, 출판기획자의 자유 표현과 대중성이라는 두 가치가 충돌하게 된다.

질문 1 출판물이 대중성보다 특정 주제를 다루고자 할 때, 윤리적 고려사항은 무엇인가?

질문 2 출판기획자의 자유 표현과 대중성 사이의 균형을 맞추는 구체적 방법은 무엇인가?

관련 논문 소셜 미디어 환경에서 전통 인쇄 출판물 양태의 변화와 경쟁력 방안(이완수, 2019)

이 논문은 소셜미디어가 국내 출판물 콘텐츠 생산양식, 마케팅, 유통판매, 그리고 출판 인력의 기능 변화에 미치는 영향을 분석하고 있다. 이를 통해 국내 출판사들이 소셜미디어 환경에서 경쟁력을 높일 수 있는 구체적 방안을 제시하고, 출판 종사자들에게 필요한 역량을 탐구한다.

관련 도서 《된다! 책 만들기 with 인디자인》, 김혜린, 이지스퍼블리싱
《출판기획의 시작》, 김재형, 이시우, 투데이북스

관련 학과 국어국문학과, 경영학과, 경제학과, 광고홍보학과, 문예창작학과, 문헌정보학과, 문화콘텐츠학과, 미디어커뮤니케이션학과, 사회교육과, 소비자학과, 시각디자인학과, 신문방송학과, 심리학과

관련 교과
2022 개정 교육과정: 독서와 작문, 독서토론과 글쓰기, 사회와 문화, 현대사회와 윤리, 경제, 진로와 직업
2015 개정 교육과정: 독서, 화법과 작문, 사회·문화, 생활과 윤리, 경제, 지식 재산 일반, 진로와 직업

핵심키워드	뉴스앵커, 클로징 멘트, 균형감, 신뢰성

클로징 멘트

조재익 | 하양인 | 2023

이 책은 저자가 라디오 앵커 시절 자신이 작성한 클로징 멘트를 정리하여 엮은 것이다. 시사 문제에 대한 대중의 시각은 각양각색이어서 뉴스를 전달하는 앵커의 말 한마디가 자칫 편파성이나 편향 시비를 불러 일으킬 수 있다. 저자는 균형감 있는 시각으로 함축적인 클로징 멘트를 통해 우리 사회가 어디로 가야 하는지 곱씹게 만든다. 독자들이 세상에 대해 생각해 보기를 권유한다.

탐구 주제

주제1 앵커로서 클로징 멘트는 꼭 하지 않아도 되는 일종의 선택의 문제이다. 도서《클로징 멘트》의 저자는 클로징 멘트를 통해 문제를 직관하고 공감대를 형성하기도 했다. 뉴스 프로그램의 마지막을 장식하는 앵커의 클로징 멘트의 역할과 기능을 주제로 칼럼을 작성해 보자.

주제2 뉴스앵커가 시청자에게 호감과 신뢰를 주기 위해서는 언어와 말투가 매우 중요하다. 특히, 클로징 멘트는 앵커의 의도와 신념이 담겨 있기도 하므로 언어와 말투가 달라지기도 한다. 뉴스앵커가 클로징 멘트에서 사용하는 언어와 말투가 시청자의 감정과 공감에 미치는 영향을 탐구해 보자.

주제3 뉴스앵커의 사회적 위치와 그에 따른 책임 고찰

주제4 AI 뉴스앵커의 양면성(긍정적인 면과 부정적인 면) 탐구

학생부 기록 예시 (교과세특)

뉴스 앵커가 진로 목표인 학생으로, '클로징 멘트(조재익)'를 읽고, 뉴스 프로그램의 마지막을 장식하는 클로징 멘트의 역할과 기능을 탐구함. 클로징 멘트는 뉴스의 핵심 내용을 강조하고 요약하며, 시청자에게 마지막으로 전달되는 메시지로서의 기능을 한다는 것을 이해함. 앵커의 클로징 멘트는 신중해야 한다는 자신의 의견을 담은 칼럼을 작성함. '친구 사랑의 주간'에 교내 점심 방송에서 우정을 주제로 클로징 멘트를 하고 큰 호응을 얻음.

사고력 레벨up

제시문 뉴스 앵커가 자신이 진행하는 프로그램에서 클로징 멘트를 통해 자신의 신념을 표현하고자 할 때, 객관성과 중립성이라는 가치와 맞지 않을 경우 가치관 갈등을 겪게 된다.

질문 1 뉴스 앵커의 클로징 멘트는 어떤 가치를 가져야 하는가? 그 이유는 무엇인가?

질문 2 최근의 사회적 이슈를 하나 선택하여 클로징 멘트를 만들어 본다면?

관련 논문 AI 뉴스앵커에 관한 뉴스 이용자의 인식 고찰(이윤영, 안종묵, 2021)

이 논문은 AI 뉴스 앵커에 대한 신뢰도와 뉴스 시청 의도(시청률), 인간 앵커 대체에 대한 수용 정도(수용 태도), 그리고 한국에서 뉴스 이용자가 가진 AI 뉴스 앵커에 대한 장단점 인식은 어떠한지에 대해 고찰하고 있다. 이를 통해 AI 저널리즘의 활성화 방안에 시사점을 던진다.

관련 도서 《앵커맨의 삶과 꿈》, 봉두완, 나남출판
《내일은 조금 달라지겠습니다》, 한민용, 위즈덤하우스

관련 학과 국어국문학과, 문헌정보학과, 미디어커뮤니케이션학과, 방송연예과, 사회교육과, 사회학과, 신문방송학과, 심리학과, 언론미디어학과, 언론정보학과, 윤리교육과, 정치외교학과, 철학과

관련 교과
2022 개정 교육과정: 매체 의사소통, 직무 의사소통, 화법과 언어, 진로와 직업, 사회문제 탐구, 정치
2015 개정 교육과정: 화법과 작문, 언어와 매체, 정치와 법, 사회·문화, 사회문제 탐구, 진로와 직업

핵심키워드 인쇄술, 출판 산업, 도서관, 전자책

파피루스에서 전자책까지 모든 책의 역사

우베 요쿰 | 마인드큐브 | 2023

이 책은 파피루스에서 전자책까지 인류 역사에서 책의 의미를 고찰하고 책의 미래를 이야기한다. 책의 역사를 벽에 새겨진 책, 손에 든 책, 도서관의 책, 성스러운 책, 기계로 만들어진 책, 산업적 책, 전자책으로 나누어서 설명한다. 각 시기별로 사용된 재료, 기술, 문화적 변화 등을 함께 다룬다. 사회·경제적 변화가 책과 출판 형태에 미친 영향과 기록의 역사를 깊이 알 수 있다.

탐구 주제

주제1 디지털 매체의 발달로 인해 작품의 출판 형태는 다양해졌다. 출판사들은 제작 비용, 저작권, 수익 창출, 정보 공유 등 다양한 면을 고려하여 출판 형태를 결정해야 한다. 전통적인 출판 형태인 인쇄(종이) 출판과 현대적인 출판 형태인 디지털 출판을 비교·분석하여 보고서를 작성해 보자.

주제2 책을 검색하고 구매하는 대표적인 방법으로 온라인 서점을 이용하는 방법과 오프라인 서점을 이용하는 방법이 있다. 현재 출판 산업에서 오프라인과 온라인을 활용한 판매 현황을 분석하고, 이를 토대로 미래의 출판 산업은 어떠한 모습으로 변화할지 토론해 보자.

주제3 인쇄 기술의 발전이 책의 출판과 유통에 미친 영향 조사

주제4 인류의 역사에서 책이 지닌 가치와 역할에 대한 탐구

학생부 기록 예시 (교과세특)

책과 출판의 역사에 대한 관심으로 '파피루스에서 전자책까지 모든 책의 역사(우베 요쿰)'를 읽고 사회의 변화에 따라 출판 형태가 다양해졌음을 이해함. 다양한 출판 형태 중 전통적인 출판 형태인 인쇄 출판과 현대적인 출판 형태인 디지털 출판을 비교·분석하여 보고서를 작성함. 두 가지 서로 다른 형태의 출판 방식을 접근성과 편의성, 비용, 환경 친화성의 관점에서 비교·분석하고 각각의 장단점을 알기 쉽게 표로 정리하여 발표함.

사고력 레벨up

제시문 저자가 자신의 작품을 집필하고 출판하고자 할 때, 상업적으로 성공할 수 있는 작품과 문화적 가치나 예술성을 추구하는 작품 사이에서 갈등이 발생하기도 한다.

질문 1 당신이 저자라면 어떤 것을 우선순위에 두고 선택할 것인가? 그 이유는 무엇인가?

질문 2 예술성을 추구하면서 동시에 상업적으로 성공할 수 있는 전략에는 어떤 것이 있을까?

관련 논문 생성형 AI가 출판 환경에 미치는 영향에 관한 연구(이승환, 2023)

이 논문은 생성형 AI가 출판의 미래에 미치는 영향에 대해 탐구하고 있다. 기획과 창의적 콘텐츠의 창조가 핵심인 출판에 있어서 생성형 AI가 어떠한 역할을 수행하고 있으며, 글쓰기를 어떻게 변화시키고 있는지를 분석한다. 이를 통해 출판 산업의 미래를 고찰할 수 있다.

관련 도서 《도서 전쟁》, 존 B. 톰슨, 한울
《한국 출판산업의 이해》, 한국출판학회 출판정책연구회, 북코리아

관련 학과 경제학과, 광고홍보학과, 국어국문학과, 문예창작학과, 문헌정보학과, 미디어커뮤니케이션학과, 사회학과, 소비자학과, 신문방송학과, 심리학과, 인류학과, 정보보안학과, 정보통신학과

관련 교과
2022 개정 교육과정: 공통국어, 독서와 작문, 사회와 문화, 역사로 탐구하는 현대 세계, 지식 재산 일반
2015 개정 교육과정: 국어, 독서, 사회·문화, 경제, 정보, 기술·가정, 지식 재산 일반, 심리학, 실용 경제

핵심키워드 | 패션, 영화, 패션디자이너, 영화 의상 디자이너

패션, 영화를 디자인하다

진경옥 | 산지니 | 2023

이 책은 영화 속 등장인물들의 의상이 갖는 의미와 역할에 대해 다루고 있다. 영화 속 의상들은 인물의 감정 변화와 스토리를 나타내면서 동시에 그 시대 대중 패션을 선도하기도 한다. <티파니에서 아침을>, <그랜드 부다페스트 호텔>, <마리 앙투와네트> 등 다양한 영화를 사례로 들고, 영화 속 장면과 실제 의상 사진을 활용하여 영화 의상의 역할을 상세하게 설명한다.

탐구 주제

주제1 영화 의상은 영화 속 인물의 시각적 표현을 넘어 그 시대의 대중 패션을 선도하는 역할을 해 왔다. 그러나 패션 제품의 생산과 의류 소비의 증가는 다양한 환경 문제와 연결되기도 한다. 패션 산업 분야에서 환경을 위해 어떠한 노력을 기울일 수 있을지 탐구하고 보고서를 작성해 보자.

주제2 패션은 영화를 디자인하고, 영화는 패션에 이야기를 부여한다. 이렇게 영화와 패션은 서로 떼려야 뗄 수 없는 관계이며, 이에 따라 수많은 디자이너들은 영화 의상을 제작하며 끊임없이 협업을 이어오고 있다. 패션과 영화의 협업이 가져올 수 있는 효과를 구체적 사례를 통해 분석해 보자.

주제3 영화 속 패션 제품의 간접광고(PPL) 효과에 관한 연구

주제4 영화 의상에 나타난 상징성과 의미에 관한 연구

학생부 기록 예시 (교과세특)

패션이 영향력을 미칠 수 있는 분야에는 어떤 것이 있는지에 대해 탐구하고 구체적 사례를 조사함. '패션, 영화를 디자인하다(진경옥)'를 읽고, 패션은 영화 속 인물을 표현하는 것뿐 아니라 대중 패션을 선도하는 역할을 해 왔음을 이해함. 패션 산업의 호황은 환경오염을 야기할 수 있음에 주목하고, 패션 산업 분야에서 환경을 위해 기울일 수 있는 노력을 탐구하여 보고서를 작성함. 제품의 생산, 사용, 폐기, 재사용까지 환경을 생각하는 노력이 필요함을 강조함.

사고력 레벨up

제시문 동물의 가죽인 모피를 옷의 재료로 사용하는 데 있어서, 패션과 실리를 추구하는 관점과 동물 권리 보호의 입장이 서로 상충되며 논란이 되기도 한다.

질문 1 당신이 패션디자이너라면 어떤 선택을 하겠는가? 그 이유는 무엇인가?

질문 2 생태학적 관점에서 이러한 논란을 해결할만한 윤리적 대안은 무엇인가?

관련 논문 패션 디자인에서의 인간-AI 공동창조(HAIC) 사례 연구(정경희, 이미숙, 2023)

이 논문은 인간과 AI의 공동창조를 통한 창의적 패션 디자인 개발 사례 분석을 통해 공동창조의 가능성과 가치를 고찰한다. 패션 디자인 협업이 가능한 AI 유형 및 원리를 탐색하고, 창의적 패션 디자인을 위해 인간 디자이너가 갖추어야 할 역량이 무엇인지를 고찰한다.

관련 도서 《영화로 만나는 패션》, 신혜원, 김희라, 교문사
《패션, 음악영화를 노래하다》, 진경옥, 산지니

관련 학과 광고홍보학과, 문화콘텐츠학과, 미술학과, 방송연예과, 뷰티디자인학과, 사회학과, 산업디자인학과, 시각디자인학과, 신문방송학과, 심리학과, 연극영화학과, 인류학과, 철학과, 패션디자인학과

관련 교과 2022 개정 교육과정: 미술, 기술·가정, 미술 창작, 미술과 매체, 인간과 경제활동, 연극, 인간과 심리
2015 개정 교육과정: 미술, 기술·가정, 미술 창작, 연극, 심리학, 철학, 진로와 직업, 실용 경제

핵심키워드 | 미디어 활용 능력, 비판적 시각, 주체적 사용, 미디어 리터러시

프리한 10대 미디어 프리

강병철 | 푸른들녘 | 2023

이 책은 여러 사례를 활용하여 미디어에 얽힌 이야기를 풀고 미디어에 대한 이해와 활용 능력을 끌어올려 독자들이 비판적 시각을 갖출 수 있도록 구성되어 있다. 미디어 속 놀이와 일상, 언론의 보도와 가짜 뉴스, 미디어를 둘러싼 법적 문제, 현대사회의 차별과 혐오 문제 등 최신 이슈를 다룬다. 독자들이 미디어의 다양한 문제를 이해하고, 미디어를 비판적으로 사용할 수 있도록 돕는다.

탐구 주제

주제1 우리는 일상의 많은 부분을 미디어와 함께 생활한다. 스마트폰으로 날씨와 교통 상황을 확인하고, 이동 중에 틈틈이 뉴스 기사나 영상을 보고, 스마트 기기로 공부도 한다. 자신이 어떤 미디어를 얼마나 사용하는지 '미디어 사용 일지'를 작성하고, 자신의 미디어 생활을 성찰해 보자.

주제2 도서《프리한 10대 미디어 프리》에서는 평소 별다른 의식 없이 접하는 많은 미디어 안에는 혐오와 차별의 언어도 많이 등장함을 경계해야 한다고 말한다. 미디어 속 혐오와 차별의 언어를 조사하여 '미디어 차별 보고서'를 작성하고, 건강한 미디어 사용을 위한 방안을 모색해 보자.

주제3 포털 뉴스 알고리즘 공개에 관한 찬반 토론

주제4 포털 사이트 댓글이 대중의 사고에 미치는 영향 탐구

학생부 기록 예시 (교과세특)

'프리한 10대 미디어 프리(강병철)'를 읽고, 미디어를 비판적이고 주체적으로 사용하기 위해서는 미디어 사용 습관 점검이 선행되어야 한다고 생각함. 이러한 생각을 바탕으로 '미디어 사용 일지'를 작성함. 아침에 눈떠서부터 밤에 잠들기까지 자신의 일상을 정리하여 어떤 미디어를 얼마나 사용하는지를 점검함. 점검 결과를 학급 친구들과 공유하고, 서로 피드백을 주고받으며 미디어 사용 시간을 조정하기 위한 '미디어 사용 계획'을 작성하고 실천함.

사고력 레벨up

제시문 과도한 미디어 소비를 줄이고자 하는 '미디어 디톡스'는 미디어 소비에 대한 자기 조절 능력 향상과 정보 차단으로 인한 경쟁력 상실이라는 두 가치의 충돌을 야기한다.

질문 1 현대 사회에서 미디어 디톡스가 필요하다고 생각하는가? 그 이유는 무엇인가?

질문 2 정보 차단으로 인한 경쟁력 상실을 극복하는 구체적 방법에는 무엇이 있을까?

관련 논문 미디어 리터러시가 스마트 디바이드 형성에 미치는 영향(이승민, 2021)

이 논문은 미디어 리터러시가 스마트 디바이드(스마트기기 이용이라는 맥락에서의 정보격차)의 형성에 미치는 영향을 분석하고 있다. 미디어 리터러시 형성 요인과 스마트 디바이드 형성 요인들 사이의 관계를 고찰하고, 스마트 디바이드 해소를 위한 고려사항을 제안한다.

관련 도서 《잘 봐 놓고 딴소리》, 이승한, 북트리거
《미디어 리터러시 쫌 아는 10대》, 금준경, 풀빛

관련 학과 국어국문학과, 국어교육과, 기술교육과, 문화콘텐츠학과, 미디어커뮤니케이션학과, 사회교육과, 사회학과, 소비자학과, 신문방송학과, 심리학과, 언론정보학과, 윤리교육과, 정보통신공학과, 컴퓨터교육과

관련 교과 2022 개정 교육과정: 매체 의사소통, 주제 탐구 독서, 독서 토론과 글쓰기, 언어생활 탐구, 정보
2015 개정 교육과정: 언어와 매체, 독서, 실용 국어, 정보, 기술·가정, 사회·문화, 사회문제 탐구

핵심키워드	플랫폼, 플랫폼 기업, 혁신, 디지털 세계

플랫폼 내러티브

권승태 | 커뮤니케이션북스 | 2023

이 책은 우리에게 익숙한 10가지 플랫폼을 기술, 도구, 지식, 생활, 방송, 구독, 소셜, 표현, 예술, 공생으로 나누어 설명한다. 플랫폼을 현대인의 일상구조를 지배하고 있는 거대한 지배 조직이라고 정의하고 플랫폼의 탄생부터 성장과 진화까지 광범위하게 다룬다. 플랫폼의 과거, 현재, 미래를 이야기하면서 디지털 미디어 시대에 플랫폼을 어떻게 설명하고 이해해야 하는지에 대해 안내한다.

탐구 주제

주제1 글로벌 시장에서 플랫폼 비즈니스의 중요성이 높아지고 있다. 플랫폼 비즈니스가 글로벌 경쟁력을 갖추고 성공하기 위해서는 성공 요소를 탐색하는 것이 필요하다. 플랫폼 비즈니스의 성공요소를 탐색하고, 플랫폼 비즈니스의 경쟁력 향상을 위한 전략을 수립해 보자.

주제2 도서《플랫폼 내러티브》에서 저자는 플랫폼을 기술, 도구, 지식, 생활, 방송, 구독, 소셜, 표현, 예술, 공생으로 나누어 설명하고 있다. 책을 읽고, 평소 자신이 자주 사용하는 플랫폼 두 가지를 선택하여 성장 과정을 탐구하고, 이를 통해 각각의 플랫폼이 추구하는 가치를 분석해 보자.

주제3 온라인 플랫폼 규제를 위한 해외 사례 탐구

주제4 플랫폼 기업 간 협력의 긍정적 효과와 공생 방안 모색

학생부 기록 예시 (교과세특)

'플랫폼 내러티브(권승태)'를 읽고, 평소 자주 사용하는 플랫폼이 어떻게 생겨나고 성장해 왔는지에 대해 이해함. 글로벌 시장에서 중요성이 높아지고 있는 플랫폼 비즈니스의 성공을 위한 요소를 탐색하여 보고서를 작성함. 경쟁보다 공생 문화가 플랫폼 비즈니스의 성공에 긍정적 영향을 미칠 수 있으며, 정부의 정책적인 지원은 기업이 글로벌 경쟁력을 갖추는데 중요한 요소임을 탐색함. 탐색한 내용을 기반으로 경쟁력 향상을 위한 전략 수립 보고서를 작성함.

사고력 레벨up

제시문 플랫폼 비즈니스의 규제는 공정한 경쟁, 소비자 보호, 정보의 신뢰성 등에 도움이 된다. 그러나 이러한 규제는 새로운 가치를 창출할 수 있는 혁신을 저해하기도 한다.

질문 1 플랫폼 비즈니스 규제에 대해 어떻게 생각하는가, 그렇게 생각하는 이유는 무엇인가?

질문 2 플랫폼 비즈니스의 규제가 혁신을 저해하지 않는 구체적 방법은 무엇인가?

관련 논문 국내 플랫폼 기업 현황 분석과 시사점: 플랫폼 기업 유형 분류를 중심으로(진현서 외, 2022)

이 논문은 국내 플랫폼 기업을 조사하고 플랫폼 생태계의 현황과 특징을 정리함으로써 플랫폼 기업에 대한 이해를 돕는다. 플랫폼 기업의 유형을 분류하고 유형별 기업들에 대한 분석을 통해 플랫폼 기업들의 성장 방향과 이를 위한 정책적 제언을 제시한다.

관련 도서 《플랫폼의 생각법》, 이승훈, 한즈미디어

《플랫폼 비즈니스의 모든 것》, 마이클 A. 쿠수마노 외, 부키

관련 학과 경영학과, 경제학과, 광고홍보학과, 디지털문화콘텐츠공학과, 디지털콘텐츠학과, 문화콘텐츠학과, 미디어커뮤니케이션학과, 소비자학과, 소프트웨어공학과, 심리학과, 인류학과, 정보보안학과

관련 교과 2022 개정 교육과정: 정보, 인공지능 기초, 소프트웨어와 생활, 데이터 과학, 기술·가정, 매체 의사소통

2015 개정 교육과정: 정보, 창의 경영, 기술·가정, 실용 경제, 언어와 매체, 사회·문화, 경제, 진로와 직업

핵심키워드 소셜미디어, 플레이밍, 신자유주의, 사회 문제

플레이밍 사회

이토 마사아키 | 북바이북 | 2023

이 책은 '활활 타오른다'는 의미로 비난, 비방 등의 글이 빠르게 올라오는 것을 지칭하는 '플레이밍(flaming)' 현상을 분석한다. 온라인 커뮤니티나 소셜미디어를 중심으로 일어나는 악성 게시물, 사이버불링, 해시태그 운동, 캔슬 컬처 등의 플레이밍 현상의 사회적 의미와 맥락을 살펴본다. 플레이밍의 긍정적·부정적 측면을 모두 다루면서 긍정적인 방향으로 이끌기 위한 방법을 모색하게 한다.

탐구 주제

주제1 오늘날 온라인 커뮤니티나 소셜미디어를 중심으로 악성 게시물, 사이버불링, 해시태그 운동, 캔슬 컬처 등 플레이밍이 끊임없이 일어나고 있다. 사례 탐구를 통해 플레이밍 현상의 긍정적인 면과 부정적인 면을 분석하고, 긍정적인 방향으로 나아갈 방안을 모색해 보자.

주제2 소셜미디어나 온라인 커뮤니티를 통한 소통과 정보공유는 가짜 뉴스 확산이나 경솔한 게시물 업로드로 인한 논란을 야기시키기도 하지만, 커뮤니티를 통한 자유로운 의견 교환으로 좋은 결과물을 도출하기도 한다. 소셜미디어가 어떻게 플레이밍을 촉진하고 억제하는지 탐구해 보자.

주제3 소셜미디어 사용자가 플레이밍에 대처하는 전략 탐구

주제4 사회적 차원에서 체계적 플레이밍 교육 방법 연구

학생부 기록 예시 (교과세특)

'플레이밍 사회(이토 마사아키)'를 읽고, '플레이밍'이라는 용어의 개념을 이해함. 일상에서 떼려야 뗄 수 없는 소셜미디어를 중심으로 플레이밍이 끊임없이 일어남을 이해하고, 플레이밍 현상의 사례 탐구를 진행함. 감염병으로 인해 봉사하고 있는 의료진의 격려를 위해 진행된 '덕분에 챌린지'에서 해시태그가 활용된 사례를 분석하고 해시태그 운동이 긍정적인 방향으로 나아갈 길을 제시함. 해시태그의 악용 사례를 제시하고 윤리적 자세의 필요성을 언급함.

사고력 레벨up

제시문 인플루언서가 사회적 이슈에 대해 발언이나 행동을 할 때, 자유롭게 개인적 신념이나 의사 표현을 할 수 있다는 가치와 사회적 책임이라는 가치가 충돌하게 된다.

질문 1 당신이 인플루언서라면 어떤 선택을 하겠는가, 그 이유는 무엇인가?

질문 2 인플루언서가 대중에게 긍정적 영향을 미치기 위해서 필요한 역량은 무엇인가?

관련 논문 청소년의 폭력적 미디어 노출이 사이버불링 가해행동에 미치는 영향(유지희, 2023)

이 논문은 청소년의 폭력적 미디어 노출이 사이버불링 가해행동에 미치는 영향에서 정서조절과 비행행동의 이중매개효과를 검증하고 있다. 서울 경기지역의 중학교 학생들을 대상으로 설문조사를 실시하고 분석하여, 청소년 사이버불링 감소를 위한 임상적 정책적 방안을 모색한다.

관련 도서 《사이버불링 10가지 이론》, 김봉섭, 커뮤니케이션북스
《소셜온난화》, 찰스 아서, 위즈덤하우스

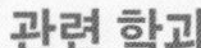

관련 학과 기술교육과, 디지털미디어학과, 미디어커뮤니케이션학과, 방송미디어과, 사회교육과, 사회학과, 신문방송학과, 심리학과, 언론미디어학과, 언론정보학과, 윤리교육과, 정보통신공학과, 컴퓨터교육과

관련 교과 2022 개정 교육과정 : 소프트웨어와 생활, 사회와 문화, 현대사회와 윤리, 법과 사회, 윤리문제 탐구
2015 개정 교육과정 : 정보, 사회·문화, 생활과 윤리, 정치와 법, 사회문제 탐구, 기술·가정, 심리학

핵심키워드	한국영화산업, OTT, 국가영화기관, 영화제

한국영화가 사라진다

이승연 | 바틀비 | 2023

이 책은 국내 영화산업의 현실을 분석하고 한국영화의 생존 가능성을 탐색한다. OTT의 급성장 등으로 영화산업 생태계도 크게 변화했다. 저자는 이러한 사회 변화뿐 아니라 스크린 독과점, 수직계열화 등을 함께 다루며 한국영화계의 위기를 언급한다. 한국영화가 위기에서 벗어나 높은 위상을 이어가기 위해서는 정체성을 찾고 아낌없는 지원이 필요하다는 저자의 시각이 담겨 있다.

탐구 주제

주제1 세계적으로 유명한 국제영화제로는 칸, 베를린, 베니스의 3대 유럽 영화제와 미국의 아카데미 시상식이 있다. 이들 영화제에서는 작품성이 뛰어난 영화를 소개한다. 해외 영화제 사례와 우리나라의 영화제를 비교·분석하여 우리나라의 영화제가 나아가야 할 지향점을 탐구해 보자.

주제2 도서《한국영화가 사라진다》에서는 위기에 처한 한국영화 산업의 현주소와 한국영화 발전을 위해 생각해야 할 과제를 다루고 있다. 책을 읽고, 저자가 한국영화 산업이 위기라고 주장하는 이유를 분석하고, 이들 문제에 대한 구체적인 해결 방안이나 대안을 찾아 발표해 보자.

주제3 OTT의 성장이 영화산업에 미치는 영향에 대한 탐구

주제4 배급 및 관람방식의 변화 탐색을 통한 한국영화 발전방안 연구

학생부 기록 예시 (교과세특)

영화감독이 진로 목표인 학생으로 영화 관련된 다양한 서적을 탐독함. '한국영화가 사라진다(이승연)'를 읽고, 한국영화 산업의 현실을 분석하고 해외 영화제 사례를 통해 우리나라의 영화제가 나아가야 할 지향점을 탐구하여 보고서를 작성함. 세계적으로 유명한 영화제의 경우, 대중성과 오락성보다 작품성을 최우선으로 여기며 영화감독을 예술가로 자리매김하도록 해 준다고 분석함. 뚜렷한 차별성과 지향점을 갖고 국내 영화제를 발전시켜야 한다고 밝힘.

사고력 레벨up

제시문 가상 현실, 증강 현실 등의 기술을 영화 제작에 활용할 때, 특수효과와 시각적 장면에 초점을 맞출지 아니면 스토리텔링에 초점을 맞출지에 대한 갈등 상황이 발생할 수 있다.

질문 1 기술과 스토리텔링 중 어느 쪽에 비중을 두어야 관객의 관심과 감정을 끌 수 있을까?

질문 2 기술이 어떻게 스토리텔링을 보완할 수 있을까? 구체적 예시를 든다면?

관련 논문 포스트 코로나 시대 영화관과 영화산업 전망(정민아, 2020)

이 논문은 코로나19로 급격한 변화를 맞이한 영화계를 진단하고, 새로운 시장과 세대를 분석함으로써 포스트 코로나 시대 영화관과 영화산업을 전망한다. 영화관과 영화 플랫폼은 어떻게 달라졌는지, 현재 소비경제를 주도하는 세대의 특징은 무엇인지에 대한 이해를 깊게 할 수 있다.

관련 도서 《충무로, 새로운 물결》, 성하훈, 푸른사상
《21세기 한국영화》, 김형석 외, 앨피

관련 학과 국어국문학과, 경제학과, 만화애니메이션학과, 문예창작학과, 문헌정보학과, 문화콘텐츠학과, 미디어커뮤니케이션학과, 방송연예과, 사회학과, 소비자학과, 신문방송학과, 실용음악학과, 연극영화학과

관련 교과
2022 개정 교육과정: 문학과 영상, 매체 의사소통, 미디어 영어, 사회와 문화, 사회문제 탐구, 법과 사회
2015 개정 교육과정: 언어와 매체, 문학, 사회·문화, 사회문제 탐구, 통합사회, 정치와 법, 진로와 직업

핵심키워드 | 미디어, 커뮤니케이션, 콘텐츠, 플랫폼 산업

현대사회와 미디어 커뮤니케이션

한국언론정보학회 | 한울 | 2023

콘텐츠의 생산, 유통, 소비가 디지털에서 주로 이뤄지며, 포털, SNS, 숏폼 동영상, OTT 등의 미디어들은 콘텐츠 창작부터 소비에 이르기까지 여러 과정에서 사용자의 자발적이고 적극적인 참여를 요구한다. 이 책은 다양한 미디어들의 특성과 콘텐츠 생산 유통의 변화를 살펴보고, 한국 사회와 미디어 환경이 서로 주고받는 영향을 분석하며 관련 연구문제와 참고 도서를 제시한다.

탐구 주제

주제1 도서《현대사회와 미디어커뮤니케이션》에서는 미디어 생산자와 노동에 관한 내용을 다루고 있다. 우리 사회에서 이슈가 된 '미디어 산업과 노동'의 문제를 보여주는 구체적인 사례를 찾아 분석하고, 이를 해결할 수 있는 방안을 탐구하여 보고서를 작성해 보자.

주제2 플랫폼은 공급자와 수요자가 참여해 각자 얻고자 하는 가치를 교환할 수 있도록 구축된 환경이나 인프라를 말한다. 뉴스 영역에서도 공급자인 언론사와 수요자인 이용자들이 플랫폼을 매개로 만나고 있다. 한국의 뉴스 소비 행태를 분석하고, 앞으로 풀어가야 할 문제들을 논의해 보자.

주제3 미디어 커뮤니케이션이 정신 건강에 미치는 영향 탐구

주제4 미디어 기술의 발달이 커뮤니케이션에 미치는 영향 탐구

학생부 기록 예시 (교과세특)

미디어 산업의 열악한 노동 환경에 관심을 갖고 '현대사회와 미디어커뮤니케이션(한국언론정보학회)'을 탐독함. 책을 읽고 미디어 생산자와 노동에 대한 구체적인 사례를 찾아 분석하고, 이를 해결할 수 있는 방안을 탐구하여 보고서를 작성함. 웹툰 작가들의 불공정거래 피해 사례에 주목하고, 저작권 보호를 위한 제도적 장치 마련과 관련 직업인들의 윤리의식이 필요하다는 자신의 의견을 제시함. 보고서의 내용과 구성에 있어 높은 완성도를 보임.

사고력 레벨up

제시문 미디어 생산자가 자신의 창의성, 예술성, 개성을 중시하며 미디어를 통해 자아실현을 하고자 할 때, 경제적인 안정성을 추구하고자 하는 가치와 충돌하게 된다.

질문 1 자아실현과 경제적인 안정성을 동시에 추구할 수 있는 전략에는 무엇이 있을까?

질문 2 콘텐츠를 소비하는 입장에서, 자신은 어떤 콘텐츠를 선호하며 그 이유는 무엇인가?

관련 논문 인공지능과 미디어-커뮤니케이션 연구(이재현, 2020)

이 논문은 미디어와 커뮤니케이션이라는 커뮤니케이션학의 두 가지 핵심 개념을 AI가 구현되는 미디어와 커뮤니케이션 영역에 적용할 때 제기될 수 있는 문제들을 제시하고, AI 시대를 맞는 커뮤니케이션학의 정체성 위기와 극복방안에 관한 문제를 논의하고 있다.

관련 도서 《커뮤니케이션과 미디어의 이해》, 이제영, 시간의물레
《커뮤니케이션과 사회 변동》, 강상현, 컬처룩

관련 학과 디지털미디어학과, 디지털콘텐츠창작학과, 문화콘텐츠학과, 미디어출판학과, 미디어커뮤니케이션학과, 방송연예과, 소비자학과, 신문방송학과, 실용콘텐츠창작학과, 언론정보학과, 콘텐츠크리에이터과

관련 교과 2022 개정 교육과정: 인공지능 기초, 소프트웨어와 생활, 매체 의사소통, 사회와 문화, 사회문제 탐구
2015 개정 교육과정: 정보, 창의 경영, 기술·가정, 언어와 매체, 국어, 사회·문화, 경제, 사회문제 탐구

역사

전체 도서 목록

순번	도서명	저자명	출판사명
1	101 세계	구정은, 이지선	푸른들녘
2	10대를 위한 총균쇠 수업	김정진	넥스트씨
3	30개 도시로 읽는 세계사	조 지무쇼	다산초당
4	가장 쉬운 역사 첫걸음	이영	동양북스
5	개인은 역사를 바꿀 수 있는가	마거릿 맥밀런	산처럼
6	경성의 화가들, 근대를 거닐다: 북촌편	황정수	푸른역사
7	경이로운 역사 콘서트	그레그 제너	상상스퀘어
8	공공역사를 실천 중입니다	이하나 외	푸른역사
9	교양인을 위한 역사학 교실	윤진석	이른비
10	그들은 왜 최후의 승자가 되지 못했나	한순구	삼성글로벌리서치
11	그래서 역사가 필요해	신동욱	포르체
12	논쟁으로 읽는 한국 현대사	김호기, 박태균	메디치미디어
13	농경의 배신	제임스 C. 스콧	책과함께
14	당신의 역사가 역사를 만날 때	임라원	모길비
15	독일사 산책	닐 맥그리거	옥당
16	뜨거운 지구, 역사를 뒤흔들다	브라이언 페이건	씨마스21
17	마주 보는 역사수업	전국역사교사모임, 일본역사교육자협의회	휴머니스트
18	메트로폴리스	벤 윌슨	매일경제신문사
19	문화로 읽는 세계사	주경철	사계절
20	문화인류학으로 보는 동아시아	가미즈루 히사히코 외	눌민
21	발밑의 세계사	이동민	위즈덤하우스
22	세계사를 결정짓는 7가지 힘	모토무라 료지	사람과나무사이
23	세상 모든 것의 기원	강인욱	흐름출판
24	세상을 떠들썩하게 만든 세기의 재판 이야기	장보람	팜파스
25	식탁 위의 세계사	이영숙	창비

순번	도서명	저자명	출판사명
26	신친일파	호사카 유지	봄이아트북스
27	실크로드 세계사	피터 프랭코판	책과함께
28	썬킴의 거침없는 세계사	썬킴	지식의숲
29	역사 선생님이 들려주는 동아시아 맞수 열전	전국역사교사모임	북멘토
30	역사의 쓸모	최태성	다산초당
31	왜 역사를 배워야 할까?	샘 와인버그	휴머니스트
32	우리 역사 속 전염병	신병주	매일경제신문사
33	울게 되는 한국사	김재원	빅피시
34	이슬람 학교 1, 2	이희수	청아출판사
35	있는 그대로 인도	김기상	초록비책공방
36	조선 미술관	탁현규	블랙피쉬
37	지구 파괴의 역사	김병민	포르체
38	지식의 지도	바이얼릿 몰러	마농지
39	진실의 흑역사	톰 필립스	윌북
40	질문하는 역사	주경철	산처럼
41	처음 읽는 돈의 세계사	미야자키 마사카츠	탐나는책
42	처음 읽는 미국사	전국역사교사모임	휴머니스트
43	초록색 옷을 입은 사람들	김종성	유아이북스
44	최소한의 한국사	최태성	프런트페이지
45	칼날 위의 역사	이덕일	인문서원
46	키워드 동남아	강희정 외	한겨레출판
47	팬데믹 시대에 경계를 바라보다	차용구 외	소명출판
48	편지로 보는 은밀한 세계사	송영심	팜파스
49	호모 데우스	유발 하라리	김영사
50	호모 루덴스	요한 하위징아	연암서가

핵심키워드	계몽주의, 제국주의, 지속가능발전목표, 4차 산업혁명

101 세계

구정은, 이지선 | 푸른들녘 | 2022

이 책은 국제뉴스 전문가인 기자 두 사람이 인류 문명의 초창기에서부터 지금까지 벌어진 수많은 일을 현재와 연결하여 세계를 이해할 수 있도록 101개의 키워드로 세계사의 핵심 사건을 정리했다. 특히 101개의 생생한 키워드를 따라가면 자연스럽게 과거와 현재가 이어지고 교과 연계, 핵심 개념 이해를 기반으로 한 학교 공부는 물론 논술 준비, 교양까지 쌓을 수 있을 것이다.

탐구 주제

주제1 인간의 무분별한 활동으로 인한 '해양 오염'이 심각한 환경문제로 대두하고 있다. 이는 해양 생태계와 지구 환경, 우리의 건강에까지 심각한 영향을 미칠 수 있다. 해양 오염의 주요 원인과 문제점은 무엇인지, 그리고 이를 해결하기 위한 방안들에 대해 탐색해 보자.

주제2 제노사이드는 인류 역사상 가장 잔인하고 비인간적인 범죄 중 하나이다. 19세기와 20세기에는 아르메니아 제노사이드, 유대인 대량 학살, 르완다 학살 등 수많은 제노사이드가 발생하여 수백만 명이 희생됐다. 인류가 이런 역사를 반복하지 않으려면 어떤 자세를 가져야 할지 토론해 보자.

주제3 9.11 테러의 원인과 영향 탐구

주제4 넬슨 만델라와 '반아파르트헤이트' 운동 탐구

학생부 기록 예시 (교과세특)

'101 세계(구정은 외)'를 읽고 세계 역사 속 사건의 큰 흐름을 이해하고 현재 세계에서 일어나는 여러 사건과 연결 지어 비교·분석하는 역사적 사고력이 매우 향상됨. 특히 19세기 제국주의 열강들의 식민지 정책을 살펴보고 제국주의의 그림자는 지금도 아프리카 등에 영향을 미치고 있다는 사실에 안타까움을 드러냄. 또한 급속히 통합되는 현대 세계사회에서 문화의 다양성을 이해하고 수용할 필요가 있다는 의견을 피력하며 민주시민의식 역량을 키움.

사고력 레벨up

제시문 지구의 자원은 한정되어 있기 때문에, 무분별한 개발은 결국 인류의 미래를 위협할 수 있다. 지속가능발전은 이러한 문제를 해결하고 인류의 미래를 보장하기 위한 필수적인 과제이다.

질문 1 지속가능한 발전을 달성하기 위한 구체적인 노력으로 어떤 것이 있을까요?

질문 2 지속가능한 발전을 위한 국가적 차원의 대책 수립의 필요성이 있을까요?

관련 논문 페레스트로이카(Perestroika)와 독일통일 (1985-1991) (김형률, 2005)

이 논문은 소련뿐 아니라 세계 정치의 흐름을 크게 바꾼 페레스트로이카 개혁 정책을 분석하고 있다. 1985년 소련 공산당 서기장에 취임한 고르바초프는 정치 체제의 민주화, 시장화에 의한 경제 재건 등을 내세웠고, 결과적으로는 독일 통일에까지 영향을 미쳤음을 이해할 수 있다.

관련 도서 《101 평화》, 서의동, 이지선, 푸른들녘
《101 한국사》, 김세은, 푸른들녘

관련 학과 경영정보학과, 경영학과, 경제학과, 고고학과, 고고문화인류학과, 공공행정학과, 국제관계학과, 국제학부, 국제경영학과, 미학과, 사학과, 사회학과, 역사문화학과, 인류학과, 정치외교학과, 지리학과, 행정학과

관련 교과 2022 개정 교육과정 : 세계사, 동아시아 역사 기행, 사회와 문화, 국제 관계의 이해, 역사로 탐구하는 현대 세계
2015 개정 교육과정 : 세계사, 동아시아사, 사회문화, 법과 정치, 사회문제 탐구, 인문학적 감상과 역사이해

핵심키워드 | 문명, 문자, 유라시아 대륙, 교류

10대를 위한 총균쇠 수업

김정진 | 넥스트씨 | 2023

이 책은 전 세계 지성인들의 필독서이자 서울대학교의 필독서인 재레드 다이아몬드의 명저 《총 균 쇠》를 대한민국 청소년들의 눈높이에 맞게 해설한 것이다. 특히 세계사의 흐름과 함께 새롭게 밝혀진 역사적 사실들, 한반도 문명에 대한 흥미진진한 이야기를 더하여 최대한 읽기 편한 문체와 호흡, 어렵지 않은 단어를 사용하여 한반도 문명 발전의 열쇠를 설명하고 있다.

탐구 주제

주제1 동아시아 지역의 문명 발전 속에서 우리나라가 중국의 많은 영향을 받은 것은 사실이다. 그럼에도 불구하고 우리나라는 중국에 흡수되지 않고 어떻게 독특한 문화와 역사를 형성해 나갔는지, 그리고 고대 일본에 어떤 영향을 미쳤는지 등에 대해 탐색해 보자.

주제2 재레드 다이아몬드는 인류 역사 발전의 3가지 핵심 요소로 총, 균, 쇠를 제시하고, 이 요소들이 사람들이 살아가는 지리적 환경에 영향을 받아 동일한 민족도 문명 발달이 달라진다고 했다. 이러한 총, 균, 쇠의 주장을 뒷받침하는 증거와 구체적 사례를 찾아 정리해 보자.

주제3 19세기 서양 미술사에 나타난 자포니즘 탐색

주제4 환경의 차이가 빚어낸 마오리족과 모리오리족의 성쇠 고찰

학생부 기록 예시 (교과세특)

'10대를 위한 총균쇠 수업(김정진)'을 통해 역사, 문화, 사회, 과학, 정치, 경제 등을 넘나드는 다양한 인문학적 지식을 습득하고 역사적 가치와 의미를 찾아보는 통찰력을 키움. 특히 지리적 이점과 기후 환경이 문명의 발달에 있어서 얼마나 중요한지를 깨달음. 이를 바탕으로 유라시아 대륙에 속한 우리나라가 지리적 이점을 토대로 유라시아 언어를 농축한 지구상에서 가장 우수한 한글을 발명했음에 자부심을 느끼며, 한글로 보는 문자 발명의 5가지 요소를 정리함.

사고력 레벨up

제시문 인류 역사상 문자의 발명 동기, 발명자, 발명 원리가 정확하게 기록되고 밝혀진 것은 한글밖에 없다. 한글에 대해 자세히 알아보는 것은 인류 문자 역사의 핵심을 파악하는 것과 같다.

질문 1 한글은 유라시아 언어가 농축되어 담겨 있다는 평가가 있다. 그 근거가 무엇일까요?

질문 2 한글로 보는 문자 발명의 5가지 요소란 무엇일까요?

관련 논문 비판적 시각에서 본 헌팅턴의 문명충돌론(양준희, 2002)

'총균쇠'의 환경문명 결정론과 비교해 볼만 한 이론이 헌팅턴의 문명충돌론이다. 이 논문은 헌팅턴의 역사, 조상, 언어 등으로 정의되는 문명적 요소로부터 국제 갈등이 비롯될 것이으로 예측하는 문명충돌론의 비논리성과 국제정치의 본질을 교묘하게 왜곡시키고 있다는 점을 지적한다.

관련 도서 《총 균 쇠》, 재레드 다이아몬드, 김영사
《대변동: 위기, 선택, 변화》, 재레드 다이아몬드, 김영사

관련 학과 경영정보학과, 국제경영학과, 국제관계학과, 국제학부, 사학과, 사회학과, 역사문화학과, 인류학과, 정치외교학과, 주거환경학과, 지구시스템과학과, 지구환경과학과, 지리학과, 행정학과, 환경교육과, 환경학과

관련 교과 2022 개정 교육과정: 세계사, 동아시아 역사 기행, 사회와 문화, 국제 관계의 이해, 역사로 탐구하는 현대 세계
2015 개정 교육과정: 세계사, 동아시아사, 사회문화, 법과 정치, 사회문제 탐구, 인문학적 감상과 역사이해

핵심키워드 | 바빌론, 장안, 앙코르, 뉴욕

30개 도시로 읽는 세계사

조 지무쇼 | 다산초당 | 2020

정치, 경제, 예술, 학문의 중심지인 도시는 세계사를 이해하는 데 필수적인 공간이다. 이 책은 로마, 아테네, 파리, 베이징은 물론 테오티우아칸, 이스파한까지 세계사를 이해하는 데 빼놓을 수 없는 도시들을 폭넓게 다루며, 30개 도시에 엮인 역사 사건으로 세계사를 풀어냈다. 이 책을 읽으면 익히 알고 있다고 생각한 도시의 모습이 전혀 다르게 다가오는 재미를 느낄 수 있다.

탐구 주제

주제1 이스라엘의 헌법상 수도는 예루살렘이지만, 국제사회는 예루살렘에 대한 이스라엘의 통치권을 인정하지 않고 있다. 왜 이런 현상이 일어났는지, '예루살렘'의 종교적 가치를 기독교, 유대교, 이슬람교로 나누어 정리하고, 이스라엘과 아랍 국가들의 분쟁이 일어난 역사적 배경을 탐구해 보자.

주제2 유럽과 아시아가 맞닿은 요충지인 현재의 이스탄불은 고대 로마제국, 동로마(비잔틴)제국, 오스만제국 등 각 시대별로 지중해의 패권을 장악한 세 대국이 수도로 삼은 곳이다. 각 시기별 도시의 명칭을 정리하고, 이로 인해 나타난 각 시대의 역사적 문화유산과 특징을 조사해 보자.

주제3 제2차 세계대전 당시 '무방비 도시' 선언의 목적과 영향 탐구

주제4 초강국 미국을 상징하는 메가시티 뉴욕의 성장 과정 탐구

학생부 기록 예시 (교과세특)

'30개 도시로 읽는 세계사(조 지무쇼)'를 읽고 도시에서 벌어진 각 세력의 흥망성쇠를 비롯해 주요 인물의 행적, 유명 문화유산의 설립 배경, 주요 고고학 지식까지 이해하며 지적 호기심을 키움. 또한 과거 세계 교역의 중심이 됐던 베네치아, 사마르칸트, 믈라카를 추가로 조사하고, 현재 도시의 위상과도 비교하는 심화학습을 진행함. 특히 책에 소개되지 않은 대도시이자 수도로서 서울의 가치를 타 도시와 비교하며, 서울의 역사성을 고찰하는 탐구 결과물을 제출함.

사고력 레벨up

제시문 현대 발전한 도시들에서는 저렴한 가격에 인근 개발도상국 노동자를 고용해 사용한다. 대표적으로 홍콩과 싱가포르는 동남아 가정부를 고용해, 여성의 사회 진출을 독려하고 있다.

질문 1 이주 가사 노동자의 임금을 자국민과 동일하게 적용하여 지급해야 할까요?

질문 2 우리나라의 이주 노동자 정책 방향과 보완점이 무엇인지 말해 볼까요?

관련 논문 한국사 속에서 본 서울의 위상(이존희, 2012)

수도는 국가의 상징이다. 런던, 파리, 로마, 북경, 동경 등은 각기 그 나라의 얼굴이다. 이 논문은 우리나라 수도 서울의 역사와 그 가치를 논한 것이다. 이 논문을 통해 서울이 우리 역사에서 어떤 위치를 차지하는지, 또 세계사 속에서 어떤 지위를 차지하는지 살펴볼 수 있을 것이다.

관련 도서 《30개 도시로 읽는 미국사》, 김봉중, 다산초당
《30개 도시로 읽는 일본사》, 조 지무쇼, 다산초당

관련 학과 ICT융합학과, 경영정보학과, 경제학과, 관광학과, 국제경영학과, 국제관계학과, 국제학부, 디지털미디어과, 문화콘텐츠학과, 사학과, 사회학과, 역사문화학과, 인공지능학과, 정치외교학과, 지리학과, 행정학과

관련 교과 2022 개정 교육과정: 세계사, 동아시아 역사기행, 세계시민과 지리, 여행지리, 역사로 탐구하는 현대 세계, 정치
2015 개정 교육과정: 세계사, 동아시아사, 세계지리, 여행지리, 사회문화, 인문학적 감상과 역사이해, 정치와 법

핵심키워드	정복군주, 리더십, 조선, 개항

가장 쉬운 역사 첫걸음

이영 | 동양북스 | 2023

이 책은 세계 역사에 큰 족적을 남긴 동서양의 대표적인 위인 17인에 대한 이야기를 연대기와 삽화, 그림, 지도 등을 활용하여 자세히 소개하는 인물 열전이다. 이 책에는 그들의 삶과 당시 사회적 배경, 그들의 선택과 본받을 만한 가치관과 리더십, 세상을 사는 이치가 녹아 있다. 이 책을 통해 학생들은 세상을 살아가는 지혜와 교훈, 통찰을 얻을 수 있을 것이다.

탐구 주제

주제1 "네 자신을 알라"로 유명한 소크라테스의 재판은 민주주의의 한계를 보여주는 사건으로 평가된다. 소크라테스는 민주주의의 원칙에 따라 재판을 받았지만, 결국은 사형을 선고받았다. 소크라테스의 재판 사례를 통해 본 민주주의의 한계가 무엇인지 분석해 보자.

주제2 19세기 들어 제국주의 국가의 식민지 쟁탈전이 가속화되는 과정에서, 특히 아시아 패권을 두고 영국, 프랑스, 청, 일본이 대립하였다. 이 과정에서 태국은 중립국으로 성공하고 조선은 결국 식민지화의 길을 걷게 된 이유가 무엇인지 지도자의 리더십을 비교하며 탐구해 보자.

주제3 세종의 리더십 고찰

주제4 안중근과 이토 히로부미의 '동양평화론' 비교

학생부 기록 예시 (교과세특)

역사적으로 큰 업적을 세운 위인들의 삶과 리더십을 통해 당시의 시대상을 이해하고, 과거에 비추어 현재를 살아가는 교훈을 찾으려고 노력하는 모습이 훌륭함. 특히 인재의 역량과 능력을 파악하여 그 장기를 십분 발휘할 수 있도록 물심양면 지원한 세종의 리더십이 민족문화 발전의 토대가 된 사실을 깨달음. 유능한 리더란 타인의 장단점을 파악해 사람을 잘 활용할 줄 아는 정확한 판단력과 사고력을 갖춘 사람이어야 한다며 그와 같은 자질을 키우고자 애씀.

사고력 레벨up

제시문 수정 헌법 13조는 미국 역사에서 가장 중요한 수정안 중 하나이다. 이 수정안은 미국에서 노예제를 영원히 종식시켰으며, 미국의 시민권과 평등에 대한 핵심 원칙을 확립했다.

질문 1 수정 헌법 13조가 탄생할 수 있었던 역사적 맥락을 정리해볼까요?

질문 2 'Black Lives Matter'와 관련하여 수정 헌법 13조의 한계점을 설명해볼까요?

관련 논문 에이브러햄 링컨대통령의 정치적 정의: 노예해방령과 수정헌법 13조를 중심으로(양재열, 2014)

이 논문은 링컨 대통령의 노예제에 대한 입장을 1863년 1월 1일에 발효된 노예해방령과 1865년 1월 30일에 가결된 수정 헌법 13조를 비교하고 있다. 이 논문을 통해 노예제에 대한 링컨 대통령의 생각이 시간이 지나면서 그리고 정치적 이해관계에 따라서 변했음을 살펴볼 수 있다.

관련 도서 《중국사 인물 열전》, 소준섭, 현대지성
《63인의 역사학자 쓴 한국사 인물 열전 3》, 한영우선생님정년기념논총 간행위원회, 돌베개

관련 학과 경영정보학과, 국제경영학과, 국제관계학과, 문화재학과, 미술사학과, 사학과, 사회교육과, 사회학과, 역사문화학과, 역사교육과, 역사콘텐츠전공학과, 인류학과, 인문콘텐츠학부, 정치외교학과, 행정학과

관련 교과 2022 개정 교육과정: 한국사, 동아시아 역사 기행, 세계사, 정치, 사회와 문화, 역사로 탐구하는 현대 세계
2015 개정 교육과정: 한국사, 동아시아사, 세계사, 법과 정치, 사회문제 탐구, 인문학적 감상과 역사이해

핵심키워드	설득과 통솔, 오만과 독선, 모험심, 호기심

개인은 역사를 바꿀 수 있는가

마거릿 맥밀런 | 산처럼 | 2016

HISTORY'S PEOPLE
PERSONALITIES AND THE PAST
개인은 역사를 바꿀 수 있는가
대담한 사람, 오만한 사람, 나서는 사람
산처럼

이 책은 역사 흐름 속 '개인'에 주목하여 개인의 성격이 어떻게 역사를 움직여 왔는지를 살펴본다. 저자는 다양한 인물을 통해 개인적 특성이 커다란 사건과 급박한 상황에서 발현됐다 말하며 그것이 새롭거나 예기치 않은 국면을 형성했고 지금의 역사가 어떻게 만들어졌는지 짚어 본다. 이 책을 통해 각 인물과 관련된 시대상, 통찰력 있는 상황 인식을 통해 역사적 교훈을 찾을 수 있다.

탐구 주제

주제1 저자는 역사의 저변에 깔린 힘과 흐름도 무시할 수는 없지만, 역사에서 중요한 것은 무엇보다도 개인의 역할이라고 했다. 특히 스탈린의 오만과 독선이 역사를 한쪽 방향으로 돌렸다고 평가했는데, 이와 관련하여 스탈린의 정치적 성향과 행보, 20세기 세계 정치에 미친 영향을 탐구해 보자.

주제2 마거릿 대처는 '철의 여인'이라는 별명으로 불리며 강력한 리더십과 추진력으로 영국 정치에 큰 영향을 미쳤다. 그녀는 재임 동안 대처리즘이라는 정책을 추진했는데, 이에 대한 평가는 매우 상반된다. 이와 관련하여 대처리즘의 주요 정책을 정리하고, 영국에 미친 영향을 분석해 보자.

주제3 캐나다의 분열을 막은 윌리엄 라이언 매켄지 탐구

주제4 닉슨 독트린이 데탕트 정책에 미친 효과 분석

학생부 기록 예시 (교과세특)

'개인은 역사를 바꿀 수 있는가(마거릿 맥밀런)'를 읽고 개인적 리더십, 오만, 모험심, 호기심, 관찰 등이 어떻게 역사를 변화시켜왔는지 파악하고, 특히 역사의 저변에 깔린 힘과 과학 기술, 사상의 발전 등을 무시할 수는 없지만, 역사에서 중요한 것은 무엇보다도 개인의 역할이었음을 이해함. 이와 관련하여 프랭클린 루스벨트에 대한 자기주도학습을 진행하고, 그의 설득과 통솔의 리더십이 미국 사회의 단결 및 2차 세계대전 종전을 주도하였다고 분석한 결과물을 제출함.

사고력 레벨up

제시문 토마스 칼라일은 사회란 무수한 인간의 작업과 삶의 산물이고, 따라서 역사는 수많은 '개인사의 정수(精髓)'라고 주장하며 영웅 사관을 주창하였다.

질문 1 역사에서 개인은 어떤 역할을 한다고 생각하나요?

질문 2 역사적 사건의 사례를 들어 역사의 흐름을 이끄는 주체가 소수의 엘리트라고 생각하는지, 다수의 민중이라고 생각하는지 자신의 견해를 말해 볼까요?

관련 논문 프랭클린 루즈벨트 대통령의 지도력 형성 배경과 본질(김형곤, 2002)

이 논문은 미국에서 20세기의 가장 위대한 대통령으로 평가받는 프랭클린 루즈벨트에 대해 고찰한 것이다. 그의 지도력이 그 시대, 그 장소에만 국한되어 발휘된 것이 아니라 시대와 장소를 뛰어넘어 인류가 보편적으로 추구해온 가치에 작용하여 새로운 국제질서를 창조해냈음을 설명하고 있다.

관련 도서 《역사 사용설명서》, 마거릿 맥밀런, 공존
《폴리매스》, 피터 버크, 예문아카이브

관련 학과	고고학과, 고고문화인류학과, 공공행정학과, 공공인재학과, 국제관계학과, 국제학부, 국제경제학과, 경제학과, 미학과, 사학과, 사회학과, 역사문화학과, 영어영문학과, 인류학과, 정치외교학과, 철학과, 행정학과
관련 교과	2022 개정 교육과정: 세계사, 동아시아 역사 기행, 정치, 법과 사회, 경제, 사회와 문화, 역사로 탐구하는 현대 세계 2015 개정 교육과정: 세계사, 동아시아사, 사회문화, 법과 정치, 경제, 인문학적 감상과 역사이해, 사회문제 탐구

핵심키워드 | 서화가, 서양화가, 한국화가, 서예가

경성의 화가들, 근대를 거닐다: 북촌편

황정수 | 푸른역사 | 2022

일제강점기 경성은 한반도에서 미술 활동을 할 수 있는 저변이 형성된 유일한 곳으로, 서양 미술에 잔잔한 충격을 받은 미술가들은 경성에 자리 잡고 활발한 작업 활동을 벌였다. 이 책은 근대 미술가들의 고달팠지만 아름다웠던 삶을 담아 내며, 당시의 문화 등도 다루고 있어서 근대를 생생히 느낄 수 있다. 이 책을 통해 한국 근대미술사의 흐름을 이해할 수 있다.

탐구 주제

주제1 광복 후 좌·우 갈등 속에서 한반도가 분단되며 월북 화가들 대부분은 잊혔다. 그중 대표적인 인물이 이쾌대로, 그에 대해서 좌·우익 모두에게 이용당한 불운의 예술가라는 평이 따른다. 그의 작품을 토대로 그런 평가가 나온 이유와 시대상을 탐구해 보자.

주제2 우리 근현대 역사 속 인물은 다양한 이력을 가진 경우가 있다. 문학계에서도 그렇지만, 미술계 역시 친일 행적을 가진 예술가들이 다수 있다. 이와 관련하여 '예술, 문학적으로 뛰어나면 반민족적인 행위를 정당화해도 된다'에 대해 동의하는지 찬반 토론을 해 보자.

주제3 현대 건축의 거장 김수근의 빛과 그늘 분석

주제4 일제강점기 조선미술전람회의 성격과 영향 고찰

학생부 기록 예시 (교과세특)

예술에 조예가 깊고 지적 호기심이 가득한 학생으로 '경성의 화가들, 근대를 거닐다: 북촌편(황정수)'를 통해 그림에 드러나는 이념과 시대상을 분석하고, 북촌 지역을 중심으로 한국 근대미술 태동기와 형성기의 생생한 모습을 이해함. 이를 바탕으로 최근 현대미술 작품들의 트렌드를 분석하고, 가시적이고 가독성 있는 자료를 만들어 현대미술의 주요 키워드가 환경, 평화, 개인의 자유, 솔직한 자아라는 점을 밝히고 예술 작품이 시대를 파악하는 중요한 요소라고 설명함.

사고력 레벨up

제시문 나혜석은 우리나라 최초의 여성 서양화가로, 1930년대에 능동적인 여성의 삶을 강조했고 한국 미술사에도 한 획을 그었다. 한편 그녀는 사생활로 많은 비판을 받기도 했다.

질문 1 나혜석의 긍정적·부정적 평가에 대해 여러분은 어떻게 생각하나요?

질문 2 명확한 공과 과를 가진 역사적 인물에 대해 어떠한 평가 기준을 적용해야 할까요?

관련 논문 일제강점기 한국미술의 특징과 제 경향(임두빈, 2009)

이 논문은 일제강점기 미술 사조별로 묶어서 풀어내며, 우리나라 근대 미술의 특징을 분석한 것이다. 특히 우리나라 화가들이 지닌 창조적 역량은 서서히 일제 강점이라는 충격과 좌절에서 벗어나 현대미술의 다양한 변화에 눈을 뜨면서 새로운 회화적 혁신을 모색한 결과임을 밝히고 있다.

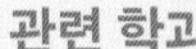

관련 도서 《근현대 속의 한국》, 송찬섭, 최규진, 한국방송통신대학교출판문화원
《컬렉터, 역사를 수집하다》, 박건호, 휴머니스트

관련 학과 국사학과, 문화유산융합학부, 문화재학과, 미술사학과, 미술학과, 미학과, 사학과, 사회학과, 산업디자인과, 역사문화학과, 역사교육과, 역사콘텐츠전공학과, 인류학과, 인문콘텐츠학부, 한국사학과, 한국역사학과

관련 교과 2022 개정 교육과정: 한국사, 동아시아 역사 기행, 미술, 미술 감상과 비평, 역사로 탐구하는 현대 세계
2015 개정 교육과정: 한국사, 동아시아사, 미술, 미술 감상과 비평, 미술 창작, 인문학적 감상과 역사이해

핵심키워드 | 원조와 최초, 전쟁과 전투, 사상과 기술, 민족과 제국

경이로운 역사 콘서트

그레그 제너 | 상상스퀘어 | 2022

이 책은 대중 역사가인 저자가 사람들에게 직접 받은 50가지 질문에 대한 답변을 한 권의 책으로 엮은 것이다. 누구나 궁금할 법한 질문부터 대놓고 물어보기 민망했던 질문까지, 저자는 독자의 호기심을 자극할 흥미진진한 이야기를 풍부한 지식과 유머러스한 문체로 풀어낸다. 이 책을 통해 역사에 대한 궁금증을 해결하고 역사를 읽는 즐거움이 무엇인지 깨달을 수 있다.

탐구 주제

주제1 역사 관련 영화가 개봉하고 나면 고증과 관련된 부분에서 논란이 일어나곤 한다. 저자는 위험한 역사 왜곡에는 반드시 맞서 싸워야 하지만, 대중 문화를 검열해서는 안 된다는 입장을 취했다. 이와 관련하여 우리나라의 영화 사전 검열 제도의 역사와 검열 제도 폐지가 가져온 영향을 정리해 보자.

주제2 흔히 카레를 인도 음식이라고 생각한다. 하지만 한 저명한 인도 요리 전문가는 "카레라는 이름은 위대한 인도 요리 문화의 격을 떨어뜨린다."고 평하였다. 그렇다면 카레는 언제, 어디에서부터 시작된 음식인지 영국의 인도에 대한 식민지 지배 정책을 바탕으로 탐구해 보자.

주제3 거울의 역사 탐구

주제4 달력의 역사 – 그레고리력과 율리우스력 비교

학생부 기록 예시 (교과세특)

'경이로운 역사 콘서트(그레그 제너)'를 통해 역사가 따분한 암기과목이라는 고정관념에서 벗어나 주제 중심의 개념 이해와 역사의 맥락을 깊이 있게 바라보는 통찰력이 향상됨. 이를 계기로 '왜 그럴까?'라는 지적 호기심을 바탕으로 인과 관계를 찾으려고 애쓰는 등 학문을 접하는 태도와 배움의 자세가 눈에 띄게 달라짐. 특히 '최초의 월요일'에 대한 궁금증으로 그레고리력과 율리우스력을 비교한 달력의 역사에 대한 깊이 있는 탐구 결과물을 제출함.

사고력 레벨up

제시문 그레그 제너는 '역사란 과거에 일어났다고 생각되는 일을 재구성하려는 지적인 노력'이라고 했다. 이는 역사를 제대로 탐험할 때 상상력, 창의력, 통합적 사고 등을 기를 수 있다는 뜻이다.

질문 1 진영 간의 갈등에 역사를 이용하기도 하는데, 진보와 보수에게 역사란 무엇일까요?

질문 2 역사적 논쟁에 부딪힐 때 합리적 의사 결정을 위한 역사적 판단력의 기준을 말해보자.

관련 논문 언론·출판의 자유와 사전검열금지원칙(김배원, 2015)

이 논문은 언론·출판의 자유와 헌법상 사전검열의 의의, 사전검열금지원칙에 대한 판례를 분석하고 헌법적으로 검토한 것이다. 이러한 판례 검토를 바탕으로 사전검열금지원칙의 절대적 적용으로 인하여 야기될 수 있는 문제점을 비판하고 사전검열제도에 대한 대안을 찾아볼 수 있다.

관련 도서 《세계사 만물관》, 피에르 싱가라벨루, 실뱅 브네르, 월북
《요즘 어른을 위한 최소한의 세계사》, 임소미, 빅피시

관련 학과 경제학과, 고고학과, 공공행정학과, 국제관계학과, 국제학부, 국제경영학과, 문예창작학과, 문화인류학과, 미학과, 사학과, 사회학과, 역사문화학과, 영상학과, 영상디자인학과, 예술학과, 인류학과, 지리학과

관련 교과 2022 개정 교육과정: 세계사, 동아시아 역사 기행, 사회와 문화, 국제 관계의 이해, 역사로 탐구하는 현대 세계
2015 개정 교육과정: 세계사, 동아시아사, 사회문화, 법과 정치, 사회문제 탐구, 인문학적 감상과 역사이해

핵심키워드	공공역사, 공공역사가, 대중문화, 지역문화

공공역사를 실천 중입니다

이하나 외 | 푸른역사 | 2023

이 책은 '역사란 역사학자만의 것이 아니라 교실 밖에서 역사를 배우고 즐기며 관심을 갖는 모두의 것'이라는 의미의 공공역사를 소개한다. 한국에서 공공역사 논의가 시작된 배경, 흐름과 쟁점을 소개한 후, 24인의 역사 전공자·학예연구사·문화해설사·PD 등의 경험을 모았다. 이 책은 우리 삶에 녹아든 '공공역사'에 관한 거의 모든 것을 담았고 역사를 이해하는 데에 큰 도움을 줄 것이다.

탐구 주제

주제1 저자는 한국 사회가 '공공역사'라는 개념을 수용하게 된 배경으로 역사대중화, 역사연구의 패러다임 변화, '역사학의 위기'라는 세 가지를 제시하였다. 특히 '역사대중화'라는 개념이 '공공역사'의 대체재 역할을 해 왔음을 지적하였는데, '역사의 공공성' 추구라는 측면에서 차이점을 비교해 보자.

주제2 최근 공공역사의 실천 사례로 '다크투어리즘'이 인기를 끌고 있다. 다크투어리즘이란 전쟁·학살 등 비극적인 역사의 현장이나 엄청난 재난과 재해가 일어났던 당시의 장소 등을 여행 또는 방문하는 것이다. 이와 같은 다크투어리즘의 교육적 효과와 한계점을 탐구해 보자.

주제3 영화 '군함도'를 통해 본 공공역사로서의 역사영화 분석

주제4 메타버스를 활용한 역사콘텐츠 개발 방안 탐구

학생부 기록 예시 (교과세특)

'공공역사를 실천 중입니다(이하나 외)'를 통해 다양한 분야에서 활동하고 있는 공공역사가들의 활동과 노력, '역사의 공공성' 추구에 대한 고민과 철학을 깨달음. 또한 공공역사의 실천 사례인 '다크투어리즘'에 관심을 갖고 일제강점기의 흔적을 그대로 느낄 수 있는 서대문형무소 역사관에 방문하여 갖은 고문에도 굴하지 않았던 우리나라 선조들의 저항 정신에 감사를 표함. 역사를 통해 교훈을 찾고 올바른 역사관을 정립하고자 노력하는 모습이 매우 칭찬할 만함.

사고력 레벨up

제시문 역사 대중화와 진지한 역사 연구 사이에는 틈이 있다. 상대적으로 큰 제작비가 소요되는 역사영화는 대개 상업영화의 테두리 안에서 제작되므로 흥행을 위한 오락성 추구는 불가피하다.

질문 1 역사 상업 영화에서 어떻게 하면 '역사의 공공성'을 추구할 수 있을까요?

질문 2 역사의 재미와 교훈을 잘 전달할 수 있는 효율적인 학습법은 무엇이 있을까요?

관련 논문 공공역사: 개념, 역사, 전망(이동기, 2016)

이 논문은 역사에 대한 대중의 폭발적 수요와 사회적 요구에 능동적으로 응하면서도 다른 한편으로는 역사학과 사회의 새로운 소통의 문제를 분석하기 위한 방법으로 등장한 공공역사의 개념과 의의, 전망을 고찰한 것이다. 이 논문을 통해 공공역사의 중요성을 이해할 수 있을 것이다.

관련 도서 《공공역사란 무엇인가》, 마르틴 뤼케, 이름가르트 췬도르프, 푸른역사
《커피가 묻고 역사가 답하다》, 이길상, 역사비평사

관련 학과 경영정보학과, 국제경영학과, 국제관계학과, 국제학부, 문화재학과, 미술사학과, 사학과, 사회학과, 역사문화학과, 역사문화콘텐츠학과, 역사콘텐츠학과, 인류학과, 인문콘텐츠학부, 정치외교학과

관련 교과 2022 개정 교육과정: 세계사, 동아시아 역사 기행, 사회와 문화, 국제 관계의 이해, 역사로 탐구하는 현대 세계
2015 개정 교육과정: 세계사, 동아시아사, 사회문화, 법과 정치, 사회문제 탐구, 인문학적 감상과 역사이해

핵심키워드 | 사료, 역사의 보편성, 역사의 특수성, 식민사학

교양인을 위한 역사학 교실

윤진석 | 이른비 | 2022

이 책은 서양 근대역사학의 기초이론들과 주요 논쟁들, 전근대 중국과 우리나라 역사학의 특징과 서술원칙, 일제 식민사학과 사회진화론 등 우리나라 근대역사학의 태동 과정에서 전개된 이론과 그에 대한 논쟁 등 역사 기록의 구성 과정과 해석 방식 등을 소개한다. 이 책을 통해 역사를 합리적으로 해석하고 판단하는 기준과 능력을 함양하고 역사관 수립 기준을 정립할 수 있을 것이다.

탐구 주제

주제1 성호 이익은 "역사란 이미 성패가 결정된 후에 쓰여지기 때문에 그 성패에 따라 아름답게 꾸미기도 하고 나쁘게 깎아내리기도 하여 마치 당연한 것처럼 만든다."라고 하였다. 이와 관련하여 "역사는 승자의 기록"이란 말도 종종 사용되는데 이 말의 빛과 그림자가 무엇인지 탐구해 보자.

주제2 우리 민족은 자유와 평등, 민주와 평화 등 전 인류의 공통된 가치를 추구해 왔는데, 이를 세계사적 보편성이라고 한다. 한국사의 이해는 보편성을 토대로 우리 민족의 역사적 삶의 특수성과 그 가치를 깨우치는 것이어야 한다. 그렇다면 한국사의 역사적 특수성이란 무엇인지 조사해 보자.

주제3 위화도 회군을 통해 본 혁명과 쿠데타의 역사적 의미 분석

주제4 역사를 움직이는 동력-수동적(숙명론적) 결정론과 능동적 결정론 비교

학생부 기록 예시 (교과세특)

역사 서적을 통해 습득한 지식을 활용할 줄 알며 자기주도학습 능력이 우수함. 특히 '교양인을 위한 역사학 교실(윤진석)'을 읽고 현대 사회에서는 비전공자인 교양인도 역사 지식을 단순히 암기하는 것을 넘어 공유한 정보를 바탕으로 스스로 합리적으로 해석하고 판단하는 능력을 기르는 공부가 필요함을 깨달음. 이후 일제 식민사학의 역사 왜곡에 대해 정리하고, 이에 맞선 민족주의 역사학의 특징을 객관적으로 분석한 '민족주의와 국뽕'이란 탐구 결과물을 제출함.

사고력 레벨up

제시문 근대 역사학의 연구방법이 도입된 이후 오늘날까지의 한국사 연구는 일제 식민사학의 역사 왜곡과 우리 연구자들이 그것을 극복하는 과정이었다.

질문 1 식민사학이 등장한 역사적 배경과 현재 우리 안에 내재된 식민사관을 말해 볼까요?

질문 2 일제강점기 상황에서 민족주의 역사가들의 주장도 국수적, 편협적 사고라고 할 수 있을까요?

관련 논문 역사 서술 원칙으로서의 '직필(直筆)'의 의미 연구: 『실록』의 풍성한 독해를 위한 제언(송지혜, 2022)

이 논문은 『실록』 서술 및 편찬의 규범적 원칙으로서의 '직필(直筆)' 혹은 '직서(直書)'를 당대인들의 시선대로 이해하기를 시도한 것이다. '직필'의 의미에 대해 역사적 접근을 취함으로써, 우리가 『실록』에 보다 복잡하고 섬세하게 접근해야 할 필요성과 사료의 중요성을 살펴볼 수 있을 것이다.

관련 도서 《처음하는 역사학 공부》, 김서형, EBS BOOKS
《30개 도시로 읽는 한국사》, 함규진, 다산초당

관련 학과 국사학과, 국제관계학과, 문화유산융합학부, 문화재학과, 미술사학과, 사학과, 사회교육과, 사회학과, 역사문화학과, 역사교육과, 역사콘텐츠전공학과, 인류학과, 인문콘텐츠학부, 한국사학과, 한국역사학과

관련 교과 2022 개정 교육과정: 한국사, 동아시아 역사 기행, 세계사, 정치, 사회와 문화, 역사로 탐구하는 현대 세계
2015 개정 교육과정: 한국사, 동아시아사, 세계사, 법과 정치, 사회문제 탐구, 인문학적 감상과 역사이해

핵심키워드 | 게임이론, 백워드인덕션, 홀드업, 도덕적 해이

그들은 왜 최후의 승자가 되지 못했나

한순구 | 삼성글로벌리서치 | 2023

이 책은 경제학자의 특별한 역사 수업으로, 역사에 발자취를 남긴 항우와 한신, 당 태종과 김춘추, 가마쿠라 막부와 오다 노부나가, 나폴레옹과 로버트 리 장군, 고르바초프 등 동서양의 유명한 인물들의 성공과 실패 이유를 경제학의 게임이론으로 분석하여 살펴본다. 이 책을 통해 역사적 성공과 실패에 대한 게임이론 분석을 접하며 역사학과 경제학의 진정한 융합이 무엇인지 이해할 수 있다.

탐구 주제

주제1 저자는 2200년 전 중국 초나라의 성군 항우가 자신이 목숨도 구해 주고 왕으로 임명도 해 준 부하들에게 배신을 당해 유방과의 대결에서 진 역사의 패자(敗子)가 된 이유를 '비협조적 게임이론'으로 설명하였다. 이와 관련하여 '비협조적 게임이론'의 뜻과 경제학에 적용한 사례를 탐구해 보자.

주제2 저자는 13가지 사건의 주인공들이 전쟁에서 지거나 국가 운영에서 실패한 원인을 적합한 게임이론을 짝지어 이들이 승리하기 위해서는 어떻게 했어야 하는지 설명하였다. 또한 이를 통해 조직 생활을 위한 '전략적 사고법'을 키울 수 있다고 했는데, 사례를 들어 설명해 보자.

주제3 백워드 인덕션의 개념과 특징 탐구

주제4 고르바초프의 정책이 소련의 몰락에 끼친 영향 분석

학생부 기록 예시 (교과세특)

'그들은 왜 최후의 승자가 되지 못했나(한순구)'를 읽고 역사적 실패 사례를 경제학에 융합시켜서 분석하고 비판하는 저자의 주장에 매우 놀람. 또한 각 사례를 통해 알게 된 게임이론을 현재 우리나라의 다양한 현상들과 연결지어 정리하는 심화탐구 활동에 참여함. 이후 역사를 바라볼 때 어떤 인물의 잘못된 결정에 대해 "어째서 그런 결정을 했을까"라는 의문을 갖거나, 무조건 수용보다는 "왜"라고 사고하는 습관을 키우고자 노력함. 이를 계기로 논리적 사고력이 매우 향상됨.

사고력 레벨up

제시문 경제학의 게임이론은 사람들이 계획하고 실행하는 '전략'과 '선택'을 체계적으로 깊이 연구하는 학문이다. 여기에서 파생된 용어로 '치킨 게임'이란 경제 용어가 널리 사용되고 있다.

질문 1 '치킨 게임'의 예시를 들어 '치킨 게임'이 무엇인지 개념을 설명해 볼까요?

질문 2 '미중 패권 갈등'에서도 국가 간에 '치킨 게임'이 벌어지고 있다. 이로 인해 발생할 문제를 예측해보고, 이와 같은 '치킨 게임'을 피하는 법, 해결 방안을 모색해 보자.

관련 논문 게임이론을 적용한 한국기업의 글로벌기업가치 강화전략(정재권, 2018)

이 논문은 게임이론적 관점에서 한국 기업의 글로벌화에 따른 기업가치 강화전략을 국가적 측면에서 다자게임의 원리로 내용을 분석한 것이다. 또한 향후 산업정책의 기획 및 실행 등에 필요한 의사 결정 자료 활용 시 도움을 줄 수 있을 것으로 기대된다.

관련 도서 《죽은 경제학자의 살아있는 아이디어》, 토드 부크홀츠, 김영사
《역사는 반복된다》, 배기성, 왕의서재

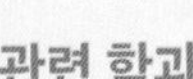

관련 학과 | 국제경영학과, 국제관계학과, 국제학부, 국제통상학과, 글로벌비즈니스학과, 경영정보학과, 경영학과, 경제학과, 문화콘텐츠학과, 미디어커뮤니케이션학과, 사학과, 소프트웨어학과, 역사문화학과, 통계학과

관련 교과 | 2022 개정 교육과정: 한국사, 통합사회, 세계사, 정치, 사회와 문화, 경제, 법과 사회, 역사로 탐구하는 현대 세계
2015 개정 교육과정: 한국사, 통합사회, 세계사, 법과 정치, 경제, 사회문제 탐구, 인문학적 감상과 역사이해

핵심키워드 | 수요시위, 관계, 품위, 나 자신

그래서 역사가 필요해

신동욱 | 포르체 | 2021

이 책은 성삼문과 신숙주, 흥선대원군, 김만덕, 김부식, 이이, 김육 등 여러 역사 속 인물이 불안했던 한국사의 소용돌이 안에서 어떤 선택을 하고 어떻게 자신만의 길을 걸어갔는지를 살펴본다. 이 책의 역사 속 인물이 겪은 사건과 사고, 그들의 판단과 행동을 통해 현재 나의 문제에 대한 도움을 얻고, 우리가 추구해야 할 진정한 가치를 자연스럽게 깨닫는 계기가 될 것이다.

탐구 주제

주제1 어학 천재이자 외교, 안보의 귀재로서 세종과 문종의 총애를 받았던 신숙주는 수양대군의 왕위찬탈을 지지했다. 이를 계기로 역사 속에서 신숙주는 변절자, 배신자라는 낙인이 찍혔다. 이와 관련하여 신숙주가 왜 그러한 선택을 했는지, 그가 정말 비난받아야만 하는지에 대해 토론해 보자.

주제2 저자는 전태일의 분신에서부터 시작된 노동자의 각성이 나비효과처럼 작용해 YH 사건을 거쳐 마침내 독재정권의 몰락까지 이어졌으며, 평범한 사람들에 의해 새로운 역사가 쓰이기 시작했다고 언급하였다. 이와 관련하여 전태일의 삶과 투쟁이 한국 노동운동사에서 갖는 의미를 정리해 보자.

주제3 객주 김만덕의 노블레스 오블리주 실천 고찰

주제4 박연이 조선 궁중 음악의 탄생에 끼친 영향 탐구

학생부 기록 예시 (교과세특)

'그래서 역사가 필요해(신동욱)'를 통해 역사 속 인물의 삶을 돌아보고 그들의 삶 속에서 현재의 자기를 뒤돌아보는 시간을 가짐. 나아가 역사란 우리 삶의 과거와 현재를 연결해서 되풀이되고 있음을 깨닫고, 우리가 배울 점을 현재의 삶에 실천하고 적용해 보려는 태도를 보임. 특히 조선 시대 최고의 개혁으로 불리는 대동법에 대한 심화학습을 진행하고 '우리나라에도 부자 증세가 필요한가'라는 토론 발제로 확장하여 깊이 있는 찬반 토론을 이끎.

사고력 레벨up

제시문 김육은 100년 넘게 번번이 중도에 폐지됐던 대동법을 법제화한 인물이다. 공정과 합리성을 근간에 둔 대동법은 조선 후기 사회의 근간을 마련한 최고의 조세개혁으로 평가받고 있다.

질문 1 왜 대동법이 공정과 합리성을 근간으로 두었다는 평가를 받고 있는지 설명해 볼까요?

질문 2 조세 정의와 불평등 완화를 위해 '부자증세'가 필요하다는 주장에 대해 어떻게 생각하는지 찬반 의견을 논리적 근거를 들어 설명해 볼까요?

관련 논문 공법(貢法)과 대동법의 역사성과 한계성(오기수, 2015)

현대에서도 조세법의 입법은 국가는 재정수입을 확보하면서 납세자의 공평과 응능과세의 원칙을 실현하는 것을 최대의 목표로 한다. 이 논문은 대동법과 공법의 연관성을 살펴보고, 조선시대 최고의 조세개혁인 공법과 대동법의 역사성과 한계성을 분석하여 역사적 교훈을 얻고자 하였다.

관련 도서 《벌거벗은 한국사: 인물편》, tvN STORY〈벌거벗은 한국사〉제작팀, 프런트페이지
《모두를 위한 세계사 인물사전》, 야마사키 케이치, 로북

관련 학과 국사학과, 국제관계학과, 국제학부, 문화유산융합학부, 문화재학과, 미술사학과, 미학과, 사학과, 사회학과, 역사문화학과, 역사문화콘텐츠학과, 역사콘텐츠학과, 인류학과, 인문콘텐츠학부, 정치외교학과, 철학과

관련 교과 2022 개정 교육과정: 한국사, 통합사회, 사회문화, 정치, 역사로 탐구하는 현대 세계, 인간과 철학, 주제 탐구 독서
2015 개정 교육과정: 한국사, 통합사회, 정치와 법, 사회문화, 사회문제 탐구, 인문학적 감상과 역사이해, 철학

핵심키워드 | 정부 수립, 박정희 시대, 민주화 시대, 외환위기

논쟁으로 읽는 한국 현대사

김호기, 박태균 | 메디치미디어 | 2019

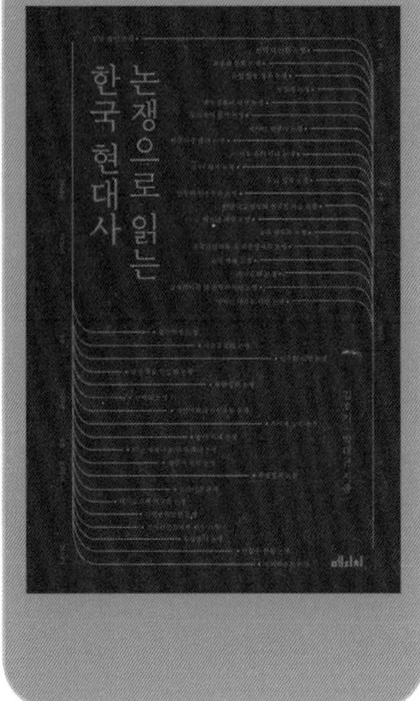

이 책은 사회학자와 역사학자인 두 저자가 1945년부터 2018년까지 한국 현대사를 뒤흔든 40가지 논쟁들을 조명하고 평가한 것이다. 두 저자는 한국 현대사 논쟁들을 다루며 역사적 사건도 중요하지만 '우리는 누구인가'에 대한 논쟁과 답을 찾는 과정 역시 중요하다고 이야기한다. 이 책을 통해 우리 사회가 지나온 길을 성찰하며, 앞으로 나아갈 방향을 숙고할 수 있을 것이다.

탐구 주제

주제1 저자는 친일파 청산 문제가 제때 해결되지 못함으로 인해서, 과거사 문제가 정치적 문제가 된 것이 현재까지도 우리 사회의 큰 아킬레스건이라고 언급하였다. 이와 관련하여 친일파 청산을 위한 '반민족행위특별조사위원회' 활동이 실패로 끝난 원인과 이로 인한 영향을 탐구해 보자.

주제2 '5·16을 쿠데타로 보느냐, 혁명으로 보느냐'는 뜨거운 감자이며, 역사 교과서는 5·16을 '군사정변'으로 규정하고 있다. 이와 관련하여 주도 세력이 추구했던 이념, 주도 세력의 구성 그리고 군사정변 이후에 실시된 정책과 결과가 '혁명과 쿠데타' 중 어떤 성격을 갖고 있는지를 분석해 보자.

주제3 촛불시민혁명이 한국민주주의에 던지는 함의 고찰

주제4 한국군의 전시작전통제권 환수 논란과 필요성 탐구

학생부 기록 예시 (교과세특)

'논쟁으로 읽는 한국 현대사(김호기 외)'를 읽고 광복, 정부 수립, 분단 체제의 형성과 연관된 논쟁을 살펴보며 현대 한국의 시공간이 만들어진 계기를 탐구하는 자세를 보임. 또한 민주화 시대의 개막과 진전을 알리는 논쟁들도 살펴보며, 우리나라의 민주주의 발전을 위한 시련과 투쟁의 역사를 이해하고 민주시민의식을 함양함. 나아가 역사를 통해 교훈을 찾고 현재를 이해하며, 옳고 그름을 구별하는 사회구성원으로서 목소리를 내고자 노력하는 모습이 칭찬할 만함.

사고력 레벨up

제시문 70여 년의 한국 현대사를 돌아보면, 고난의 시기도 영광의 시기도 있었다. 산업화·민주화를 넘어선 새로운 국가와 사회를 향한 미래의 청사진을 마련하는 것보다 더 중요한 과제는 없다.

질문 1 현대 사회의 중요 문제인 소득 계층 간 양극화 현상의 원인과 해결 방안을 탐구해 볼까요?

질문 2 우리나라 발전을 위해 국민의 화합은 매우 중요하다. 그런데 여러 쟁점에 대해 사람들은 진보와 보수로 나뉘어 끊임없이 대립하고 있다. 보수와 진보의 대립이 왜 일어나는지 말해 볼까요?

관련 논문 6월 민주항쟁과 인권(김재민, 2017)

6월 민주항쟁은 4·19 혁명, 5·18 민주화운동과 함께 한국 사회를 전환시킨 역사적 변곡점이었다. 이 논문은 특히 인권적 관점에서 6월 민주항쟁의 의미를 되새겨보는 시론으로, 6월 민주항쟁의 정신은 인권사회로 이행할 수 있는 디딤돌의 역할을 하였음을 고찰하고 있다.

관련 도서 《박태균의 이슈 한국사》, 박태균, 창비
《숨어 있는 한국 현대사》, 임기상, 인문서원

관련 학과 국사학과, 국제경영학과, 국제관계학과, 국제통상학과, 국제학부, 군사학과, 도시행정학과, 사학과, 사회학과, 신문방송학과, 역사문화학과, 역사콘텐츠학과, 인류학과, 인문콘텐츠학부, 정치외교학과, 철학과, 행정학과

관련 교과 2022 개정 교육과정: 한국사, 통합사회, 사회문화, 정치, 역사로 탐구하는 현대 세계, 인간과 철학, 주제 탐구 독서
2015 개정 교육과정: 한국사, 통합사회, 정치와 법, 사회문화, 사회문제 탐구, 인문학적 감상과 역사이해, 철학

핵심키워드	길들이기, 도무스 복합체, 문명, 야만

농경의 배신

제임스 C. 스콧 | 책과함께 | 2019

이 책은 인류학과 고대사 등 최신 방대한 연구성과를 압축하여 기존 문명진보서사를 뒤집어 엎는 도발적인 문제작이다. 저자는 정착 생활, 농경, 국가, 유목 공동체와 농경 공동체 사이의 관계에 관한 쉽고 독창적인 이야기로 국가의 기원에 대한 대항 서사를 소개한다. 이 책을 통해 역사의 시원(始元)으로 눈을 돌려 국가의 기원과 문명과 야만의 의미를 새롭게 파악할 수 있을 것이다.

탐구 주제

주제1 저자는 농업 혁명이 국가라는 커다란 공동체를 탄생시켰다는 일반적 정설에 조목조목 반박하며 국가라는 형태는 절대 자연스러운 것이 아니며, 국가는 착취를 위해 만들어진 불필요한 집단이라고 강하게 주장하였다. 이러한 저자의 주장에 동의하는지 자신의 생각을 말해 보자.

주제2 저자는 최초의 농경 국가는 농경민의 '길들이기(domestication)' 과정의 축적을 통해 탄생했으며 수많은 야만인은 국가가 유발한 세금, 속박, 전쟁에서 벗어나기 위해 변방으로 도주한 정치적·경제적 난민이었다고 언급했다. 저자의 관점에서 본 '문명과 야만'의 의미를 분석해 보자.

주제3 신석기 혁명이 가져온 변화 탐구

주제4 초기 국가에서 이루어진 노예 노동의 역할 분석

학생부 기록 예시 (교과세특)

인류가 수렵, 채취 경제에서 농업과 목축을 통한 생산 경제로의 전환이 정착 생활과 국가의 성립을 가져왔다는 일반적 정설을 비틀어 본 '농경의 배신(제임스 C. 스콧)'를 읽고 저자의 독창적이고 매력적인 주장에 지적인 호기심을 보임. 관습적 상식을 뒤집어놓은 저자의 주장에 대한 무조건적 수용보다는 타당한 근거를 찾아보고, 비판적으로 수용하려는 자세를 보임. 역사를 변하게 하는 원인을 찾고 정리하는 능력, 문제 해결력, 자기 주도적 학습 능력이 탁월함

사고력 레벨up

제시문 현대 사회에서 정치적 입장이나 사회적 계층을 뛰어넘어 '국가'가 강력한 하나의 이데올로기로 작동하는 우리나라의 현실에서, 국가란 무엇인지 반성적으로 사고할 필요가 있다.

질문 1 근래에 '국뽕'이란 말이 널리 유행하고 있다. 그 의미를 사례를 들어 설명해 볼까요?

질문 2 극단적인 국가주의나 국수주의가 초래할 수 있는 사회적 영향을 추론해 볼까요?

관련 논문 인류사 전개 과정에 대한 고고학자 차일드의 역사관 재조명(고일홍, 2011)

이 논문은 근대 고고학의 아버지라고 불리는 차일드의 '신석기 혁명'과 '도시 혁명'이라는 인류사의 전개 과정에 대한 시각을 점검하고 재조명한 것이다. 이 논문을 통해 사회, 경제적 요인들이 인간 삶을 규정하며, 그것들의 전환이 곧 인류 역사를 이끄는 원동력이었음을 이해할 수 있다.

관련 도서 《농경은 어떻게 시작되었는가》, 나카오 사스케, AK
《신세계사1》, 쑨룽지, 흐름출판

관련 학과 고고학과, 고고문화인류학과, 국제관계학과, 국제학부, 경제학과, 농업경제학과, 도시행정학과, 미학과, 사학과, 사회학과, 식품자원경제학과, 역사문화학과, 인류학과, 정치외교학과, 지리학과, 행정학과

관련 교과 2022 개정 교육과정: 세계사, 세계시민과 지리, 경제, 사회와 문화, 국제 관계의 이해, 역사로 탐구하는 현대 세계
2015 개정 교육과정: 세계사, 세계지리, 경제, 사회문화, 여행지리, 사회문제 탐구, 인문학적 감상과 역사이해

핵심키워드 | 기회, 집중, 이해, 존중

당신의 역사가 역사를 만날 때

임라원 | 모길비 | 2023

이 책은 '잊힐 뻔했던 사람들의 역사'를 꿈, 기회, 선택, 집중, 이해, 존중 그리고 기적의 역사란 주제로 각각의 역사적 사건이나 인물의 삶을 살펴본 것이다. 또한 각 장의 끝에는 내용과 관련한 음악 영상 주소를 제공하고 있어 잠시 동안 음악을 들으며 머리속에 정리할 수 있는 여유도 가질 수 있다. 이 책은 삶을 살아갈 힘과 새로운 방향성이 필요한 현대인에게 따뜻한 위로와 지혜를 전한다.

탐구 주제

주제1 흔히 "사람은 저마다의 역사를 가진다."라는 말이 있다. 하지만 우리 모두가 위인인 것도, 특별한 예능인인 것도 아니다. 그렇기에 우리의 역사는 빛을 보지 못한 채 기억 속에 혹은 일기장과 마음속에서 잊혀 간다. 이와 관련하여 '역사에 쓰인 삶만이 가치가 있을까?'에 대해 토론해 보자.

주제2 저자는 국가와 국민이 갖는 권리, 권위, 권력의 상호관계와 작용에 대해 남아공의 '아파르트헤이트 정책'을 사례로 들어 설명하고, 남아공의 역사는 균형과 협력이 부재한 집중의 역사였음을 지적하였다. 이와 관련하여 '아파르트헤이트 정책'의 주요 내용과 문제점을 탐구해 보자.

주제3 브라유 점자와 훈맹정음 비교 탐구

주제4 장진호 전투가 한국 전쟁에 미친 영향 분석

학생부 기록 예시 (교과세특)

'당신의 역사가 역사를 만날 때(임라원)'의 꿈, 기회, 선택, 집중, 이해, 존중, 기적의 역사적 사건이나 인물의 삶을 통해 다양한 해석의 가능성을 발견하고 역사적 교훈을 찾으려 노력하는 모습이 매우 돋보임. 특히 '히틀러의 영화감독'이란 낙인에서 자유롭지 못한 레니 리펜슈탈의 한 순간의 가볍고, 잘못된 선택을 살펴보면서 '선택'이 삶의 방향을 정하는 나침반이라고 한다면, 책임감을 느끼고 신중한 선택이 되도록 노력해야 함을 깨달음.

사고력 레벨up

제시문 100여 년의 영화 역사상 천재와 악마라는 평가를 동시에 받는 레니 리펜슈탈의 '의지의 승리'는 최고의 다큐멘터리이자, 최악의 나치 선전물이라는 명성을 함께 가진 괴이한 걸작이다.

질문 1 레니 리펜슈탈은 그저 영화를 위해 정권과 손을 잡은 현실주의자였을까요?

질문 2 그녀는 죽기 직전 '히틀러를 찾아간 것이 자신이 저지른 일생일대의 실수'였다고 고백했다. 이처럼 선택의 기로에 섰을 때, 무엇을 선택의 기준으로 삼아야 되는지에 대해 토론해 보자.

관련 논문 남아공의 아파르트헤이트 극복 및 평화·화해를 위한 평화교육 연구(오기성, 2023)

이 논문은 남아공이 어떻게 식민주의와 아파르트헤이트 체제하의 폐해를 극복하고, 평화와 화해를 위한 평화교육을 추진하고 있는가를 고찰한 것이다. 또한 아울러 평화와 화해를 위한 남아공의 공교육과 시민사회의 노력을 통해 민주적 가치를 증진하는 모습도 살펴볼 수 있다.

관련 도서 《당신의 말이 역사가 되도록》, 이호연 외, 코난북스
《자유를 향한 머나먼 길》, 넬슨 만델라, 두레

관련 학과 공공행정학과, 공공인재학과, 국제관계학과, 국제학부, 국제경제학과, 군사학과, 도시행정학과, 미학과, 사학과, 사회학과, 식품자원경제학과, 역사문화학과, 인류학과, 정치외교학과, 지리학과, 행정학과

관련 교과 2022 개정 교육과정: 한국사, 세계사, 동아시아 역사 기행, 사회와 문화, 역사로 탐구하는 현대 세계, 음악
2015 개정 교육과정: 한국사, 세계사, 동아시아사, 사회문화, 법과 정치, 인문학적 감상과 역사이해, 음악

핵심키워드 | 독일인, 마르틴 루터, 신성로마제국, 국가 정체성

독일사 산책

널 맥그리거 | 옥당 | 2016

이 책은 영국박물관과 BBC가 공동 기획한 역사 프로젝트로 독일사 전반을 독일의 건물과 물건, 사람과 장소를 기준으로 유럽사의 중심에 서 있는 독일사를 풀어냈다. 오늘날 독일인 대부분이 공유하는 독일의 업적과 상처를 씨줄과 날줄 삼아 현대 독일을 이해할 수 있는 새로운 접근법을 제시한다. 이 책을 통해 현재 독일과 독일인, 독일이 지향하는 모습에 다가갈 수 있을 것이다.

탐구 주제

주제1 1871년 통일되기 전까지 신성로마제국이라는 큰 울타리 아래 수백 개의 크고 작은 자율적인 국가들로 나뉘어 근 천 년에 가까운 세월을 보내면서 독일 내 국가들은 같은 민족이라는 소속감이 없었다고 저자는 언급했다. 이와 관련하여 오늘날 독일의 민족의식의 형성 과정을 탐구해 보자.

주제2 두 번의 세계대전을 일으켜 패전국이 되었던 독일이 불과 반세기 만에 물리적, 정신적 폐허를 딛고 일어나 경제 강국이자 정치 리더가 되어 유럽 공동체를 앞장서 이끌고 있다. 어떻게 그런 일이 가능했는지, 그 원동력이 무엇인지 지도자의 리더십과 연결지어 분석해 보자.

주제3 괴테 문학과 표준 독일어의 상관 관계 분석

주제4 구텐베르크의 인쇄 혁명이 독일 역사에 끼친 영향 분석

학생부 기록 예시 (교과세특)

독일의 '한자 동맹'과 서양 상공업의 발전 과정을 심층적으로 분석하고, 동시대 중국, 아랍의 상공업 발전과 비교한 우수한 탐구 결과물을 제출함. 이후 경제, 정치 등에서 유럽 대륙을 넘어 세계의 이목을 집중시키는 나라인 독일에 대한 지적호기심으로 '독일사 산책(닐 맥그리거)'을 정독함. 또한 부끄러운 역사조차 분명히 밝히고 이를 단호히 질책하며 미래로 이끄는 독일 역사 교육의 목적을 깨닫고 선진국이 가지고 가야 할 책무에 대해 성찰하는 자세를 보임.

사고력 레벨up

제시문 통일 후에도 과거 동독 지역, 서독 지역 간의 사회, 경제적 격차가 크다. 동독에서는 사회적으로 소외된 계층이 더 많고, 네오 나치 등 극단주의자들이 작지 않은 세력을 이루고 있다.

질문 1 극단주의가 대두되는 이유는 무엇이고 어떤 문제적 양상을 가지고 있나요?

질문 2 독일 통일 과정에 비추어 볼 때 분단 국가인 우리나라가 지향해야 할 점은 무엇일까요?

관련 논문 증오의 미학-독일 낭만주의에 나타난 반유대주의 고찰(윤태원, 2021)

현재도 반유대주의는 여전히 존재한다. 이 논문은 독일의 유대인 탄압이 단순히 나치의 광기에 의한 것이 아닌, 사회 전반에 깔려있던 문화임을 보여준다. 이 논문을 통해 우리는 특정 대상을 향한 혐오를 다루기 위한 담론의 필요성과 현재 독일의 정책 방향을 이해할 수 있을 것이다.

관련 도서 《합스부르크, 세계를 지배하다》, 마틴 래디, 까치
《젊은 베르테르의 슬픔》, 요한 볼프강 폰 괴테, 민음사

관련 학과 ICT융합학과, 경영정보학과, 경제학과, 관광학과, 국제경영학과, 국제관계학과, 국제학부, 디지털미디어과, 문화콘텐츠학과, 사학과, 사회학과, 역사문화학과, 인공지능학과, 정치외교학과, 지리학과, 행정학과

관련 교과 2022 개정 교육과정: 세계사, 세계시민과 지리, 사회와 문화, 국제 관계의 이해, 역사로 탐구하는 현대 세계
2015 개정 교육과정: 세계사, 세계지리, 사회문화, 여행지리, 사회문제 탐구, 인문학적 감상과 역사이해

핵심키워드 온난화, 대가뭄, 생존, 코끼리

뜨거운 지구, 역사를 뒤흔들다

브라이언 페이건 | 씨마스21 | 2022

이 책은 800~1300년까지 중세의 대온난화로 인해 빚어낸 이상기후들이 중세 사회에 미친 영향에 대해 저술한 것이다. 특히 인류가 대가뭄과 같은 기후에 어떻게 적응했고, 지금 우리에게 필요한 것은 무엇인지에 대해 질문하는 이 책은 급변하는 기후와 그 결과를 흥미진진하게 설명하고 있다. 이 책을 통해 1000년 전의 사건과 현시대 지구온난화의 미래를 살펴볼 수 있다.

탐구 주제

주제1 저자는 온난화와 한랭화, 풍부한 강우량과 가뭄, 넓은 풀밭과 목초의 부족이 끊임없이 반복되는 현상이 역사의 중요한 추진력이었다고 언급하였다. 특히 중세 긴온난기의 가뭄이 칭기즈칸의 맹렬한 정복 활동과 일치한다고 설명하였는데, 저자가 그렇게 주장한 이유와 근거를 찾아보자.

주제2 저자는 '가뭄'에 대해 기후변화와 함께 다가오는 은밀한 살인자, 역사를 움직인 코끼리라고 표현하였다. 이와 관련하여 중세 온난기 기후의 특징을 정리해보고, 특히 온난기의 '가뭄'이 유라시아, 북미 대륙 등 각 지역의 사회상, 역사 발전에 어떤 변화를 초래했는지 탐색해 보자.

주제3 기후변화의 지구외적, 지구내적 원인 탐구

주제4 역사 흐름에 따른 지구의 기후변화 양상 고찰

학생부 기록 예시 (교과세특)

'뜨거운 지구, 역사를 뒤흔들다(브라이언 페이건)'를 읽고 중세 대온난기의 의미를 이해하고 온난화, 해수면 상승의 위험성뿐만 아니라 가뭄이란 더 큰 위험을 간과하면 안 된다는 사실을 깨달음. 지구의 기후 변화 과정에 대한 호기심으로 역사 흐름에 따른 지구의 기후 변화 양상에 대해 심화학습을 진행함. 장기적으로 지속되는 지구온난화는 우리의 삶을 붕괴시킬 수 있음을 인식하고 지구온난화를 지연시키기 위한 에너지 절약, 스프레이 사용 줄이기에 참여하려는 실천적 자세를 보임.

사고력 레벨up

제시문 현재 장기적으로 지속되고 있는 온난화와 가뭄은 국지적 현상이 아니다. 게다가 과거와 달리 자연적 온난화에 인간이 초래한 온난화가 더해지고 있다.

질문 1 현대 지구온난화의 자연적, 인위적 요인과 구체적인 피해 사례를 정리해 볼까요?

질문 2 지구온난화, 이상기후 변화를 막기 위한 국가적 차원의 노력을 설명해 볼까요?

관련 논문 중세온난기와 11세기 동아시아의 기후변동(김문기, 2021)

이 논문은 11세기를 중심으로 한·중·일 3국의 기후변동과 역사적 의미를 고찰한 것이다. 특히 중국에도 중세 온난기가 존재했음을 증명하고, 나아가 중세온난기(MWP)와 지구온난화(GWP)를 둘러싼 논쟁도 살펴보며, 오늘날의 지구온난화 논쟁과 밀접하게 관련되어 있다는 점도 밝혔다.

관련 도서 《기후, 문명의 지도를 바꾸다》, 브라이언 페이건, 씨마스21
《지구는 괜찮아, 우리가 문제지》, 곽재식, 어크로스

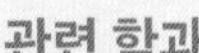

관련 학과 고고학과, 고고문화인류학과, 대기과학과, 대기환경과학과, 물리학과, 사학과, 생명과학과, 생물학과, 생물환경화학과, 역사문화학과, 인류학과, 지구환경과학과, 해양학과, 화학과, 환경공학과, 환경학과

관련 교과 2022 개정 교육과정: 세계사, 동아시아 역사 기행, 사회문화, 통합사회, 지구시스템과학, 기후변화와 환경생태
2015 개정 교육과정: 세계사, 동아시아사, 통합사회, 사회문화, 통합과학, 지구과학, 생활과 과학, 환경

핵심키워드	전쟁과 평화, 동아시아, 한일관계, 재일조선인

마주 보는 역사수업

전국역사교사모임, 일본역사교육자협의회 | 휴머니스트 | 2023

이 책은 계속되는 동아시아 역사전쟁의 소용돌이 속에서 평화와 연대, 공존을 꿈꾸는 한국과 일본의 역사교사들이 20여 년간 교류하며 함께 고민하고 만들어온 26개의 수업 실천 사례를 담았다. 특히 한국과 일본의 초·중·고등학교에서 진행한 개별 수업, 한일 교환 수업, 한일 공동 수업 실천 등 여러 사례가 있다. 이 책을 통해 이해와 공존의 한일관계, 평화의 동아시아의 희망을 볼 수 있다.

탐구 주제

주제1 자국이나 자민족의 틀에서 벗어나 역사를 보는 것이 그리 쉬운 일은 아니다. 이와 관련하여 일본 제국주의의 우리나라 식민지배에 대한 양국의 역사 인식과 역사 서술의 차이를 비교해보고, 식민 지배의 상흔을 극복하고 평화로운 세계를 구축해나갈 방안을 모색해 보자.

주제2 제주 강정과 일본 오키나와의 헤노코, 다카에 지역은 주민들의 격렬한 반대에도 불구하고 각 국 정부가 대규모 군사기지 건설을 추진했던 대표적인 환경 분쟁 지역이었다. 이와 관련하여 '환경 보호'와 '국가 안보'라는 관점에서 '군사기지 설치의 필요성'에 대한 찬반 토론을 해 보자.

주제3 일본 우키요에를 통해 본 에도시대 서민의 생활상 탐구

주제4 한국과 일본 학생들의 3·1운동에 대한 인식 비교·분석

학생부 기록 예시 (교과세특)

'마주 보는 역사 수업(전국역사교사모임 외)'을 읽고 역사 속 혐오가 증오범죄로 이어진 사례를 주제로 주제탐구활동을 진행하고, '간토대지진 당시 조선인 학살과 피해 고찰'이라는 탐구 결과물을 제출함. 현재 일본 내 혐한 관련 기사를 분석하여 혐한론의 기원을 살피고, 역사 침략과 수탈로 얼룩졌던 과거에 매몰되지 않고 한일관계의 미래를 위해 어떤 노력을 전개할 수 있는지를 찾아보려는 실천적 자세를 보임. 또한 비판적인 태도로 역사를 해석하는 힘이 눈에 띔.

사고력 레벨up

제시문 2000년대 이후 일본에서의 한류 붐은 증가세다. 그러나 엔터테인먼트로서 표면적인 부분만 '소비'할 뿐 한일관계의 정치적인 부분을 기피하며 마주 보려 하지 않는 모습도 보인다.

질문 1 한류 열풍과 동시에 일본 내 혐한론도 확산되고 있는데, 혐한론의 기저는 무엇일까요?

질문 2 한일 양국 국민감정의 골을 깊게 하는 '혐한'을 극복할 방법은 무엇일지 말해 볼까요?

관련 논문 역사인식 문제와 한일관계 : 미래를 위한 제언(김준섭, 2005)

이 논문은 한국인들이 일본의 식민지 지배에 의해 크나 큰 피해를 입었다고 인식하고 있는 반면, 일본인들은 그에 대한 죄의식을 거의 가지고 있지 않다는 데에서 발생하는 한일간의 역사인식 문제를 지적하고 우호적인 한일관계의 유지, 발전을 위한 개선책을 제안하고 있다.

관련 도서 《도쿄 조선대학교 이야기》, 양영희, 마음산책
《한일관계 2천년, 화해의 길목에서》, 손승철, 역사인

관련 학과	고고미술사학과, 관광경영학과, 관광학과, 국사학과, 국제관계학과, 국제학부, 군사학과, 사학과, 사회학과, 사회교육과, 역사문화학과, 역사교육과, 역사콘텐츠전공학과, 인문콘텐츠학부, 일어일문학과, 정치외교학과
관련 교과	2022 개정 교육과정: 한국사, 동아시아 역사 기행, 세계사, 법과 사회, 사회문제 탐구, 역사로 탐구하는 현대 세계 2015 개정 교육과정: 한국사, 동아시아사, 세계사, 정치와 법, 사회문제 탐구, 인문학적 감상과 역사이해

핵심키워드 | 대도시, 국제 도시, 문명, 미래 도시

메트로폴리스

벤 윌슨 | 매일경제신문사 | 2021

이 책은 인간의 가장 위대한 발명품인 최초의 도시 우루크가 세워진 이후 오늘날까지 총 6000년간 인류 문명을 꽃피웠던 26개 도시를 연대기순으로 살펴보며 인류문명사의 발전을 살펴본다. 상업, 국제무역, 예술, 위생, 목욕탕, 길거리 음식, 사교 등 도시를 배경으로 흥미로운 이야기와 시공간을 초월한 세계사 대항해를 따라가다 보면 내가 살고 있는 도시를 객관화하여 바라보고 그 안에서 펼쳐지는 인간 활동과 문명에 대해 생각해 볼 수 있을 것이다.

탐구 주제

주제1 저자는 타의 추종을 불허하는 지식과 예술 분야의 중심지이자 신성한 도시로 평가되었던 바빌론이 죄악, 부패, 폭정의 도시로 이미지가 전해진 이유로 기독교의 영향이 컸음을 언급하였다. 이와 관련하여 예루살렘을 예로 종교가 어떻게 도시와 인류의 삶을 지배했는지에 대해 고찰해 보자.

주제2 저자는 17세기 유럽 최초의 커피하우스가 런던에서 문을 열었고, 커피하우스는 1페니 대학이라 불리며 차별 없는 자유 토론의 공간이 되었음을 언급하였다. 이처럼 정치, 국제교역, 기술발전, 예술 등 문명의 결실은 도시 역사 속에서 어떻게 잉태되는지 1가지 사례를 들어 탐구해 보자.

주제3 수메르 문명과 최초의 도시 국가 고찰

주제4 20세기 초 후기산업시대 도시화의 명암 탐구

학생부 기록 예시 (교과세특)

'메트로폴리스(벤 윌슨)'를 통해 도시의 등장과 26개 도시 역사적 발전 과정을 이해하고, 이성과 상상력으로 도시를 온전히 이해하고 받아들이는 법을 자연스럽게 깨우침. 또한 도시 문제의 해법을 도시의 생리에서 찾아보려고 노력함. 특히 최근 경기 김포시의 서울 편입에 대한 의견이 대립되는 상황을 접하며, 서울 확장론의 필요성에 대한 찬반 토론에 적극 참여하고 기형적인 인구 쏠림 현상과 도시 집중화를 초래할 수 있다는 차원에서 반대 입장을 밝힘.

사고력 레벨up

제시문 오늘날 전 인류의 절반 이상이 도시에 운집해 살고 있고, 세계 전체의 경제가 몇몇 도시권에 절대적으로 의존하고 있는 상태이며 앞으로 이러한 현상은 점점 더 심화될 전망이다.

질문 1 서울과 경기권에 인구 2,000만 명이 모여 살고 있는, 언뜻 기형적으로 보이기까지 하는 인구 쏠림 현상의 원인이 무엇인지 말해볼까요?

질문 2 대도시화가 가진 문제, 위기를 넘어 미래 도시가 나아갈 방향에 대해 추론해 볼까요?

관련 논문 우리나라 대도시의 도시화 단계별 대도시권 거버넌스의 유형 특성(김정호, 2020)

이 논문은 우리나라 대도시를 사례로 대도시의 도시화 단계를 Klaasen과 Paelinck의 도시화과정 모형을 이용하여 구분하고, 대도시권 거버넌스 유형은 협력형, 이원형, 단일정부형으로 구분하여 도시화 단계별 대도시권 거버넌스의 유형적 특성을 분석한 것이다.

관련 도서 《문명의 붕괴》, 재레드 다이아몬드, 김영사
《문명의 문법》, 페르낭 브로델, 서커스

관련 학과 고고학과, 고고문화인류학과, 공공행정학과, 공공인재학과, 국제관계학과, 국제학부, 국제경제학과,경제학과, 도시행정학과, 도시공학과, 사학과, 사회학과, 역사문화학과, 인류학과, 정치외교학과, 지리학과, 행정학과

관련 교과 2022 개정 교육과정 : 세계사, 세계시민과 지리, 경제, 사회와 문화, 도시의 미래 탐구, 역사로 탐구하는 현대 세계
2015 개정 교육과정 : 세계사, 세계지리, 경제, 사회문화, 여행지리, 사회문제 탐구, 인문학적 감상과 역사이해

핵심키워드 | 문화·문명, 중세, 근·현대, 진보와 갈등

문화로 읽는 세계사

주경철 | 사계절 | 2015

이 책은 정치사와 사회사 중심의 역사 인식이 주종을 이루던 역사서에서 벗어나 문화사의 시점에서 역사를 바라본 것이다. 특히 멀리 선사 시대부터 근·현대 사회에 이르기까지 역사 속에서 인간의 삶이 어떠한 문화를 일구어 왔는지를 역사 유물과 유적뿐 아니라 신화나 민담, 음식 등 서른다섯 가지 주제를 통해 살펴본다. 이 책을 통해 문화의 다양한 측면을 둘러보는 재미를 맛볼 수 있다.

탐구 주제

주제1 19세기 독일의 법학자 루돌프 예링은 "로마는 세계를 세 번 통일했다. 로마는 처음에는 무력으로, 다음에는 기독교로 그리고 세 번째는 로마법에 의하여 세계를 통일했다."고 했다. 특히 로마법은 현대 법의 기초가 되었다고 하는데, 왜 그렇게 평가하는지 로마법과 현대 법을 비교해 보자.

주제2 1930년대 영화 '바람과 함께 사라지다'는 과거 남북전쟁의 모습을 잘 그렸다고 극찬을 받았으나, 현재는 인종차별적 영화라는 지적을 받고 있다. 이처럼 영화나 소설에 대한 사람들의 평가가 달라진 이유가 무엇인지, 시대상을 고려한 사회 인식의 변화를 바탕으로 분석해 보자.

주제3 세계 최초의 성문법-'함무라비 법' 내용과 성격 탐구

주제4 다니엘 디포의 '로빈슨크루소'에 나타난 제국주의 고찰

학생부 기록 예시 (교과세특)

'문화로 읽는 세계사(주경철)'를 통해 문화의 다양한 전개 양상을 이해하고, 주체적이고 풍요로운 시각으로 역사를 돌아보는 자세가 향상됨. 특히 '디즈니-자본주의적 동화 주인공'을 정독하고, 디즈니의 성공 비결과 만화영화의 특징을 정리함. 이를 바탕으로 디즈니 만화영화가 실은 현대 자본주의 체제하에서 문화산업의 논리를 완벽하게 구현하고 있는 문화상품으로서 그 역할과 기능을 충실하게 수행하고 있다는 사실을 비판적으로 바라보는 우수한 탐구 결과물을 제출함.

사고력 레벨up

제시문 현재 영화나 드라마를 만드는 과정에서 소수자와 인종을 고려하는 사례가 많아지고 있다. 그 예로 최근 흑인 여배우가 디즈니 만화를 원작으로 한 '인어공주'의 주인공 역할을 맡기도 하였다.

질문 1 이 영화와 관련하여 캐스팅 논란이 일어난 근본 원인은 무엇이라고 생각하나요?

질문 2 인종 차별이나 정치적 올바름 문제를 의식해 꼭 필요하지 않은 설정임에도 흑인 주인공을 내세웠다는 지적과 다양성의 존중이란 점에서 필요했다는 의견 중 어떤 입장을 지지하나요?

관련 논문 문화산업 논리의 구현체로서 디즈니 만화영화 : 문제점과 극복방안(선우현, 2008)

이 논문은 아이들에게 직간접적으로 미치는 디즈니 만화영화의 본질적 한계와 문제점을 비판적으로 지적하고, 아이들의 정체성과 가치관, 세계관이 왜곡된 방식으로 형성·정립되는 위험한 사태를 방지하기 위한 이론적·실천적 방안의 모색과 관련하여, 몇 가지 대안적 견해를 제시한다.

관련 도서 《B급 세계사》, 김상훈, 행복한작업실
《세계사를 뒤바꾼 가짜뉴스》, 미야자키 마사카츠, 매일경제신문사

관련 학과 ICT융합학과, 국제관계학과, 국제학부, 문화유산융합학부, 문화재학과, 미술사학과, 미학과, 사학과, 사회학과, 역사문화학과, 역사문화콘텐츠학과, 역사콘텐츠학과, 인류학과, 인문콘텐츠학부, 정치외교학과, 철학과

관련 교과 2022 개정 교육과정: 세계사, 세계시민과 지리, 사회와 문화, 사회문제 탐구, 인문학과 윤리, 역사로 탐구하는 현대 세계
2015 개정 교육과정: 세계사, 세계지리, 사회문화, 사회문제 탐구, 여행지리, 윤리와 사상, 인문학적 감상과 역사이해

핵심키워드 | 문화인류학, 동아시아, 종교, 다문화공생

문화인류학으로 보는 동아시아

가미즈루 히사히코 외 | 눌민 | 2021

이 책은 일본 인류학자들이 동아시아를 주제로 쓴 문화인류학 개론서이자 새롭게 이해하는 동아시아 입문서이다. 저자들은 동아시아 여러 지역의 숨겨지거나 무시된 이야기를 문화인류학적으로 조명하며 다양성과 공존의 새로운 동아시아의 모습을 그려 내고자 하였다. 이 책은 동아시아를 통해 문화인류학을 배우거나 문화인류학을 통해 동아시아를 바라보고 싶은 학생들에게 안성맞춤이다.

탐구 주제

주제1 저자는 일본에 거주하며 한국 국적을 가진 자이니치 코리안 2세들의 삶을 통해 "다문화공생 사회"의 중요성을 언급하였다. 이와 관련하여 한국인들과 똑같은 권리를 갖고 있지도 않고, 일본에서는 선거권도 없는 자이니치 코리안의 삶을 고찰하고, 우리나라의 재외국민 대책을 조사해 보자.

주제2 저자는 홍콩사람들의 이동을 토대로 이민에 대한 문화인류학적 고찰을 진행하며, 특히 홍콩인들이 대거 홍콩을 떠나고 있는 현상을 '홍콩인 디아스포라'라고 표현하였다. 이와 관련하여, '홍콩인 디아스포라' 현상이 일어난 원인과 이로 인해 주변국에 미친 영향을 탐구해 보자.

주제3 동아시아 3국의 젠더 인식 비교

주제4 동아시아 지역의 영토 분쟁 고찰

학생부 기록 예시 (교과세특)

'문화인류학으로 보는 동아시아(가미즈루 히사히코 외)'를 읽고 동아시아에 대해 고정관념과 피상적인 지식만을 가지고 있음을 깨닫고, 문화인류학을 활용해 문화상대주의의 관점에서 여러 현상을 바라보려는 자세를 키우려고 노력함. 나아가 인류학적 관점에서 국내로 이주해 온 외국인 사례와 해외로 이주한 한국인의 사례를 토대로 이민 1세대와 2세대 갈등을 분석하고 안정적 국가 운영을 위해 지향해야 할 방향성에 대해 가시성 있는 자료를 제작하여 자기 입장을 훌륭하게 전달함.

사고력 레벨up

제시문 오늘날 한국은 일본과 많은 분야에서 협력하고 있으나, 한편으로는 일본의 역사 왜곡 문제로 갈등을 빚고 있다. 1990년대 이후 일본에서는 경제 침체 속에서 우익 세력의 목소리가 높아졌다.

질문 1 한·일간의 주요 역사 갈등 사례를 들어볼까요?

질문 2 동아시아의 갈등 해소와 평화 안착을 위한 가장 급선무 과제는 무엇이라고 생각하나요?

관련 논문 탈냉전시대 한중일 3국의 미래전략과 역사논쟁(이신철, 2013)

이 논문은 한중일 3국의 역사를 바라보는 관점 차이를 다룬 것이다. 특히 역사인식 문제가 동북아 탈냉전의 과정에서 어떻게 돌출되고 충돌하고 있는지, 또 어떻게 이용되고 있는지를 살펴보며, 갈등 요인을 파악하고, 이를 토대로 미래 전략을 어떻게 수립해야 할지 생각해 볼 수 있을 것이다.

관련 도서 《동아시아, 해양과 대륙이 맞서다》, 김시덕, 메디치미디어
《역사 선생님이 들려주는 친절한 동아시아사》, 전국역사교사모임, 북멘토

관련 학과 ICT융합학과, 경영정보학과, 경제학과, 관광학과, 국제경영학과, 국제관계학과, 국제학부, 디지털미디어과, 문화콘텐츠학과, 사학과, 사회학과, 역사문화학과, 인공지능학과, 정치외교학과, 지리학과, 행정학과

관련 교과 2022 개정 교육과정: 한국사, 세계사, 동아시아 역사 기행, 사회와 문화, 역사로 탐구하는 현대 세계, 논리학, 철학
2015 개정 교육과정: 한국사, 세계사, 동아시아사, 사회문화, 사회문제 탐구, 인문학적 감상과 역사이해, 철학

핵심키워드	지정학, 분열, 교차, 역사지리학

발밑의 세계사

이동민 | 위즈덤하우스 | 2023

이 책은 '지리는 역사의 상수'임을 강조하는 저자가 지리학의 시각으로 지구사, 문명사, 전쟁사를 해석한 것이다. 특히 페르시아전쟁부터 나폴레옹전쟁까지 세계사의 결정적 분기들을 충실히 따라가면서 역사라는 거대한 수레바퀴를 돌리는 축인 지리의 영향력을 강조하며 새로운 맥을 짚어내었다. 이는 여전히 지리에 둘러싸여 사는 우리에게 현재를 이해하고 미래를 상상할 출발점이 되어준다.

탐구 주제

주제1 저자는 정복 전쟁, 왕위 계승, 영지 상속 등의 이유로 국가의 영토가 바뀌던 유럽에서 종교 개혁이 초래한 30년 전쟁과 베스트팔렌조약을 거치며 지정학적 질서가 근대적인 모습을 갖췄다고 언급했다. 이와 관련하여 영토주권을 토대로 한 유럽 근대 민족국가의 형성 과정을 정리해 보자.

주제2 저자는 문명이 탄생한 이래 역사와 세계를 재단해온 가장 중요한 기준이 '지정학'이며, 그 세부적인 사항이 달라졌을 뿐 21세기에도 중대한 영향을 미치고 있다고 하였다. 이와 관련하여 '지정학'이란 무엇이며, 특히 '한반도의 지정학적 요소가 국제 질서에 미치는 영향'에 대해 탐구해 보자.

주제3 실크로드의 부활-티무르제국의 흥망성쇠 고찰

주제4 임진왜란이 한·중·일 지정학에 미친 영향 분석

학생부 기록 예시 (교과세특)

페르시아전쟁, 중국의 초한전쟁, 포에니 전쟁 등 당시 각국의 지리적 위치와 지정학적 특성에서 각 전쟁의 발발 원인을 찾아본 '발밑의 세계사(이동민)'를 읽고 저자의 역사지리적 시각에 공감하고 지리적 문해력이 매우 향상됨. 이를 토대로 '지정학'이란 학문에 대한 지적 호기심으로 자기주도학습을 하고 지정학적 요소가 국제 갈등의 발생과 해결에 미치는 영향에 대해 탐구함. 특히 '중국의 부상이 세계 지정학에 미치는 영향'에 대한 깊이 있는 탐구 결과물을 제출함.

사고력 레벨up

제시문 지리는 역사의 상수다. 세계사는 끊임없이 지리에 영향을 받아 왔다. 위대한 영웅도, 거대한 제국도 영원할 수는 없다. 하지만 태평양은 마르지 않고 알프스산맥은 무너지지 않는다.

질문 1 '지리가 없다면 수많은 전쟁과 혁명도 없다'는 주장은 '지나친 일반화'라고 볼 수 있을까요?

질문 2 미래의 혁신적인 아이디어의 창출을 위한 학문의 융합은 우리 시대의 화두이다. 한편, '융합은 지속적으로 세분화 과정을 통해 발전하던 학문의 역행'이란 주장도 있다. 이에 대한 찬반토론을 해보자.

관련 논문 역사학과 지리학의 관계 소고(이민부, 2010)

이 논문은 지리학과 역사학이 공간과 시간을 통하여 기록하고 서술하는 공통성이 있으며, 지리학이 지도화, 지리정보, 입지론, 지리복원 등을 통하여 역사학에 기여할 수 있음을 언급하며 지리학과 역사학의 교류와 협력에 관해 살펴본 것이다.

관련 도서 《기후로 다시 읽는 세계사》, 이동민, 갈매나무
《별난 사회 선생님의 역사가 지리네요》, 권재원, 우리학교

관련 학과 국제관계학과, 국제학부, 문화유산융합학부, 미디어학부, 미술사학과, 미학과, 사학과, 사회학과, 역사문화학과, 역사교육과, 역사콘텐츠전공학과, 인류학과, 인문콘텐츠학부, 정치외교학과, 지리학과, 지리교육과

관련 교과 2022 개정 교육과정: 한국사, 동아시아 역사 기행, 세계사, 세계시민과 지리, 한국지리 탐구, 도시의 미래 탐구
2015 개정 교육과정: 한국사, 동아시아사, 세계사, 한국지리, 세계지리, 사회문화, 인문학적 감상과 역사이해

핵심키워드 | 관용, 동시대성, 개방성, 현재성

세계사를 결정짓는 7가지 힘

모토무라 료지 | 사람과나무사이 | 2020

이 책의 저자는 '세계사 문맥력'과 '통찰력'을 가진 자가 향후 세계를 이끄는 리더가 될 것이라고 강조하며 관용, 동시대성, 결핍, 대이동, 유일신, 개방성, 현재성의 7가지 핵심 코드를 통해 지난 5000년간 인류가 어떻게 혹독한 환경에 맞서 싸우며 역사를 이루어 왔는지를 통찰한다. 이 책을 통해 세계사를 배우는 의미와 올바르게 이해할 수 있는 기준을 세울 수 있을 것이다.

탐구 주제

주제1 로마 역사 속에는 인류 경험의 총체가 담겨 있으며, 로마사를 알면 세계가 보인다고 저자는 언급하였다. 특히 이와 관련지어 로마가 어떻게 세계를 주름잡는 강대국이 될 수 있었는지, 저자가 언급한 로마의 관용과 개방성을 중심으로 타 국가와 비교하여 분석해 보자.

주제2 저자는 국가의 흥망성쇠를 결정지은 민족대이동이 세계사를 결정지은 코드라고 언급하였다. 실제로 역사적 맥락에서 살펴보면 과거 5000년 문명사에서 사람들이 이곳저곳으로 이동하는 일은 당연한 현상이었다. 이와 관련하여 민족대이동 사례를 정리하고 세계사적 의의를 탐구해 보자.

주제3 한(韓) 제국과 로마 제국의 흥망성쇠를 통해 본 동시대성 탐구

주제4 세계사를 바꾼 3대 유일신교(유대교·기독교·이슬람교) 비교 탐구

학생부 기록 예시 (교과세특)

'세계사를 결정짓는 7가지 힘(모토무라 료지)'을 통독하고 세계사를 이해하는 문해력의 향상이 눈에 띔. 특히 역사를 배운다는 의미는 무작정 역사적 사건이나 인물명을 암기하는 것이 아니라 낱낱의 역사적 사실을 직시하고 깊이 연구하는 과정에서 역사 속에 잠재해 있는 의미와 교훈을 찾아가는 것이라는 것을 인식하고 자신도 성찰의 자세를 갖추기 위해 노력하는 모습은 칭찬할 만함. 또한 비판적 사고 능력, 자기 주도적 학습 능력 등 많은 성장을 보여준 학생임.

사고력 레벨up

제시문 난민 문제는 현대 사회의 가장 심각한 문제 중 하나다. 전 세계적으로 수천만 명의 난민이 발생하고 있으며, 이로 인해 인권 침해, 빈곤, 갈등 등 다양한 문제가 발생하고 있다.

질문 1 난민은 왜 발생하는지 그 원인을 구체적으로 제시해 볼까요?

질문 2 난민의 인권 보호를 위해 국제사회가 할 수 있는 일은 무엇인지 말해 볼까요?

관련 논문 로마제국의 흥망(김경현, 2012)

'세계사를 결정짓는 7가지 힘(모토무라 료지)'에서 저자가 관용과 동시대성, 개방성으로 높게 평가한 국가가 로마 제국이다. 이와 관련하여 이 논문은 로마 제국의 흥망사로, 흥기, 존속, 쇠망의 세 단계로 나누어 기술하고, 다른 역사적 제국들과의 비교 연구에 적절한 자료를 제공하고 있다.

관련 도서 《세계사를 움직이는 다섯 가지 힘》, 사이토 다카시, 뜨인돌
《역사는 누구를 위한 것인가?》, 장 셰노, 포북

관련 학과 ICT융합학과, 공공인재학과, 공공행정학과, 경영정보학과, 경제학과, 국제경영학과, 국제관계학과, 국제학부, 문화콘텐츠학과, 사학과, 사회학과, 역사문화학과, 인공지능학과, 정치외교학과, 지리학과, 행정학과

관련 교과 2022 개정 교육과정: 세계사, 세계시민과 지리, 사회문화, 역사로 탐구하는 현대 세계, 인간과 철학, 주제 탐구 독서
2015 개정 교육과정: 세계사, 세계지리, 정치와 법, 사회문화, 사회문제 탐구, 인문학적 감상과 역사이해, 철학

핵심키워드 | 잔치, 놀이, 명품, 영원

세상 모든 것의 기원

강인욱 | 흐름출판 | 2023

이 책은 우리가 일상에서 접한 사물, 문화의 기원과 내력을 발굴 현장의 최전선을 누벼온 고고학자의 시선에서 쉽고 흥미롭게 전달한 것이다. 술과 음식과 같은 의식주에서부터 놀이와 여행 등 유희의 역사, 황금과 실크 등 진귀한 물건들을 탐하고 영생을 꿈꿨던 인간의 욕망에 이르기까지 '기원'에 대한 다양한 갈래의 이야기들이 담겨 있다. 이 책을 통해 희로애락의 인간사를 이해하는 지적인 여정의 즐거움을 체험하게 될 것이다.

탐구 주제

주제1 저자는 '잔치', '놀이', '명품', '영원'이라는 네 가지의 키워드로 나누어 유물의 기원을 다뤘다. 특히 고구려의 고분벽화를 소개하며 영원한 삶을 욕망한 1500년 전 고구려인이 구현한 메타버스라고 언급했다. 이것이 의미하는 바가 무엇인지 고분벽화를 통해 본 세계관과 우주관을 정리해 보자.

주제2 저자는 지구온난화로 인해 러시아, 카자흐스탄, 중국, 몽골의 국경 지대에 위치한 알타이의 옛 무덤들에 안장된 미라, 황금 유물들이 조용히 사라지는 중임을 언급하였다. 이외에도 기후변화로 인해 위협받는 많은 문화유산들을 찾아 정리하고, 문화유산 보호를 위한 대응 방안을 탐구해 보자.

주제3 신라의 황금 문화 고찰

주제4 투탕카멘 미라의 발굴과 고고학적 성과 분석

학생부 기록 예시 (교과세특)

지적 호기심이 많은 학생으로 역사 서적을 통해 습득한 지식을 활용할 줄 알며, 역사적 가설을 설정하여 논리적으로 탐구하는 능력이 우수함. 특히 '세상 모든 것의 기원(강인욱)'을 읽고, 고고학을 지금 우리의 삶과는 멀리 떨어진 시대를 연구해 현실과 다소 유리된 학문으로 바라보았던 고정관념에서 벗어나 과거의 유물을 바탕으로 문헌으로는 남아 있지 않은 옛사람들의 생활상과 문화를 복원하고 추적하는 학문이라고 깨닫는 모습을 보임.

사고력 레벨up

제시문 고고학의 발달로 인류가 발효 음식을 만들어 먹었다는 증거는 전 세계 각지에서 발견되고 있다. 사람들은 자신이 사는 지역의 기후와 환경에 맞춰 독특한 발효 음식을 발명 보급해 왔다.

질문 1 한·중 간 김치의 기원에 대한 논쟁이 뜨거웠다. 이와 같은 논쟁의 원인을 문화를 이해하는 태도와 관련지어 설명해 볼까요?

질문 2 반복되는 문화 논쟁에 현명하게 대처할 수 있는 방법을 사례를 들어 설명해 볼까요?

관련 논문 한중 수교 30년 문화갈등: 양상과 전개 과정, 극복 과제(이욱연, 2022)

이 논문은 수교 30년 동안 한중 사이에 일어난 문화갈등 사례에 대한 종합적인 분석을 시도하여, 문화갈등의 요인과 양상의 특징, 문화갈등 전개 과정에서 나타난 특징, 그리고 향후 한중 두 나라가 문화갈등을 극복하기 위하여 해결해야 할 과제를 다루고 있다.

관련 도서 《사람·돌·불》, 장용준, 진인진
《대중고고학》, 닐 예셔슨, 사회평론아카데미

관련 학과 고고학과, 고고문화인류학과, 고고미술사학과, 디지털미디어과, 문화재학과, 미디어커뮤니케이션학과, 미술사학과, 미학과, 사학과, 사회학과, 심리학과, 역사문화학과, 역사콘텐츠전공학과, 종교학과, 정치외교학과

관련 교과 2022 개정 교육과정: 한국사, 세계사, 동아시아 역사 기행, 사회와 문화, 역사로 탐구하는 현대 세계, 삶과 종교
2015 개정 교육과정: 한국사, 세계사, 동아시아사, 사회문화, 사회문제 탐구, 인문학적 감상과 역사이해

핵심키워드 | 재판, 민주주의, 기본권, 미란다 원칙

세상을 떠들썩하게 만든 세기의 재판 이야기

장보람 | 팜파스 | 2023

이 책은 고대부터 현대까지 당시 사회를 뒤흔들 만큼 논란이 있던 재판들을 모아 법이 얼마나 치열하게 우리 사회를 변화시켜 나갔는지를 살펴보는 청소년 법 교양서이다. 특히 세상을 떠들썩하게 만든 재판을 보며 세계사적 배경과 역사적 인물들, 시대상, 기존의 가치와 대립한 새로운 가치의 분투를 서술했다. 이 책을 통해 법치 사회를 이루기 위한 소양과 리걸 마인드를 기를 수 있다.

탐구 주제

주제1 저자는 흑인에 대한 차별이 팽배했던 시절 흑인들의 자리에 가서 앉으라는 버스 기사의 말을 듣지 않으면서 재판에 넘겨진 로자 파크스에 대해 인간다움을 지키기 위해 일부러 죄를 지었다고 언급하였다. 이와 관련하여 이 재판이 흑인 인권 운동에 끼친 영향과 변화에 대해 탐구해 보자.

주제2 1894년 프랑스에서 반역죄로 종신유배형을 선고받은 드레퓌스는 무죄를 호소하며 재심을 요구하였고, 언론과 여론의 힘으로 결국 잘못된 재판을 바로잡아 12년 만에 무죄로 판명되었다. 이러한 드레퓌스 사건의 배경과 재판 과정을 통해 얻을 수 있는 교훈이 무엇인지 정리해 보자.

주제3 여론과 군중심리가 재판에 미치는 영향 탐구

주제4 독일과 일본 전범 재판 비교·분석-역사에 대한 판단과 정의

학생부 기록 예시 (교과세특)

'세상을 떠들썩하게 만든 세기의 재판 이야기(장보람)'를 통해 손에 땀을 쥐게 하는 세기의 재판 이야기를 읽고 법과 재판에 대한 흥미를 보임. 특히 마녀재판이 비단 중세 유럽에서만 벌어진 일이 아니라 현재에도 SNS 등을 통해 유포된 콘텐츠를 통해 일어나고 있다는 것을 인식하고 이에 문제의식을 가짐. 이를 계기로 등하교 시간을 이용해 친구들과 올바른 미디어 사용에 대한 캠페인을 진행하며 사회 문제와 연결하여 실천적 문제해결 능력을 보여 줌.

사고력 레벨up

제시문 '젊은이를 타락시키고 신을 믿지 않았다'는 이유로 고발당해 피고의 자리에 선 소크라테스는 아테네 법정에서 500명의 시민들로 구성된 배심원단에 의해 결국 사형 선고를 받았다.

질문 1 배심원들의 다수결에 의해 유죄 판결을 받은 소크라테스의 재판은 정당한 판결이었을까요?

질문 2 부당한 법에 대한 저항(시민불복종)은 민주 시민의 기본 권리라고 할 수 있을까요?

관련 논문 법정 영화의 유형적 고찰-핵심주제별 유형을 중심으로(최한준, 2017)

이 논문은 법정을 배경으로 한 영화들을 유형별로 분류하고 그 특징을 서술한 것이다. 어떤 종류의 유의미한 법정 사례들이 있었는지를 살펴보고, 이성적 영역인 법과 감성적 영역인 영화를 조화롭게 합쳐 분석하고 있어서 법에 대한 관심도를 높이는 데 도움을 얻을 수 있을 것이다.

관련 도서 《세상을 바꾼 재판 이야기》, 박동석, 하마
《예루살렘의 아이히만》, 한나 아렌트, 한길사

관련 학과 ICT융합학과, 공공인재학과, 공공행정학과, 경제학과, 국제경영학과, 국제관계학과, 국제학부, 경찰행정학과 문화콘텐츠학과, 사학과, 사회학과, 역사문화학과, 인공지능학과, 정치외교학과, 지리학과, 행정학과

관련 교과 2022 개정 교육과정: 세계사, 사회와 문화, 정치, 법과 사회, 경제, 국제 관계의 이해, 역사로 탐구하는 현대 세계
2015 개정 교육과정: 세계사, 통합사회, 사회문화, 정치와 법, 경제, 사회문제 탐구, 인문학적 감상과 역사이해

핵심키워드 | 음식, 아일랜드 대기근, 대항해, 식재료

식탁 위의 세계사

이영숙 | 창비 | 2012

이 책은 감자, 소금, 후추 같은 친근한 먹을거리를 가지고 세계사의 중요한 사건과 인물에 관한 이야기를 담은 역사 교양서이다. 친숙한 재료를 도입에 제시하고 엄마가 아이들에게 역사적 이야기를 들려주는 형식을 취하고 있어 흥미를 주고 있다. 학생들은 음식이라는 연결고리를 통해 종횡무진하는 이 책을 통해 동서양의 주요한 역사적 사실을 자연스레 익히게 될 것이다.

탐구 주제

주제1 1845년부터 1852년까지 아일랜드에서 발생한 '감자 대기근'은 인류 역사상 가장 큰 재난 중 하나로 불리고 있다. 당시 영국과 아일랜드의 관계를 바탕으로 이 사건이 아일랜드의 인구 구조, 경제, 사회에 미친 영향을 정리하고, 특히 아일랜드의 독립 전쟁에 끼친 영향을 탐구해 보자.

주제2 바나나 리퍼블릭은 코스타리카, 온두라스, 과테말라, 콜롬비아 등 중앙아메리카에 있는 몇몇 나라를 지칭하는 표현이다. 이들 나라는 다국적 기업의 영향권 아래 플랜테이션 농업이 이루어지고 있다는 공통점이 있다. 이와 관련하여 플랜테이션 농업의 특징과 장단점을 비교·분석해 보자.

주제3 대항해 시대 향신료 무역의 전개 과정 탐구

주제4 소금 행진을 통해 본 간디의 비폭력, 불복종 운동 고찰

학생부 기록 예시 (교과세특)

'식탁 위의 세계사(이영숙)'를 읽고 아일랜드에 몰아닥친 감자 대기근 이후 미국으로 이주한 아일랜드인들의 삶을 추적하고 이탈리아, 중국 등 아시아인들의 아메리카 이민사에 대한 지적 호기심으로 심화탐구 활동을 진행함. 또한 '바나나 리퍼블릭' 국가에서 다국적 기업의 주도하에 이루어지고 있는 플랜테이션 농업 시 대량의 살충제 살포, 열악한 노동 환경 등의 상황을 고찰하고, 이에 대한 국가 차원의 강력한 규제와 대책, 공공 정책이 필요하다는 입장을 밝힘.

사고력 레벨up

제시문 전 세계 밀 수출량의 약 25%를 차지하는 러시아와 우크라이나에서 전쟁이 장기화되고, 인도는 최근 밀 수출을 금지했다. 우리나라는 밀을 거의 수입에 의존하고 있다.

질문 1 밀 수출 금지 조치가 우리나라 경제와 물가에 미치는 영향을 설명해 볼까요?

질문 2 우리나라의 식량자급률은 50%를 밑돌며 식량 수입 의존도가 심각한 상황이다. 식량 자급이 중요한 이유와 앞으로 우리가 취해야 할 전략은 무엇일지 탐구해 볼까요?

관련 논문 세계적 식량위기와 한국농업의 대응과제(윤병선, 2008)

이 논문은 식량자급률 향상의 필요성을 고찰한 것으로, 식량 위기로 곡물 수출 국가들이 자국의 곳간을 챙기기에 나서고 있는 현실에서 안전한 먹거리의 안정적인 확보와 식량자급률의 제고를 위한 다각적인 노력과 이를 보다 구체화하는 방안 마련의 필요성을 살피고 있다.

관련 도서 《인류 역사에 담긴 음식문화 이야기》, 린다 시비텔로, 린
《장하준의 경제학 레시피》, 장하준, 부키

관련 학과 ICT융합학과, 경영정보학과, 경제학과, 국제경영학과, 국제관계학과, 국제통상학과, 국제학부, 농업경제학과, 문화콘텐츠학과, 사학과, 사회학과, 역사문화학과, 인공지능학과, 정치외교학과, 지리학과, 행정학과

관련 교과 2022 개정 교육과정: 세계사, 세계시민과 지리, 사회와 문화, 국제 관계의 이해, 역사로 탐구하는 현대 세계
2015 개정 교육과정: 세계사, 세계지리, 사회문화, 여행지리, 사회문제 탐구, 인문학적 감상과 역사이해

핵심키워드	신친일파, 강제징용, 일본군 위안부, 독도

신친일파

호사카 유지 | 봄이아트북스 | 2020

이 책의 저자는 한일 관계 연구를 30년 넘게 지속해 온 학자이자 2003년에 귀화해 대한민국 국민이 된 독특한 이력을 가졌다. 이 책은 반한·혐한을 주도하고 있는 일본 극우파의 주장 대부분을 고스란히 차용한 《반일종족주의》를 반박한 책이다. 특히 저자는 이 책을 통해 '반일종족주의'의 왜곡과 오류를 바로잡으며 정치적 논리를 떠나 역사적 진실을 부각하는 데 주력하고 있다.

탐구 주제

주제1 저자는 일본 우파의 최종 목표는 1993년에 발표된 '고노 담화'와 1995년에 발표된 '무라야마 담화'를 부정하는 것이라고 언급하였다. 이와 관련하여 '고노 담화'와 '무라야마 담화'의 내용을 정리하고, 일본 우파가 이를 부정하기 위해 도입한 자유주의 사관의 내용과 문제점을 탐구해 보자.

주제2 일제강점기를 해석하는 국내 역사학계의 관점은 '식민지 수탈론'과 '식민지 근대화론'으로 크게 나뉜다. 저자는 식민지 시기 일제에 의해 경제가 성장하고 현재 우리나라 근대화의 토대가 마련되었다는 '식민지 근대화론'을 강하게 비판했다. 저자의 의견에 대한 찬반 입장을 토론해 보자.

주제3 식민 사관의 형성 배경과 영향 분석

주제4 독도의 영유권에 대한 국제법적 근거 탐구

학생부 기록 예시 (교과세특)

지적호기심이 많은 학생으로 역사 서적을 통해 습득한 지식을 활용하여 개별 사건의 역사적 의의를 해석하는 능력과 자료 분석 능력, 역사를 변하게 하는 원인을 찾아 정리하는 능력이 우수함. 특히 '반일종족주의(이영훈 외)'를 읽고 사실 오류, 자료의 자의적 해석과 맥락화, 개념 및 용어의 임의적 규정, 그리고 입장과 관점 등에서 많은 문제점을 안고 있음을 깨닫고, 무엇이 문제인지 비교 고찰하기 위해 '신친일파(호사카 유지)'를 정독하고 바람직한 역사 인식의 중요성을 피력함.

사고력 레벨up

제시문 2019년 일본 정부는 한국을 백색국가에서 제외하면서 무역 갈등을 일으키기도 하였고, 일본 국민들에게 '반한 감정을 건드려 자신들의 정치적 위기를 넘기려 한다'는 비판을 받기도 했다.

질문 1 당시 'NO 재팬'으로 대변되는 반일 정서가 대한민국 전체를 휩쓸었는데 이러한 현상은 국익에 도움이 될까요?

질문 2 한국과 일본의 화해나 공동 번영을 위해서 한일 역사 갈등을 어떻게 극복해야 할까요?

관련 논문 『반일종족주의』의 역사인식과 역사교육에서의 비판적 사고(양정현, 2020)

2019년 출간된 《반일종족주의》는 많은 논란이 되었으며, 역사교육과 관련하여 몇 가지의 논점을 제기하였다. 학생들이 사실과 다른 역사 지식, 왜곡된 역사상을 가지고 역사 수업에 임할 가능성이 높아진 것이다. 이 논문은 이 문제점 극복을 위한 비판적 사고의 필요성을 언급하고 있다.

관련 도서 《일본은 왜 한국역사에 집착하는가》, 홍성화, 시여비
《누구를 위한 역사인가》, 이철우 외, 푸른역사

관련 학과 ICT융합학과, 공공인재학과, 공공행정학과, 경제학과, 국제경영학과, 국제관계학과, 국제학부, 경찰행정학과 문화콘텐츠학과, 사학과, 사회학과, 역사문화학과, 인공지능학과, 정치외교학과, 지리학과, 행정학과

관련 교과
2022 개정 교육과정: 한국사, 동아시아 역사 기행, 사회와 문화, 정치, 국제 관계의 이해, 역사로 탐구하는 현대 세계
2015 개정 교육과정: 한국사, 동아시아사, 사회문화, 정치와 법, 경제, 사회문제 탐구, 인문학적 감상과 역사이해

핵심키워드 | 실크로드, 동방, 석유, 냉전

실크로드 세계사

피터 프랭코판 | 책과함께 | 2017

이 책은 서유럽 중심의 관념에서 탈피하여 동방에 초점을 맞춰 실크로드라는 새로운 패러다임으로 세계사를 펼친다. 특히 고대 페르시아와 로마를 시작으로 현대의 미중 패권 갈등, G2 시대 중국의 '일대일로'라는 신(新)실크로드 전략 등 '세계의 한가운데에서 벌어진 교류와 흥망의 역사'를 조망한다. 이 책을 통해 세계가 어떻게 움직이는지, 어떻게 움직일지를 알 수 있을 것이다.

탐구 주제

주제1 역사 속에서 석유, 향신료 등 자원은 침략, 갈등의 원인이었다. 특히 1970년대 중동은 석유 수출로 막대한 부를 축적하면서 국가의 경제적 독립과 정치적 영향력을 강화하기 위해 자원민족주의 정책을 채택했다. 이와 관련하여 이 시기 중동의 석유 독점을 위한 이합집산 과정을 정리해 보자.

주제2 이슬람 근본주의는 19세기 말부터 이슬람 세계에서 나타나기 시작했으며, 20세기 말과 21세기 초에 벌어진 이슬람 세계의 혼란과 폭력의 큰 요인이었고, 여전히 큰 과제로 남아 있다. 이와 관련해 이슬람 근본주의가 이슬람 세계의 정치와 사회에 어떤 영향을 미치고 있는지 분석해 보자.

주제3 실크로드를 통한 우리나라와 아랍과의 교류 역사 탐구

주제4 초기 불교·기독교·이슬람교 등 고대 종교의 생성과 확산 과정 탐구

학생부 기록 예시 (교과세특)

'실크로드 세계사(피터 프랭코판)'를 읽고 현대 국제 사회에서 서구가 선이고, 중동이 과연 악의 축일까에 의문을 제기하고, 영국과 미국의 제1세계 언론과 중동 대표 언론사의 논조를 비교하며 다양한 시각을 갖추려고 노력함. 역사적 사건이나 현재 진행되는 여러 시사 이슈를 균형 있게 바라보는 자세의 중요성을 깨달음. 또한 세계사 속에서 승자의 시각(서구 중심)에서 쓰인 사건들이 많음을 느끼고, 무굴제국의 멸망을 재조명하는 우수한 탐구 결과물을 제출함.

사고력 레벨up

제시문 대항해시대와 산업혁명을 거치며, 세계 패권의 중심은 미국과 유럽이었다. 하지만 현재 중국의 부상으로 그 축이 실크로드 지역으로 이동하고 있다는 입장이 나오고 있다.

질문 1 G2 시대 중국의 '일대일로'라는 신(新)실크로드 전략이 무엇인지 설명해 볼까요?

질문 2 미·중 패권 갈등을 통해 볼 때, 우리나라가 취할 수 있는 경제 전략은 무엇일까요?

관련 논문 중국 일대일로 구상 추진 10년 평가와 미중관계(신종호, 2023)

이 논문은 중국의 일대일로 첫 10년과 미국의 대응, 미래 예측 등을 다루고 있다. 실크로드는 일대일로의 주요 무대 중 한 곳이다. 실크로드를 중심으로 어떤 패권 경쟁이 일어났고 앞으로 일어날 일들을 예측하는 등 배경 지식을 쌓는다면, 세계를 보는 눈이 확장될 것이다.

관련 도서 《이주하는 인류》, 샘 밀러, 미래의창
《우리 안의 실크로드》, 정수일, 창비

관련 학과 고고미술사학과, 국사학과, 국제경영학과, 국제관계학과, 국제학부, 군사학과, 디지털미디어과, 사학과, 사회학과, 사회교육과, 역사문화학과, 역사교육과, 역사콘텐츠전공학과, 정치외교학과, 지리학과, 행정학과

관련 교과 2022 개정 교육과정: 세계사, 세계시민과 지리, 사회와 문화, 국제 관계의 이해, 역사로 탐구하는 현대 세계
2015 개정 교육과정: 세계사, 동아시아사, 세계지리, 사회문화, 사회문제 탐구, 인문학적 감상과 역사이해

핵심키워드 | 1차 세계대전, 2차 세계대전, 태평양 전쟁, 중국 근대사

썬킴의 거침없는 세계사

썬킴 | 지식의숲 | 2021

이 책은 제1차 세계대전, 제2차 세계대전, 태평양전쟁, 중국 근대사까지 한 편의 영화처럼 읽는 세계 전쟁 이야기이다. 전쟁마다 주요 사건을 짚어 주고 다양한 사진 자료와 함께 전쟁사를 마치 영화 줄거리처럼 설명해 준다. 당시 시대상과 문화적인 측면, 인물에 얽힌 비화까지 흥미롭게 전하는 내용을 읽어 내려가다 보면 근현대 세계사의 흐름을 단번에 이해할 수 있을 것이다.

탐구 주제

주제1 20세기 초 유럽에서 발발한 제1차 세계대전은 전 세계로 확산되어 인류 역사상 가장 규모가 큰 전쟁 중 하나로 불리며, 이전 전쟁과는 다른 새로운 양상으로 전개되었다. 인류 최초 대량 살육전으로 불리는 1차 세계대전의 새로운 양상과 특징을 정리해 보자.

주제2 독일 연방 회원국 중에 '넘버투'였던 프로이센을 독일 통일의 주역으로 만든 사람은 오토 비스마르크였다. "독일 통일은 반드시 프로이센이 이끌어야 한다. 또한 오스트리아의 행패는 무력으로 혼쭐을 내야 한다."라는 비스마르크의 철혈정책이 유럽 및 세계사에 미친 영향을 탐구해 보자.

주제3 조선의 3·1운동과 중국의 5·4운동 비교

주제4 제1차 대전과 제2차 대전의 상관관계 고찰

학생부 기록 예시 (교과세특)

시대의 큰 흐름을 이해하고 개별 사건의 역사적 의의를 해석하는 능력이 뛰어남. 특히 '썬킴의 거침없는 세계사(썬킴)'를 읽고 모든 역사적 사건은 서로 긴밀히 연결되어 있음을 이해하고 역사적 사건들의 연결고리를 찾으려고 노력하는 모습을 보임. 특히 프로이센의 독일 통일부터 제2차 세계대전까지 세계사의 큰 줄기 속에서 독일의 정치, 사회, 경제 등을 여러 시각으로 분석하여 '독일은 왜 괴물국가가 되었는가'라는 깊이 있는 비판적인 탐구 결과물을 제출함.

사고력 레벨up

제시문 '나비효과'란 나비의 날갯짓이 날씨 변화를 일으키듯 작은 사건 또는 우연이 예상하지 못하는 커다란 결과로 나타난다는 의미이다. 역사 속에도 많은 나비효과가 있다.

질문 1 우리나라 역사 속 나비효과의 구체적 사례를 3가지만 들어볼까요?

질문 2 '역사 속 나비효과'를 통해 생각해 볼 수 있는 교훈은 무엇인지 역사 학습의 목적과 관련지어 설명해 볼까요?

관련 논문 전범재판의 이념과 시사점-일본 전범재판을 중심으로(김성천, 2014)

이 논문은 제2차 세계 대전 이후 일본의 동경과 독일의 뉘른베르크에 설치되었던 국제전범재판소에서 행해진 두 전범재판을 비교·분석한 것이다. 특히 전범의 죄상을 밝히고 형사소추하는 작업의 적극성 면에서 볼 때 독일과 일본의 경우가 너무 많은 차이가 났음을 지적하고 있다.

관련 도서 《썬킴의 세계사 완전 정복》, 썬킴, 알에이치코리아
《벌거벗은 세계사: 전쟁편》, tvN < 벌거벗은 세계사 > 제작팀, 교보문고

관련 학과 ICT융합학과, 경영정보학과, 경제학과, 관광학과, 국제경영학과, 국제관계학과, 국제학부, 디지털미디어과, 문화콘텐츠학과, 사학과, 사회학과, 역사문화학과, 인공지능학과, 정치외교학과, 지리학과, 행정학과

관련 교과 2022 개정 교육과정: 세계사, 동아시아 역사 기행, 사회와 문화, 국제 관계의 이해, 역사로 탐구하는 현대 세계
2015 개정 교육과정: 세계사, 동아시아사, 사회문화, 정치와 법, 사회문제 탐구, 인문학적 감상과 역사이해

핵심키워드	수요시위, 독립, 애국, 국제연대

역사 선생님이 들려주는 동아시아 맞수 열전

전국역사교사모임 | 북멘토 | 2022

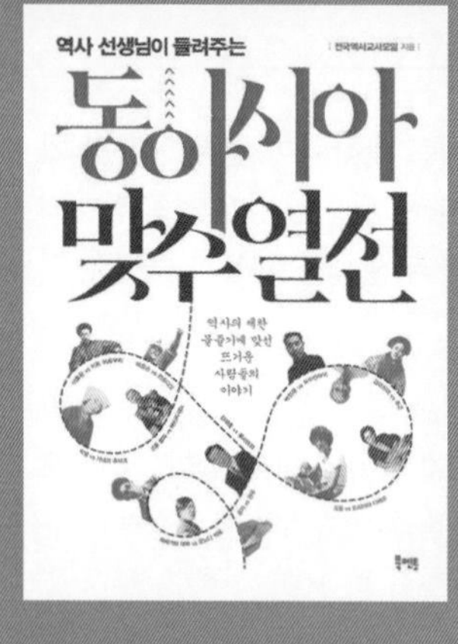

이 책은 세상을 향한 치열한 투쟁 속에서도 더 나은 세상을 꿈꾸며 평화와 화합으로 연대하려고 비슷한 길을 걷거나 전혀 다른 선택을 한 동아시아의 여러 인물과 단체, 사상 등을 흥미진진한 구성, 풍부한 이미지 자료를 통해비교하고 대조하며 담아낸 것이다. 다채로운 동아시아 역사의 현장 속 맞수들의 이야기를 통해 현재를 살아가는 우리 모습을 돌아보고 가깝지만 멀게만 느껴지는 동아시아 역사에 한 발 더 가까이 다가설 수 있을 것이다.

탐구 주제

주제1 과거에 우리나라의 백정과 일본의 부라쿠민은 뿌리 깊은 차별과 억압의 대상이었다. 이러한 가운데 1922년 일본에서는 부라쿠민 신분 해방을 위한 단체 수평사가, 1923년 조선에서는 형평사가 탄생하였다. 이 두 단체의 식민 지배와 피지배 관계를 넘어선 연대 협력 활동을 탐구해 보자.

주제2 세계 민중 판화 전시회에서 한국의 오윤과 일본의 도미야마 다에코는 '해당 시대와 그 시대를 살았던 약자의 삶을 판화에 담아 세상에 말을 건넨 예술가'로 소개되었다. 두 사람이 살던 시대와 사회상을 비교하고 두 사람이 작품을 통해 세상에 전하고 싶었던 말이 무엇이었는지 고찰해 보자.

주제3 고대 동아시아의 여성 군주들 탐구

주제4 동아시아 각국의 독자적 천하 의식 분석

학생부 기록 예시 (교과세특)

'역사 선생님이 들려주는 동아시아 맞수 열전(전국역사교사모임)'을 통해 더 나은 세상을 꿈꾼 역사 맞수들의 눈부신 이야기에 감동하고 미래의 동아시아사의 발전 방향에 대해 깊이 사고함. 특히 조선과 일본 모두 백정과 부라쿠민에 대한 심한 차별이 존재했음을 깨닫고, 형평사와 수평사를 중심으로 평등한 사회를 지향했던 그들의 노력과 국제 연대 과정을 분석한 우수한 탐구 결과물을 제출함. 역사를 바라보는 공감 능력과 미래지향적인 사고 능력이 매우 우수함.

사고력 레벨up

제시문 박열과 가네코 후미코는 차별과 억압을 넘어선 평화와 인권의 문제는 한 민족 또는 한 국가만의 문제가 아니라 민족과 국가를 뛰어넘은 연대를 통해 해결해 나가야 한다는 것을 보여주었다.

질문 1 인권이 개별적 차원, 국가적 차원에서 벗어나 어떻게 국제적인 차원에서 중요해졌을까요?

질문 2 시민 단체가 태평양 도서국에 일본 후쿠시마 원전 오염수 방류에 관해 국제적 연대를 촉구하는 서한을 발송한 것은 '국가 외교 행위의 단일성'을 침해한 것으로 볼 수 있을까요?

관련 논문 박열·가네코 후미코 사건과 퍼포먼스(백현미, 2019)

이 논문은 일본에서 1923년부터 약 3년 동안 조선인 박열과 제국 일본의 '무적자' 가네코 후미코가 대역 사건 피고인으로 받은 재판과 '괴사진' 사건 등 그 전후에 발생한 일련의 사건들에 대한 기사화된 방식을 퍼포먼스의 관점에서 살펴 사건이 전달·수용된 양상과 의미를 살펴본 것이다.

관련 도서 《장콩 선생님이 들려주는 한국사 맞수 열전》, 장용준, 북멘토
《한중일이 함께 쓴 동아시아 근현대사 1》, 한중일3국공동역사편찬위원회, 휴머니스트

관련 학과 국사학과, 국제관계학과, 국제학부, 문화유산융합학부, 문화재학과, 미술사학과, 미학과, 사학과, 사회학과, 역사문화학과, 역사문화콘텐츠학과, 역사콘텐츠학과, 인류학과, 인문콘텐츠학부, 정치외교학과, 철학과

관련 교과
2022 개정 교육과정: 한국사, 세계사, 동아시아 역사 기행, 국제 관계의 이해, 역사로 탐구하는 현대 세계
2015 개정 교육과정: 한국사, 세계사, 동아시아사, 법과 정치, 사회문제 탐구, 인문학적 감상과 역사이해

핵심키워드 | 혁신, 성찰, 협상, 소통

역사의 쓸모

최태성 | 다산초당 | 2019

이 책은 '역사를 공부하면 무엇이 좋은가'에 답하는 것을 목표로 수백 년 전 이야기를 가져와 오늘의 고민 해결법을 알려 주는 실용적 역사서이다. 저자는 한국사와 세계사를 넘나들며 우리 삶에 도움이 되는 키워드를 뽑아내 역사에서 찾은 자유롭고 떳떳한 삶을 위한 22가지 통찰을 알려 준다. 이 책을 통해 자신만의 궤적을 만들며 삶을 살아간 이들을 만날 수 있을 것이다.

탐구 주제

주제1 저자는 태양의 나라 잉카 제국과 고구려의 멸망 과정을 비교하며 지도자의 오만과 무지, 관성에 따라 늘 하던 대로 사고하고 행동한 안일함에서 비롯된 결과라고 하였다. 이와 같이 두 나라의 멸망 과정을 통해 성찰할 수 있는 역사적 교훈이 무엇인지 토론해 보자.

주제2 현존하는 가장 오래된 금속활자 인쇄물은 '직지심체요절'이다. 하지만 인류 역사의 큰 획을 그은 발명으로 평가받는 것은 구텐베르크의 금속활자를 이용한 인쇄기 발명이다. 이처럼 최초의 기술보다 중요한 것은 영향력이란 관점에서 한글 창제가 가진 영향력이 무엇인지 탐구해 보자.

주제3 '삼국사기'와 '삼국유사' 역사 서술 비교

주제4 정약용의 실학 사상 탐구

학생부 기록 예시 (교과세특)

역사에 대한 지적호기심이 강하며 수업 의도를 잘 이해하고, 역사 서적을 통해 습득한 지식을 나름대로 활용하여 개별 사건의 역사적 의의를 해석하는 능력과 자료 분석 능력이 탁월함. 특히 '역사의 쓸모(최태성)'를 읽고 더 이상 역사가 외울 것이 많은 골치 아픈 암기 과목이 아니라 현시대의 맥을 짚는 유용한 무기라는 것을 이해함. 역사를 통해 교훈을 찾고 현재를 이해하며, 옳고 그름을 구별할 수 있는 올바른 역사관을 정립하고자 노력하는 모습이 칭찬할 만함.

사고력 레벨up

제시문 역사는 자유의 확대를 향해 나가고 있고, 소수를 위한, 소수의 권익을 대변하는 기술은 역사의 흐름에 맞지 않는다. 폭발력을 지닌 창조적 발명은 소수가 아니라 다수를 대변해야 한다.

질문 1 역사 발전 과정에서 구텐베르크의 인쇄기, 아이폰, 한글의 공통점을 말해 볼까요?

질문 2 실용 만능의 시대에 '역사의 쓸모'는 무엇일까요? 역사를 왜 배워야 할까요?

관련 논문 역사교육의 목적을 다시 묻는다(양호환, 2006)

이 논문은 역사교육의 목적에 대한 기존 논의의 특성을 살펴보고 목적 위주의 사고 방식이 초래하는 문제점을 분석한 것이다. 이를 바탕으로 역사에서 무엇을 가르칠 것인가에 대한 판단의 주체와 중요성에 대해 생각해 볼 수 있을 것이다.

관련 도서 《세계사를 바꾼 50권의 책》, 대니얼 스미스, 크레타
《세상에서 가장 쓸모 있는 철학 강의》, 고스다 겐, 더숲

관련 학과 경영정보학과, 국제경영학과, 국제관계학과, 문화재학과, 미술사학과, 사학과, 사회교육과, 사회학과, 역사교육과, 역사문화학과, 역사콘텐츠전공학과, 인류학과, 인문콘텐츠학부, 정치외교학과, 행정학과

관련 교과 2022 개정 교육과정: 한국사, 세계사, 동아시아 역사 기행, 사회와 문화, 역사로 탐구하는 현대 세계
2015 개정 교육과정: 한국사, 세계사, 동아시아사, 사회문화, 사회문제 탐구, 인문학적 감상과 역사이해

핵심키워드 | 역사 교육, 역사적 사고, 문해력, 디지털 시대

왜 역사를 배워야 할까?

샘 와인버그 | 휴머니스트 | 2019

이 책은 디지털 시대를 살아갈 아이들의 '역사적 사고' 능력을 키울 방법을 오랫동안 고민해 왔던 역사교육학자가 역사 교육의 방향성과 필요성을 저술했다. 특히 장기간 미국의 초·중·고등학교에서 '역사적 사고 수업'과 '역사가처럼 읽기 수업'을 진행하면서 나타난 학생들의 변화도 설명한다. 이 책을 통해 미래의 교육 정책의 방향성과 새로운 수업 방식으로 변화의 가능성을 찾아볼 수 있다.

탐구 주제

주제1 저자는 교과서가 제공하는 사실 지식만을 외우고 평가하는 암기식 교육으로는 역사 교육이 마주한 문제를 해결할 수 없다고 지적하며 '역사적 사고'의 중요성을 강조했다. 이와 관련해 '역사적 사고'를 키우려면 역사 교육과 역사 수업은 어떤 모습으로 바뀌어야 할지에 대해 토론해 보자.

주제2 저자는 디지털 시대에 '역사적 사고'는 필수적이지만, 역사적 사고가 디지털 시대에 힘을 발휘하기 위해서는 새로운 미디어 리터러시와 접목되어야 한다고 언급하였다. 이와 관련하여 디지털 시민 역량을 함양하기 위한 디지털 리터러시 수업의 중요성과 효과를 탐구해 보자.

주제3 저널리즘과 가짜뉴스의 상관 관계 분석

주제4 한국 공교육의 근본적 문제와 해결 방안 고찰

학생부 기록 예시 (교과세특)

'왜 역사를 배워야 할까?(샘 와인버그)'의 '역사적 사고 수업'과 '역사가처럼 읽기 수업'을 진행하면서 학생들이 지적으로 두드러진 성장을 이루었음을 깨달음. 역사적 인물, 사건을 정해 다양한 사료를 읽고, 비교하고, 토론하며 스스로 정보를 판단할 수 있는 비판적 사고력을 키우려고 힘씀. 우리나라의 교육 정책도 변화하는 시대에 걸맞게 역사 수업의 변화뿐만 아니라 미디어·뉴스 리터러시 교육과정을 포함한 전체 교육과정의 근본적인 방향 전환이 필요함을 적극 개진함.

사고력 레벨up

제시문 우리는 오늘날 손끝으로 무한한 정보를 얻을 수 있는 디지털 시대를 살고 있다. 인터넷과 스마트폰은 우리에게 마법 같은 삶을 선사했지만, 쏟아지는 정보의 홍수 속에서 혼란도 커지고 있다.

질문 1 미디어가 생산한 성고정 관념의 사례를 들어볼까요?

질문 2 국내 미디어 리터러시 교육 현황을 조사하고, 미디어 리터러시 교육이 필요한 이유를 비판적 사고력과 관련지어 설명해 볼까요?

관련 논문 비판적 정보 문해력 교육의 필요성(이진남, 2021)

이 논문은 21세기 정보 홍수의 시대에서 정보가 우리를 어떻게 현혹하는지 관련 현상들을 정리하고, 기존의 문해력 교육과 비판적 사고 교육이 이러한 문제를 해결하는 데 왜 한계가 있는지를 설명한 것이다. 이를 기반으로 비판적 정보 문해력 교육의 필요성과 방향을 고찰하고 있다.

관련 도서 《역사 문해력 수업》, 최호근, 푸른역사
《미디어 리터러시, 세상을 읽는 힘》, 강용철, 정형근, 샘터사

관련 학과 ICT융합학과, 경영정보학과, 경제학과, 관광학과, 국제경영학과, 국제관계학과, 국제학부, 디지털미디어과, 문화콘텐츠학과, 사학과, 사회학과, 역사문화학과, 인공지능학과, 정치외교학과, 지리학과, 행정학과

관련 교과
2022 개정 교육과정: 한국사, 세계사, 동아시아 역사 기행, 사회와 문화, 역사로 탐구하는 현대 세계, 논리학
2015 개정 교육과정: 한국사, 세계사, 동아시아사, 사회문화, 사회문제 탐구, 인문학적 감상과 역사이해, 철학

핵심키워드 | 조선시대, 전염병, 의녀, 동의보감

우리 역사 속 전염병

신병주 | 매일경제신문사 | 2022

이 책은 조선시대 대표적인 의서, 객관적인 기록서, 여러 일기와 문집 등을 총망라해 조선시대 전염병의 역사를 총정리한 것이다. 조선시대 왕실을 비롯한 백성들의 의료기관과 의녀들의 활약상과 홍역, 천연두, 콜레라 등 시기별 여러 전염병의 유행 사례도 기술했다. 조상들의 질병 극복 사례를 읽으며 교훈을 얻을 수 있고 미래 위기를 대비할 수 있는 통찰력을 기를 수 있다.

탐구 주제

주제1 경신대기근은 1670년과 1671년, 조선 현종의 재위 기간에 발생한 최악의 기아 사건으로, 이 시기에 유래 없던 자연재해와 극심한 날씨 변화로 인해 많은 조선인은 유독 질병과 기근에 시달렸다. 이 시기 이상 기후 변화를 조사해 보고, 기후변화가 전염병 확산에 미친 영향을 탐구해 보자.

주제2 '홍역을 치뤘다', '학을 뗐다', '에이, 염병할 놈'이란 말은 그 옛날 전염병의 기억을 담은 말들로 오늘날에도 널리 사용되고 있으며, 전염병은 시대를 막론하고 사람들의 삶에 지대한 영향을 끼쳤다. 이와 관련하여 현재 우리나라의 '국가 차원 감염병 대응 전략'이 무엇인지 분석해 보자.

주제3 조선시대 간호와 의녀제도 탐구

주제4 조선시대 국가적 의서 편찬 과정 고찰

학생부 기록 예시 (교과세특)

'우리 역사 속 전염병(신병주)'을 읽고 조선시대 국가적 차원에서 의학적 치료를 넘어 백성들의 심리적 안정을 위한 방편으로 '의무'라고 불린 의술을 행하는 무당을 배치한 사실에 놀라움을 표현함. 나아가 각종 전염병이 미친 사회, 정치적 파장을 꼼꼼하게 정리함. 특히 홍역, 천연두, 콜레라 등 각종 전염병 예방을 위한 국가와 개인들의 노력과 성취 과정을 살펴보며, 자신도 신뢰와 책임감을 바탕으로 환자를 돌보는 의사가 되고 싶다는 포부를 밝히며 진로에 대한 성찰 능력을 보임.

사고력 레벨up

제시문 조선시대에 전염병이 유행하면 기본적으로 환자나 시체를 격리하는 조치를 취했는데, 동서활인서가 격리시설로 주로 활용되었고, 이후에도 활인서는 전염병 치료의 컨트롤타워가 되었다.

질문 1 코로나19와 관련 정부가 사회적 거리두기를 실시한 것은 인권 침해라고 할 수 있을까요?

질문 2 환자를 치료할 수 있는 역량이 상대적으로 부족한 개발도상국에서 방역과 역학조사를 통해 전염병의 확산을 막을 수 있는 전략을 제시해 보자.

관련 논문 조선시대의 천연두와 민간의료(정연식, 2005)

이 논문은 조선시대에 유행했던 갖가지 질병 가운데 가장 무서운 질병이었던 천연두의 위험성을 살피고, 민간의료에서는 어떻게 대응했는지 살펴본 것이다. 또한 이러한 민간 치료에서 나아가 종두법, 인두법, 우두법의 도입이 이루어지는 과정도 함께 다루고 있다.

관련 도서 《세계사를 바꾼 10가지 감염병》, 조 지무쇼, 사람과나무사이
《메디컬 조선》, 박영규, 김영사

관련 학과 건강관리학과, 바이오메디컬학과, 보건관리학과, 문화콘텐츠학과, 사학과, 사회학과, 생명공학과, 약학과, 역사문화학과, 유전공학과, 응용화학과, 의료정보학과, 의예과, 한약학과, 한의예과, 화학과, 환경학과

관련 교과 2022 개정 교육과정: 한국사, 통합사회, 사회와 문화, 생명과학, 생물의 유전, 세포와 물질 대사, 사회문제 탐구
2015 개정 교육과정: 한국사, 통합사회, 사회문화, 생명과학, 사회문제 탐구, 생활과 과학, 융합과학, 과학사

핵심키워드	근대사, 현대사, 변화, 새로운 역사

울게 되는 한국사

김재원 | 빅피시 | 2023

이 책은 역사학자인 저자가 유독 비극적인 사건으로 점철되었던 근현대사를 중심으로 우리 민족이 숱하게 경험해 온 고난과 극복의 역사를 반추한 것이다. 특히 지금까지 대중 역사서에 소개된 적 없는 충격적 사건과 최신 연구를 통해 밝혀진 새로운 진실들과 어떠한 상황에서도 꺾이지 않고 나아갔던 사람들의 이야기를 통해 역사적 순간을 돌아보다 보면, 지금 우리가 처한 위기와 갈등을 어떻게 극복해야 할지에 대한 통찰력을 얻을 수 있을 것이다.

탐구 주제

주제1 저자는 '배화폭동'이라 불리는 반중국인 폭력 사태를 다루며 비극적 사건의 나열을 넘어, 피해자에서 가해자가 된 우리의 역사까지 소개하며 성숙한 반성의 자세도 취했다. 이와 관련하여 '배화 폭동'이란 무엇이며, 일어나게 된 원인, 그 결과 지금 우리는 어떤 영향을 받았는지 탐구해 보자.

주제2 저자는 냉전 질서가 한국사에서 완성되는 가운데 벌어진 일련의 사건들을 다루었다. 이를 토대로 남과 북 그리고 대한민국 국민이 어떻게 이념으로 나뉘었고, 왜 결국 서로를 향해 총을 겨눠야 했는지 되짚어 보면서 끝나지 않은 냉전의 시대를 어떻게 극복해야 할지 함께 토론해 보자.

주제3 을미사변 전후 시기 국제 정세와 조선의 대외 관계 분석

주제4 개항기, 일제 강점기 한국인의 해외 이주 역사 탐구

학생부 기록 예시 (교과세특)

'울게 되는 한국사(김재원)'를 읽고 습득한 지식을 나름대로 활용하여 개별 사건의 역사적 의의를 해석하였으며 자료 분석 능력이 돋보임. 특히 개항 이후 조선이 겪은 변화와 과정, 제주 4·3 사건, 여순 사건, 반민 특위 사건 등 현대사의 굵직굵직한 사건의 전개 과정을 자신만의 기준으로 정리하고 구조화함. 나아가 동학농민운동과 관련하여 '민란인가, 운동인가, 혁명인가, 전쟁인가'라는 발제를 제시하여 깊이 있는 토론을 진행하고, 정확한 역사 용어 표현이 필요하다는 입장을 밝힘.

사고력 레벨up

제시문 한국 근대사의 가치는 다른 시대 역사에 비해 과소평가되어 있다. 그 이유는 한국 근대사의 여러 사건들이 실패로 점철되었고, 결국 일본에 나라를 빼앗긴 '실패의 역사'로 낙인찍혀 있기 때문이다.

질문 1 '실패로 점철된 한국 근대사'라는 역사 인식이 나타나게 된 근본 배경은 무엇일까요?

질문 2 지배층의 역사가 아닌 민중 스스로 자주적 근대화를 이루려던 움직임을 한국 근대사의 새로운 이면으로 바라본다면, 한국 근대사를 '성공의 역사'로 바라볼 수 있을까요?

관련 논문 한국 민주화운동의 특징과 기념·계승의 과제(이영제, 2021)

이 논문은 한국 민주화운동의 특징에 기반하여 민주화운동의 개념, 법·제도적 기념의 성과와 한계를 살펴보고, 민주화운동 기념사업의 원칙과 기준 마련 등을 통해 민주화운동을 지속해서 현재화하고, 미래와 연결함으로써 국민의 공감대 속에서 기념사업 활성화라는 과제를 제안하고 있다.

관련 도서 《한국 근대사를 꿰뚫은 질문 29》, 김태웅, 김대호, 아르테
《새로운 시선으로 바라보는 한국 근대사》, 김이경, 초록비책공방

관련 학과 국제경영학과, 국제관계학과, 국제학부, 국제통상학과, 글로벌비즈니스학과, 경영정보학과, 경영학과, 경제학과, 문화콘텐츠학과, 미디어커뮤니케이션학과, 사학과, 소프트웨어학과, 역사문화학과, 통계학과

관련 교과 2022 개정 교육과정: 한국사, 통합사회, 세계사, 정치, 사회와 문화, 경제, 법과 사회, 역사로 탐구하는 현대 세계
2015 개정 교육과정: 한국사, 통합사회, 세계사, 법과 정치, 경제, 사회문제 탐구, 인문학적 감상과 역사이해

핵심키워드 | 이슬람, 아랍, 이슬람 문명, 이슬람 극단주의

이슬람 학교1, 2

이희수 | 청아출판사 | 2015

이 책은 16억 인구 57개국을 가진 지구촌 최대 단일 문화권인 이슬람 세계를 편견 없이 들여다보고자 하는 이슬람 학교의 강의록을 모은 것이다. 특히 이슬람의 탄생부터 이슬람 문화와 종교의 특성, 이슬람 사회의 실체와 허구, 테러와 이슬람 문제, 이슬람 문화권과의 비즈니스 등 다양한 분야를 다루고 있다. 이 책을 통해 이슬람의 역사와 문화를 이해할 수 있을 것이다.

탐구 주제

주제1 저자는 우리가 가진 고정관념 중 하나가 아랍과 이슬람을 동일시하는 경향이며, 이 왜곡된 인식 구도를 깨트릴 필요가 있음을 강조하였다. 이와 관련하여 아랍과 이슬람의 차이를 학문적으로 정리해 보고, 특히 아랍 세계가 이슬람의 여성관, 가족 제도에 미친 영향을 탐구해 보자.

주제2 이슬람인의 90%는 수니파로 사우디아라비아가 중심국이고, 나머지 10%는 시아파로 이란이 중심국이며 이들의 갈등과 대립은 지속되고 있다. 이와 관련하여 시아파와 수니파의 차이와 분열 과정을 정리하고, 특히 미국이 이러한 갈등에 어떻게 관여했는지 고찰해 보자.

주제3 이슬람 극단주의의 배경과 원인 탐구

주제4 시온주의가 중동 지역에 미친 영향 고찰

학생부 기록 예시 (교과세특)

세계 4대 종교인 이슬람교에 대한 지적 호기심으로 '이슬람 학교1, 2(이희수)'를 정독한 후, 자신이 이슬람에 대한 편견과 고정관념을 가지고 있었음을 자각하고, 타 종교를 이해하고 공존의 지혜를 갖추려고 노력하는 모습을 보임. 나아가 현재 아랍 세계의 변화에 대한 심화탐구 활동을 진행함. 특히 '아랍의 봄' 사건의 원인과 경과, 성공한 국가와 실패한 국가의 차이가 무엇인지 분석하고, 우리나라의 민주화운동 과정과 비교 고찰하는 우수한 탐구 결과물을 제출함.

사고력 레벨up

제시문 세계에서 이슬람 인구가 제일 적은 우리나라에도 유학, 취업 등의 이유로 거주하고 있는 이슬람 인들이 증가하고 있으며, 점차 이슬람교 사원 건립 문제 등으로 갈등도 커지고 있다.

질문 1 대구에서 이슬람 사원 건립을 둘러싼 반대 시위는 종교의 자유 침해라고 할 수 있을까요?

질문 2 선과 평화, 인성의 회복을 주창하는 상식적인 종교적 명제가 왜 이슬람교에는 적용되지 못할까요? 이슬람교에 대한 편견과 고정관념을 어떻게 극복할 수 있을 지 말해 볼까요?

관련 논문 와하비즘의 발흥과 사우드가와의 종교-정치적동맹에 대한 역사적 고찰(송상현, 2017)

이 논문은 와하비즘이 이슬람 세계의 변방이라 할 수 있는 아라비아 반도 내륙에서 발흥하였던 배경을 세계사적 그리고 이슬람사적인 관점에서 살펴본 것이다. 또한 사우드가문이 중동지역에 새로운 정치적 실체로 등장하여 오늘날 사우디아라비아가 탄생하였음을 살펴볼 수 있다.

관련 도서 《아랍》, 유진 로건, 까치
《도시로 보는 이슬람 문화》, 이희수, 사우

관련 학과 ICT융합학과, 경영정보학과, 경제학과, 관광학과, 국제경영학과, 국제관계학과, 국제학부, 디지털미디어과, 문화콘텐츠학과, 사학과, 사회학과, 역사문화학과, 인공지능학과, 정치외교학과, 지리학과, 행정학과

관련 교과 2022 개정 교육과정: 세계사, 세계시민과 지리, 사회와 문화, 국제 관계의 이해, 역사로 탐구하는 현대 세계
2015 개정 교육과정: 세계사, 세계지리, 사회문화, 여행지리, 사회문제 탐구, 인문학적 감상과 역사이해

핵심키워드	인도, 인더스 문명, 카스트제도, 힌두교

있는 그대로 인도

김기상 | 초록비책공방 | 2023

이 책은 인도가 인류에게 남긴 발자취와 영향력 그리고 세계를 영도하는 인도의 미래에 대한 청사진 등을 풀어낸 인도에 대한 개괄서이다. 특히 국제관계학 전문가인 저자가 직접 인도에 거주하며 현지에서만 경험할 수 있는 인도 사람들의 생생한 일상과 함께 인도의 진면목을 전달하고 있다. 이 책을 통해 문화 다양성을 이해하고 세계시민의식을 기를 수 있을 것이다.

탐구 주제

주제1 중국을 넘어선 14억 명의 인구가 사는 세계 1위의 인구 대국이자 미국, 중국, 일본, 독일에 이어 세계 5위의 경제 규모를 가진 나라, 저성장의 시대에 5~6%의 경제성장률을 유지하고 있는 나라가 인도이다. 이와 관련하여 정치·경제·문화계를 비롯한 각 분야에서 인도가 가진 저력을 분석해 보자.

주제2 14억 명의 인구가 1,200여 개의 언어를 사용하며 여러 종교를 포용하고 독특한 문화를 지니고 있는 인도는 '다양성'이라는 큰 특징을 지니고 있다. 이와 관련하여 특히 인도의 '종교적 다양성'을 정리하고 이러한 종교적 다양성이 인도 사회에 미친 영향과 한계점을 탐구해 보자.

주제3 인도의 반영(反英)민족 운동사 탐구

주제4 인도 카스트제도의 기원과 현대적 의미 고찰

학생부 기록 예시 (교과세특)

'있는 그대로 인도(김기상)'를 읽고 정치·경제·문화계를 비롯한 세계 각 분야에서의 인도 출신들의 활약 등이 두드러지고 있음을 깨닫고, 자신이 인도에 대해 가난과 결핍, 무질서와 부정부패만 가득한 나라라는 고정관념과 편견이 가득했음을 알게 됨. 나아가 전 세계가 하나의 생활권이 되어있는 지금, 인도를 편견 없이 바라보고 인도의 가능성을 이해하려는 국제적 안목을 키우려고 노력함. 또한 역사를 변하게 하는 원인을 찾고 정리하는 능력이 뛰어남.

사고력 레벨up

제시문 인도는 전통적으로 미·중·러 등 주변 강국에 대한 일련의 균형 정책, 비동맹주의 외교를 추구해 왔다. 그러나 최근에는 대중국 견제를 강화하며 '신동방 정책'을 내세우고 있다.

질문 1 처음에 인도가 국제사회에서 '비동맹주의 외교'를 내세웠던 이유가 무엇인지 말해 볼까요?

질문 2 근래 '신동방 정책'을 내세우고 있는 인도와 우리나라가 '특별 전략적 동반자 관계'를 내실 있게 발전시켜 나가기 위해서 우리에게 필요한 자세가 무엇인지 이야기해 볼까요?

관련 논문 인도 노동자들의 카스트가 직업 선택 및 임금 결정에 미친 영향 분석(김신주, 2019)

인도에서 법적으로 카스트제도는 폐지된 지 수십 년이고 하층 카스트에서 총리 등이 배출되기도 했지만, 여전히 관습적 차별은 남아 있다. 이 논문은 인도 노동시장에서 카스트가 직업 선택과 임금에 미치는 영향을 분석한 것으로, 여전히 차별적 제도로 존재하고 있음을 고찰하였다.

관련 도서 《마하바라타》, R. K. 나라얀, 아시아
《처음 읽는 인도사》, 전국역사교사모임, 휴머니스트

관련 학과 ICT융합학과, 경영정보학과, 경제학과, 관광학과, 국제경영학과, 국제관계학과, 국제학부, 디지털미디어과, 문화콘텐츠학과, 사학과, 사회학과, 역사문화학과, 인공지능학과, 정치외교학과, 지리학과, 행정학과

관련 교과
2022 개정 교육과정: 세계사, 세계시민과 지리, 사회와 문화, 국제 관계의 이해, 역사로 탐구하는 현대 세계
2015 개정 교육과정: 세계사, 세계지리, 사회문화, 여행지리, 사회문제 탐구, 인문학적 감상과 역사이해

핵심키워드 | 풍속화, 궁중기록화, 풍류, 조선 양반들

조선 미술관

탁현규 | 블랙피쉬 | 2023

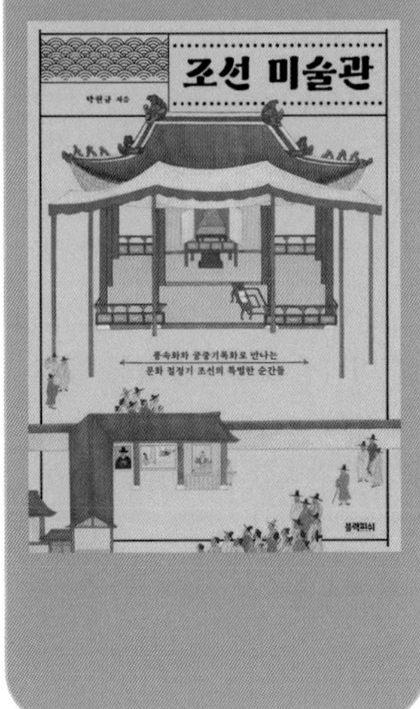

이 책은 고미술 최고 해설가인 저자가 조선 후기의 풍속화와 궁중기록화를 한 권에 담았다. 저자는 신윤복, 정선, 김홍도를 비롯한 조선의 천재 화가들 7인의 작품과 숙종과 영조대의 기록화첩을 중심으로 조선시대 화가들의 뛰어난 연출력을 현대의 기준으로 재해석해 새롭게 들려 준다. 저자의 예리한 해석으로 옛 그림의 가치와 더불어 조선 후기의 역사를 생생하게 느낄 수 있을 것이다.

탐구 주제

주제1 저자는 '풍류로 통하던 조선 양반들'과 '하루하루에 충실한 서민들'이란 기준으로 풍속화를 소개하였다. 이처럼 조선 후기 일상생활을 그린 그림을 살펴보면, 양반들과 일반 백성들의 삶을 표현하는 모습이 사뭇 달랐다. 그림을 통해 유추할 수 있는 당시 시대상을 분석해 보자.

주제2 조선 후기의 그림은 세세하고 정확하게 표현하는 것에 방점을 뒀다. 특히 궁중 기록화에서 그런 특징이 도드라졌다. 저자가 소개한 숙종대의 《기해기사첩》과 영조대의 《기사경회첩》은 조선이 철저한 기록사회였음을 보여 준다. 두 기록화가 그려진 시대 배경과 특징, 차이점을 비교해 보자.

주제3 김홍도와 신윤복의 풍속화풍 비교

주제4 정선의 진경 산수화가 미술 사조에 끼친 영향 분석

학생부 기록 예시 (교과세특)

'조선 미술관(탁현규)'을 읽은 후 각 시대의 회화를 바탕으로 여성들의 삶의 변화상을 분석하는 심화탐구활동을 진행함. 특히 고대부터 현대까지 시대상을 반영한 그림들을 조사하고 그 속에서 찾을 수 있는 삶의 모습, 여성의 지위 변화에 영향을 끼친 사건들을 구체적으로 탐구함. 또한 우리나라 최초의 여성 서양화가인 나혜석에 대한 관심으로 그녀의 삶에 대해 조사하고, 그녀의 그림과 글에서 엿볼 수 있는 시대상과 여성의 지위에 대한 비판적인 분석을 함.

사고력 레벨up

제시문 그림은 사진이 도입되기 전부터 시대를 읽어내는 중요한 단서이자 좋은 사료(史料)였다. 또한 예술은 그 시대의 한 면을 보여 주면서도 시대를 초월하는 보편적인 공감대가 있다.

질문 1 신윤복의 풍속화를 통해서 현대인들은 어떤 공감대를 찾을 수 있을까요?

질문 2 예술이 시대상을 반영한다고 할 때, 현대 추상 미술도 시대상과 시대정신을 담고 있을까요?

관련 논문 풍속화의 예술적 가치-속(俗)의 수용을 중심으로(한유진, 2023)

이 논문은 풍속화를 인문학적으로 통찰하는 내용을 담은 것이다. 풍속화가 나타나게 된 배경과 어떤 사상이 영향이 미쳤는지를 중심으로 서술하였는데, 저자는 "속된 것"을 바라보는 사회 지배 계층의 관점 변화가 영향이 컸다고 주장한다. 풍속화 자체에 대한 이해를 돕는 논문이다.

관련 도서 《살롱 드 경성》, 김인혜, 해냄
《아름다워 보이는 것들의 비밀 우리 미술 이야기 3》, 최경원, 더블북

관련 학과 국사학과, 문화유산융합학부, 문화재학과, 미술사학과, 미술학과, 미학과, 사학과, 사회학과, 산업디자인과
역사문화학과, 역사교육과, 역사콘텐츠전공학과, 인류학과, 인문콘텐츠학부, 한국사학과, 한국역사학과

관련 교과 2022 개정 교육과정: 한국사, 동아시아 역사 기행, 미술, 미술 감상과 비평, 역사로 탐구하는 현대 세계
2015 개정 교육과정: 한국사, 동아시아사, 미술, 미술 감상과 비평, 미술 창작, 인문학적 감상과 역사이해

핵심키워드 | 공생, 충돌, 파괴, 지속 가능한 문명

지구 파괴의 역사

김병민 | 포르체 | 2023

이 책은 단순한 환경·기후 위기론에서 벗어나 고대 문명부터 근대 과학까지의 전반적인 인류 역사를 살피며, 역사적인 맥락 속에서 인류의 성장이 왜 지구 파괴를 수반할 수밖에 없는지에 관한 내용을 다룬다. 특히 인류는 발전한 과학 기술로 환경 파괴를 막을 수 있다고 생각하지만 이것은 지극히 인간 중심적 사고라고 지적하며 인류에게 공생이 가장 중요하다는 것을 알려 준다.

탐구 주제

주제1 저자는 과학 기술의 발전은 인류 문명의 발전을 가져왔지만, 한편으론 지구, 환경, 생명체에 나쁜 영향을 끼치는 결과를 유발하였음을 후쿠시마 원전 사고를 사례로 지적하였다. 이와 관련하여 '환경을 지킬 수 있는 과학 발전은 가능한 것일까'에 대해 찬반 토론을 해 보자.

주제2 저자는 공생하며 평화롭게 살던 인류가 끝없는 욕망과 이기심으로 갈등 및 충돌을 지속하여 지구 파괴라는 결말에 이르렀다고 문제의 심각성을 일깨워주었다. 그렇다면 다가올 미래 상황과 위기를 예상하고 대처하며 '지속가능한 지구'를 위해 우리는 어떤 노력을 할지에 대해 탐구해 보자.

주제3 파리기후변화협정의 특징과 역사적 의의 고찰

주제4 미세플라스틱과 해양오염의 상관관계 탐구

학생부 기록 예시 (교과세특)

'지구 파괴의 역사(김병민)'를 읽고 과거부터 지금까지 인류 역사에 있어서 어떻게 지구 파괴가 진행되어 왔는지, 인간이 어떻게 지구와 공생하지 못하고, 충돌하고 있는지를 정리함. 이를 계기로 끊임없이 성장하고, 발전하는 것보단 지구와의 '공생'이란 철학적 자세가 필요하다는 점을 깨달음. 특히 '미세플라스틱과 해양오염의 상관관계'에 대한 수준 높은 탐구 결과물을 제출하고, 나아가 '플라스틱 사용 줄이기' 캠페인 활동을 전개하며 실천적인 문제해결 능력을 보임.

사고력 레벨up

제시문 글로벌이라는 단어는 전 세계의 국경을 무너뜨렸으며, 인류 전체를 성장시키자는 구호를 선언했다. 하지만 다국적 기업의 성장은 긍정적, 부정적인 영향력을 동시에 지니고 있다.

질문 1 다국적 기업의 장점과 문제점을 구체적 사례를 들어 설명해 볼까요?

질문 2 최근 '공정무역'이 대두되고 있다. 이와 관련하여 다국적 기업의 공정무역 참여가 지속가능한 발전에 미치는 영향에 대해 분석해 볼까요?

관련 논문 문명 위기에 대한 에너지 접근과 과제(최문기, 2012)

이 논문은 문명의 변동과 에너지원 간의 밀접한 관련성을 살펴보고, 우리가 직면한 문명 위기의 심각성을 에너지원의 과도기적 전환 과정에 비추어 진단한 것이다. 또한 '지속가능한 발달'을 위해 '에너지' 접근이 필요한 이유와 '지속가능성' 윤리적 실천과제를 제시하고 있다.

관련 도서 《2050 거주불능 지구》, 데이비드 월러스 웰즈, 추수밭
《'좋아요'는 어떻게 지구를 파괴하는가》, 기욤 피트롱, 갈라파고스

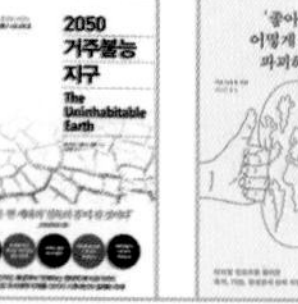

관련 학과 국제관계학과, 문화인류학과, 문화콘텐츠학과, 물리학과, 미학과, 사학과, 생물학과, 생명공학과, 역사학과, 에너지공학과, 원자력공학과, 응용화학과, 인류학과, 지구환경과학과, 화학과, 화학공학과, 해양공학과

관련 교과
2022 개정 교육과정: 세계사, 통합과학, 화학, 과학의 역사와 문화, 융합과학 탐구, 역사로 탐구하는 현대 세계
2015 개정 교육과정: 세계사, 통합과학, 화학, 논리학, 과학사, 생활과 과학, 인문학적 감상과 역사이해

핵심키워드 | 지식 세계, 알렉산드리아, 유럽, 아랍

지식의 지도

바이얼릿 몰러 | 마농지 | 2023

흔히 중세를 암흑의 시대라고 부르며, 중세의 과학 발전 역사를 등한시한다. 이 책은 1000년에 걸친 과학과 지식의 역사를 추적한 것으로, 저자는 중세 서양의 과학 발전은 서양만의 것이 아닌 과거 그리스로마 문명, 기독교 문명, 아랍 세계가 뒤섞이고 교류하는 과정에서 발생했음을 설명하고 있다. 이 책을 통해 고대의 지식이 중세 1000년 동안 어떻게 보존되고 혁신되는지 이해할 수 있다.

탐구 주제

주제1 근대 르네상스기로 접어들며 인문주의자들은 고대 그리스 문화의 재탄생을 외치며 이슬람 학문을 주변화하고 경시했다. 그러나 중세 시기 이슬람 문명과 서유럽 문명은 서로 교류하며 발전했음을 '알렉산드리아-바그다드-코르도바-톨레도'로 연결된 도시의 지식 발전 과정을 통해 설명해 보자.

주제2 중세 시대 서유럽 사회는 기독교 신학이 중심이 됐다는 사실을 부정할 수 없다. 또한 당시 종교에서 비롯된 세계관이, 과학과 문명의 발전을 가로막았다는 것이 통념적으로 인식된다. 이와 관련하여 '종교와 과학은 공존이 불가능한 것일까'라는 주제로 찬반 토론을 해 보자.

주제3 아라비아 숫자, '알고리즘'과 '대수학(algebra)'의 유래 탐구

주제4 중세 시대 이슬람 자연 과학 발전사 탐구

학생부 기록 예시 (교과세특)

자기주도학습 능력이 뛰어난 학생으로 고대 그리스의 과학 발전에 흥미를 갖고, 고대 그리스 문화에 대해 심화탐구 활동을 진행함. 그 과정에서 수학, 과학의 발전이 철학과 밀접한 연관이 있음을 깨달음. 특히 유클리드 등이 활동하던 헬레니즘 시대의 문화와 시대상을 분석하고, 다양한 생각을 받아들이는 포용적 자세가 학문 발전에 큰 동력이 된다는 사실을 인식함. 폭 넓은 사고력과 공감 능력, 비판적 사고, 미래지향적인 사고 능력 등이 두드러져 보임.

사고력 레벨up

제시문 서구 세계의 토대가 된 지식은 중세 천 년의 분투 속에서 보존되고 분석되고 혁신된 결과이다. 이 과정에서 이슬람 학자들의 눈부신 성취가 지식의 전승과 혁신에 큰 역할을 했다.

질문 1 중세 1000년을 '암흑기'라는 말로 쉽게 평가 절하하게 된 이유는 무엇일까요?

질문 2 이슬람 세계와 기독교 세계의 연결망이 근대 문명을 어떻게 성장시켰는지 토론해 볼까요?

관련 논문 11세기 비잔티움과 서방 라틴 세계 간의 접촉과 교류: 문화적 소통과 협력관계를 중심으로(황원호, 2016)

이 논문은 중세 지중해의 기독교 문명사회를 대표하는 비잔티움 그리스인들과 서유럽 라틴인들 간의 접촉과 교류관계들을 조명한 것이다. 교류가 일어난 배경과 교류의 내용을 살펴봄으로써, 유럽과 아시아 문명 교류의 흐름과 특성을 파악하는 데에 도움을 얻을 수 있을 것이다.

관련 도서 《중국의 과학문명》, 야부우치 기요시, 사이언스북스
《잃어버린 계몽의 시대》, S. 프레더릭 스타, 길

관련 학과 문화유산융합학부, 문화재학과, 문화인류학과, 문화콘텐츠학과, 물리학과, 미학과, 사학과, 생물학과, 수학과, 신학과, 역사문화학과, 역사교육과, 역사콘텐츠전공학과, 인류학과, 지구환경과학과, 화학과

관련 교과
2022 개정 교육과정: 세계사, 통합과학, 과학의 역사와 문화, 융합과학 탐구, 역사로 탐구하는 현대 세계
2015 개정 교육과정: 세계사, 통합과학, 철학, 논리학, 과학사, 생활과 과학, 인문학적 감상과 역사이해

핵심키워드	가짜 뉴스, 허위 정보, 미디어, 거짓말

진실의 흑역사

톰 필립스 | 윌북 | 2020

이 책은 언론인인 저자가 진실과 거짓 중에 언제나 거짓 쪽으로 흔들리는 인간의 속성을 파헤친 것으로, '팩트'에 천착해 진실이 어떻게 왜곡되는지 조명하고 있다. 저자는 일상 속 거짓부터 정치, 사회, 기업, 의료, 언론의 거짓까지 대표적인 역사 속 사건을 통해 숨은 의미를 통찰하고, 우리가 어떻게 해야 더 진실한 미래로 나아갈 수 있을지 제안한다. 이 책을 통해 진실을 꿰뚫는 힘을 찾아보고 가짜 뉴스 등에 대한 경각심을 키울 수 있을 것이다.

탐구 주제

주제1 옥스퍼드 사전은 2016년 올해의 단어로 'post-truth'를 선정했고, 탈진실 시대(post-truth)의 암울한 경고가 곳곳에서 들려온다. 이후 한국은 물론 전 세계적으로 '탈진실'에 대한 논의가 활발하다. 이와 관련하여 '탈진실 현상'의 원인과 영향, 그리고 이를 극복하기 위한 노력을 탐구해 보자.

주제2 저자는 '정치인의 거짓말'에서 여론몰이, 음모론, 범죄 은폐 기도, 전시 흑색선전에 이르기까지 정치적 기만의 비열한 술책들을 두루 다루었다. 그렇다면 우리의 통념 속에 '정치와 거짓말이' 떼려야 뗄 수 없을 만큼 밀접하게 엮여 있는 이유가 무엇일지 토론해 보자.

주제3 성공적인 마케팅과 과대 광고의 상관 관계 탐구

주제4 인류 혐오의 역사 '마녀 사냥'의 기원과 현대적 적용 사례 분석

학생부 기록 예시 (교과세특)

'진실의 흑역사(톰 필립스)'를 읽고, 확증 편향 현상이 최근에 어떤 양상으로 나타났는지 탐구함. 가짜 뉴스를 바탕으로 한 구체적인 스토리 라인이 생기고, 사람들에게 신뢰를 얻는 과정이 불과 몇 개의 동영상으로 가능하다는 것을 연예인 사망설을 사례로 들어 설명함. 또한 일반적으로 회복은 오롯이 피해자의 몫임을 알게 됨. 뉴미디어 사회로 전환하는 시기에서 각국의 주요 플랫폼의 규제, 제재 방안에 대해 추가로 조사하고 규제와 처벌의 필요성을 밝힘.

사고력 레벨up

제시문 미디어 공간이 이제는 사회적인 문제가 되고 있다. 검증되지 않은 가짜 뉴스가 SNS를 통해 전달되고 있으며, 알고리즘에 의해 사람들은 자기만의 세계 속에 빠져 정보를 소비하고 있다.

질문 1 가짜 뉴스를 전달한 알고리즘을 처벌을 할 수 있을까요?

질문 2 가짜 뉴스·알고리즘 편향성으로부터 이용자를 보호하기 위한 미디어 리터러시 능력을 기르려면 어떻게 해야 할까요?

관련 논문 독일 역사수정주의의 전개와 '탈진실'의 시대(이진일, 2022)

이 논문은 독일에서의 탈진실 현상을 분석하고, 그것이 현대에 어떤 방법으로 영향력을 키우고 있는지에 대한 내용을 다루고 있다. 독일과 미국 등의 해외 사례를 통해 역사수정주의에 대한 추가적인 학습을 할 수 있고, 진실이란 무엇인지 고민을 더할 수 있다.

관련 도서 《개소리는 어떻게 세상을 정복했는가》, 제임스 볼, 다산초당
《바보의 세계》, 장 프랑수아 마르미옹, 윌북

관련 학과 ICT융합학과, 경영정보학과, 국제관계학과, 디지털미디어과, 미디어커뮤니케이션학과, 미디어학부, 사학과, 사회학과, 신문방송학과, 언론정보학과, 역사문화학과, 역사콘텐츠전공학과, 정치외교학과, 행정학과

관련 교과 2022 개정 교육과정: 세계사, 동아시아 역사 기행, 사회와 문화, 국제 관계의 이해, 역사로 탐구하는 현대 세계
2015 개정 교육과정: 세계사, 동아시아사, 사회문화, 법과 정치, 사회문제 탐구, 인문학적 감상과 역사이해

핵심키워드	질문, 역사의 발언, 문학 속의 역사, 자유

질문하는 역사

주경철 | 산처럼 | 2021

이 책은 서울대 교수인 저자가 수업 시간에 역사와 문학 분야의 여러 글을 학생들과 읽으며 '어떤 삶을 살아가야 마땅한가?'라는 질문을 함께 고민하고 토론한 내용을 정리한 역사 에세이다. 이 책을 통해 질문과 답을 찾는 과정을 함께 접하며 우리 삶과 맞닿아 있는 역사 속의 숨겨진 진실에 한 발 더 다가갈 수 있을 것이며, 삶에 대한 지혜와 성찰을 얻을 수 있을 것이다.

탐구 주제

주제1 1985년 프랑스의 클로드 란츠만 감독이 발표한 〈쇼아〉는 나치의 유대인 홀로코스트를 다룬 장장 9시간 30분에 달하는 다큐멘터리 영화다. 저자는 이 영화를 소개하며 '살아라 그리고 기억하라'고 언급하였다. 이와 관련하여 홀로코스트를 통해 우리가 기억해야 할 것이 무엇인지 탐색해 보자.

주제2 마키아벨리의 '군주론'은 군주의 권력과 통치에 대한 현실적인 논의를 담은 것으로, 저자는 이 책이 악마의 책으로 역사상 가장 많은 비난을 받고 있음을 지적하였다. 이와 관련하여 마키아벨리가 주장하는 군주의 통치 방법을 분석하고, 오늘날의 민주주의 국가에 적용될 수 있는지 탐구해 보자.

주제3 러시아 표트르 대제의 서구화 정책의 영향 분석

주제4 정화의 남해 대원정이 세계 해양사에서 갖는 역사적 의의 고찰

학생부 기록 예시 (교과세특)

'질문하는 역사(주경철)'를 읽고 우리 사회의 여러 상황을 역사상의 일들에 비추어 가며 추론 능력과 역사적 비판력이 향상됨. 특히 권력은 늘 역사를 필요로 하였으며, 역사를 자기 정당성의 근거로 가장 크게 이용한 집단이 독재 정권이었음을 깨닫고, 역사의 본질을 찾고 옳고 그름을 구별하며 세상을 바라보는 힘을 길러야겠다는 각오를 보이며 민주시민의식을 키움. 또한 일본제국주의, 스탈린의 독재 정치, 나치의 자민족 중심주의 본질, 특성을 비교·분석하는 우수한 탐구 결과물을 제출함.

사고력 레벨up

제시문 우리는 왜 강대국의 역사만을 배우는가. 이 세상에는 작고 소박하면서도 자기 나름대로 독특한 개성을 꽃피우며 살아가는 나라들이 얼마든지 많다.

질문 1 세계 근대사에서 어떻게 유럽 문명이 여타 문명을 누르고 최종적인 승자가 되었는지, 정치, 군사, 경제적 요인과 연결지어 추론해 볼까요?

질문 2 강대국 콤플렉스가 미치는 영향과 이를 극복하기 위해 필요한 자세를 설명해 볼까요?

관련 논문 존 스튜어트 밀의 위선?: '선의의 제국주의'(서병훈, 2012)

존 스튜어트 밀은 '선의의 제국주의'를 주창하고, 식민지 주민들의 이익을 위해 제국주의적 경영을 독려했다. 토크빌은 이런 발상을 '이중성, 위선'이라고 공격했다. 이 논문은 밀의 공리주의 철학을 살피고, 서구중심적, 독단적 문명론에 젖어 있었던 밀의 오류는 시대의 산물이었음을 설명한 것이다.

관련 도서 《거꾸로 읽는 세계사》, 유시민, 돌베개

《멋진 신세계》, 올더스 헉슬리, 소담출판사

관련 학과 고고학과, 고고문화인류학과, 공공행정학과, 공공인재학과, 국제관계학과, 국제학부, 국제경제학과, 경제학과, 미학과, 사학과, 사회학과, 역사문화학과, 영어영문학과, 인류학과, 정치외교학과, 철학과, 행정학과

관련 교과 2022 개정 교육과정: 세계사, 동아시아 역사 기행, 사회와 문화, 역사로 탐구하는 현대 세계, 문학, 주제 탐구 독서

2015 개정 교육과정: 세계사, 동아시아사, 사회문화, 법과 정치, 인문학적 감상과 역사이해, 문학, 고전 읽기

핵심키워드	돈, 투자와 투기, 산업혁명, 국제통화

처음 읽는 돈의 세계사

미야자키 마사카츠 | 탐나는책 | 2023

세계사를 되짚어보면, 돈의 흐름에 따라 세계를 주름잡는 패권국의 지위도 결정되었다. 이 책은 돈의 기원과 발전 과정을 알아보고 부의 지도의 변화 흐름을 살펴본다. 특히 저자는 세계 4대 문명 발상지에서의 돈부터 동전과 지폐, 은행, 보험 등의 탄생 배경, 투자와 투기로 인한 돈의 팽창, 그리고 전 세계적인 금융 위기까지, 인류 문명의 발달과 함께해 온 돈의 역사를 짚어준다.

탐구 주제

주제1 전 세계에 막강한 영향력을 끼친 강대국들은 재정, 즉 돈이 뒷받침되었다. 부의 지도가 곧 세계 패권의 지도가 되었다고 저자는 언급하였다. 이와 관련하여 12세기 이후 이탈리아, 스페인과 포루투갈, 네덜란드, 영국, 미국을 중심으로 부의 지도가 어떻게 흘러갔는지를 정리해 보자.

주제2 역사상 최초로 기록된 거품 경제 사례는 튤립 경제로, 17세기 네덜란드에서 발생한 튤립 투기 열풍이다. 튤립 투기 열풍 이후 튤립의 가격이 폭락하면서 네덜란드 경제는 대공황을 맞이하였다. 이와 관련하여 튤립 경제의 원인을 분석하고, 이를 바탕으로 투기와 투자의 차이를 비교해 보자.

주제3 은본위 체제와 금본위 체제의 역사와 특징 비교

주제4 애덤 스미스의 '화폐 베일관'으로 본 돈의 조건 분석

학생부 기록 예시 (교과세특)

'처음 읽는 돈의 세계사(미야자키 마사카츠)'를 읽고 돈은 가치를 측정하는 잣대, 교환의 매개로 모습을 나타내어, 사회를 원활하게 움직이는 문명의 혈액으로서 기능했으며, 부의 지도가 곧 세계 패권의 지도가 되었음을 깨달음. 또한 세계 경제의 중심이 영국(파운드화)에서 미국(달러)로 넘어온 사례를 바탕으로 '추후 기축 통화국은 변화할 것인가'를 주제로 친구들과 깊이 있는 토론을 진행함. 토론에 적극적으로 참여하고 경청하는 태도가 인상 깊었음.

사고력 레벨up

제시문 미국의 달러는 세계 최강의 통화이자 세계통화로서의 지위를 확립했다. 이와 관련하여 최근 경제가 취약한 국가들에서는 자국 통화 대신 달러를 사용해야 한다는 주장이 나오고 있다.

질문 1 자국 통화 대신 달러화를 사용하는 나라들의 사례와 이유가 무엇인지 추론해 볼까요?

질문 2 전 세계적으로 경제적 불확실성과 명목 화폐의 취약성이 커지고 있는 상황에서, 글로벌 금융 시스템의 안전성을 찾을 수 있는 방안이 무엇일지 탐구해 볼까요?

관련 논문 가상자산 비트코인은 화폐인가, 자산인가?(김홍배, 2020)

이 논문은 최근 몇 년 사이 큰 주목을 받았던 가상자산이 화폐나 자산으로서의 가치를 가졌는지를 폭넓게 분석한 것이다. 이 논문과 관련 도서, 최근의 실증적 사례 등을 통해서 균형 있게 살핀다면, 가상자산에 대한 이해와 더불어 현재의 금융시장을 보다 잘 파악할 수 있을 것이다.

관련 도서 《실업이 바꾼 세계사》, 도현신, 서해문집
《세계경제사》, 로버트 C. 앨런, 교유서가

관련 학과 ICT융합학과, 경영정보학과, 경제학과, 국제경영학과, 국제관계학과, 국제통상학과, 국제학부, 농업경제학과, 문화콘텐츠학과, 사학과, 사회학과, 역사문화학과, 인공지능학과, 정치외교학과, 지리학과, 행정학과

관련 교과 2022 개정 교육과정: 세계사, 세계시민과 지리, 사회와 문화, 경제, 국제 관계의 이해, 역사로 탐구하는 현대 세계
2015 개정 교육과정: 세계사, 세계지리, 사회문화, 경제, 여행지리, 사회문제 탐구, 인문학적 감상과 역사이해

핵심키워드	독립 혁명, 대중 민주주의, 산업화, 탈냉전

처음 읽는 미국사

전국역사교사모임 | 휴머니스트 | 2018

이 책은 다양성 속에 보편성을 품은 이민자의 나라인 미국의 건국 이전부터 현재까지의 역사를 정리한 것이다. 저자들은 '한국인의 눈'으로 본 미국사라는 관점에서 아메리카 원주민의 삶, 독립혁명과 미국의 탄생, 남북전쟁과 세계대전, 세계 최강국 미국 등 굵직한 이야기들을 균형 있는 시각에서 서술했다. 이 책은 쉽게 서술되어 학생들에게 유용하고 흥미로운 텍스트가 될 것이다.

탐구 주제

주제1 미국은 인종도 민족도 언어도 다른 이주민의 이질적인 문화가 어우러지면서 만들어졌고, 지금도 전 세계의 많은 사람들이 모여드는 나라다. 이와 관련하여 흔히 미국에 대해 '인종과 문화의 샐러드'라는 표현을 한다.이 말의 의미가 무엇인지 미국 이주민 역사의 전개 과정을 정리해 보자.

주제2 19세기 중반 미국의 앤드루 잭슨 대통령 시대는 팽창 정책으로 인해 원주민들에게는 고통과 눈물, 추방의 시대였다. 이후 이 '명백한 운명'론은 미국 개척사와 외교 정책의 사상적 뿌리가 되었다. 이 주장이 가진 한계점과 부정적 측면을 인디언 정책과 관련지어 탐구해 보자.

주제3 '포카혼타스'를 통해 본 아메리카 원주민과 영국인 정착민의 관계 고찰

주제4 미국 대통령 선거 제도의 이해와 연방제 특징 분석

학생부 기록 예시 (교과세특)

미국의 '소수인종 우대정책 위헌 판결'에 대한 토론에 주도적으로 참여함. 미국이 성장하는 과정에서 소수인종은 여러 차별과 폭력에 시달렸고, 이 정책에 도움을 받은 아시아인들도 있다는 것을 근거로 반대 입장의 의견을 제시함. 또한 과거 인종, 거주 지역별 대출 제한 등으로 생긴 경제적 장벽을 부술 기회를 줘야 함을 주장함. 반면 이 정책이 백인들에 대한 역차별이 될 수 있음에도 공감하는 태도를 가짐. 객관적이면서도 비판적 토론 태도가 인상 깊음.

사고력 레벨up

제시문 미국은 세계의 경찰 역할을 자처하며, 민주주의 수호와 이념을 지키기 위한 전쟁들에 참전하거나 타 국가들을 지원했다. 반면 최근 미국 내에서는 '탈세계화'에 대한 여론도 만만치 않다.

질문 1 미국 내에서 '탈세계화'에 대한 목소리가 나온 배경은 무엇인지 설명해 볼까요?

질문 2 미국 등 강대국의 탈세계화 흐름이 지속된다면, 이에 맞서 우리나라는 어떻게 대비해야 하는지 말해 볼까요?

관련 논문 다문화주의와 미국적 정체성: 1990년대 미국 역사가들의 다문화주의 논쟁을 중심으로(권은혜, 2020)

미국 사회의 중요 어젠다 중 하나는 다문화에 대한 관점차로, 다양성의 배려 범위는 미국의 대선을 뒤흔들 정도로 큰 이슈다. 이 논문은 1990년대 미국 역사가의 다문화주의에 대한 논쟁을 담은 것으로, 각각의 입장을 이해한다면 현대 미국 사회를 깊이 있게 이해할 수 있을 것이다.

관련 도서 《미국 자본주의의 역사》, 앨런 그린스펀, 에이드리언 울드리지, 세종
《미국은 어떻게 망가지는가》, 벤 샤피로, 기파랑

관련 학과 ICT융합학과, 경영정보학과, 경제학과, 관광학과, 국제경영학과, 국제관계학과, 국제학부, 디지털미디어과, 문화콘텐츠학과, 사학과, 사회학과, 역사문화학과, 인공지능학과, 정치외교학과, 지리학과, 행정학과

관련 교과 2022 개정 교육과정: 세계사, 세계시민과 지리, 사회와 문화, 국제 관계의 이해, 역사로 탐구하는 현대 세계
2015 개정 교육과정: 세계사, 세계지리, 사회문화, 여행지리, 사회문제 탐구, 인문학적 감상과 역사이해

핵심키워드 | 질문, 역사의 발언, 문학 속의 역사, 자유

초록색 옷을 입은 사람들

김종성 | 유아이북스 | 2023

이 책은 일제강점기의 독립운동가, 6·25 전쟁, 베트남 전쟁까지 나라를 지키기 위한 수많은 투쟁과 저마다의 사연들을 저자가 국립 현충원을 거닐며 취재한 것이다. 저자는 각국의 국립묘지와 우리나라의 국립묘지를 비교하며 현충원의 의미를 찾고, 위인이 아니지만 나라를 위해 희생한 인물들을 기억해야 한다고 주장한다. 이 책을 통해 역사와 호국 보훈의 의미를 되새길 수 있을 것이다.

탐구 주제

주제1 베트남 전쟁 참전은 대한민국으로서는 최초의 해외 파병으로서, 아시아 지역의 안보와 자유 수호를 위한다는 명분과 외화 획득이라는 경제적 이득이 부수되어 이루어진 사건이었지만 많은 희생자가 발생하기도 하였다. 이와 관련하여 베트남전 파병의 정당성에 대하여 토론해 보자.

주제2 3·1운동 당시 만세 시위에 참여했다 순국한 15세 소녀 동풍신은 유관순과는 달리 우리에게는 익숙하지 않은 인물이다. 이처럼 역사 속에서 주목받지 못한 많은 독립운동가들이 있는데, 그들의 활동을 찾아 조사해 보고 우리나라의 독립운동사와 연결하여 분석해 보자.

주제3 6·25 전쟁시 여자 학도병 탐구

주제4 지역 사회의 보훈 유적지 탐색

학생부 기록 예시 (교과세특)

'초록색 옷을 입은 사람들(김종성)'을 읽고, 동아리 활동을 통해 친구들과 현충원을 방문함. 그 후 학교 신문 6월호에 베트남 전쟁에 실제로 참전했던 군인의 인터뷰를 포함한 깊이 있고 생생한 호국 보훈 관련 기사를 기고하고 순국 선열의 희생에 감사를 표현함. 책, 언론 매체 등 역사 서적을 통해 습득한 지식을 활용할 줄 알며, 수업의 의도와 주제를 잘 이해함. 또한 자료를 분석하는 능력이 뛰어나고 논리적 사고력이 매우 우수함.

사고력 레벨up

제시문 우리나라 현충원은 독립 운동가와 전쟁 유공자의 유해를 안장한다. 한국의 현대사는 꽤나 복잡해, 친일을 한 전쟁 영웅이나 독립 운동가이지만 북한에 동조한 사람들도 있다.

질문 1 각각의 행적을 가진 현대사 인물들이 누가 있을까요?

질문 2 위 인물들을 현충원에 안장하는 것에 찬성하나요? 그 이유는 무엇인가요?

관련 논문 국가보훈정책 실태분석과 발전방안 연구(김의식, 2022)

이 논문은 우리나라 국가 보훈 정책의 운영을 분석하고, 저자가 생각하는 바람직한 발전 방향을 제안한다. 저자의 의견에 동의하는가 여부를 떠나, 우리나라 보훈 정책의 현황을 빠르게 확인할 수 있다. 이를 통해 미래지향적인 보훈은 어떻게 운영이 되어야 하는지 탐구해볼 수 있다.

관련 도서 《한국독립운동사》, 박찬승, 역사비평사
《한국에 가혹했던 전쟁과 휴전》, 마거리트 히긴스, 코러스

관련 학과 ICT융합학과, 디지털미디어과, 문화인류학과, 문화콘텐츠학과, 미디어영상학과, 사진영상학과, 사학과, 사회교육과, 소프트웨어학과, 역사문화학과, 역사교육과, 인공지능학과, 인류학과, 컴퓨터공학과, 행정학과

관련 교과 2022 개정 교육과정 : 한국사, 통합사회, 세계사, 정치, 사회와 문화, 법과 사회, 역사로 탐구하는 현대 세계
2015 개정 교육과정 : 한국사, 통합사회, 세계사, 법과 정치, 사회문제 탐구, 인문학적 감상과 역사이해

핵심키워드 | 삼국, 고려, 조선, 개항

최소한의 한국사

최태성 | 프런트페이지 | 2023

이 책은 우리나라의 대표 역사 강사인 저자가 고조선 건국부터 6·15 남북공동선언 발표까지 우리 역사에서 반드시 알아야 할 핵심 한국사를 엄선해 한 권에 담은 것으로, 반만년 역사가 단숨에 이해되는 한국사 입문서이다. 또한 한국사의 주요 장면을 조명하며 현재와 미래를 이해하기 위해 꼭 필요한 이야기를 담았기 때문에 역사를 공부하고 싶은 학생에게 친절한 안내서가 되어 줄 것이다.

탐구 주제

주제1 삼국시대에 고구려가 군사 강국이라면, 백제는 문화 강국이었다. 그에 비해 삼국 중 처음엔 가장 미약했던 나라가 신라였다. 그런데 삼국 통일의 꿈을 이룬 나라는 신라였다. 신라가 삼국의 주도권을 잡을 수 있었던 이유를 '외교 강국으로서 신라'라는 측면에서 분석해 보자.

주제2 조선은 성리학의 덕치주의와 민본 사상을 바탕으로 한 유교 정치를 추구하였다. 특히 조선의 설계자라고 불리는 정도전은 유교의 나라를 세우려는 의지가 넘쳤던 사람으로, 새로운 나라에 걸맞은 새로운 수도 계획을 세웠다. 이처럼 수도 한양 건설 시에 반영된 유교 정신을 탐구해 보자.

주제3 조선 후기 정치 변동 고찰

주제4 1920년대 민족 분열 정책에 맞선 무장투쟁사 탐구

학생부 기록 예시 (교과세특)

'최소한의 한국사(최태성)'을 통해 각각의 역사적 사건보다는 시대의 큰 흐름을 이해하고, 흐름과 순서에 맞게 인과 관계를 파악하는 능력이 우수하며, 이를 통해 개별 사건의 역사적 의의를 해석하는 능력이 돋보임. 특히 일제강점기 독립운동사에 대한 지적 호기심으로 관련 자료를 수집하고 정리하여 '1920년대 무장 독립 운동의 전개 과정'이라는 수준 높은 탐구 결과물을 제출함. 역사를 바라보는 따뜻한 시각과 공감 능력을 칭찬하고 싶음.

사고력 레벨up

제시문 역사를 몰라서 난처해지는 것은 비단 개인만의 문제는 아니다. 대중연예인이 의미를 제대로 알지 못한 채 발언했다가 사회적 물의를 일으키는 경우도 빈번하게 일어나고 있다.

질문 1 역사적 사건을 희화화해서 논란이 된 구체적 사례를 들어 볼까요?

질문 2 이와 같은 역사 인식의 부재가 나타나는 원인이 무엇인지 이야기해 볼까요?

관련 논문 대한민국 임시정부와 국외 독립운동(김희곤, 2010)

이 논문은 대한민국 임시정부와 나라 밖 한국 독립운동과의 관계에 대한 것으로, 대한민국 임시정부 탄생 자체가 국외지역에 펼쳐진 한국독립운동의 성과에 바탕을 두었으며, 임시정부 자체를 유지하는 데에도 나라 밖의 독립운동이 결정적으로 기여했다는 점을 설명하고 있다.

관련 도서 《2023 황현필의 한국사 일력》, 황현필, 역바연
《세상에서 가장 짧은 한국사》, 김재원, 빅피시

관련 학과 경영정보학과, 국제경영학과, 국제관계학과, 문화재학과, 미술사학과, 사학과, 사회교육과, 사회학과, 역사교육과, 역사문화학과, 역사콘텐츠전공학과, 인류학과, 인문콘텐츠학부, 정치외교학과, 행정학과

관련 교과 2022 개정 교육과정: 한국사, 동아시아 역사 기행, 사회와 문화, 국제 관계의 이해, 역사로 탐구하는 현대 세계
2015 개정 교육과정: 한국사, 동아시아사, 사회문화, 법과 정치, 사회문제 탐구, 인문학적 감상과 역사이해

핵심키워드 | 무한 권력, 정치인, 인재 등용, 정권

칼날 위의 역사

이덕일 | 인문서원 | 2016

이 책은 저자가 21세기 대한민국의 정치, 외교, 안보, 경제, 인사 등 사회 각 분야 현안을 역사 사례를 제시하며 비판하고 대안을 제시한 것이다. 특히 노비와 비정규직, 광해군과 불통, 왕의 시간과 대통령의 시간, 군적수포제와 담뱃값 인상, 류성룡과 총리 잔혹사 등 조선과 대한민국을 넘나들며 역사의 반복을 실감하게 만들며 역사가 '살아 있는 오늘의 반영'임을 이해할 수 있다.

탐구 주제

주제1 저자는 조선의 고종에 대해 서양의 제국주의가 물밀듯이 몰려오는 총체적 난국에 시대의 흐름을 읽고 그에 대처하는 대범한 리더십이 부족했던 망국의 황제라고 냉정한 평가를 내렸다. 대한제국 수립 이후 고종의 행보를 토대로 이와 같은 저자의 평가가 정당한지 찬반 토론을 해 보자.

주제2 저자는 광해군의 중립외교 정책과 인조의 친명배금정책을 설명하고, 현재와 연결지어 '한반도 THAAD 배치' 문제를 제기하고 국익을 위한 외교 정책이란 무엇일지에 대해 생각할 거리를 남겼다. 이와 관련지어 '사드 배치' 찬반 주장을 분석하고, 국익을 위한 정책이 무엇일지 탐구해 보자.

주제3 조선시대 군역 제도의 변화 과정 탐구

주제4 조선시대 서얼차별법이 사회 발전에 미친 영향 고찰

학생부 기록 예시 (교과세특)

'칼날 위의 역사(이덕일)'를 통해 현재의 정치, 경제, 사회적 사건을 역사와 연결해 생각하고, 점차 과거를 통해 현재를 이해하는 공감대를 넓혀가면서 미래에 대한 방향성을 찾으려는 모습 등이 눈에 띄게 달라짐. 특히 건국 초기인 15세기만 해도 시스템과 문명 수준, 인권 의식과 기회의 측면에서 유럽과 아시아 대부분 국가를 앞선 선진국이었던 조선이 점차 왜 쇠퇴와 일제 식민지화의 길로 나아갔는지를 깊이 있게 고찰하는 탐구 결과물을 제출함.

사고력 레벨up

제시문 신조어는 세태를 반영하는 거울이며, 사회상을 담고 있을 수밖에 없다. 한동안 젊은 세대는 사회를 냉소할 때 '헬조선'이라는 표현을 많이 사용하였다.

질문 1 블룸버그지는 2014년 이후 일곱 번에 걸쳐 우리나라를 '가장 혁신적인 국가'라고 했지만 젊은이들은 자조적으로 '헬조선'이라고 한다. 그 이유가 무엇이라고 생각하는지 말해 볼까요?

질문 2 '헬조선'이란 인식 변화를 위한 우리나라의 우선 과제가 무엇인지 말해 볼까요?

관련 논문 불안정한 현실과 대면하는 이 시대 청년들의 삶에 관한 질적인 분석(송동욱, 이기형, 2017)

이 논문은 현재 '헬조선'으로 상징되는 한국 사회에서, 다수의 청년주체들이 대면하고 있는 극심한 사회 경제적인 불안과 이들의 삶을 옥죄는 과도한 경쟁의 집합적인 효과를 질적인 분석과 비판적인 문화해독의 방식으로 접근하여, 이 시대 청년층이 처한 상황을 고찰하고 있다.

관련 도서 《질문하는 한국사》, 내일을 여는 역사 재단, 서해문집, 2008
《세계사와 통하는 매운맛 조선사》, 김용남, 바틀비

관련 학과 국사학과, 국제관계학과, 국제학부, 문화유산융합학부, 문화재학과, 미술사학과, 미학과, 사학과, 사회학과, 역사문화학과, 역사문화콘텐츠학과, 역사콘텐츠학과, 인류학과, 인문콘텐츠학부, 정치외교학과, 철학과

관련 교과 2022 개정 교육과정: 한국사, 통합사회, 사회문화, 정치, 역사로 탐구하는 현대 세계, 인간과 철학, 주제 탐구 독서
2015 개정 교육과정: 한국사, 통합사회, 정치와 법, 사회문화, 사회문제 탐구, 인문학적 감상과 역사이해, 철학

핵심키워드 | 동남아시아, 정치, 역사, 외교

키워드 동남아

강희정 외 | 한겨레출판 | 2022

한국과 동남아는 여러 방면에서 밀접한 관계를 맺고 있지만, 그 중요성에 비해 우리는 동남아를 잘 모른다. 이 책은 동남아시아의 문화, 역사를 폭넓게 다루는 입문서로, 정치학, 역사학, 인류학, 미술사 등 여러 전공을 가진 동남아 연구자들이 전염병, 쌀, 전통의상, 밀레니얼 연대 등 30개의 키워드로 동남아를 쉽게 풀어낸 것이다. 이 책을 통해 동남아를 제대로 이해할 수 있을 것이다.

탐구 주제

주제1 분류에 따라 베트남은 동북아시아에 속하기도 동남아시아에 속하기도 하는 국가다. 베트남의 동북아 문화적 특징과 동남아 문화적 특징을 각각 정리해 보고, 이 점을 바탕으로 우리 기업인들이 베트남에 진출할 때 어떤 점을 유의해야 하는지 분석해 보자.

주제2 일제는 태평양 전쟁 시 동남아 일부 지역을 점령하고 식민 지배를 하며 피해를 줬다. 그러나 현재 동남아에서는 일본에 우호적인 감정이 지배적이고, 여러 일본 기업이 시장에서 큰 점유율을 가지고 있다. 이와 같은 변화를 이끈 일본의 동남아시아 국가들에 대한 전략을 분석해 보자.

주제3 동남아 다자 외교의 장단점 분석

주제4 왕실과 군부를 토대로 한 타이식 민주주의 시스템 특징 탐구

학생부 기록 예시 (교과세특)

'키워드 동남아(강희정 외)'를 읽고 동남아시아의 역사, 인종과 문화를 이해함. 이를 바탕으로 본인의 관심사인 동남아시아의 K-Pop 산업 시장의 현황을 분석하고, 특히 인도네시아와 태국의 사례를 집중적으로 탐구함. 인도네시아의 많은 인구수가 K-pop을 비롯한 한국 문화 산업이 호황에 기여했으며, K-pop을 응원하는 과정에서 태국 내부의 계층 갈등 문제가 드러났다는 날카로운 분석 결과를 발표하고, 동남아 시장에서의 지위를 지키기 위한 방안을 정리함.

사고력 레벨up

제시문 한국의 무역 상대국 중 교역량으로 순위를 내면 1위는 중국 2위는 아세안이다. 최근 세계 각지의 산발적 갈등이 벌어지고 있는데, 동남아 지역과 중국도 예외는 아니다.

질문 1 중국과 비교할 때 우리나라와 아세안 국가들의 무역 특징은 무엇인가요?

질문 2 아세안 국가들과 중국의 갈등 발생시 우리는 어떤 입장을 취해야 할까요?

관련 논문 한국의 새로운 對 아세안(ASEAN) 협력 전략: 중견국 외교를 통한 소다자주의적 접근(김동엽, 2022)

이 논문은 현재 우리나라가 아세안 국가들과 어떤 안보, 경제 협력 관계를 가지고 있는지 분석하고 나아가야 할 방향을 제시하였다. 논문을 통해 역사 외에도, 외교, 경제 등 다양한 시각에서 동남아를 바라볼 수 있고, 이를 바탕으로 국제 사회의 흐름을 파악할 수 있을 것이다.

관련 도서 《화교 이야기》, 김종호, 너머북스
《아세안 주재원이 바라본 진짜 아세안》, 박성민 외, 박영스토리

관련 학과 공공행정학과, 관광경영학과, 관광학과, 국제경영학과, 국제관계학과, 국제학부, 경영정보학과, 경영학과, 경제학과, 동양어문학과, 사학과, 사회학과, 역사문화학과, 인류학과, 정치외교학과, 지리학과, 행정학과

관련 교과 2022 개정 교육과정: 세계사, 세계시민과 지리, 사회와 문화, 국제 관계의 이해, 역사로 탐구하는 현대 세계
2015 개정 교육과정: 세계사, 세계지리, 사회문화, 여행지리, 사회문제 탐구, 인문학적 감상과 역사이해

핵심키워드 | 경계인문학, 계급, 젠더, 불평등

팬데믹 시대에 경계를 바라보다

차용구 외 | 소명출판 | 2022

이 책은 '팬데믹 시대에 생각하는 국경과 접경'에 대해 인문사회과학 분야의 다양한 필자들이 접경 공간의 변화와 인간 삶의 관계를 인문학의 관점에서 분석한 것이다. 코로나 시대에 각 집단 간의 경계가 명확해지고, 그 속에서 수많은 타자화와 불평등이 나타났다고 지적하며 따듯한 공존의 시대로 나아가야 함을 제안한다. 이 책을 통해 뉴노멀 시대를 살아가는 지혜를 얻을 수 있을 것이다.

탐구 주제

주제1 코로나 시대의 국가적 위기 상황에서 국가주의는 인종주의를 부추겼다. 특히 성공적 방역이 평가받고 있는 동아시아 지역에서 다양한 사회와 다문화적인 현실이 제대로 대변되지 못한 사례가 빈번했는데, 그 이유를 알아보고, 공존을 위해 필요한 자세가 무엇인지 모색해 보자.

주제2 팬데믹 시대 글로벌 사이버네틱스가 가속화되고 있는 상황에서 저자는 이를 지구적 차원에서 다양한 경계를 가로지르는 의사소통의 진보적 가치로 전환하자고 언급하였다. 이와 관련하여 '글로벌 사이버네틱스'의 관점에서 미래 사회의 지속 가능한 발전을 위한 방안을 모색해 보자.

주제3 접경인문학의 관점에서 바라본 국제 분쟁의 원인 분석

주제4 팬데믹 시대의 일본 네오내셔널리즘 고찰

학생부 기록 예시 (교과세특)

푸코의 존재론적 분절 철학을 바탕으로 접경 인문학을 심층적으로 분석하고 심화 학습함. 특히 인간의 삶을 구성하는 다양한 요소들의 관계를 조명하고, 국내 외국인 노동자들의 사례를 중점적으로 활용해서 배제의 체계가 나타나는 원리를 논리적으로 정리함. 또한 코로나19 당시 외국인 노동자를 대상으로 한 타자화 사례와 화교 차별 역사의 공통점과 차이점을 다각도로 비교하는 예리한 분석력을 보이며, 유사한 사례가 되풀이하지 않도록 노력해야 한다는 자각을 함.

사고력 레벨up

제시문 집단 간 경계를 허물고, 평등을 추구하는 것은 현대 사회의 당면과제이다. 반면 팬데믹과 글로벌 자본주의의 위기가 초래하는 고통은 사회 구성원 모두에게 공평하게 다가오지 않는다.

질문 1 인종, 젠더, 연령, 계급 등의 사회적 분할들에서 비롯된 '불평등'의 사례가 있을까요?

질문 2 공존을 위한 위한 소수자 우대 정책은 우대를 받지 못하는 사람에게 역차별일까요?

관련 논문 한국 사회에서 타자의 문제 : 정치적 연대를 위하여(한주희, 2020)

이 논문은 타자화가 주로 큰 집단에 끼지 못하는 사람들에게 일어난다고 이야기하며, 우리 사회의 사회적 약자와 소수자 문제에 주목한다. 누가 현재 한국 사회의 타자인지 알아보고, 연대와 제도의 필요성을 확인함으로써 우리 사회의 경계와 불평등을 다시 한번 고민하게 한다.

관련 도서 《고통 구경하는 사회》, 김인정, 웨일북
《시간과 타자》, 에마누엘 레비나스, 문예출판사

관련 학과 ICT융합학과, 경영정보학과, 경영학과, 경제학과, 국제경영학과, 국제관계학과, 국제학부, 디지털미디어과, 문화콘텐츠학과, 사학과, 사회학과, 역사문화학과, 인공지능학과, 정치외교학과, 지리학과, 행정학과

관련 교과
2022 개정 교육과정: 세계사, 세계시민과 지리, 사회와 문화, 국제 관계의 이해, 역사로 탐구하는 현대 세계
2015 개정 교육과정: 세계사, 세계지리, 사회문화, 여행지리, 사회문제 탐구, 인문학적 감상과 역사이해

핵심키워드 | 러시아혁명, 아편전쟁, 프랑스 대혁명, 남북전쟁

편지로 보는 은밀한 세계사

송영심 | 팜파스 | 2023

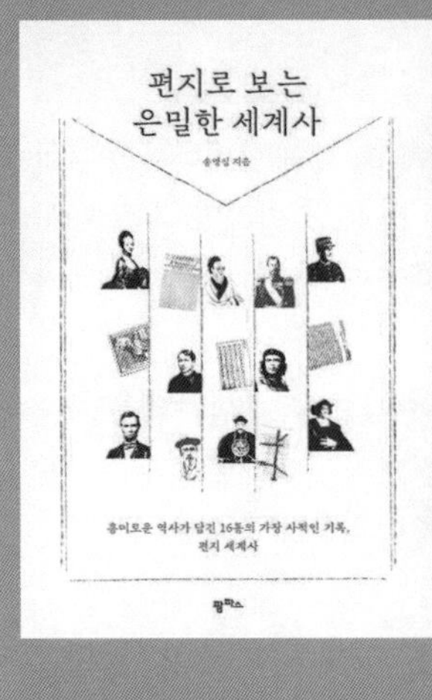

이 책은 역사 속의 인물들이 실제로 주고받은 16통의 편지를 통해 통해 거대한 세계사를 흥미진진하게 보여 준다. 저자는 편지를 통해 한 인물의 삶에 스며든 역사적 사실과 차갑고도 뜨거웠던 시대상과 역사의 흐름을 이해할 수 있도록 저술했다. 특히 기성 역사책에서는 잘 볼 수 없던 인물들의 내밀한 속 이야기와 생생한 에피소드들을 통해 세계사를 좀 더 즐겁게 이해할 수 있을 것이다.

탐구 주제

주제1 역사의 소용돌이 속에서 반전을 보여 주는 편지를 통해 역사 속 인물의 진실을 찾아볼 수 있다. 남북전쟁 당시 링컨의 정치적 속내가 담긴 편지를 분석해 링컨은 노예 해방을 위해 싸운 영웅이었는지, 자신의 정치적 신념인 연방을 지킨 파수꾼이었는지 평가해 보자.

주제2 아편전쟁 당시 영국 의회의 글래드스턴은 "부정한 전쟁, 불명예가 될 전쟁"이라고 평가했으며, 임칙서도 영국 여왕에게 '여왕의 양심'을 묻는 편지를 보내었다. 이와 관련하여 아편전쟁이 일어난 원인을 정리하고, 제국주의 침략 정책이 세계사에 미친 영향을 탐구해 보자.

주제3 드레퓌스 사건의 발생 배경과 원인 고찰

주제4 탐험가 대 정복자, 콜럼버스에 대한 역사적 재평가 분석

학생부 기록 예시 (교과세특)

콜럼버스의 편지를 통해서 그의 심경 변화 과정을 추체험하고, 콜롬버스가 정복자인지, 탐험가인지에 대해 친구들과 열띤 토론을 진행함. 이를 통해 승자의 시각에서 쓰인 역사적 평가와 사례가 많음을 깨닫고, 세계사에서 유사한 사례를 찾아서 분석하는 자기주도학습을 진행함. 서구 열강의 무자비한 잔혹함, 마야 문명에 대한 오해 등 교과서에서 놓칠 수도 있는 제3세계의 역사를 서구의 시각이 아닌 그들의 입장에서 판단하고, 역사를 균형 있게 바라보는 힘을 기름.

사고력 레벨up

제시문 청나라의 경제 기반을 무너뜨리기 위해 아편을 사용한 영국처럼, 한 국가에 대한 지배력을 키우거나 경쟁력을 저하하기 위해 마약을 활용하는 사례는 현재까지 이어지고 있다.

질문 1 근래 미국과 중국 사이의 갈등 요소 중 하나로 마약이 등장한 이유는 무엇인가요?

질문 2 마약 확산 금지를 위한 국제적 협력의 필요성이 있을까요?

관련 논문 윤봉길의 사상과 독립운동 방략(김도형, 2018)

이 논문은 윤봉길 의사의 삶과 사상을 두루 다룬 것으로 상해 홍구 공원 의거를 하기까지 윤봉길이 지향하던 독립운동의 방향 전환은 일제의 통치 변화 뿐만 아니라 그의 생각의 변화와 발을 맞춘다는 것을 보여준다. 또한 이 논문을 통해 1930년대 한인애국단 활동을 알아볼 수 있다.

관련 도서 《닥터 지바고 1》, 보리스 파스테르나크, 민음사
《사기 본기》, 사마천, 민음사

관련 학과 ICT융합학과, 경영정보학과, 국제경영학과, 국제관계학과, 디지털미디어과, 사학과, 사회교육과, 사회학과, 역사문화학과, 역사교육과, 역사콘텐츠전공학과, 인류학과, 인문콘텐츠학부, 정치외교학과, 행정학과

관련 교과 2022 개정 교육과정: 세계사, 동아시아 역사 기행, 사회와 문화, 국제 관계의 이해, 역사로 탐구하는 현대 세계
2015 개정 교육과정: 세계사, 동아시아사, 사회문화, 법과 정치, 사회문제 탐구, 인문학적 감상과 역사이해

핵심키워드 | 미래학, 4차산업혁명, 호모 데우스, 인본주의

호모 데우스

유발 하라리 | 김영사 | 2017

천재사상가 유발 하라리의 《사피엔스》를 잇는 후속작으로 미래의 인류가 어떤 방향을 추구해야 하는가에 대한 이야기를 담은 '미래역사책'이다. 역사학, 철학, 기술공학, 생명공학, 유전공학 등 다양한 분야를 넘나들며 앞으로 다가올 미래를 예측한다. 이 책을 통해 미래에 닥쳐올 위기 상황을 헤쳐 나갈 수 있는 지혜를 찾아볼 수 있을 것이다.

탐구 주제

주제1 유발 하라리는 현재 인류는 '기아, 역병, 전쟁'을 진압하고, 신의 영역이라 여겨지던 '불멸, 행복, 신성'의 영역으로 다가가고 있는 '신이 된 인간'이라며 '호모 데우스'라고 칭하였다. 이와 관련하여 인간이 정말로 죽음을 극복할 수 있을까에 대하여 찬반 토론을 해 보자.

주제2 유발 하라리는 21세기 초 우리가 처한 환경을 다루고 인류의 지난 발자취를 거울삼아 초인간의 도래와 인본주의의 퇴색, 데이터교의 지배라는 미래를 조심스럽게 예측하였다. 이중 '데이터교의 지배'란 무엇이며, 저자가 그와 같이 언급한 이유를 탐구해 보자.

주제3 알고리즘이 정치 지형에 미치는 영향 분석

주제4 사이보그 공학의 역사와 주요 발전 사례 탐구

학생부 기록 예시 (교과세특)

우리나라와 세계 각국의 의료 기술의 현황과 최신 기술 관련한 데이터를 수집하여 분석하고, 첨단 기술로 초래될 수 있는 미래의 불평등과 과학 기술 발달의 문제점을 생명 윤리의 관점에서 분석함. 특히 크리스토퍼 유전자 가위 기술을 이용하여 선천적인 유전 질환을 해결하는 문제의 필요성에 대한 찬반 토론을 진행함. 양쪽 입장을 고르게 이해하고, 기술을 공리적으로 활용하기 위해 필요한 노력이 무엇인지 탐구함.

사고력 레벨up

제시문 생성형 인공지능의 발전이 굉장히 빠르다. 어떤 사람은 AI가 인간보다 더 똑똑하다고 주장한다. 이제 인간은 생성형 AI가 할 수 있는 모든 결과물을 마주하게 되었다.

질문 1 예술 작품을 다양한 스타일로 만들어낸 AI 결과물에 저작권법 적용이 가능할까요?

질문 2 생성형 인공지능의 문제점을 토대로 규제의 필요성에 대한 찬반의견을 말해 볼까요?

관련 논문 4차 산업혁명과 소득불평등 : 주요국 패널자료를 이용한 동태적 효과분석(박은엽, 2021)

이 논문은 4차 산업혁명의 기술혁신, 금융개방도, 인적자본이 노동인구와 은퇴인구의 소득에 어떤 영향을 주는지 주요 국가들의 자료를 분석한 것이다. 이 논문은 미래에 어떤 방향으로 나아가야 격차를 줄일 수 있는지, 어떤 국가의 정책이 필요한지 이해하고 탐구하는 데 도움을 줄 것이다.

관련 도서 《앨빈 토플러 부의 미래》, 앨빈 토플러, 청림출판
《생각하지 않는 사람들》, 니콜라스 카, 청림출판

관련 학과 경영정보학과, 국제경영학과, 국제관계학과, 미술사학과, 미학과, 사학과, 사회교육과, 사회학과, 심리학과
생명과학과, 생명공학과, 역사문화학과, 유전공학과, 인류학과, 인문콘텐츠학부, 정치외교학과, 행정학과

관련 교과 2022 개정 교육과정: 세계사, 사회와 문화, 국제 관계의 이해, 생명과학, 과학사, 역사로 탐구하는 현대 세계
2015 개정 교육과정: 세계사, 사회문화, 법과 정치, 사회문제 탐구, 생명과학, 인문학적 감상과 역사이해

핵심키워드	호모 루덴스, 놀이, 문화적 현상, 경기

호모 루덴스

요한 하위징아 | 연암서가 | 2018

이 책은 문화인류학의 대가인 저자가 모든 문화 현상의 기원을 '놀이'에 두고 예술사와 종교사 등 인류 문명에 관한 여러 지식을 동원하여 문화를 놀이적 관점에서 고찰한 것이다. 저자는 놀이가 인간의 본능이고 인류 문화의 창조를 이끌었다고 보며, 유희하는 인간인 호모 루덴스에 대한 개념을 다뤘다. 이 책을 통해 놀이가 여러 인류 문명을 탄생시키는 데 깊은 영향을 끼쳤음을 알 수 있을 것이다.

탐구 주제

주제1 저자는 원시 시대부터 20세기에 이르기까지, 인간이 계속해서 놀이하다 보니 자연스럽게 법률, 전쟁, 종교, 시가, 신화, 철학, 예술이 발생했고, 이를 모두 아우르는 문화가 탄생했다고 주장하였다. 이와 같은 저자의 주장을 오늘날에도 적용할 수 있는지와 그 한계점을 찾아 분석해 보자.

주제2 서양 문학의 기원으로 간주하는 그리스 희곡에 대해 저자는 희극과 비극의 놀이와 경쟁에서 시작되었으며, 그리스 극작가들은 축제를 위해 경쟁적 창작을 하였고 내용 또한 아곤적이었다고 언급하였다. 이와 관련하여 그리스 희곡의 주요 주제와 모티프를 현대적으로 해석해 보자.

주제3 수수께끼와 철학의 상관관계 분석

주제4 현대 문명에서 발견되는 놀이 요소 탐색

학생부 기록 예시 (교과세특)

역사에 대한 지적 호기심이 풍부하고, 탐구 의지가 강한 학생으로 호모 루덴스의 개념을 역사적으로 이해하고자 세계사적 주요 사건과 연관 지어 정리하며 자기주도학습을 진행함. 특히 로마 제국의 역사와 당시 철학가들의 사상을 중심으로 놀이의 형태를 탐구하고, 로마 시대나 중세 시대의 철학이 취한 놀이는 청중 앞에서의 논쟁이었다는 점을 정리함. 이를 바탕으로 '놀이의 관점으로 살펴본 서양 문명'이란 우수한 탐구 결과물을 제출함.

사고력 레벨up

제시문 근래 '도파밍'(dopamine+farming)이란 키워드가 각광받고 있다. 도파밍이란 즐거움을 가져다줄 수 있는 도파민이 분출되는 행동이라면 뭐든 시도하고 모아 보려는 노력을 의미한다.

질문 1 청소년의 스마트폰 중독 현상을 '도파밍'을 추구하는 행위로 볼 수 있을까요?

질문 2 스마트폰 중독으로 인한 '팝콘브레인'과 학업 효율성의 관계를 분석해볼까요?

관련 논문 쉴러의 놀이충동과 하위징아의 놀이 개념 비교(정희중, 2021)

이 논문은 쉴러의 놀이충동 개념을 분석하고, 하위징아의 놀이 개념과 비교하는 글이다. 쉴러는 놀이충동이 '타고난 본능'이 아니라 물리와 정신의 중간영역에서 '발생하는 것'이라고 주장하고, 하위징아는 이를 비판하고 있다. 이 논문을 통해 놀이의 영역에 대한 이해의 폭을 넓힐 수 있다.

관련 도서 《놀이와 인간》, 로제 카이와, 문예출판사
《놀이하는 인간》, 노르베르트 볼츠, 문예출판사

관련 학과 ICT융합학과, 디지털미디어과, 문화인류학과, 문화콘텐츠학과, 미디어영상학과, 미술사학과, 미학과, 실용음악과, 사진영상학과, 연극영화과, 인류학과, 작곡과, 창작문학과, 철학과, 소프트웨어학과

관련 교과 2022 개정 교육과정: 음악연주과 창작, 문학과 영상, 미술 창작, 독서 토론과 글쓰기, 인간과 철학, 논술
2015 개정 교육과정: 음악 감상과 비평, 음악 연주, 독서, 문학, 윤리와 사상, 사회문화, 고전 읽기, 미술

상담심리

순번	도서명	저자명	출판사명
1	12가지 인생의 법칙	조던 B. 피터슨	메이븐
2	감정 어휘	유선경	앤의서재
3	감정이라는 세계	레온 빈트샤이트	웅진지식하우스
4	게으른 완벽주의자를 위한 심리학	헤이든 핀치	시크릿하우스
5	겸손한 공감	김병수	더퀘스트
6	괴롭힘은 어떻게 뇌를 망가뜨리는가	제니퍼 프레이저	심심
7	그릿	앤절라 더크워스	비즈니스북스
8	기회의 심리학	바버라 블래츨리	안타레스
9	나는 왜 내 마음이 버거울까?	유영서	미래의창
10	나는 왜 집중하지 못하는가	반건호	라이프앤페이지
11	나르시시스트 관계 수업	브렌다 스티븐스	유노라이프
12	나를 다 안다는 착각	카렌 호나이	페이지2
13	나를 지키는 관계가 먼저입니다	안젤라 센	쌤앤파커스
14	나를 지키는 관계의 기술	네드라 글로버 타와브	매일경제신문사
15	내가 나를 치유하는 시간	김주수	프로방스
16	내향인을 위한 심리학 수업	최재훈	미래의창
17	당신에게 무슨 일이 있었나요	브루스 D. 페리, 오프라 윈프리	부키
18	당신이 알던 MBTI는 진짜 MBTI가 아니다	고영재	인스피레이션
19	대화력의 비밀	황시투안	미디어숲
20	도둑맞은 집중력	요한 하리	어크로스
21	등교거부 심리치료	성태훈	학지사
22	마음 가면	브레네 브라운	웅진지식하우스
23	마음을 돌보는 뇌과학	안데르스 한센	한국경제신문
24	마음의 여섯 얼굴	김건종	에이도스
25	마음의 지혜	김경일	포레스트북스

순번	도서명	저자명	출판사명
26	마음이 아니라 뇌가 불안한 겁니다	다니엘 G. 에이멘	위즈덤하우스
27	마음의 짐을 안고 있는 당신에게	나이토 요시히토	김영사
28	매우 예민한 사람들을 위한 상담소	전홍진	한겨레출판
29	미래의 나를 구하러 갑니다	변지영	더퀘스트
30	반려동물과 이별한 사람을 위한 책	이학범	포르체
31	변증법 행동치료	마샤 M. 리네한	학지사
32	상처받지 않는 영혼	마이클 A. 싱어	라이팅하우스
33	손 안에 갇힌 사람들	니컬러스 카다라스	흐름출판
34	심리 대화술	이노우에 도모스케	밀리언서재
35	생각이 너무 많은 어른들을 위한 심리학	김혜남	메이븐
36	세계 심리학 필독서 30	사토 다쓰야	센시오
37	씽킹 101	안우경	흐름출판
38	우리는 여전히 삶을 사랑하는가	에리히 프롬	김영사
39	우울할 땐 뇌과학	앨릭스 코브	심심
40	인정욕구	에노모토 히로아키	피카
41	제정신이라는 착각	필리프 슈테르처	김영사
42	좋은 사람이 되는 것은 왜 어려운가	아르민 팔크	김영사
43	정신분석 입문	지크문트 프로이트	오늘의책
44	집단 착각	토드 로즈	21세기북스
45	참을 수 없이 불안할 때, 에리히 프롬	박찬국	21세기북스
46	최선의 고통	폴 블룸	알에이치코리아
47	칼 융 무의식의 심리학	칼 구스타프 융	부글북스
48	타인의 마음	김경일, 사피엔스 스튜디오	샘터
49	파리의 심리학 카페	모드 르안	클랩북스
50	퓨처 셀프	벤저민 하디	상상스퀘어

핵심키워드 | 비교하기, 방 정리, 스케이트보드, 고양이

12가지 인생의 법칙

조던 B. 피터슨 | 메이븐 | 2023

이 책은 세계적으로 유명한 심리학자 조던 피터슨의 대표작이다. 심리학, 철학, 종교 등을 바탕으로 인생에서 살아가는 데 있어 가장 필요한 12가지 법칙을 풀어낸다. 오랜 기간 아마존의 '가장 많이 읽은 책' 부문에서 Top 20에 올랐고 미국, 캐나다, 영국 등에서 폭발적인 인기를 끌며 600만 부 이상 판매됐다. 고된 삶에 무너지지 않고 의미 있는 삶을 사는 지혜를 원하는 이들에게 추천한다.

탐구 주제

주제1 내가 어떤 사람인지를 판단할 때 최근에 만난 5명을 떠올려 보면 된다. 그들의 모습, 그들의 공통점이 곧 나를 설명할 수 있기 때문이다. 이 책의 저자 조던 B. 피터슨은 '자신에게 최고의 모습을 기대하는 친구'를 만나라고 조언한다. 이 말의 의미에 관해 설명해 보자.

주제2 조던 B. 피터슨은 이 책의 한국어판 서문에서 기적처럼 빠르게 현대화된 한국의 모습을 칭찬한다. 그러나 이러한 눈부신 변화에는 대가가 따른다고도 지적한다. 대부분 국가에서 기술의 혁신과 사회 발전을 이루면서 겪게 되는 공통적 특징을 찾아 분석해 보자.

주제3 타인보다는 어제의 자신과 비교해야 하는 이유 분석

주제4 방 정리가 자신의 삶과 인간관계에 미치는 영향 연구

학생부 기록 예시 (교과세특)

'최근에 당신이 만난 5인이 당신이 누구인지를 말해준다'라는 글을 읽고 자기 삶에 대해 성찰하는 시간을 가짐. 추가로 '12가지 인생의 법칙(조던 B. 피터슨)'을 읽고, 주변 친구들을 대상으로 간단한 실험을 진행함. 저자의 조언에 따라 친구들에게 자신의 꿈과 미래에 대해 말할 때 친구들이 어떤 반응을 보이는지 살펴봄. 진심 어린 충고와 조언을 아끼지 않는 친구들과 장난이나 조소를 보내는 친구들을 파악하고 인간관계와 자신의 성장 관계에 대해 고찰해 봄.

사고력 레벨up

제시문 우리 인생은 질서와 혼돈, 익숙한 것과 낯선 것 사이의 조화와 균형이 필요하다. 익숙한 것에만 몰두하면 삶이 지루해지고, 낯선 것에 집중하면 불안해지기 때문이다.

질문 1 주변의 익숙한 친구 중 나에게 진심인 친구를 가려내는 방법은 무엇인가?

질문 2 인생을 살아가면서 집중해야 할 것은 행복인가, 인생의 의미인가?

관련 논문 초등학생 행복감에 관련된 연구: 학습요인과 사회적 요인 중심으로(김예원, 2023)

초등학생의 행복감과 학습요인 및 사회적 요인을 함께 볼 수 있는 보기 드문 연구이다. 초등학생 행복감이라는 영역에서 학습요인과 사회적 요인에 주목하여, 학습요인, 사회적 요인이 초등학생 행복감에 미치는 영향을 보여주고 있다.

관련 도서 《원래 어른이 이렇게 힘든 건가요》, 김종원, 마인드셋
《멘탈을 바꿔야 인생이 바뀐다》, 박세니, 마인드셋

관련 학과 | 전 계열(인문, 사회, 자연, 공학, 의약, 예체능, 교육)

관련 교과 | 2022 개정 교육과정: 인간과 심리, 화법과 언어, 독서와 작문, 가정과학, 사회와 문화, 인간과 철학
2015 개정 교육과정: 심리학, 화법과 작문, 언어와 매체, 기술가정, 사회문제 탐구

핵심키워드 | 스트레스, 감정, 촉감, 빛의 신호

감정 어휘

유선경 | 앤의서재 | 2022

내 감정을 날것 그대로 인정하자. 감정에는 선도 악도 없으며, 옳고 그름도 없고 판단의 대상도 아니다. 이 책은 감정을 무시하고 제어하는 것이 아닌, 감정을 인식하고 그에 맞는 어휘로 표현하는 것이 중요하다는 메시지를 전한다. 자신의 감정을 올바르게 인지하고 삶의 방향성을 찾아가는데 필요한 책이다. 자신의 감정을 객관적으로 바라보고 자신을 살리는 신호라 생각할 필요가 있다.

탐구 주제

주제1 감정을 조절한다는 것의 의미는 무엇일까? 즉각적으로 좋거나 편하면 받아들이고 싫거나 힘들면 회피하면 될까? 부정적 감정을 줄이면 긍정적 감정이 상대적으로 커지지 않을까? 감정을 조절하는 법은 무엇이며, 감정을 느꼈을 때 어떻게 반응하면 되는지 토의해 보자.

주제2 인간의 마음이 보내는 다양한 감정의 신호는 단순한 시그널을 넘어 해독이 필요하다. 자신이 느끼는 기쁨, 슬픔, 분노, 증오, 불안, 기대, 신뢰, 놀람 등을 인식하고 바르게 표현하는 방법을 익힐 필요가 있다. 감정을 해독할 수 있는 비법을 찾아 친구들에게 공유해 보자.

주제3 마음이 보내는 여러 신호의 종류와 감정 대책 방안 탐구

주제4 감정을 표현할 수 있는 다양한 어휘 탐구

학생부 기록 예시 (교과세특)

인간의 다양한 감정에 어휘를 붙인다는 생각에 흥미를 느껴 '감정 어휘(유선경)'를 읽고 자신의 고유한 감정에 이름을 붙임. 활동 후 감정조절의 의미에 대해 성찰한 점을 보고서로 작성하여 발표함. 감정을 잘 조절한다는 것은 외부나 내부의 자극과 나의 반응 사이에 '생각'을 넣는 것이라는 필자의 의견에 공감함. 감정의 실체를 인식하고 감정의 원인을 분석하는 것이 중요하며, 행복이라는 것은 태도에 가깝기에 감정조절을 통해 행복에 도달할 수 있다고 분석함.

사고력 레벨up

제시문 인간에게는 다양한 감정이 존재한다. 그러나 특히 한국 사회에서 부정적 감정 표현을 부끄러운 것, 나쁜 것, 옳지 못한 것 등으로 인식되어 왔다.

질문 1 인간의 다양한 감정에 이름을 붙인다면 어떤 점이 유익할까?

질문 2 혐오나 차별과 같은 감정들을 표현하는 것도 수용 가능한가?

관련 논문 뷔페 레스토랑의 지각된 대기시간과 혼잡도에 따른 부정적감정, 수용가능정도, 서비스만족에 관한 연구(오승구, 2016)

뷔페 레스토랑의 대기시간과 혼잡도에 따른 고객의 부정적 감정, 수용 가능 정도, 서비스 만족도에 관한 연구 결과를 보여주는 논문이다. 대기시간과 혼잡도를 가장 높게 지각한 집단에서 부정적 감정이 서비스 만족도에 부정적인 영향을 미치는 것으로 나타났다.

관련 도서 《나를 위한 신화력》, 유선경, 김영사
《니체와 함께 산책을》, 시라토리 하루히코, 다산초당

관련 학과 상담심리학과, 심리학과, 철학과, 간호학과, 교육학과, 문예창작학과, 뮤지컬학과, 사회학과, 산업디자인학과, 생물교육과, 생명과학과, 언어치료학과, 언론정보학과, 의예과, 초등교육과

관련 교과
2022 개정 교육과정 : 인간과 심리, 인간과 철학, 논리학, 화법과 언어, 독서와 작문, 사회와 문화
2015 개정 교육과정 : 심리학, 철학, 화법과 작문, 언어와 매체, 기술가정, 사회문제 탐구

핵심키워드	심리학, 뇌 과학, 호르몬, 장내 미생물

감정이라는 세계

레온 빈트샤이트 | 웅진지식하우스 | 2022

이 책은 저자가 인간의 감정을 통찰한 인문서이다. 감정은 우리에게 경고하고 동기를 부여하며, 사회적 관계의 윤활유가 되고 자신에게 관심을 기울이게 하거나 행동을 결정하기도 한다. 감정 연구의 전문가들과 소통하며 얻은 지식과 수십 차례의 연구, 학술 토론, 주요 저서의 내용을 총망라하여 완벽하게 정리했다. 저자는 나쁜 감정은 없으며, 감정을 다루는 부정적인 방식만이 있다고 말한다. 책을 통해 우리는 감정에 대한 이해와 다루는 방법을 배울 수 있다.

탐구 주제

주제1 저자는 '시간이 너무 빠르거나 느리게 흐르면 뇌는 적극적으로 개입하지만, 습관과 일상은 우리의 시간 감각을 무디게 만든다. 우리의 뇌가 반복적으로 처리하는 정보나 일상의 과정은 머릿속에서 지름길을 발견한다'라고 하였다. 이 말의 시사점이 무엇인지 발표해 보자.

주제2 아이스크림을 먹고 싶을 때 칭얼거리는 아이처럼 우리 창자 속에 있는 미생물들도 미주신경을 통해 스스로 소리를 낸다. 미주신경은 우리 몸을 관통하는 정보의 고속도로라 할 수 있는데 뇌와 소화관을 연결하기도 한다. 미생물이 미주신경을 통해 사용하는 신경세포에 관해 탐구해 보자.

주제3 두려움의 실체와 진화론적 관점에서 본 두려움의 효용 고찰

주제4 부정적 감정을 구별하는 것과 감정을 통제하는 것의 차이 탐구

학생부 기록 예시 (교과세특)

'감정이라는 세계(레온 빈트샤이트)'를 읽고 시간에 대한 뇌의 인식에 대해 고찰한 내용을 발표함. 반복적인 습관에 의한 일은 뇌가 빠르고 효율적으로 처리한다는 말에서 좋은 습관을 들여 자주 하면 유용할 것으로 판단하고 효과적 학업 습관에 대해 진지하게 고민하는 모습을 보임. 반면 좋지 않은 습관을 들이거나 변화하지 않고 정체한 삶에 대해 경계해야 한다는 의견에서는 비판적 사고를 발휘하여 필자의 의도를 파악하고 있음을 알 수 있었음.

사고력 레벨up

제시문 레온 빈트샤이트는 인간에게 왜 감정이 있는지 감정이 우리에게 어떤 영향을 미치는지 안다면 우리는 자기 자신과 타인을 더 잘 이해할 수 있다고 하였다.

질문 1 인간에게 부정적 감정이 없다면 더 유익할까?

질문 2 나쁜 감정이라는 것이 없다면 분노하고 짜증이 날 때 그대로 표현하는 것이 나쁜가?

관련 논문 감정코칭의 효과에 대한 뇌과학적 이해(김현정, 2016)

감정 상담의 효과를 뇌과학적으로 연구한 논문으로 감정의 개념과 감정 상담의 정의와 단계, 뇌 기반 감정 상담의 교육적 적용 방법 등을 제시한다. 감정코칭을 통해 회복탄력성, 집중력, 학습 능력 등이 향상한 사례도 볼 수 있다. 또한 감정을 객관적으로 바라본다는 점이 인상적이다.

관련 도서 《어느 날 갑자기 공황이 찾아왔다》, 클라우스 베른하르트, 흐름출판
《마음의 법칙》, 폴커 키츠, 마누엘 투쉬, 포레스트북스

관련 학과 상담심리학과, 심리학과, 철학과, 간호학과, 교육학과, 문화콘텐츠학과, 뮤지컬학과, 사회학과, 생물교육과, 생물학과, 생명과학과, 언어치료학과, 언론정보학과, 외식산업과, 의예과, 재활학과

관련 교과 2022 개정 교육과정: 인간과 심리, 인간과 철학, 논리학, 화법과 언어, 독서와 작문, 통합과학
2015 개정 교육과정: 심리학, 철학, 화법과 작문, 언어와 매체, 통합과학, 사회문제 탐구

핵심키워드 | 완벽주의, 게으름, 가면 증후군, 미루기

게으른 완벽주의자를 위한 심리학

헤이든 핀치 | 시크릿하우스 | 2022

'당신은 게으른 사람이 아니라, 굉장히 잘하고 싶은 사람이다.' 이 책은 미루기 습관의 심리학적인 요인과 이를 극복하는 방법을 다루고 있다. 저자는 미루기는 게으름, 완벽주의, 우울, 불안, ADHD, 낮은 자존감 등의 감정적인 문제에서 비롯된다고 주장한다. 이 책은 독자가 자신의 감정과 심리를 이해하여 미루는 습관의 악순환을 극복하고 지속적인 변화를 이룰 수 있도록 도와준다.

탐구 주제

주제1 《게으른 완벽주의자를 위한 심리학》의 저자는 '미루기'란 타당한 이유 없이 일을 뒤로 미루는 것이라고 말한다. 이러한 미루기는 중요한 업무뿐 아니라 일상의 모든 일에서 나타나며 인생에도 많은 영향을 미친다고 한다. 미루기의 원인을 다양한 측면에서 설명해 보자.

주제2 꾸준히 노력하는 것이 어려운 이유는 무엇일까? 저자는 열심히 과업을 완수하려 노력했던 이유를 뇌가 기억하지 못하기 때문이며, 불편한 일에 에너지 소모를 막으려는 뇌의 에너지 보존 법칙 때문이라고 말한다. 꾸준히 노력할 수 있는 방법을 뇌과학적 측면에서 설명해 보자.

주제3 할 일을 미루는 다양한 원인에 대한 분석

주제4 끊임없는 자기 의심이 일의 성과에 미치는 영향 탐구

학생부 기록 예시 (교과세특)

시험 기간 공부를 시작할 때 책상 정리부터 시작하거나 할 일을 미루는 자신을 포함한 많은 친구의 고민을 해결해 보고자 '게으른 완벽주의자를 위한 심리학(헤이든 핀치)'을 읽고 탐구활동을 진행함. 책을 읽고 사람들이 일을 미루는 다양한 이유를 일목요연하게 정리하여 발표함. 일을 시작할 때 느끼는 다양한 감정, 다양한 핑계와 합리화 등을 사례와 함께 제시하였으며, 지금 당장 시작해야 하는 필요성을 촉구하였음.

사고력 레벨up

제시문 높은 기준으로 살아가는 완벽주의자들에게 일을 미루는 성향이 있다고 한다. 일을 미룬 뒤에는 자기비판을 하고, 자신뿐 아니라 주변 사람들을 압박하기도 한다.

질문 1 타인의 동기를 끌어올리기 위해 자기 자비를 연습해야 하는 이유는 무엇일까?

질문 2 모든 완벽주의가 미루는 성향이 있는가, 미루는 사람은 모두 완벽주의인가?

관련 논문 게으름에 대하여: 선별적 게으름 집단의 적응적 특성을 중심으로(강지선, 2006)

해당 논문에서는 게으름은 낮은 성실성이나 높은 지연 경향성을 넘어서 인지·동기·정서 및 행동 경향을 포괄하는 복합적 개념으로 보고, 게으르지만 외부의 보상이 없어도 어떤 일에 흥미를 갖고 일하는, 즉 선택적 게으름 집단이 삶을 영위하는 방식에 대해 고찰하고 있다.

관련 도서 《진짜 게으른 사람이 쓴 게으름 탈출법》, 지이, 마인드빌딩
《시작의 기술》, 개리 비숍, 웅진지식하우스

관련 학과 상담심리학과, 심리학과, 철학과, 간호학과, 교육학과, 문화콘텐츠학과, 뮤지컬학과, 사회학과, 생물교육과, 생물학과, 생명과학과, 언어치료학과, 언론정보학과, 외식산업과, 의예과, 재활학과

관련 교과 2022 개정 교육과정: 인간과 심리, 직무 의사소통, 융합과학 탐구, 사회와 문화, 사회문제 탐구
2015 개정 교육과정: 심리학, 철학, 통합사회, 생활과 윤리, 사회문제 탐구

핵심키워드	정신과 의사, 이야기의 힘, 공황장애, 계획된 우연

겸손한 공감

김병수 | 더퀘스트 | 2022

이 책은 변화무쌍한 오늘날의 세상과 사람들의 마음에 주목하며, 정신과 의사로서의 경험과 공감을 담아냈다. 저자는 이 책을 통해 우리가 겪고 있는 혼란과 변화에 대해 새롭게 생각하고, 행복할 방법을 모색하며 우울과 불안, 상처로 힘든 이들에게 전하는 말을 전달한다. 이 책은 팬데믹 이후의 세상에서 필요한 마음공부를 알려 주면서, 변하지 않는 삶의 중요한 가치들을 강조하고 있다.

탐구 주제

주제1 저자는 심리적으로 건강한 부부에 대해 이렇게 설명한다. '자신과 상대의 불완전을 견딜 수 있는 것이며, 상대의 부족함에 돌직구를 날리는 것이 아니라 있는 그대로를 품을 수 있는 것이다.' 우리가 살아가는 다양한 관계 속에서 필요한 것이 무엇인지 저자의 말을 토대로 발표해 보자.

주제2 저자는 '불안과 용기는 공존한다. 두려움에 질려 있다고 용기가 사라진 것은 아니다. 가장 큰 용기는 항상 가장 큰 두려움에서 나온다.'라고 하였다. 불안과 두려움의 요인은 인류의 생존과도 밀접하게 연관되어 있다고 하는데, 저자의 말에 대한 자기 생각을 고찰해 보자.

주제3 내담자와 상담자의 정서적 교감이 치료에 미치는 영향 고찰

주제4 감정이 쉽게 전염되는 이유와 팬데믹 우울의 양상 연구

학생부 기록 예시 (교과세특)

공감을 바탕으로 사람들을 상담하고 치유하는 일에 관심이 많은 학생임. '겸손한 공감(김병수)'을 읽고 정신과 의사의 삶을 간접 체험하면서 의사로서 갖춰야 할 태도에 대해 고찰함. 상대를 진심으로 '공감'하는 것 자체가 어려운 일이기에 함부로 쓸 수 있는 말이 아니라는 작가의 말에 동의하며, 인간관계에 필요한 것이 공감이지만 공감이라는 말의 위선적 모습에 대해서도 바르게 직시하는 모습을 보임. 상대를 있는 그대로 바라볼 수 있는 태도의 필요성을 보여줌.

사고력 레벨up

제시문 정신과 의사는 정신의학을 토대로 정신적 고통을 호소하는 환자들의 정신 장애, 정신 질환, 중독 치료를 전문적으로 진료하고 치료하는 의사이다.

질문 1 환자의 부정적 감정을 지속해서 들어야 하는 정신과 의사의 정신 건강은 안전할까?

질문 2 상대의 말만 듣고 감정이나 생각을 간과할 수 있는 정신과 의사를 신뢰해도 될까?

관련 논문 코로나19 스트레스와 불확실성에 대한 인내력 부족이 우울에 미치는 영향: 마음챙김의 조절된 매개효과(김병준, 2022)

코로나19 상황에서 경험하는 스트레스가 개인의 정신 건강에 미치는 영향과 한국인이 고유하게 경험하는 스트레스 요인에 대한 분석과 대처 방법을 제시하고 있다. 코로나19 스트레스가 우울함에 미치는 영향을 설명할 수 있는 기제로 불확실성에 대한 인내력 부족을 들어 설명한다.

관련 도서 《회복탄력성》, 김주환, 위즈덤하우스
《기분이 태도가 되지 말자》, 김수현, 하이스트

관련 학과 상담심리학과, 심리학과, 철학과, 간호학과, 경영학과, 경찰행정학과, 교육학과, 사회교육과, 소비자학과, 생물교육과, 생물학과, 생명과학과, 언론정보학과, 재활학과, 의예과, 초등교육과

관련 교과 2022 개정 교육과정: 인간과 심리, 철학, 생활과 윤리, 통합과학, 사회와 문화, 사회문제 탐구
2015 개정 교육과정: 심리학, 철학, 통합사회, 통학과학, 사회문제 탐구, 보건

핵심키워드

신경 가소성, 학습된 통증, 부교감 신경계, 스톡홀름증후군

괴롭힘은 어떻게 뇌를 망가뜨리는가

제니퍼 프레이저 | 심심 | 2023

괴롭힘과 학대 치유 전문가인 저자가 괴롭힘과 학대가 뇌에 미치는 영향을 과학적, 사회적, 개인적 측면에서 생생하게 전달하며, 최신 신경과학, 심리학, 신경생물학, 의학 연구를 토대로 상처받은 뇌를 치유하기 위한 방법을 제안하는 책이다. 학대와 괴롭힘을 효과적으로 해독하는 출발점이 되며 학대와 괴롭힘 피해자와 자신의 상처에서 한 발짝이라도 나아가고 싶은 사람에게 추천한다.

탐구 주제

주제1 학습된 무기력에서 벗어나는 것이 어려운 이유는 배운 것을 잊는 일이 배우는 것보다 훨씬 어렵다는 데 있다. 즉 괴롭힘을 학습하고 나면 괴롭힘의 흔적을 되돌리기 어렵다. 이와 관련된 일련의 과정을 손상된 뇌를 회복하는 방안과 관련지어 과학적으로 설명해 보자.

주제2 학대로 인해 손상된 뇌는 다시 자신이나 타인을 학대하는 악순환을 일으키기도 한다. 그러나 이러한 사실보다 더 끔찍한 것이 이들을 위한 치유법이 있음에도 시행되지 않고 있다는 것이라고 저자는 말한다. 피해자를 위한 치유법과 이것이 시행되지 않는 이유를 조사해 보자.

주제3 트라우마가 뇌 건강에 미치는 영향 연구

주제4 학대와 괴롭힘의 대물림에 대한 심리학적 고찰

학생부 기록 예시 (교과세특)

아동학대, 직장 내 괴롭힘 등과 관련한 사회 문제에 관심이 많은 학생으로 피해자들의 치료와 회복을 연구하는 분야에 진로를 희망함. 관련 내용에 대한 호기심을 해소하고자 '괴롭힘은 어떻게 뇌를 망가뜨리는가(제니퍼 프레이저)'를 읽음. 학대로 인한 트라우마로 뇌의 손상을 입으면 에너지 대부분을 자신의 생존과 안위에 쏟기 때문에 과잉 각성 상태가 될 수 있음을 알게 됨. 신경 가소성의 원리를 통해 뇌의 회복을 촉진할 수 있음을 확인하고 보고서로 제출함.

사고력 레벨up

제시문 언론을 통해 가정이나, 학교, 군대 등 다양한 곳에서의 괴롭힘 사례를 볼 수 있지만 이에 관한 관심은 오래가지 못하고 있어 안타까움을 자아내고 있다.

질문 1 신경과학을 통해 괴롭힘과 학대를 막을 수 있는 방법은 무엇인가?

질문 2 뇌가 치유될 수 있다면, 누군가를 학대나 괴롭혀도 크게 위험하지 않을까?

관련 논문 아동학대 뉴스와 댓글에 대한 빅데이터 분석: 아동학대정책 주요변화를 중심으로(오세현, 2021)

이 논문은 아동학대 뉴스와 댓글의 내용을 분석하여, 아동학대 정책에 대한 새로운 관점에서 실증적인 자료를 제공한다. 주요 정책을 중심으로 아동학대에 대한 뉴스와 댓글을 빅데이터 분석을 통해 확인하였다는 데 의미가 있는 논문이다.

관련 도서 《다정한 것이 살아남는다》, 브라이언 헤어, 버네사 우즈, 디플롯
《몸은 기억한다》, 베셀 반 데어 콜크, 을유문화사

관련 학과 상담심리학과, 심리학과, 철학과, 간호학과, 경영학과, 교육학과, 문화콘텐츠학과, 방송연예과, 사회교육과, 사회학과, 소비자학과, 생물교육과, 생명과학과, 언어치료학과, 의예과, 초등교육과

관련 교과 2022 개정 교육과정: 인간과 심리, 통합사회, 경제, 현대사회와 윤리, 사회와 문화, 윤리문제 탐구
2015 개정 교육과정: 심리학, 철학, 통합사회, 통합과학, 생활과 윤리, 사회문제 탐구

핵심키워드

재능 중심 경영, 성취, 할 수 있다의 함정, 의식적 연습

그릿

앤절라 더크워스 | 비즈니스북스 | 2019

출간되자마자 아마존 베스트셀러 1위가 된 앤절라 더크워스의 책으로 성공하는 사람을 구분 짓는 특성인 '열정'과 '끈기'의 가치를 보여 주는 자기계발서의 고전으로 꼽힌다. '그릿'은 포기하지 않고 역경과 실패 앞에서 좌절하지 않고 끈질기게 견딜 수 있는 마음의 근력을 의미한다. 이 책은 성공의 비밀을 과학적으로 증명하고 어떻게 자신의 의지를 통해 목표를 이뤄낼 수 있는지 제시한다.

탐구 주제

주제1 시련은 사람을 강하게도 만들고 약하게도 만든다. 스티븐 마이어가 진행한 쥐의 전기 충격 실험은 이를 뒷받침하는 증거이기도 하다. 실험 내용과 결과를 토대로 청소년기의 사람에게 적용할 수 있는 구체적 시사점을 제시하고 이를 설득하는 형식의 글로 작성해 보자.

주제2 책 속에 등장하는 웨스트포인트 군 사관학교 학생들의 연구 결과를 살펴보면 재능이 그릿을 보장하지 못함을 알 수 있다. 오히려 재능 있는 생도들이 훈련 과정을 오래 버티지 못함을 알 수 있다. 재능 있는 학생들이 그릿이 낮은 이유를 찾아 분석해 보자.

주제3 우리 반 친구들의 실패 회복력과 도전정신의 관계 탐구

주제4 한국과 미국의 대학생들이 중도에 자퇴하는 이유와 비율 분석

학생부 기록 예시 (교과세특)

성공한 스포츠 선수들의 성공 비밀을 연구하기 위해 '그릿(앤절라 더크워스)'을 읽고 다양한 관점에서 재능과 성공의 관계를 제시하였음. 이후 운동 선수를 포함한 성공한 이들에게 신체적, 유전적, 심리적, 생리적인 요인 이외의 그릿이 있었다는 작가의 말에 공감함. 마이어의 쥐 실험을 통해 일부 쥐들에게서 발견된 학습된 무력감을 확인하고 자신의 노력으로 회복할 수 있는 능력과 힘이 있음을 받아들임. 관련 내용에 대해 호소하는 글을 써 학급에서 발표함.

사고력 레벨up

제시문 상대의 잘못에 대해 섣불리 언급하는 것은 오히려 역효과를 불러일으킬 수 있다. 섣부른 비판이나 충고가 자신을 통제하는 것으로 여길 수 있기 때문이다.

질문 1 저자가 말하는 엄격한 사랑과 엄한 사랑의 차이는 무엇일까?

질문 2 타인의 잘못을 조언하거나 방관하는 것 중 나은 선택은 무엇일까?

관련 논문 초등학교 남녀아동의 부모의 학업성취압력과 끈기(Grit) 및 행복감의 관계(남순이, 2016)

초등학교 아동이 지각하는 부모의 학업성취 압력, 끈기, 행복감에 관한 연구 결과를 담은 연구이다. 행복감과 끈기는 정적 상관이 있으며, 여아의 경우 부모의 학업성취 압력이 높으면 끈기에 부정적 영향을 줄 수 있기에 자녀의 능력과 특성을 고려해야 함을 시사한다.

관련 도서 《아주 작은 습관의 힘》, 제임스 클리어, 비즈니스북스
《데일 카네기 자기관리론》, 데일 카네기, 현대지성

관련 학과 전 계열(인문, 사회, 자연, 공학, 의약, 예체능, 교육)

관련 교과 2022 개정 교육과정: 인간과 심리, 인간과 철학, 통합사회, 독서와 작문, 사회와 문화, 언어생활 탐구
2015 개정 교육과정: 심리학, 철학, 통합사회, 통합과학, 공통국어, 진로와 직업

핵심키워드 | 거울 뉴런, 도박사의 오류, 무작위성, 한스 효과

기회의 심리학

바버라 블래츨리 | 안타레스 | 2023

'뇌가 운과 기회를 학습한다'라는 사실을 바탕으로, 뇌의 기회 감지기를 정상 작동시키는 방법을 설명하는 책이다. 저자 바버라 블래츨리는 심리학자이자 신경과학자로, 우연을 행운으로 바꾸는 과학에 관해 이야기한다. 운과 기회의 언어, 문화, 신화, 미신, 주술 등을 살펴보면서, 뇌의 메커니즘을 과학으로 설명하고, 비합리적인 믿음이 예측 불가능한 세상에서 꼭 필요한 까닭을 강조한다.

탐구 주제

주제1 같은 우연이 주어지면 그 우연을 기회로 만드는 사람들은 많지 않다. 이 책은 운과 기회를 학습하는 뇌를 잘 이용하면 모두가 운이 좋은 사람이 될 수 있다고 말한다. 저자가 언어, 문화, 신화, 미신, 주술 등과 같은 무작위성을 과학의 범주에 포함하는 이유를 발표해 보자.

주제2 옥스퍼드 사전에 의하면 '운'이란 '개인의 이익에 유리하거나 불리한 사건이 우연히 일어나는 것', '행복, 성공, 번영, 이익 등을 노력이나 의지의 결과가 아닌 우연한 기회로 얻는 것'이라 정의되어 있다. 운에 대한 개념을 귀인 이론의 측면에서 설명해 보자.

주제3 불확실의 세상과 비합리적 믿음의 관계 탐구

주제4 유사 과학의 정의와 범주에 관한 연구

학생부 기록 예시 (교과세특)

뇌 과학에 관심이 많은 학생으로 뇌에 일종의 메커니즘이 있다는 입장에서 연구를 시작함. 이를 위해 '기회의 심리학(바버라 블래츨리)'을 읽고, 운이란 것이 '밀접성'의 측면에서 사건에 얼마나 가까운지에 달려있다는 저자의 말에 공감함. 또한 귀인 이론의 측면에서 운, 저주, 기회 등을 해석하면 불행을 막을 수 있다고 판단하고, 이를 사람들의 정신 건강과 치료를 위해 사용할 수 있다는 내용의 보고서를 작성하여 발표하였음.

사고력 레벨up

제시문 이 책의 저자는 '저주'는 불운과 관련 있지만, 저주를 풀거나 막는 방법도 있다고 한다. 또한 운의 힘을 끌어당기는 가장 흔한 방법은 '부적(符籍)'을 소지하는 것이라 말한다.

질문 1 행운의 부적을 과학적으로 증명할 수 있을까?

질문 2 운을 향상시키는 것을 기술이라 말할 수 있을까?

관련 논문 인간이해에서 뇌과학의 의의와 한계(류영주, 2016)

뇌 과학의 다양한 연구를 토대로 인간 이해에서 뇌 과학의 의의와 한계를 고찰하는 연구이다. 뇌 과학 연구의 현황과 전망, 뇌 메커니즘, 뇌 과학의 주요 연구 분야를 개괄적으로 살펴보며 뇌 과학이 대중적 관심을 끌어낸 '뇌와 마음(영혼)'의 문제에 관한 뇌 과학 연구를 분석하였다.

관련 도서 《도파민네이션》, 애나 렘키, 흐름출판
《뇌, 욕망의 비밀을 풀다》, 한스-게오르크 호이젤, 비즈니스북스

관련 학과 상담심리학과, 심리학과, 철학과, 간호학과, 경영학과, 교육학과, 문화콘텐츠학과, 방송연예과, 사회교육과, 사회학과, 소비자학과, 생물교육과, 생물학과, 생명과학과, 언론정보학과, 의예과

관련 교과 2022 개정 교육과정: 인간과 심리, 인간과 철학, 통합사회, 통합과학, 생명과학, 융합과학 탐구
2015 개정 교육과정: 심리학, 철학, 통합사회, 통합과학, 생명과학, 사회문제 탐구

핵심키워드	트라우마, 자책, 자기수용, SNS

나는 왜 내 마음이 버거울까?

유영서 | 미래의창 | 2023

진정성 있는 상담 툰으로 인스타그램에서 수천 개의 '좋아요'를 받는 정신과 의사 캘 선생의 책이다. 내 마음에 대한 고민과 불행들을 어떻게 받아들이고 헤쳐갈 수 있는지에 대해 진정성 있는 상담과 유머 가득한 내용이 툰의 형식으로 담겨 있다. 누구에게도 털어놓지 못하는 자기 마음에 대한 이해와 치유가 필요한 이들에게 큰 도움이 될 것이다.

탐구 주제

주제1 현대인들은 SNS를 통해 자신을 표현한다. 이러한 자기표현은 선택적이고 때로는 현실을 왜곡하기도 한다. 또한 타인과의 비교를 통해 낮은 자존감과 불안을 유발하기도 한다. SNS를 하는 현대인의 심리를 바탕으로 긍정적 기능과 부정적 기능을 조사해 발표해 보자.

주제2 정신과 의사인 이 책의 서사는 스스로를 돌보기 위한 도구로 그림을 사용하였다. 그는 정신과 의사를 섬세한 인터뷰어라 말하며, 질문을 통해 이루어지는 작업이라 하였다. 자신의 삶에 질문을 던지고 그에 대한 해답을 그림이나 글로 표현해 보자.

주제3 인정욕구와 열등감의 상관관계에 따른 자기수용 연구

주제4 수면의 질과 스트레스의 관계 탐구

학생부 기록 예시 (교과세특)

소셜미디어 활동을 하는 사람들의 심리와 사회적 기능을 탐구하기 위해 '나는 왜 내 마음이 버거울까(유영재)'를 읽음. 이러한 활동을 하는 사람들의 심리를 '연결성'에 초점을 두고 분석함. 사회적 고립과 소외를 해소하기 위해 온라인 공간에서 자신의 왜곡된 모습을 과시하고 '좋아요'나 '팔로우'를 통해 누군가와 연결되고 싶어 하는 인간의 심리를 상세히 묘사하였음. 이로 인한 정보의 과부하, 사회적 비교 등과 같은 문제점에 대해서도 균형 잡힌 시각을 보임.

사고력 레벨up

제시문 인간은 다양한 상황 속에서 다양한 역할을 수행하며, 멀티 페르소나의 가면을 쓰고 살아간다. 현대인의 다양한 가면은 순기능을 하기도 하지만 때로는 문제를 일으키기도 한다.

질문 1 사람들의 진짜 모습이라는 것은 무엇이며 존재하기는 할까?

질문 2 사람들이 다양한 가면을 쓰고 있다는 것은 불행일까, 축복일까?

관련 논문 사회비교경향성과 부정적 평가에 대한 두려움이 고등학생의 진로결정수준과 진로준비행동에 미치는 영향(윤지혜, 2015)

사회비교경향성과 부정적 평가에 대한 두려움이 고등학생의 진로결정수준과 진로준비행동에 미치는 영향을 다루었다. 청소년들의 진로 선택에 대한 심리학적인 이해를 돕고, 실제적인 방법을 제시하여 진로 선택에 대한 두려움을 해소할 수 있는 방안을 제시하였다.

관련 도서 《스몰 트라우마》, 멕 애럴, 갤리온
《과거가 남긴 우울 미래가 보낸 불안》, 김아라, 유노북스

관련 학과 상담심리학과, 심리학과, 간호학과, 경영학과, 교육학과, 만화애니메이션학과, 문화콘텐츠학과, 사회학과, 소비자학과, 생물교육과, 생물학과, 생명과학과, 언론정보학과, 언어치료학과, 의예과

관련 교과 2022 개정 교육과정: 인간과 심리, 인간과 철학, 통합사회, 생명과학, 사회와 문화, 데이터 과학
2015 개정 교육과정: 심리학, 철학, 문학, 통합사회, 사회문제 탐구, 보건

핵심키워드	성인 ADHD, 체 게바라, ADHD 약물 치료, 월트 디즈니

나는 왜 집중하지 못하는가

반건호 | 라이프앤페이지 | 2022

국내 ADHD의 대표 전문가가 쓴 '본격 성인 ADHD 탐구서'이다. 성인 ADHD에 대한 3,000 사례 이상의 ADHD 진단을 통해 다양한 ADHD 사례와 국내외의 구체적인 논의 과정을 다루며, 성인 ADHD뿐 아니라 삶과 관계에 어려움을 겪는 사람들을 위해 긍정적인 방향성과 의미 있는 해결책을 제시하고 있다. 집중하지 못하고 자주 딴생각에 빠지는 이들에게 추천하는 책이다.

탐구 주제

주제1 대부분의 성인 ADHD는 원인과 현상이 다양하여 진단마저 어렵게 한다. 특히 지능이 아주 높은 사람의 경우 진단이 더 늦어지게 된다. 대개 성적이 좋은 학생을 우대하는 분위기에서 문제 행동이 있더라도 관대하게 대한다. 성인 ADHD 진단이 어려운 이유를 추가로 조사해 보자.

주제2 체 게바라에 대해 사람들은 긍정적인 인식을 갖고 있다. 그러나 실제 그는 성인 ADHD를 겪었다고 한다. 《나는 왜 집중하지 못하는가》를 읽고 성인 ADHD가 가진 양면성과 약물치료 방법, 일상생활 속 극복 방안 등에 대해 정리하여 보고서를 작성해 보자.

주제3 성인 ADHD에게 필요한 사회성 훈련법에 관한 고찰

주제4 성인 ADHD를 극복한 인물에 관한 사례 연구

학생부 기록 예시 (교과세특)

성인 ADHD에 관심이 많아 '나는 왜 집중하지 못하는가(반건호)'를 읽고 다양한 접근방식으로 관련 내용을 탐구하여 정리해 봄. ADHD 증세가 있음에도 진단이 어려워 자존감이 떨어지는 성인들의 사례가 안타까워 유전요인, 진단법에 관한 다양한 자료를 다수 찾아보고 안구운동을 통한 진단을 집중적으로 탐구하였음. 특히 '체 게바라'를 근거로 들어 ADHD의 부정적 편견을 해소하고자 노력하였으며, 극복 방안에 대해 소상히 정리하여 제출하였음.

사고력 레벨up

제시문 성인 ADHD에 대한 부정적 시각으로 인해 진단을 늦추거나, 약물 치료에 거부감을 보이는 경우가 많다. 그러나 ADHD는 우울이나, 불안, 중독으로 이어질 수 있어 주의를 요한다.

질문 1 ADHD 진단을 통해 자신의 상황을 이해하는 것이 치료나 사회생활에 도움이 되는가?

질문 2 자신이 성인 ADHD 진단을 받는다면 주변 사람에게 어떻게 이해시킬 것인가?

관련 논문 성인 ADHD 성향군의 공간적 주의결함: 안구운동 측정장치를 이용하여(조보현, 2012)

성인 ADHD 성향군을 대상으로 안구운동 추적 장치를 이용하여 공간적 주의력 결함을 측정하고 성인 ADHD와 정상군을 변별하는데 유용한 방법을 제시하고 있다. 기존의 행동적 반응이 아닌 안구운동이라는 생리적 지표를 사용하여 성인 ADHD를 진단하는 차별성 있는 자료이다.

관련 도서 《운동의 뇌과학》, 제니퍼 헤이스, 현대지성
《집중력 설계자들》, 제이미 크라이너, 위즈덤하우스

관련 학과 상담심리학과, 심리학과, 간호학과, 경영학과, 사회교육학과, 문화콘텐츠학과, 식품영양학과, 생물교육과, 생명과학과, 안경과학과, 언론정보학과, 언어치료학과, 의예과, 초등교육과

관련 교과 2022 개정 교육과정: 인간과 심리학, 통합사회, 주제 탐구 독서, 사회와 문화, 사회문제 탐구
2015 개정 교육과정: 심리학, 철학, 통합사회, 경제수학, 경제, 사회문제 탐구, 보건

핵심키워드	나르시시스트, 명상, 죄책감, 자기방어

나르시시스트 관계 수업

브렌다 스티븐스 | 유노라이프 | 2023

이 책은 나르시시즘에 대한 이해와 회복을 돕는 단계별 책으로 나의 마음과 인간관계가 건강한지 점검해 볼 수 있다. 나르시시스트와 가까운 관계를 맺은 사람들이 받는 심각한 정신적 피해와 고통을 다루고, 모녀 사이의 관계를 중심으로 자신의 감정을 직시하고 회복하는 방법을 알려 준다. 책을 통해 나르시시즘에 대한 이해와 함께, 자신의 마음과 인간관계를 돌아보는 계기가 될 것이다.

탐구 주제

주제1 나르시시즘(자기애)은 자신의 빼어난 외모를 사랑한 나머지, 다른 이들의 마음에 상처를 준 그리스 신화의 나르키소스에 비롯되었다. 이 책은 나르시시스트를 구별할 수 있는 객관적 증거를 제시한다. 책을 읽고 나르시시즘이 인간관계에 미치는 영향을 조사해 보자.

주제2 나르시시스트는 공감 능력이 부족하고 감정적 혼란을 일으킨다. 그래서 피해자들은 자신이 느끼는 감정과 생각을 점차 신뢰할 수 없게 되고 나르시시스트가 함부로 해도 그와의 관계를 평화롭게 유지하는 데 많은 에너지를 할애한다. 책을 읽고 이에 대한 해결책을 제시해 보자.

주제3 나르시시스트 관계의 특성과 위험성에 관한 탐구

주제4 정신과 의사가 말하는 나르시시스트 관계의 특징 분석

학생부 기록 예시 (교과세특)

온라인에서 심리적 지배의 유래와 정의에 관한 기사를 읽고 관심이 생겨 조사하던 중, 도서 '나르시시스트 관계 수업(브렌다 스티븐스)'을 읽고 독서 탐구활동을 시작함. 나르시시스트가 가족과 같은 친밀한 관계에서 흔히 발생한다는 사실에 흥미를 느끼고 객관적인 분별 방법과 벗어나는 방법에 관한 내용을 체계적으로 정리하여 발표하였음. 또한 나르시시즘의 발달 양상과 양육에 미치는 태도에 관해 추가로 조사하는 열의를 보임.

사고력 레벨up

제시문 나르시시스트는 타인을 은밀히 학대하고 조종하며 스스로 우월하다고 믿는 존재로 정의된다. 그들과 가까운 관계를 맺는 이들은 심각한 정신적 피해를 본다고 한다.

질문 1 나르시시스트는 흔히 우리가 알고 있는 나르시시즘과 어떤 차이가 있는가?

질문 2 나르시시스트 부모와 손절하는 것이 한국의 유교적 정서상 가능한 일인가?

관련 논문 취업모의 일-가정 갈등, 부모소진, 강압적 훈육의 관계: 정서조절곤란의 조절효과(정예슬, 2022)

아동학대의 잠재적 위험이 될 수 있는 강압적 훈육의 위험성을 다룬 연구로 아동학대의 예방과 개입에 이바지하려는 목적을 담고 있다. 취업모들이 직장과 가정에서 양립 불가한 역할로 인한 일-가정 갈등과 부모의 기쁨을 잃고 한계에 도달한 부모 소진의 매개 효과도 함께 다루었다.

관련 도서 《그게, 나르시시스트 맞아》, 브렌다 스티븐스, 에디토리
《딸은 엄마의 감정을 먹고 자란다》, 박우란, 유노라이프

관련 학과 상담심리학과, 심리학과, 철학과, 간호학과, 경영학과, 교육학과, 문예창작학과, 사회학과, 방송연예과, 생명과학과, 언어치료학과, 언론정보학과, 인류학과, 의예과, 초등교육과

관련 교과
2022 개정 교육과정: 인간과 심리, 화법과 언어, 독서와 작문, 매체 의사소통, 사회와 문화, 인간과 철학
2015 개정 교육과정: 심리학, 철학, 화법과 작문, 언어와 매체, 기술가정, 사회문제 탐구

핵심키워드	자기 분석, 신경증, 정신 분석가, 무의식

나를 다 안다는 착각

카렌 호나이 | 페이지2 | 2023

카렌 호나이가 저술한 심리학 분야의 책으로, 자신의 심리적 문제를 해결하기 위해 무의식적으로 욕망을 추구하는 신경증적 경향을 다룬다. 원제목이 'Self-Analysis'인 이 책은 개인의 무의식에서 일어나는 심리적 고통을 의식 위로 끌어올려 해결함으로써, 더 나은 삶으로의 방향성을 찾고 삶의 의지를 발현하도록 도와준다. 또한 정신분석의 기본 단계와 사례를 통해 자기 분석의 효과를 입증한다.

탐구 주제

주제1 이 책의 저자 카렌 호나이는 '사회심리학'의 장을 연 에리히 프롬, '개인심리학'의 창시자 알프레트 아들러, '대인관계 이론'을 발전시킨 해리 스택 설리번과 어깨를 나란히 한 인물로 꼽힌다. 각 심리학자의 특성을 비교·분석하여 보고서를 작성해 보자.

주제2 저자 카렌 호나이는 초기의 정신분석이 의학적 치료 방법으로만 개발되었다고 말한다. 프로이트는 인간의 질병 중 원인을 알 수 없는 공포증, 우울증 등을 무의식적 요인을 확인하여 치료했다. 이 이론이 카렌 호나이의 이론과 어떤 차이를 보이는지 조사해 보자.

주제3 여성 관점에서 보는 정신분석-카렌 호나이의 이론을 바탕으로

주제4 고등학생의 신경증적 경향 심리테스트 분석-우리 학년을 중심으로

학생부 기록 예시 (교과세특)

심리학 분야에 진로를 희망하는 학생으로 심리학 대가의 이론에 많은 관심을 보임. 알프레드 아들러, 해리 스택 설리번, 프로이트, 카렌 호나이와 같은 심리학자들의 이론을 모두 분석하여 발표하였음. 각 학자의 이론을 스스로 탐구하였으며, 프로이트의 정신분석 이론의 한계를 깨고 현대 정신의학의 기틀을 닦은 카렌 호나이에 특히 많은 관심을 보임. 그의 저서 '나를 다 안다는 착각(카렌 호나이)'을 읽고 신경증적 경향에 관해 추가 탐구를 진행하는 등의 열의를 보임.

사고력 레벨up

제시문 자기 분석은 자신이 환자가 됨과 동시에 분석가가 되려는 노력이다. 자기 분석의 방법도 분석가와 함께하는 전문적인 분석과 다르지 않다. 기본적인 기법은 자유연상이다.

질문 1 카렌 호나이의 정신분석은 다른 심리학 이론과 어떤 점에서 다른가?

질문 2 내면의 해방을 유도하는 자유연상 기법의 방식은 어떤 것인가?

관련 논문 자기이해를 위한 읽기 교육 방법 연구: 리쾨르 해석학을 중심으로(여수현, 2017)

해석학자 리쾨르는 자기 이해라는 것이 직관적 혹은 직접적으로 절대 이뤄질 수 없으며 텍스트를 매개로 한 우회를 통해 이루어진다고 말한다. 리쾨르 해석학에 기반한 자기 이해를 성취할 수 있는 읽기 교육 방안을 모색하고자 진행된 연구이다.

관련 도서 《내 성격은 내가 분석한다》, 카렌 호나이, 부글북스
《뇌를 읽다, 마음을 읽다》, 권준수, 21세기북스

관련 학과 상담심리학과, 심리학과, 철학과, 간호학과, 경영학과, 교육학과, 문예창작학과, 방송연예과
사회학과, 사회교육과, 생물교육과, 생명과학과, 언어치료학과, 언론정보학과, 인류학과, 의예과

관련 교과 2022 개정 교육과정: 인간과 심리, 화법과 언어, 독서와 작문, 통합과학, 사회와 문화, 인간과 철학
2015 개정 교육과정: 심리학, 철학, 보건, 화법과 작문, 언어와 매체, 기술가정, 사회문제 탐구

핵심키워드 | 단호박형, 돌려깎기, 거절, 칭찬

이 책은 영국 국립 정신과 '아이앱트' 공인심리치료사가 쓴 책으로, 힘든 관계에서 나를 지키는 건강한 소통의 기술을 제시한다. 연간 160만 명이 찾는 영국의 '국민 상담소'에서 매일 사람들의 마음을 위로하고 치유해온 베테랑 심리치료사가 가장 자주 들었던 고민인 '나는 왜 이렇게 휘둘리는 걸까?'에 대해 '사이다 보복' 방식이 아닌 실질적이고 체계적인 해결책을 알려 준다.

탐구 주제

주제1 한국인들은 우울감이 높은 편이다. 영국 국립 심리치료센터인 '아이앱트(IAPT)'는 국민들의 정신 건강 문제를 해결하기 위해 영국 정부가 세운 특단의 대책이다. OECD는 한국에도 영국의 심리치료 모델을 도입하라고 권고했다. 통계청에서 한국의 정신 건강 문제를 찾아 정리해 보자.

주제2 거절은 부탁을 거절하는 것이지 사람 자체를 거부하는 것이 아니다. 거절 자체가 무례한 것이 아니라 거절할 때의 잘못된 태도가 무례한 것이다. 학급 친구를 대상으로 거절의 유형, 방법, 거절 받을 때의 느낌 등을 조사해 보고 자신만의 결론으로 보고서를 작성해 보자.

주제3 소통방식 유형과 유형별 소통 기술 전략 분석

주제4 우리 학급 구성원들의 소통 유형에 따른 지도력 역량 분석

학생부 기록 예시 (교과세특)

한국인은 OECD 국가 중 정신 건강 문제가 심각한 수준인데도 병원을 찾아 치료받는 사례가 낮다는 인터넷 기사를 읽고 각종 통계 사이트에서 관련 내용을 찾아봄. 다른 나라의 정신 건강 문제 해결을 위한 사례를 찾아보고 아이앱트(IAPT)라는 영국 국립 심리센터에 대해 알게 됨. 관련 기관에 근무하는 심리치료사의 책인 '나를 지키는 관계가 먼저입니다(안젤라 센)'를 읽고 소통과 관계의 기술에 대해 스스로 학습한 내용을 보고서로 작성함.

사고력 레벨up

제시문 강한 소통은 건강한 관계를 만들지만, 우리는 여전히 소통의 어려움을 겪는다. 그 이유 중 하나는 구체적인 방법을 모르기 때문이다.

질문 1 자신이 생각하는 소통의 진정한 의미는 무엇인가?

질문 2 소통 외에 건강한 관계에 필요한 것에 무엇이 있을까?

관련 논문 대인관계 원형 모형에 나타난 거절 민감성의 대인관계 행동 특성 연구(김희정, 2018)

소속과 수용은 인간의 기본적이고 보편적인 욕구이며, 수용 받길 원하고 거절을 회피하려는 열망은 인간의 핵심적인 동기이다. 타인의 거절을 인식하고 이에 반응하는 준비 상태(readiness)에 개인차가 있다는 점을 강조하며 거절민감성(rejection sensitivity)이라는 개념을 연구하였다.

관련 도서 《누구도 나를 파괴할 수 없다》, 데이비드 고긴스, 웅진지식하우스
《사람은 생각하는 대로 된다》, 얼 나이팅게일, 빌리버튼

관련 학과 상담심리학과, 심리학과, 철학과, 간호학과, 경영학과, 교육학과, 문예창작학과, 사회학과, 소비자학과, 생물교육과, 생명과학과, 언어치료학과, 언론정보학과, 초등교육과, 통계학과

관련 교과 2022 개정 교육과정: 인간과 심리, 화법과 언어, 독서와 작문, 가정과학, 사회와 문화, 인간과 철학, 보건
2015 개정 교육과정: 심리학, 화법과 작문, 언어와 매체, 기술가정, 사회문제 탐구

핵심키워드 | 역기능 가정, 바운더리 설정, 과도한 밀착, 중독

나를 지키는 관계의 기술

네드라 글로버 타와브 | 매일경제신문사 | 2023

이 책의 원제는 'Drama Free'로 심리학자 네드라 글로버 타와브가 인간관계에 대한 건강한 대처 방법을 알려 주는 책이다. 가족 관계에서 발생하는 역기능적인 상황을 다루며 자신감을 키워주고 삶을 도전할 수 있게 하는 견고한 토대인 가족의 중요성을 강조한다. 또한 가족 관계의 포지션과 관계에서 배운 대처 방식이 한 인간의 발달과 인간관계에 어떤 영향을 미치는지도 다룬다.

탐구 주제

주제1 이 책의 원제는 '드라마 프리(Drama Free)'이다. 드라마 프리는 문제 행동을 잘 일으키지 않고 성격이 원만한 사람을 의미한다. 저자가 이렇게 제목을 정한 이유가 무엇인지 해당 단어의 유래와 용도를 고려하여 조사한 내용을 발표해 보자.

주제2 저자는 '당신은 자신의 태도를 통제할 수 있지만 다른 사람의 반응은 통제할 수 없다'라고 말한다. 특히 문제 상황에 대해 서로 다르게 인식할 경우, 문제를 문제라 지적하는 사람만 문제아가 될 수도 있다. 이러한 상황에 처했을 때의 대처방안을 발표해 보자.

주제3 역기능적 가정 관계의 의미와 대처방안 탐색

주제4 건강한 인간관계가 인간의 수명에 미치는 영향 탐구

학생부 기록 예시 (교과세특)

인간관계로 인한 고통을 상담하고 치유하는 일에 관심이 많은 학생임. 도서 서평쓰기 시간에 여러 책 소개를 받으며, '드라마 프리'라는 단어에 관심을 두게 됨. 이후 '나를 지키는 관계의 기술(네드라 글로브 타와브)'의 원제가 '드라마 프리(drama free)'임을 알고 호기심이 생겨 독후활동을 시작함. 감정 과잉을 일으키지 않고 원만한 인간관계를 뜻하는 해당 단어를 바탕으로 작가의 의도와 메시지를 간결하게 정리하여 발표하였음.

사고력 레벨up

제시문 영화치료는 우리가 보면서 웃고 울고 때론 분노하고 감동하는 영화를 치료적 수단 혹은 심리치료의 목적으로 활용된다. 중요한 것은 영화 내용이 아닌 인상 깊은 장면이다.

질문 1 영화 속 캐릭터와 스크린 밖의 자신을 혼동하게 되면 오히려 해롭지 않을까?

질문 2 매체가 치료의 수단이 된다는 점을 마케팅에 활용한다면 어떤 방식이 좋을까?

관련 논문 인간관계와 소통 이미지 표현연구(장미, 2015)

인간은 사회적, 문화적 환경 속에서 다양한 형태의 관계를 유지하며 살아간다. 해당 연구는 현대인들이 이러한 사람과 사람, 사람과 집단, 집단과 집단 사이에서 일어날 수 있는 소통의 다양한 유형을 파악하여 유형별 소통 문제의 해결책을 제시하였다.

관련 도서 《관계에도 연습이 필요합니다》, 박상미, 웅진지식하우스
《영화와 상담심리가 만나다》, 김은지, 마음책방

관련 학과 상담심리학과, 심리학과, 철학과, 간호학과, 경영학과, 교육학과, 국어국문학과, 뮤지컬학과, 산업디자인학과, 생명과학과, 언어치료학과, 언론정보학과, 인류학과, 의예과, 초등교육과

관련 교과 2022 개정 교육과정 : 인간과 심리, 화법과 언어, 독서와 작문, 가정과학, 사회와 문화, 인간과 철학
2015 개정 교육과정 : 심리학, 철학, 논리학, 화법과 작문, 언어와 매체, 사회문제 탐구

핵심키워드 | 회피기제, 우월감 중독사회, 셀프바보 증후군, 외모 강박증

내가 나를 치유하는 시간

김주수 | 프로방스 | 2023

인간관계에서 가장 중요한 관계는 무엇일까? 이 책의 저자는 '자기 자신과의 관계'라고 말한다. 자신과의 관계는 모든 관계의 시작이자 삶의 정신적 토대라 할 수 있다. 불화, 관계 문제 등으로 인해 고통을 받는 많은 이들이 이유 없는 통증과 정신적 어려움을 호소하고 있다. 이 책을 통해 자신에 대한 공격을 멈추고 내면과 좋은 관계를 맺어 스스로를 치유하는 방법을 배울 수 있을 것이다.

탐구 주제

주제1 유명한 심리학자 알프레드 아들러는 '미래를 결정하는 것은 경험이 아니다. 그 경험을 당신이 어떻게 해석하는가가 미래를 결정한다.'라고 하였다. 이것은 현재가 과거의 영향을 받는다고 말하는 프로이트 심리학과는 다소 상반된다. 두 가지를 분석해 보자.

주제2 저자는 이렇게 말한다. '심리적 증상에는 병을 만드는 원리가 있고 병드는 원리를 알면 병이 낫는 원리도 알 수 있다'라고. 주변에서 자주 접할 수 있는 마음의 병을 한가지 선택한 후, 그 병이 만들어진 원리와 낫는 원리를 찾아 발표해 보자.

주제3 청소년들에게 흔히 나타나는 강박증의 종류와 원인 분석

주제4 완벽주의와 실패 회피 증후군 사이의 관계 정립

학생부 기록 예시 (교과세특)

한 영상에서 '어린 시절의 트라우마가 현재의 문제 행동을 일으켰다'라는 심리학자의 말을 듣고 모든 과거의 고통이 부정적 영향을 미치는가에 의문을 가짐. '내가 나를 치유하는 시간(김주수)'과 '미움받을 용기(기시미 이치)'와 같은 아들러 심리학에 기반한 다수의 책을 읽음. 과거의 모든 고통이 인간에게 악영향을 미치는 것이 아니며, 현재 자신이 어떤 선택을 내리는가가 중요함을 깨닫고 프로이트 이론과 비교·분석한 내용을 보고서로 작성함.

사고력 레벨up

제시문 저자는 자신을 사랑하는 것은 자존감이요, 자신을 믿는 것을 자신감이라 말한다. 그리고 모든 심리적인 문제는 자신을 사랑하지 못할 때, 자신을 믿지 못할 때 발생한다고 말한다.

질문 1 자신을 사랑하지 못하는 것이 문제라면 지나친 신뢰와 사랑도 문제가 되지 않을까?

질문 2 자신의 감정을 수용하는 것이 항상 옳은 것일까?

관련 논문 한국 여성의 외모 꾸밈과 탈코르셋 운동(김소현, 2022)

외모는 사람의 인상을 결정하는 중요한 요소이다. 그렇기에 많은 이들은 외모를 꾸미는데 많은 시간을 들이는 것이 일반적이다. 문제는 외모를 중시하는 사회적 편견에 있다. 특히 여성들은 미디어와 상업성의 영향으로 외모 압력을 받고 있으며, 이에 따른 탈코르셋 운동이 시작되었다.

관련 도서 《나는 내 운명》, 셀리나 아이야나, 정신세계사
《당신의 삶에 명상이 필요할 때》, 앤디 퍼디컴, 스노우폭스북스

관련 학과
상담심리학과, 심리학과, 철학과, 간호학과, 경영학과, 교육학과, 문예창작학과, 사회학과
산업디자인학과, 생물교육과, 생명과학과, 언어치료학과, 언론정보학과, 의예과, 재활치료학과

관련 교과
2022 개정 교육과정: 인간과 심리, 화법과 언어, 주제 탐구 독서, 독서와 작문, 인간과 철학
2015 개정 교육과정: 심리학, 화법과 작문, 언어와 매체, 통합과학, 사회문제 탐구

핵심키워드	방관자 효과, 스포트라이트 효과, 감정 쓰레기통, 소확행

내향인을 위한 심리학 수업

최재훈 | 미래의창 | 2022

'내향성을 속이고 외향이라고 말하는 사람이 있다고?', '성실하게 일하지만, 막상 자신의 노력을 드러내지 못한다고?' 이 책은 내향성에 대한 오해를 해소하고, 내향인들이 성격을 바꾸지 않으면서 더 행복하고 만족스러운 삶을 살아가는 방법을 알려준다. 사회심리학과 성격심리학에 기반하여 내향인들이 겪는 인간관계, 사회생활, 성장, 성공, 행복 등 다양한 문제에 대한 해결책을 제시한다.

탐구 주제

주제1 버스에서 곤란함을 겪는 이를 보고 도와주지 않았다는 이유로 너무하다 또는 이기적이라는 비난을 들은 사람이 있다. 이러한 판단을 심리학에서는 '기본 귀인 오류'라고 말한다. 이 상황에서 잘못된 것을 무엇인지 인간의 행동에 미치는 요인을 중심으로 설명해 보자.

주제2 내향인의 사람들은 타인에게 주목받는 것이 익숙지 않기 때문에 주로 혼자 할 수 있는 일을 좋아한다고 한다. 외향적인 사람이 남을 더 잘 돕는다는 연구가 이를 뒷받침한다. 그러나 외향적인 사람이 모두 봉사 정신이 뛰어나기 때문이라 볼 수 없는데, 책을 읽고 그 이유를 발표해 보자.

주제3 우리 반의 외향인과 내향인의 행복 인지 정도 비교·분석

주제4 성선설과 성악설에 대한 자신의 입장 고찰

학생부 기록 예시 (교과세특)

인간의 행동 연구를 통해 공동체의 결속과 관계의 회복에 관심이 많은 학생임. 대부분의 연구가 활발하고 사회적인 사람에게 집중되어 있다는 사실에 안타까워하던 중 '내향인을 위한 심리학 수업(최재훈)'을 읽고 인간의 행동을 결정하는 다양한 요소에 대해 흥미를 보임. 하나의 상황에서 인간의 행동을 해석하려면 성격, 상황, 의지 등의 다양한 변수가 있음을 깨닫고 관련 요인들과 '방관자 효과', '스포트라이트 효과' 등에 관해 추가탐구를 진행하여 보고서를 작성함.

사고력 레벨up

제시문 라인홀드 니버는《도덕적 인간과 비도덕적 사회Moral man and immoral society》에서 개인과 집단의 행동 양태를 분석하고 사회적 방안을 제시하였다.

질문 1 개인은 선하지만, 집단은 악하다는 니버의 말을 사례를 들어 입증하시오.

질문 2 성악설은 개인이 악하기에 집단도 악하다고 말하는데, 자신의 생각을 설명하시오.

관련 논문 행복한 내향인의 특징: 정서적 안정성을 중심으로(박지수, 2015)

해당 연구는 그간 소외된 내향인의 행복과 정서적 안정성의 중요성을 재조명한다. 연구를 통해 내향인들 중에도 행복한 사람이 존재함을 확인하였으며, 행복-외향 집단과 비교하여 행복-내향 집단의 부정 정서의 경향과 행복감의 정도 등을 여러모로 살펴볼 수 있다.

관련 도서 《아버지의 해방일지》, 정지아, 창비
《잘될 수밖에 없는 너에게》, 최서영, 북로망스

관련 학과	상담심리학과, 심리학과, 철학과, 간호학과, 경영학과, 교육학과, 국어국문학과, 뮤지컬학과, 신문방송학과, 생물교육과, 생명과학과, 언어치료학과, 인류학과, 의예과, 초등교육과
관련 교과	2022 개정 교육과정: 인간과 심리, 화법과 언어, 독서와 작문, 가정과학, 사회와 문화, 인간과 철학, 보건 2015 개정 교육과정: 심리학, 화법과 작문, 언어와 매체, 윤리와 사상, 사회문제 탐구

핵심키워드	연상, 외상 후 스트레스 장애, 방임, 상향식 프로세스

당신에게 무슨 일이 있었나요

브루스 D. 페리, 오프라 윈프리 | 부키 | 2022

오프라 윈프리와 아동 정신의학자 브루스 D. 페리 박사가 트라우마와 치유에 대해 30년 넘게 나눈 대화를 담은 책이다. 어린 시절 겪은 고통과 상처는 평생 남을 수 있으며, 이를 치유하는 길을 찾기 위해 진짜 원인과 답을 찾아야 한다고 강조한다. 무거운 주제와 익숙하지 않은 뇌 과학, 정신의학 개념들을 다루면서도 트라우마와 치유에 대한 따뜻한 공감과 다정한 과학적 통찰을 제공하고 있다.

탐구 주제

주제1 학대를 경험한 아이의 뇌는 머리칼 색깔과 말투 같은 학대자의 특징들이나 배경에서 흐르던 음악 같은 학대의 상황들을 공포의 감각과 연결하여 기억한다. 이렇게 트라우마라 불리는 것이 우리의 몸과 마음에 복잡하게 연결되어 오랫동안 영향을 미치는데 관련 내용을 탐구해 보자.

주제2 오프라 윈프리는 전 세계적으로 가장 영향력 있는 여성, 흑인 여성 최초로 포브스 선정 부자 목록에 오른 사람이다. 그러나 그녀는 아동학대를 비롯한 여러 불행을 겪은 것으로도 유명하다. 그녀가 과거의 트라우마에서 회복하여 오늘에 이를 수 있었던 비법을 발표해 보자.

주제3 트라우마가 뇌에 새겨지는 과정과 회복하는 방법 탐구

주제4 어린 시절의 경험이 회복탄력성에 미치는 영향성 연구

학생부 기록 예시 (교과세특)

트라우마로 인해 고통받는 이들의 어려움을 치료하는 일에 관심이 많은 학생임. 어린 시절 학대를 당하고도 당당히 성공한 사람의 반열에 오른 사람들의 일화를 보며 공통점을 파악하는 탐구활동을 진행함. 이를 위해 '당신에게 무슨 일이 있었나요(브루스 D. 페리 외)'를 읽고 선형적 서사 기억이 아닌 인지적 회상으로 인해 공황발작을 일으킬 수 있으며, 트라우마와 연상과의 관련성을 찾지 못하면 지속적인 공포에 시달릴 수 있음을 알게 됨.

사고력 레벨up

제시문 부모의 일관되고 예측할 수 있는 보살핌은 아이의 스트레스 반응 시스템을 유연하게 한다. 스트레스 반응 시스템이 장기간 혼란에 노출되면 그 시스템은 제 기능을 할 수 없다.

질문 1 인간관계로 인한 상처는 관계에서 보상을 채워야 한다는 말은 어떤 의미인가?

질문 2 정서적 친밀감을 학대로 느끼는 경우, 인간관계는 어떻게 시작하는 것이 좋은가?

관련 논문 소방공무원의 PTSD 관리를 위한 정책적 제안(고석봉, 2016)

기술의 발달로 개인의 삶은 나아졌지만, 개인의 안전과 직결된 재난과 사고 발생은 증가하고 있다. 이것은 재난 사고 대응에 앞장서는 소방공무원의 업무 증가와도 직결되는 문제이다. 생명의 위협을 받고 동료의 죽음을 목격해야 하는 그들의 정신 스트레스를 다룬 논문이다.

관련 도서 《음악으로 자유로워지다》, 류이치 사카모토, 청미래
《나는 음악에게 인생을 배웠다》, 빅터 우튼, 반니

관련 학과 상담심리학과, 심리학과, 간호학과, 경영학과, 교육학과, 문예창작학과, 뮤지컬학과, 사회학과, 산업디자인학과, 생물교육과, 아동학과, 언어치료학과, 언론정보학과, 의예과, 초등교육과

관련 교과 2022 개정 교육과정: 인간과 심리, 독서와 작문, 문학과 영상, 매체 의사소통, 사회와 문화, 인간과 철학
2015 개정 교육과정: 심리학, 보건, 화법과 작문, 언어와 매체, 기술가정, 사회문제 탐구

핵심키워드	심리테스트, 자기 계발, 칼 융, 16가지 성격 유형

당신이 알던 MBTI는 진짜 MBTI가 아니다

고영재 | 인스피레이션 | 2022

MBTI 전문가인 저자는 이 책을 통해 MBTI에 대한 완전히 새로운 접근방식과 삶에서 MBTI를 제대로 활용하는 획기적인 솔루션을 제시한다. MBTI는 사람을 규정하고 제한하는 도구가 아니라, 잠재력을 극대화하기 위한 심리 도구로 사용되어야 한다는 것을 강조한다. 이 책을 통해 MBTI를 제대로 활용하여 자아를 탐색하고, 나와 우리를 존중하는 법을 배울 수 있다.

탐구 주제

주제1 이 책의 저자 고영재는 '성격'이란 그 사람만의 고유한 존재 방식이며, 그 사람을 존중하고 싶다면 존재 방식을 이해하라고 말한다. 좋아하는 예술 작품(책, 영화 또는 드라마)을 골라, MBTI를 바탕으로 등장인물의 존재 방식과 성격을 분석해 보자.

주제2 MBTI를 개발한 이사벨 마이어는 사람들이 MBTI를 문제가 있는 병리적 측면으로 활용하거나 유형의 틀에 자신을 가두지 말아야 한다고 하였다. 오늘날 그녀의 우려대로 MBTI의 원래 취지와는 다르게 쓰이는 경우가 많다고 하는데, 현실에서 MBTI를 어떻게 적용해야 할지 발표해 보자.

주제3 MBTI 유형에 따른 교사와 학생의 관계(부모와의 애착관계) 연구

주제4 MBTI 유형별 모둠 구성에 따른 의사소통 방식 탐구

학생부 기록 예시 (교과세특)

평소 관심 있던 심리테스트와 성격 유형에 대한 호기심을 해결하고자 '당신이 알던 MBTI는 진짜 MBTI가 아니다(고영재)'를 읽고 보고서를 작성함. 후속 활동으로 김유정의 여러 단편 소설작품의 등장인물의 성격 유형을 파악하여 인물 간의 관계도를 분석하고 사건에 대한 대처방식을 성격과 관련지어 설명함. 또한 소설 속 연인들이 서로 끌렸던 이유와 선호하는 이상형에 대해 분석하고 발표하여 친구들로부터 많은 박수를 받음.

사고력 레벨up

제시문 MBTI가 유행하면서 신입사원을 모집하거나 배우자를 맞이할 때, 혹은 친구 관계를 형성할 때와 같은 중요한 상황에서도 MBTI를 활용하는 사례가 자주 있다고 한다.

질문 1 특정 직업이나 배우자에 어울리는 MBTI가 있을까?

질문 2 많은 이들이 맹신하는 MBTI나 혈액형은 과학적으로 증명된 것일까?

관련 논문 MBTI를 활용한 이모티콘 디자인 수업 과정 연구: 특성화고등학교 디자인과 학생들을 중심으로(송서하, 2023)

정보기술의 발전과 뉴노멀 시대의 도입으로 청소년들이 비대면 커뮤니케이션과 디지털 전환에 적응해야 하는 상황에서 MBTI 성격유형 검사와 이모티콘 제작을 통해 자신과 타인에 대한 이해를 바탕으로 소통할 수 있는 교육적 방법을 모색하는 연구이다.

관련 도서 《성격을 읽는 법》, 폴 D. 티저, 바버라 배런-티저, 더난출판사
《진정한 나다움의 발견 MBTI》, 김성환, 좋은땅

관련 학과 상담심리학과, 심리학과, 철학과, 간호학과, 경영학과, 교육학과, 사회학과, 소비자학과
산업디자인학과, 생물교육과, 생명과학과, 신문방송학과, 언어치료학과, 인류학과, 의예과

관련 교과 2022 개정 교육과정: 인간과 심리, 화법과 언어, 주제 탐구 독서, 독서와 작문, 인간과 철학
2015 개정 교육과정: 심리학, 화법과 작문, 언어와 매체, 통합과학, 사회문제 탐구

핵심키워드	X=Y(광고 효과), 두루뭉술 기법, 데카르트 좌표, 메타언어

대화력의 비밀

황시투안 | 미디어숲 | 2023

'관점이 다른 사람을 내 편으로 만들 수 있을까?' 이 책은 말 잘하는 사람들의 비밀을 알려준다. 36가지 대화의 기술을 제시하고, 이를 통해 언어의 힘을 제대로 장악하여 주변 사람들과 원활한 관계를 맺을 수 있도록 도와준다. 또한 언어의 기술을 '대화'에 적용할 수 있도록 다양한 예시를 제공하고 있어 문제를 해결하는 방법을 찾고, 내면의 잠재력을 끌어낼 수 있을 것이다.

탐구 주제

주제1 '말 한마디로 천 냥 빚을 갚는다'라고 하였다. 같은 말인데도 어떤 사람들의 말에는 거절할 수 없는 힘이 있기도 하고, 말 한마디에 칼과 같은 상처를 남기는 이들도 있다. 책을 읽고 주변 친구들의 대화를 분석하여, 상대를 해치지 않고 원하는 것을 얻는 방법을 제안해 보자.

주제2 우리는 대화의 많은 부분을 삭제, 왜곡, 일반화하여 해석한다. 이에 따라 오해가 생기고 마음의 상처를 입기도 하며, 부정적 생각에 사로잡히게 된다. 이러한 과정을 겪지 않는 데 필요한 것이 메타언어이다. 메타언어의 의미와 종류, 방법에 대해 정리하여 발표해 보자.

주제3 잠재의식에 영향을 미치는 다양한 대화 기법 연구

주제4 따라 말하기의 효과가 성별에 미치는 영향의 차이 분석

학생부 기록 예시 (교과세특)

인간이 가진 가장 오래된 원초적이며 강력한 무기를 언어라고 보고 학급의 언어 습관을 토대로 힘 있는 화법에 대한 탐구활동을 진행함. 말을 잘한다고 생각되는 친구를 투표로 정하고 설문 조사를 통해 자주 쓰는 화법과 감동 받은 말 등을 조사함. 활동을 위해 '대화력의 비밀(황시투안)'을 읽고 새롭게 알게 된 화법을 사례와 함께 정리하여 게시함. 이후 광고나 연설가들이 사용하는 말들을 추가로 탐구하여 이론과 함께 보고서로 제출함.

사고력 레벨up

제시문 드라마나 영화 속 커플들의 대사들을 보면, '나랑 밥 먹을래?, 나랑 죽을래?'와 같은 방식의 질문들을 꽤 찾아볼 수 있다. 필자는 이를 데카르트 좌표로 설명한다.

질문 1 자기합리화와 데카르트 좌표는 어떤 관련이 있는가?

질문 2 답정너 질문과 선택할 수밖에 없는 '선택 없는 선택'의 차이는 무엇인가?

관련 논문 비폭력 대화기법을 활용한 현실요법 집단상담이 초등학생의 학교적응력 및 자아존중감에 미치는 영향(이스리, 2018)

비폭력 대화 기법을 활용한 집단상담이 초등학생의 학교 적응력 및 자아존중감에 미치는 영향을 연구한 논문이다. 초등학교 4학년 2학급을 비교한 결과 비폭력 대화 기법의 집단상담은 교우관계와 같은 학교 적응력이 향상되었고, 학교와 가정 내, 사회적 자아존중감도 향상하였다.

관련 도서 《멘탈이 강해지는 연습》, 데이먼 자하리아데스, 서삼독
《메리골드 마음 세탁소》, 윤정은, 북로망스

관련 학과	상담심리학과, 심리학과, 철학과, 간호학과, 경영학과, 경제학과, 교육학과, 광고홍보학과, 문예창작학과, 소비자학과, 생물교육과, 언어치료학과, 언론정보학과, 인류학과, 의예과
관련 교과	2022 개정 교육과정: 인간과 심리, 주제 탐구 독서, 독서와 작문, 매체 의사소통, 사회와 문화 2015 개정 교육과정: 심리학, 화법과 작문, 언어와 매체, 경제, 사회문제 탐구

핵심키워드 멀티태스킹, 스키너의 비둘기, 테크 기업, 무한 스크롤

도둑맞은 집중력

요한 하리 | 어크로스 | 2023

이 책의 저자는 현대 사회의 비만율 증가와 유사하게, 집중력 위기가 현대 사회 시스템이 만든 유행병과 같다고 말한다. 저자는 실리콘밸리의 반체제 인사, 강아지에게 ADHD를 진단한 수의사, 심각한 집중력 위기에 빠진 리우의 빈민가, 놀라운 방식으로 노동자들의 집중력을 회복한 뉴질랜드의 한 회사까지 종횡무진으로 활동하며 집중력 위기의 12가지 원인이 작용하는 집중력 위기를 다룬다.

탐구 주제

주제1 하나의 일을 하다가 다른 일을 하게 될 때 집중력의 방해를 받게 되는데 이를 '스위치 비용'이라고 한다. 그런데 자신이 하는 일에 방해받지 않고 계속해서 같은 일을 반복하게 해주는 것이 스마트폰의 알고리즘이다. 알고리즘이 우리의 집중력에 미치는 영향을 조사하여 발표해 보자.

주제2 귀가 후 쉬었는데도 피곤한 이유가 뭘까? 왜 항상 무언가에 쫓기듯 불안한 걸까? 저자는 오늘날의 우리가 디지털 기기에 둘러싸인 채 벗어날 수 없다고 말하며 디지털 디톡스를 제시한다. 주변 사람들의 스마트폰 사용량을 조사하고 산만한 정도나 집중도와의 관계를 분석해 보자.

주제3 잠재의식에 영향을 미치는 다양한 대화 기법 연구

주제4 집중력에 관련한 4가지 빛의 명칭과 기능 탐구

학생부 기록 예시 (교과세특)

알고리즘의 원리와 이를 활용한 광고와 매체 효과가 궁금하여 탐구활동을 진행하던 중 요한 하리의 '도둑맞은 집중력'을 읽고 보고서를 작성함. 처음에는 단순히 디지털 기기로 인해 현대인들의 집중력이 저하된다는 것으로 시작했지만, 인간의 부정적 편향으로 인해 칭찬보다는 비난을 좋은 뉴스보다는 나쁜 뉴스에 더 몰입하게 되는 인간의 심리를 이용한 알고리즘 구조가 집중력뿐 아니라 불안감을 극대화한다는 사실을 알게 되고 이를 보고서로 작성함.

사고력 레벨up

제시문 미국 10대들이 한 가지 일에 집중하는 시간 65초, 직장인들의 평균 집중시간 3분! 정크푸드의 유행과 생활방식의 변화로 비만이 증가했듯이 집중력의 위기도 유행하고 있다.

질문 1 집중력 저하가 스마트폰 때문이면 스마트폰을 없애면 집중력이 향상될까?

질문 2 디지털 기기로 인해 자제력이 떨어지는 것은 개인의 책임인가?

관련 논문 유아의 스마트폰 과몰입과 주의집중력 연구(박경희, 2017)

유아를 대상으로 '유아용 주의집중력검사'를 진행하여 스마트폰 과몰입 정도와 주의집중력 차이를 알아보는 연구이다. 과몰입 증상은 나이나 성별 차이는 없었으나, 스마트폰 사용환경 수준에 따라 이상 발달, 과도한 추구, 집착적 사용이 높게 나타났다.

관련 도서 《디지털, 잠시 멈춤》, 고용석, 이지북
《아무것도 하지 않는 법》, 제니 오델, 필로우

관련 학과 상담심리학과, 심리학과, 철학과, 간호학과, 경영학과, 국어국문학과, 문예창작학과, 사회학과, 소비자학과, 생물교육과, 생명과학과, 언론정보학과, 의예과, 컴퓨터공학과, 통계학과

관련 교과 2022 개정 교육과정: 인간과 심리, 주제 탐구 독서, 독서 토론과 글쓰기, 사회와 문화, 인간과 철학
2015 개정 교육과정: 심리학, 철학, 화법과 작문, 언어와 매체, 정보, 인공지능 수학

핵심키워드	은둔형 외톨이, 회피성 성격, 재범률, 근거 있는 칭찬

등교거부 심리치료

성태훈 | 학지사 | 2023

이 책은 등교 거부나 회피성 성격 문제가 심각해지는 오늘날의 상황에서 등교 거부를 겪는 아이들에게 지지적 환경을 제공하여 자존감을 기를 수 있게 도와주는 부모 교육 안내서이다. 부모의 행동 변화를 통해 아이를 변화시키는 실제 사례를 만날 수 있으며, 현장 임상가의 생생한 노하우가 담겨있어 자녀의 등교 거부 문제를 당면한 부모와 해당 전문가들에게 도움이 될 것이다.

탐구 주제

주제1 회피성 성격장애는 개인이 사회적 관계에서 지속적인 불편함과 두려움을 경험하며, 새로운 상황이나 사회적 상호 작용을 피하려는 특징을 보인다. 이러한 장애는 일상생활의 모든 상황에서 나타난다. 회피성 성격장애의 주요 특징을 등교 거부 양상과 관련지어 설명해 보자.

주제2 등교를 거부하는 학생들의 대다수는 자존감이 매우 낮은 상태라고 한다. 이러한 상황에서 그들이 감당하기 어려운 무리한 요구는 상황을 더 악화시킬 뿐이다. 따라서 해당 아동 학생에 대한 치료나 분석 못지않게 중요한 부모 교육의 방법과 내용에 대해 정리해 보자.

주제3 부모의 양육 방식이 등교 거부에 미치는 영향 분석

주제4 사회 환경과 회피성 성격 증가의 상관관계 탐구

학생부 기록 예시 (교과세특)

최근 이슈화되고 있는 교실 환경 문제에 관심을 두던 중 심리적 어려움을 가진 어린이들이 증가하고 있는 상황에서 등교를 거부하는 학생에게 어떻게 관심을 줄 수 있을지에 대해 고민함. 특히 회피성 성격장애의 특성인 관계 형성의 어려움, 사회적 상황 회피, 비판에 대한 과민반응 등이 신체 증상에도 영향을 미칠 수 있음에 주목함. 이러한 문제로 등교를 거부하는 학생들에게 면밀한 관심을 쏟을 수 있는 학교 시스템 구축과 교사 수급의 필요성을 역설함.

사고력 레벨up

제시문 등교 거부의 원인은 다양하다. 심리적, 환경적, 관계적 영향이 내부에 있을 수도 있고 외부에 있을 수도 있다. 등교 거부를 해결하기 위한 다방면에서의 노력이 필요하다.

질문 1 코로나-19가 학생들의 등교와 학교생활에 미친 영향은 무엇일까?

질문 2 초등학생의 교실 내 환경을 친밀하게 만들어 주는 방안은 무엇일까?

관련 논문 청소년이 지각한 부·모양육태도와 등교거부경향성 관계: 우울감의 매개효과(구민경, 2017)

부모의 아이 키우는 태도와 학교 거부 경향 사이의 우울증 매개 효과를 연구한 논문이다. 부모의 양육 태도, 우울증, 학교 거부 경향 간의 관계를 조사한 결과 성별에 따라 다른 결과를 보였으며, 아버지와 어머니 각각의 관계에서도 유의미한 결과를 보였다.

관련 도서 《10대 놀라운 뇌 불안한 뇌 아픈 뇌》, 김붕년, 코리아닷컴
《부모와 아이 중 한 사람은 어른이어야 한다》, 임영주, 앤페이지

관련 학과 상담심리학과, 심리학과, 철학과, 간호학과, 경영학과, 교육학과, 문예창작학과, 산업디자인학과, 생물교육과, 생명과학과, 언어치료학과, 연극영화과, 인류학과, 의예과, 초등교육과

관련 교과
2022 개정 교육과정: 인간과 심리, 교육의 이해, 독서와 작문, 언어생활 탐구, 사회와 문화, 인간과 철학
2015 개정 교육과정: 심리학, 교육학, 화법과 작문, 언어와 매체, 기술가정, 사회문제 탐구

핵심키워드	결핍, 취약성, 수치심, 강요된 모성애

마음 가면

브레네 브라운 | 웅진지식하우스 | 2023

이 책은 불확실성, 위험성, 감정 노출 등을 두려워하는 '취약성(vulnerability)' 연구로 유명한 브레네 브라운의 대표작이다. 자신의 취약성을 대담하게 드러내는 것이 얼마나 내면을 강인하게 만드는지를 다루고 있다. 저자는 사람들의 취약성을 숨기려는 경향이 오히려 수치심과 불안을 느끼게 된다고 말하며, 우리 맘의 어둠을 드러내야 한다고 말한다.

탐구 주제

주제1 저자는 완벽과 무결점은 존재하지 않는다고 말한다. 따라서 무조건 새로운 인간관계, 중요한 회의, 가족과의 껄끄러운 대화, 창조적인 작업과 같은 일에 뛰어들어 취약성을 드러내야 한다고 말한다. 작가의 의도에 대해 자세히 설명해 보자.

주제2 심리학이 말하는 취약성은 불확실성, 위험성, 감정 노출 등이 해당한다. 우리는 자신의 감정을 드러내고 표현하는 것을 두려워한다. 들킬까 봐 두려워하고 들켰을 때 수치스러워한다. 이렇게 마음의 가면을 쓰게 된 원인과 해결할 방법을 조사해 보자.

주제3 우리 주변 관계성 및 친밀성이 취약성에 미치는 영향 탐구

주제4 심리학에서 취약성의 의미와 감추려는 심리 분석

학생부 기록 예시 (교과세특)

완벽해야 한다는 강박과 불안에 관해 관심을 두고, 관련 분야의 저서와 연구 자료를 자주 읽음. 우리가 신이 아닌 인간임에도 불구하고 신과 같은 완벽을 기대하는 심리에 사랑받기 위함이라는 인간의 본능과 사랑받지 못함이라는 불안이 있을 것이라는 가설을 세우고 탐구활동을 진행함. '마음 가면(브레네 브라운)'을 읽고 인간의 취약성을 기존의 탐구활동과 관련지어 사고함. 취약성을 들켰을 때의 각기 다른 다양한 표현에 관해서도 관심을 가짐.

사고력 레벨up

제시문 우리 주변에 10명의 사람이 있다면 그 중 몇몇은 나를 미워하고, 또 많은 사람이 나에게 관심이 없고, 또 몇몇은 진짜 나를 아끼는 사람임을 이를 인정해야 한다고 한다.

질문 1 자신이 정말 큰 사람으로 성장하려면 모든 사람이 자신을 따르게 해야 하지 않을까?

질문 2 자신에게 소중한 사람에게 집중하는 것이 옳다면 불우이웃 돕기는 왜 해야 할까?

관련 논문 강박사고가 강박성향군의 작업기억 하위체계에 미치는 영향(김동현, 2023)

강박사고는 침투 사고뿐 아니라 그로 인해 발생하는 불확실성에 대한 인내력 부족, 걱정, 부정 정서를 이끌어 낸다. 강박장애 환자들은 자신이 이전에 했던 행동을 기억함에 있어 스스로를 신뢰할 수 없으므로 생각과 행동을 반복하는 특징이 있다.

관련 도서 《내면소통》, 김주환, 인플루엔셜
《유연함의 힘》, 수잔 애쉬포드, 상상스퀘어

관련 학과	전 계열(인문, 사회, 자연, 공학, 의약, 예체능, 교육)
관련 교과	2022 개정 교육과정: 인간과 심리, 생명과학, 독서와 작문, 생물의 유전, 사회와 문화, 인간과 철학 2015 개정 교육과정: 심리학, 보건, 철학, 화법과 작문, 언어와 매체, 기술가정, 사회문제 탐구

핵심키워드	뇌 과학, 엔도르핀, 진화, 뇌의 가소성

마음을 돌보는 뇌과학

안데르스 한센 | 한국경제신문 | 2023

이 책은 스웨덴에서 가장 주목받는 정신과 의사이자 작가인 안데르스 한센이 쓴 책으로 스웨덴 인구 10명 중 1명이 읽은 베스트셀러이다. 빈부격차와 치열한 경쟁으로 인해 감정 기복이 심해지고 인간 소외 현상이 극심해지고 있는 요즘 마음의 문제로 길을 잃은 이들에게 딱 맞는 책이다. 우울, 불안, 스트레스와 같은 부정적인 감정의 원리와 대안을 진화의 관점에서 설명하고 있다.

탐구 주제

주제1 기술의 발달로 인해 문명의 이기심과 인간 소외 현상이 두드러지고 인간은 더욱 외로움을 느끼곤 한다. 온라인에서 거의 모든 것을 해결할 수 있는 오늘날에 반드시 함께 있어야만 얻을 수 있는 호르몬이 '엔도르핀'이라고 저자는 말한다. 엔도르핀을 조사해 보자.

주제2 지자는 스트레스는 생존에 필요하다고 밀한다. 그러나 신체는 스트레스 대응 시스템이 '항상 켜진' 상태에 적합하게 만들어지지 않았기에 스트레스와 관련해 중요한 것은 '회복'이라고도 말한다. 저자가 말하는 회복의 의미를 설명해 보자.

주제3 공황발작과 편도체 과잉 반응의 관계 탐구

주제4 편도체가 강박적 행동에 미치는 영향 분석

학생부 기록 예시 (교과세특)

사회생활에서 비대면이 늘어남에 따라 인간의 외로움과 소외의 감정이 심각해지고 있다는 신문 기사를 읽고 이에 대한 인과관계를 뇌과학적으로 풀어 보고자 '마음을 돌보는 뇌과학(안데르스 한센)'을 읽고 탐구활동을 진행함. 그중 인간의 사회적 욕구와 맞닿아 있는 엔도르핀 사용이 우정이나 친밀감이 형성되는 생화학 프로세스의 핵심임을 알게 되었고, 이러한 사회적 욕구에 맞춰 뇌가 진화되었기에 외로움을 더 많이 느낄 수 밖에 없다는 원리를 발표함.

사고력 레벨up

제시문 대뇌피질과 편도체는 불안을 만들어내는 두뇌의 통로이다. 일부 불안은 피질과 더 관련 있기도 하지만, 몇몇 유형의 불안은 직접적으로 편도체의 경험에서 발생하기도 한다.

질문 1 편도체의 발달 시기와 청소년 불안은 서로 어떤 관련이 있는가?

질문 2 편도체의 새로운 경험 학습이 불안을 제어하는 데 영향을 미칠 수 있을까?

관련 논문 방어기제(자아)의 특성을 활용한 섬유소재융합연구: 선인장 형상을 중심으로(김수현, 2022)

생물은 스스로 보호하기 위해 다양한 방어의 수단을 지닌다. 선인장은 자연적 환경에서 자신을 보호하기 위해 외형적 특성을 표출하는 특징을 보인다. 반면 인간은 사회적 환경에서 자아를 보호하기 위해 내면적 특성을 형성하는 정신적·사회적 방어 기제를 펼친다.

관련 도서 《불안할 땐 뇌과학》, 캐서린 피트먼, 엘리자베스 칼, 현대지성
《운동화 신은 뇌》, 존 레이티, 에릭 헤이거먼, 녹색지팡이

관련 학과 전 계열(인문, 사회, 자연, 공학, 의약, 예체능, 교육)

관련 교과
2022 개정 교육과정: 인간과 심리, 생명과학, 독서와 작문, 화학반응의 세계, 사회와 문화, 인간과 철학
2015 개정 교육과정: 심리학, 통합사회, 통합과학, 언어와 매체, 기술가정, 사회문제 탐구

핵심키워드 | 무의식, 오이디푸스 콤플렉스, 중독, 광기

마음의 여섯 얼굴

김건종 | 에이도스 | 2022

이 책은 정신과 의사가 인간의 마음과 감정, 삶의 조건에 대한 모든 것을 담은 보고서이자 자신의 깊은 이야기를 담은 고백이다. 우울, 불안, 분노, 중독, 광기와 같은 감정들이 사랑과 어떻게 연결되는지를 탐색한다. 환자들과 나눈 이야기와 저자가 자기 삶에서 끌어올린 내적인 고백이 인간의 마음을 탐구했던 사상가와 예술가의 생각들과 연결되어 하나의 독특한 그림을 그려낸다.

탐구 주제

주제1 우리는 왜 우울하고 불안하고 중독되며, 사랑하게 되는 것일까? 이 책은 우리가 병리, 혹은 질환이라고 생각하는 우울, 불안, 분노, 중독, 광기, 사랑의 감정을 다루고 있다. 사랑이 나머지 5가지 감정과 어떻게 연결되어 있는지 책을 읽고 독후감을 작성해 보자.

주제2 많은 예술가는 인간의 내면의 고통과 슬픔을 음악, 그림, 시 등으로 승화하였다. 그들은 끊임없이 자기 내면을 들여다보고 오히려 부정적 감정을 통해 내면의 성장을 도모하고 사람들에게 큰 울림을 주고 있다. 자신의 부정적 감정을 다양한 예술작품으로 표현해 보자.

주제3 심리적 어려움 해결에 대한 화학적 접근 vs 인지적 접근 탐구

주제4 인간의 다양한 감정에 대한 정신분석학적 고찰

학생부 기록 예시 (교과세특)

인간의 부정적 감정의 효용에 대한 영어지문을 읽고 호기심이 생겨 다양한 심리학적 도서로 탐구활동을 진행함. 부정적 감정은 긍정적 감정을 극대화할 수 있다는 내용에 반신반의하며, '마음의 여섯 얼굴(김건종)'을 읽음. 인문학이 말하는 인간과 과학이 말하는 인간 사이의 괴리를 통해 예술가들의 부정적 감정과 뇌과학자들이 말하는 부정적 감정의 차이를 좁히고 이해하려 노력함. 인간이 가진 모순을 통합적으로 연결 지어 설명하는 통찰을 보임.

사고력 레벨up

제시문 저자는 '질병이 없는 상태가 건강인지는 몰라도, 삶에서 부정적인 감정을 없앤 것은 진정한 삶이 아니다'라고 말한다.

질문 1 우리의 삶에서 슬픔이나 불안과 같은 부정적 감정은 어떤 효용이 있는가?

질문 2 부정적 감정이 있어야 진정한 삶이라면 적절한 부정 감정은 어느 정도 허용되는가?

관련 논문 중독가정 성인 자녀의 회복탄력성과 관련 변인들 간의 구조적 관계(박애정, 2023)

중독은 자신뿐 아니라 가족 구성원의 부정적 상호관계를 통해 가족 체계를 붕괴시키고 역기능적인 가족 체계 형성을 초래한다. 특히 부모의 중독은 자녀에게 학대, 방임과 같은 치명적 영향을 미치고 사랑, 보호, 안정감 등을 주지 못한다.

관련 도서 《정신의학의 탄생》, 하지현, 해냄
《자아와 방어기제》, 안나 프로이트, 열린책들

관련 학과 상담심리학과, 심리학과, 철학과, 미술 교육과, 소비자학과, 문화콘텐츠학과, 사회학과, 생명과학과, 간호학과, 언어치료학과, 의예과, 방송연예과, 교육학과, 생물교육과, 사회교육과

관련 교과 2022 개정 교육과정: 인간과 심리, 통합사회, 생명과학, 언어생활 탐구, 사회·문화, 사회문제 탐구
2015 개정 교육과정: 심리학, 통합사회, 통합과학, 사회문제 탐구, 철학, 보건

핵심키워드	웰 디파인드, 우버, 세대 차이, 기록

마음의 지혜

김경일 | 포레스트북스 | 2023

이 책은 인간관계, 일, 사랑, 돈 등 우리를 둘러싼 환경 중 어느 하나라도 충족하지 못하면 행복을 느끼기 어렵다는 것을 알려 준다. 김경일 교수가 20년 넘게 인지심리학자로 살아오면서 탄탄히 쌓은 내공을 바탕으로 다양한 고민과 불안을 모아 사람, 행복, 일, 사랑, 돈, 성공, 죽음이라는 7가지 키워드로 분류했다. 이 책을 통해 일상을 지탱해 주는 강인한 삶의 근육을 만들 수 있을 것이다.

탐구 주제

주제1 '내향성의 사람은 사람을 싫어하거나 낯을 가리는 성향이 높은가?'라는 물음에 저자 김경일 교수는 그렇지 않다고 답한다. 내향성과 외향성의 차이는 외부에 쓰는 에너지의 양에 있으며, 이러한 다름을 인정해 줄 필요가 있다. 내향성과 외향성의 차이를 비교해 보자.

주제2 저자인 인지심리학자 김경일은 한국인의 정서에 맞는 심리적 문제의 원인과 해법을 재미있게 풀어주는 것으로 유명하다. 그는 번아웃의 원인이 너무 열심히 일만 해서가 아니라 한 가지 일만 하는 데서 비롯되었다고 하는 데 번아웃의 원인과 해결법을 조사해 보자.

주제3 살기 위한 행복 vs 행복을 위한 삶에 관한 연구

주제4 우리 반 친구들이 느끼는 행복의 조건과 성향별 만족도 분석

학생부 기록 예시 (교과세특)

성격 유형 검사가 유행하면서 서로의 다름을 이해하고 수용하는 대신 특정 성격을 회피하거나 선호하는 양상으로 인간관계를 형성하는 것에 안타까움을 느끼고, '마음의 지혜(김경일)'를 읽고 내향성과 외향성, 행복의 빈도 등에 대한 소감을 작성하여 제출함. 특히 내향성과 외향성의 차이에 대해 에너지 충전 방향, 사회적 활동 방식, 정보 처리 방식, 선호하는 업무 환경의 차이 등으로 비교한 것을 시각화하며 서로의 차이를 존중하자는 의견을 제시하였음.

사고력 레벨up

제시문 용서란 무엇일까? 누군가는 진정한 용서는 상대가 저지른 잘못조차 기억에서 지우는 것이라고 하고, 누군가는 용서는 자신을 위한 것이라고 말한다.

질문 1 용서가 자신을 위한 것이라면 타인에게 미치는 긍정적인 영향은 없는가?

질문 2 용서의 효용이 크다고 하여 용서를 강요하는 것이 옳은가?

관련 논문 청소년이 지각한 부모 공감이 행복감에 미치는 영향: 무조건적 자기수용, 또래관계의 매개효과(이다원, 2019)

중고생 400명을 대상으로 청소년이 인지하는 부모 공감과 행복감의 관계에 따른 자기수용과 또래 관계의 매개효과를 검증한 연구이다. 언급한 모든 것이 유의미한 상관관계가 있었으며, 무조건적 자기수용, 또래 공감, 어머니 공감 등의 순서로 청소년 행복에 영향을 미쳤다.

관련 도서 《멘탈을 회복하는 연습》, 데이먼 자하리아데스, 서삼독
《시대예보: 핵개인의 시대》, 송길영, 교보문고

관련 학과 상담심리학과, 심리학과, 철학과, 간호학과, 경영학과, 교육학과, 사회학과, 소비자학과
생물교육과, 생명과학과, 신문방송학과, 언어치료학과, 언론정보학과, 인류학과, 의예과

관련 교과 2022 개정 교육과정: 인간과 심리, 화법과 언어, 주제 탐구 독서, 독서와 작문, 인간과 철학
2015 개정 교육과정: 심리학, 화법과 작문, 언어와 매체, 기술가정, 사회문제 탐구

핵심키워드	무의식, 오이디푸스 콤플렉스, 중독, 광기

마음이 아니라 뇌가 불안한 겁니다

다니엘 G. 에이멘 | 위즈덤하우스 | 2023

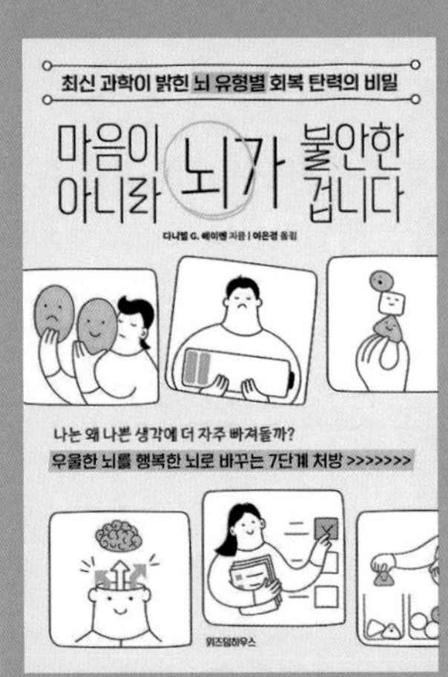

이 책은 우울한 뇌를 행복한 뇌로 바꾸는 7단계 처방이 담겨 있다. 인간의 두뇌를 다섯 가지 기본 유형과 열한 가지 복합 유형으로 나누고, 각각의 유형별 취약점과 특질, 뇌 건강을 극대화하는 방법을 생물학적·심리학적 측면에서 세세하게 안내한다. 매일 10분 투자로 나이, 성장 배경, 교육, 유전자, 현재 처한 상황 등 모든 조건과 관계없이 더 행복해지는 방법을 안내한다.

탐구 주제

주제1 우리가 흔히 힘들다고 말할 때 마음이 힘든 것일까, 뇌가 힘든 것일까? 저자는 마음이 아니라 뇌가 힘든 것이라 말한다. 그는 뇌 혈류량 사진을 토대로 사람의 성격 유형을 판단할 수 있다고 하였다. 책을 읽고 뇌 과학에 따른 성격 유형을 정리하여 발표해 보자.

주제2 저자 다니엘 G. 에이멘은 쉽게 행복해지는 뇌와 불행에 취약한 뇌가 따로 있다고 말하고 뇌의 유형을 5가지 기본 유형과 11가지 복합 유형으로 구분하였다. 저자가 말하는 뇌 건강을 극대화하는 방법을 생물학적·심리학적 측면에서 설명해 보자.

주제3 뇌 사진으로 알 수 있는 사람의 성격 유형에 관한 고찰

주제4 뇌 유형의 차이에 따른 행복을 위한 생활 습관 탐구

학생부 기록 예시 (교과세특)

영어 단어의 'mind'가 상황에 따라 마음이라 정의될 때도 있고 머리 혹은 정신이라 정의될 때도 있음에 의구심이 생겨, mind의 적절한 용도를 구분하고자 탐구활동을 시작함. '마음이 아니라 뇌가 불안한 겁니다(다니엘 G. 에이멘)'를 읽고, 마음과 뇌를 구분하고 뇌를 조련하여 행복을 조절할 수 있음을 알게 됨. 사람마다 뇌 혈류량의 차이가 있고 이것이 성격에 영향을 미칠 수 있다는 사실에 흥미를 느껴 관련 내용을 정리하고 성격 유형과 비교하여 발표하였음.

사고력 레벨up

제시문 저자는 뇌 혈류량을 촬영한 뇌 사진을 토대로 뇌의 유형을 16가지로 구분하였다.

질문 1 뇌 혈류량을 나이와 관련지어 볼 때 성격은 나이와 함께 변한다고 볼 수 있는가?

질문 2 3중 뇌의 가설은 성격 유형과 어떠한 관계가 있는가?

관련 논문 고등학생 대상 두뇌유형별 자기주도학습 프로그램 개발 및 효과(이은정. 2018)

학생들이 자신에게 당면한 문제를 해결할 수 있으려면 학습자의 개별성과 주도성을 발휘할 수 있어야 하는데 이는 학습자의 두뇌유형별 개별 특성과 다양한 요구를 반영할 수 있는 개별 맞춤형 수업과 자기주도학습을 통해 신장할 수 있음을 보여주는 연구이다.

관련 도서 《강박에 빠진 뇌》, 제프리 슈워츠, 알에이치코리아
《순도 100퍼센트의 휴식》, 박상영, 인플루엔셜

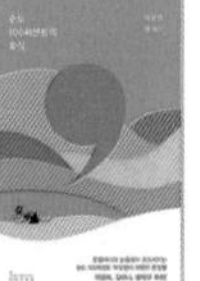

관련 학과 상담심리학과, 심리학과, 철학과, 간호학과, 경영학과, 공공인재학과, 교육학과, 뮤지컬학과, 사회학과, 생물교육과, 생명과학과, 언어치료학과, 언론정보학과,약학과, 의예과, 초등교육과

관련 교과
2022 개정 교육과정: 인간과 심리, 통합과학, 생명과학, 가정과학, 사회와 문화, 인간과 철학
2015 개정 교육과정: 심리학, 통합과학, 확률과 통계, 기술가정, 사회문제 탐구

핵심키워드	감정의 객관화, 징크스, 무기력, 자기 긍정감

마음의 짐을 안고 있는 당신에게

나이토 요시히토 | 김영사 | 2021

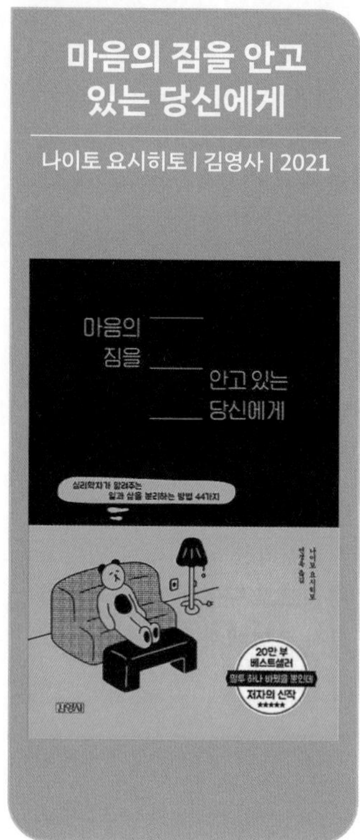

이 책은 마음의 짐을 내려놓는 해법을 제시하고, 타인의 말과 행동에 민감하게 반응하거나 무기력함에 시달리는 사람들을 위한 책이다. 심리학자인 저자가 일과 삶을 분리하는 실용적인 방법 44가지를 제시하며, 감정을 다루는 방법을 이야기한다. 책 속 '심리학자의 노트'에는 독자의 이해를 돕는 흥미로운 심리학 실험이 쉽게 설명되어 있다. 이 책을 통해 평온한 상태를 회복할 수 있을 것이다.

탐구 주제

주제1 저자 나이토 요시히토는 자신의 책에서 44가지 심리학 기술들을 설명하고 있다. 특히 울컥하고 마음에서 감정이 올라올 때 자신의 마음을 방관자처럼 바라보라고 조언한다. 이것이 자신의 감정을 회피하는 것과 어떤 차이가 있는지 설명해 보자.

주제2 저자는 격렬한 감정이나 욕구가 올라올 때 잠시라도 이를 잠재우고 주의를 돌릴 것을 추천한다. 이렇게 주의를 돌리는 데 필요한 시간은 8초라고 말한다. 주의를 돌리는 것이 진정한 감정의 회복이 될 수 있는지 발표해 보자.

주제3 '욱하는 사람'과 '끙끙 앓는 사람'의 심리상태 비교

주제4 심리적 불안과 부정적 감정이 일상에 미치는 악영향 연구

학생부 기록 예시 (교과세특)

자신의 순간적인 욱하는 감정을 스스로 조절해보려 노력하는 자신을 포함한 여러 사람들을 위한 방법을 찾기 위해 '마음의 짐을 안고 있는 당신에게(나이토 요시히토)'를 읽고 관련 내용을 정리하여 발표하였음. 저자가 말하는 감정에 대한 방관적 태도에 대해 처음에는 감정의 회피로 여기고 의문을 표했으나, 자신의 화나는 감정을 객관화하여 분노나 화에서 빠르게 벗어나고 상황을 바르게 바라볼 수 있는 방법을 사례와 함께 제시하였음.

사고력 레벨up

제시문 최근 '워라밸 문화' 혹은 '워라블 문화'의 확산으로 일과 삶을 분리하는 삶의 형식을 존중하고 장려하는 분위기가 확산되고 있다.

질문 1 감정 전환이 쉽지 않은 상황에서 직장에서의 스트레스를 삶에서 분리할 수 있을까?

질문 2 이상적인 워라밸 문화 정착을 위해 어떤 정책이 필요할까?

관련 논문 긍정적 자기대화(self-talk) 향상 프로그램이 초등학교 저학년의 학업적 자기효능감과 메타 인지에 미치는 영향에 대한 사례연구(김수연, 2023)

분석, 설계, 개발, 실행, 평가의 5단계를 거쳐 긍정적 자기 대화(Self-Talk) 향상 프로그램을 개발하여 경기 소재 초등학교 2학년 학생을 대상으로 한 연구이다. 이 프로그램을 통해 학생들의 자기효능감과 메타인지에 긍정적 영향을 미쳤음이 확인되었다.

관련 도서 《잘할 거예요, 어디서든》, 멍작가, 북스토리
《언어의 온도》, 이기주, 말글터

관련 학과 상담심리학과, 심리학과, 의예과, 약학과, 철학과, 경영학과, 교육학과, 문예창작학과, 사회학과, 산업디자인학과, 생물교육과, 생명과학과, 언어치료학과, 언론정보학과, 인류학과, 초등교육과

관련 교과
2022 개정 교육과정 : 인간과 심리, 언어생활 탐구, 주제 탐구 독서, 가정과학, 사회와 문화, 인간과 철학
2015 개정 교육과정 : 심리학, 화법과 작문, 언어와 매체, 기술가정, 사회문제 탐구

핵심키워드 | 양극성 우울증, 심리 부검, 변연계, 자폐 스펙트럼 장애

매우 예민한 사람들을 위한 상담소

전홍진 | 한겨레출판 | 2023

이 책은 불안한 마음을 가진 사람들과 우울증에 걸린 사람들을 위해 예민함을 뇌과학과 정신의학적 근거로 풀어낸다. 1부에서는 외부 자극에 민감한 사람들이 불안을 겪는 이야기와 해결 방법이, 2부에서는 타인에게 좋은 평가를 받기 위해 긴장하다 우울증에 걸린 사람의 이야기와 해결 방법이 담겨 있다. 불안과 우울증에 시달리는 사람들을 위한 실용적인 조언이 담긴 책이다.

탐구 주제

주제1 예민한 사람들의 특징은 변연계가 지나치게 활성화되어있어 생각의 꼬리물기를 지속한다는 데 있다고 한다. 이 책을 읽고 변연계의 역할과 변연계가 기억, 예민함, 우울 등에 미치는 영향에 대해 정리하여 보고서로 작성해 보자.

주제2 '예민함과 섬세함은 같은 것인가?' 정신의학 전문가인 저자는 예민함과 섬세함의 차이는 종이 한 장 차이라고 한다. 예민함과 섬세함의 차이를 바탕으로 우리의 삶에서 예민함의 필요성이 있다면 어떤 것이 있는지 발표해 보자.

주제3 연령대별로 달라지는 다양한 심리 문제에 관한 보고서

주제4 예민함에 얽힌 다양한 감정들에 대한 분석

학생부 기록 예시 (교과세특)

뇌과학자와 법의학자의 진로를 꿈꾸는 학생으로 사이코패스의 뇌에 대해 탐구활동을 하던 중 변연계와 관련되어 있음을 알게 됨. 이후 '매우 예민한 사람들을 위한 상담소(전홍진)'를 읽고 예민한 성격의 사람들도 변연계가 활성화되어 있음을 확인함. 또한 트라우마로 인한 뇌의 변화를 역이용하여 좋은 경험을 통해 좋은 기억이 형성되면 외상이나 부정적 경험에 대한 스트레스를 줄이고 예민함을 조절할 수 있음을 주장하는 글을 발표함.

사고력 레벨up

제시문 예민함과 둔감함의 차이는 무엇일까? 일반적으로, 사람들은 상황에 따라 둔감한 이를 선호하기도 하고 예민한 이를 선호하기도 한다.

질문 1 예민함과 둔감함 중 선택할 수 있다면 무엇을 선택할 것인가?

질문 2 상황에 따라 예민함과 둔감함을 선택한다면 어떠한 상황에 어떠한 선택을 할 것인가?

관련 논문 성격유형을 고려한 청년세대의 침실공간 색채 디자인 연구(장유진, 2022)

우리 삶에 가장 기본적인 조건인 집은 삶의 질을 높여 물리적·심리적·사회적 환경을 제공하여 안심하고 생활할 수 있는 토대가 된다. 청년은 주거 공간의 변화를 주기 어렵지만, 색채 변경은 비교적 쉽기에 색채 선호와 성격을 활용한 개성 있는 공간연출을 도모할 수 있는 연구이다.

관련 도서 《매우 예민한 사람들을 위한 책》, 전홍진, 글항아리
《나는 왜 네 말이 힘들까》, 박재연, 한빛라이프

관련 학과 전 계열(인문, 사회, 자연, 공학, 의약, 예체능, 교육)

관련 교과
2022 개정 교육과정: 인간과 심리, 통합과학, 생명과학, 생물의 유전, 융합과학 탐구, 인간과 철학
2015 개정 교육과정: 심리학, 화법과 작문, 언어와 매체, 기술가정, 사회문제 탐구

핵심키워드 | 자기조절, 심리 대조, 인지제어, 습관 설계t

미래의 나를 구하러 갑니다

변지영 | 더퀘스트 | 2023

이 책은 심리학과 뇌 과학에 기반을 두고 개인의 성취를 돕는 도구들을 소개한다. 저자는 미래의 자기, 즉 'future self'에 대한 생각이 중요하다고 강조하며, 이를 염두에 두고 더 중요한 가치와 삶의 목적을 정리해야 한다고 말한다. 이를 위한 8가지 심리 도구와 자기 조절을 위한 관리 방법을 소개하고 있다.

탐구 주제

주제1 저자는 '마음이 힘들다는 것은 자신이 원하는 삶의 모습이 있기 때문이다'라고 말한다. 또한 현재의 기분에 의한 작은 선택은 자기조절과 관련 있으며, 이는 미래의 자기에 엄청난 영향을 미친다고도 말한다. 필자가 말하는 자기 조절에 관해 설명해 보자.

주제2 일부 자존감이 낮은 사람들은 외부의 기대와 인정으로 자신의 업무 성과를 수행하거나 동기부여를 받게 되는 경우가 있다. 저자는 같은 일을 하더라도 목표에 따라 다른 감정을 느끼게 된다고 말한다. 목표 설정의 중요성과 의미에 대해 발표해 보자.

주제3 작심삼일을 자주 하는 사람들의 특성에 대한 탐구

주제4 심리학 측면에서 습관을 바꾸는 방안 탐색

학생부 기록 예시 (교과세특)

타인을 성공 마인드셋으로 동기부여하여 더 나은 방향으로 발전하고 지지하게 돕는 상담가를 꿈꾸는 학생으로 현재의 모든 선택과 고통이 성공에 영향을 미친다고 생각함. 현재의 안위에 만족하거나 충동을 억제하지 못하고 자기조절에 실패하는 이들의 원인이 무엇인지 조사하던 중, '미래의 나를 구하러 갑니다(변지영)'를 읽고 자기조절이 미래의 자신과 공감하는 것과 관련이 있음을 알게 됨. 현재의 내가 아닌 미래의 나로 관심을 촉구하는 주창을 펼침.

사고력 레벨up

제시문 보통 '공부 머리가 있다'라는 표현을 종종 듣게 된다. 오랜 시간 공부했는데도 머리에 남는 것이 없는 사람도 있지만, 수업 시간에 집중하는 것만으로 높은 성적을 내는 이들도 있다.

질문 1 학습에 최적화된 뇌는 선천적으로 타고나는가?

질문 2 학습에 대한 의지와 습관의 차이는 무엇이며, 어떤 것이 더 효과적인가?

관련 논문 광고모델의 자세유형에 따른 광고 메시지 효과: 상황적 자기해석의 조절역할을 중심으로(이종민, 2014)

소비자가 접하는 잡지광고에서 비언어적커뮤니케이션의 한 형태로서의 모델 자세가 광고 효과에 미치는 영향을 비교한 연구이다. 소비자의 상황적 자기 해석 점화와 모델 자세의 유형 간 발생하는 상호 작용을 검증하였다.

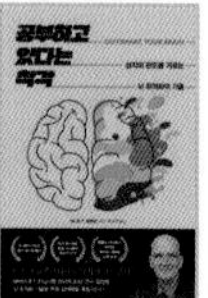

관련 도서 《힘든 일을 먼저 하라》, 스콧 앨런, 갤리온
《공부하고 있다는 착각》, 대니얼 T. 윌링햄, 웅진지식하우스

관련 학과 | 전 계열(인문, 사회, 자연, 공학, 의약, 예체능, 교육)

관련 교과 | 2022 개정 교육과정: 인간과 심리, 인문학과 윤리, 미술과 매체 가정과학, 사회와 문화, 인간과 철학
2015 개정 교육과정: 심리학, 철학, 보건, 화법과 작문, 언어와 매체, 기술가정, 사회문제 탐구

핵심키워드 | 펫로스 증후군, 메모리얼 스톤, 동물등록 말소 신고, 수의사

반려동물과 이별한 사람을 위한 책

이학범 | 포르체 | 2021

이 책은 반려동물과 이별하여 펫로스를 겪는 사람들에게 위로와 도움을 준다. 노령 반려동물을 양육하면서 곧 다가올 이별에 대해 불안해 하는 보호자들, 그리고 주변에 펫로스를 겪은 반려인을 위로하고 싶은 사람들에게 막연한 공감이 아니라 수의학적, 정신분석학적 지식을 기반으로 상실과 회복의 과정을 설명해 주며 동물등록 말소 신고, 호스피스 케어 등의 정보를 제공한다.

탐구 주제

주제1 미국수의사회에 따르면 반려동물과 이별한 이들이 겪는 펫로스 증후군은 가장 가까운 사람이 죽었을 때와 비슷한 정도의 상실감이라고 한다. 일인가족과 딩크족, 비혼주의 등이 증가하면서 반려동물을 가족 구성원으로 인정하는 사회 분위기 조성이 필요하다는 견해에 관해 서술해 보자.

주제2 이 책은 반려동물의 죽음으로 상실감을 겪는 사람들에 관한 이야기를 담았다. 펫로스를 경험한 사람들은 외상 후 스트레스 장애를 호소하거나 알코올 중독에 빠지기도 한다. 반려동물에 대한 이러한 감정에 대해 자기 생각을 발표해 보자.

주제3 반려동물의 죽음이 우울감에 미치는 정도 연구

주제4 반려동물 장례지도사의 전망과 역할 분석

학생부 기록 예시 (교과세특)

반려동물 문화와 산업에 관심이 많은 학생으로 반려동물을 가족 구성원으로 인정해야 한다는 입장에 찬성하는 학생임. 사람들이 반려동물을 기르고 애정을 쏟는 이유를 게임이나 인공지능 서비스에 비유하여 설명함. 자신의 실수나 잘못에도 항상 변함없는 애정을 보여주는 반려동물의 존재는 문제에 틀리거나 오류가 있어도 다시 시작할 기회를 주는 게임과 같다고 주장함. 반려동물을 키우는 사람이 증가함에 따라 관련 제도들도 함께 정비해야 함을 역설함.

사고력 레벨up

제시문 우리나라의 반려동물 산업과 문화는 '펫 사료' 산업의 발달과 함께 블루오션으로 자리잡기 시작하면서 반려동물을 가족 구성원의 한 부분으로 여기는 문화가 조성되었다.

질문 1 반려동물의 고부담 치료비를 완화하는 방안에는 어떤 것이 있을까?

질문 2 반려동물 관련 산업의 성장은 경제 활성화에 어떤 영향을 미치는가?

관련 논문 반려동물을 상실한 가족의 애도 미술치료 사례(장지연, 2020)

반려동물을 상실한 가족을 대상으로 미술치료를 진행한 결과, 반려동물과의 사별이라는 외상을 공유하였으며, 애도를 위한 창조 활동이 상실감 극복과 감정 정화 및 정서 안정에도 도움이 되었음을 보여주는 연구이다.

관련 도서 《너의 시간이 다하더라도》, 김유민, 쌤앤파커스
《베일리 어게인》, W.브루스 카메론, 페티앙북스

관련 학과 | 수의예과, 상담심리학과, 심리학과, 철학과, 간호학과, 경영학과, 교육학과, 문예창작학과, 생물교육과, 생명과학과, 언어치료학과, 언론정보학과, 인류학과, 의예과, 초등교육과

관련 교과 | 2022 개정 교육과정 : 인간과 심리, 화법과 언어, 독서와 작문, 가정과학, 사회와 문화, 인간과 철학
2015 개정 교육과정 : 심리학, 통합과학, 언어와 매체, 기술가정, 사회문제 탐구

핵심키워드	변증법, 경계성 성격장애, 타당화 전략, 치료 방해 행동 전략

변증법 행동치료

마샤 M. 리네한 | 학지사 | 2023

이 책은 변증법 행동치료의 밑바탕 이론과 핵심 치료 전략을 일인칭 문장으로 상세하게 설명한다. 고통에 빠진 사람을 질책하지 않고, 관계와 맥락 안에서 움직이라고 조언한다. 저자는 생물사회 이론을 통해 정서적으로 취약한 개인이 고유한 경험을 인정하지 않는 사회에서 변환 작용을 일으킨다고 말한다. 또 구조 문제로 고통스러운 사람 등 힘든 사람에게 다가가는 방법을 알려 준다.

탐구 주제

주제1 경계성인격장애는 정서 불안과 자아정체성 문제 등 다양한 증상을 보이는 복합 인격장애다. 그런데 해외의 경계성인격장애 유병률에 비해 우리나라는 현저히 낮은 유병률을 보인다고 한다. 이에 관련한 자신의 생각을 정리하여 원인과 결과를 중심으로 발표해 보자.

주제2 자아상, 정서, 대인관계 등이 매우 불안정하고 감정의 기복이 매우 심한 인격장애를 경계성인격장애라 한다. 자제력이 부족하여 충동적인 행동을 자주 한다고 알려져 있다. 경계성인격장애의 원인을 환경적, 유전적, 생물학적 측면에서 분석해 보자.

주제3 인지적 행동 치료가 경계성성격장애 완화에 미치는 영향 연구

주제4 경계성성격장애의 특성과 연구 성과 정리

학생부 기록 예시 (교과세특)

경청보다 혐오를 앞세우고, 성과주의로 인한 낙오와 정신적 스트레스를 겪는 한국 사회에서 변증법 행동 치료가 주목받고 있다는 기사를 읽고 '변증법 행동치료(마샤 리네한)'를 읽고 탐구활동을 진행함. 다양한 경계성인격장애 증상을 보이는데도 진단율이 낮은 이유가 사람들의 인식에 대한 부담과 높은 의료 부담 비용 때문임을 알게 됨. 또한 변증법 행동치료 중 나타나는 변증법 딜레마에 높은 관심을 보이며 심리상담가의 진로를 희망하게 됨.

사고력 레벨up

제시문 승리에 대한 압박과 늘 경쟁 상태에 놓여있는 스포츠 경기 선수들 사이에서 갈등은 자연적으로 형성되고 집단 구성원과의 불화로 인한 의견 불일치를 경험하게 된다.

질문 1 운동선수에게 심리훈련이 필요한 이유와 구체적 방법은 무엇인가?

질문 2 변증법 행동치료가 운동선수들에게 미치는 긍정적 영향은 무엇인가?

관련 논문 변증법적행동치료(DBT) 집단기술훈련이 대학 운동선수의 정서조절과 대인관계 유능성에 미치는 효과(김소윤, 2023)

스포츠가 국가 신장에 큰 역할을 하는 요즘, 세계 각국은 스포츠 과학을 동원하여 운동선수의 선발, 훈련은 물론 선수 관리까지 하고 있다. 선수들을 대상으로 정서 조절을 위한 다양한 처치 효과가 검증되면서, 선수들의 심리상태가 운동 성과에 미치는 영향력을 보여주는 연구이다.

관련 도서 《DBT, 학교에 가다》, James J. Mazza 외, 학지사
《알아차림에 대한 알아차림》, 루퍼트 스파이라, 퍼블리온

관련 학과 상담심리학과, 심리학과, 철학과, 간호학과, 공공인재학과, 경영학과, 사회학과, 소비자학과, 생물교육과, 생명과학과, 언어치료학과, 언론정보학과, 의예과, 초등교육과, 체육교육과

관련 교과
2022 개정 교육과정 : 인간과 심리, 화법과 언어, 독서와 작문, 가정과학, 사회와 문화, 인간과 철학
2015 개정 교육과정 : 심리학, 논리학, 보건, 공통과학, 생명과학, 사회문제 탐구

핵심키워드	중도, 가짜 덩어리, 가슴 정화, 관계 맺기

상처받지 않는 영혼

마이클 A. 싱어 | 라이팅하우스 | 2014

이 책은 마이클 싱어의 심리 치유 에세이로, 영혼의 곤경에서 벗어나는 방법을 알려준다. 저자는 은둔의 스승으로 우리가 스스로 만든 마음의 감옥에서 벗어나 참 자아를 찾는 여정을 안내한다. 현대인의 지친 마음을 위한 '영혼 사용 설명서'로 평가되며, 성장의 독서를 체험하고 마음의 곤경에서 탈출하는 방법을 안내한다.

탐구 주제

주제1 우리는 왜 매번 자신을 걱정하는 것일까? 마이클 싱어는 몸의 만능 언어는 고통이요, 마음의 만능 언어는 두려움이라고 한다. 또한 정신적 고통을 잠재우기 위해 이러한 불편한 상황에 있지 않아도 된다는 사실을 깨달아야 한다고도 말한다. 마음의 아우성을 줄이는 방안을 발표해 보자.

주제2 저자는 '마음은 현재의 경험을 처리하여 당신의 과거에 대한 견해와 미래에 대한 전망에 일치하도록 조작한다. 우리는 외부 세계를 내부에 재창조하여 마음속에서 살아간다'라고 말한다. 우리의 마음이 이러한 조작을 하지 않을 때 일어나는 일을 설명해 보자.

주제3 행동에 대한 방어나 정당화가 인간관계에 미치는 영향 탐구

주제4 자기 행동에 대한 방어와 정당화가 마음에 미치는 영향 연구

학생부 기록 예시 (교과세특)

'대한민국 온 국민 마음 건강 프로젝트' 시간에 마음의 작동원리에 호기심이 생겨 관련 내용을 탐구함. 마이클 싱어의 '상처받지 않는 영혼'을 읽고 마음의 고통을 그저 참고 견뎌야 할 필요가 없다는 사실에 흥미를 보임. 특히 예민하다는 것은 늘 걱정과 두려움으로 건강하지 못하다는 증거이기에 마음의 병이 나타날 수 있다는 단순한 원리에 큰 깨달음을 받음. 저자가 말하는 자기 마음과 관계를 맺는 것의 중요성을 강조하는 발표를 진행하였음.

사고력 레벨up

제시문 추운 겨울날 외출하다가 '아이, 추워'라고 말하는 이유는 무엇이며 누구에게 말하는 것일까? 관련하여 마이클 싱어는 우리 마음의 통제하는 힘에 대해 말한다.

질문 1 노력의 부족이나 의지 부족을 마음 통제로 설명할 수 있을까?

질문 2 마음을 통제하는 것이 가능하다면, 통제하지 않는 사람은 어떻게 설명할 수 있을까?

관련 논문 이타성 계발에 대한 자비명상과 마음챙김명상의 차별적 효과 및 기제(박희영, 2022)

이타성이 사회적 관계 능력 향상과 개인적 자원으로 활용되는 사회적 지지에 영향을 줄 수 있다는 것을 강조하는 연구이다. 마음 챙김 명상을 통해 자신의 내적 경험이 변화하며 자신뿐만 아니라 타인의 이로움에 가치를 두는 이타성까지 증진할 수 있음을 제시한다.

관련 도서 《알면서도 알지 못하는 것들》, 김승호, 스노우폭스북스

《의식 지도 해설》, 데이비드 호킨스, 판미동

관련 학과	상담심리학과, 심리학과, 철학과, 간호학과, 공공인재학과, 경영학과, 교육학과, 사회학과, 산업디자인학과, 생물교육과, 생명과학과, 언어치료학과, 언론정보학과, 인류학과, 의예과
관련 교과	2022 개정 교육과정: 인간과 심리, 화법과 언어, 독서와 작문, 가정과학, 사회와 문화, 인간과 철학 2015 개정 교육과정: 심리학, 화법과 작문, 언어와 매체, 기술가정, 사회문제 탐구

핵심키워드	신테크노크라트, 도파민, 틱톡 투레트 증후군, 미디어 팬데믹

손 안에 갇힌 사람들

니컬러스 카다라스 | 흐름출판 | 2023

이 책은 디지털 기기와 소셜미디어가 인간의 정신 건강에 끼치는 영향을 다룬다. 저자는 소셜미디어 플랫폼이 회사의 수익을 위해 극단적인 감정, 의존성, 우울감을 유발하여 사용자를 정적인 고립으로 이끌도록 설계되어 있다고 지적한다. 또한 이런 플랫폼은 양극화된 사고를 유발하여 정치와 사회에 갈등과 분열을 일으킨다고 경고한다. 소셜미디어에 집착하는 현대인들에게 필요한 책이다.

탐구 주제

주제1 페이스북은 '멋진지 아닌지(Hot or Not)'라는 이분법적 선택의 장으로 탄생했다. 이것이 현재의 '좋아요'와 '싫어요'가 되었다. 플랫폼 게놈은 이러한 이분법적 선택과 극단적으로 양극화된 콘텐츠를 무수히 포함하고 있다 소셜미디어 플랫폼의 정렬 메커니즘에 대해 보고서를 작성해 보자.

주제2 가상경험이 도파민 수치를 증가시킬까? 뇌 영상 연구 결과 비디오 게임을 하는 사람은 도파민 수치가 100퍼센트 증가함을 확인하였다. 저자는 오늘날의 우리가 도파민 새장에 갇혀서 반복된 행동을 자극하여 중독을 일으킨다고 하였다. 디지털중독과 도파민의 관계를 설명해 보자.

주제3 디지털 시대의 인간의 진화 지체에 관한 탐구

주제4 코로나 팬데믹 이후 증가한 사회적 불안정성 연구

학생부 기록 예시 (교과세특)

'손 안에 갇힌 사람들(니컬러스 카다라스)'을 읽고 디지털 매체와 소셜미디어 플랫폼의 위험과 중독성을 뇌과학적으로 설명한 보고서를 작성함. 도파민 수치 증가와 중독성의 관계를 그래프로 시각화하고 각종 선행 연구자료를 함께 비교·분석한 점이 돋보임. 알고리즘의 원리와 데이터 편향, 정렬 메커니즘의 작동으로 인한 양극단적이고 이분법적인 사고의 폐해를 경고하는 메시지를 담아 친구들에게 발표하였으며, 동영상 플랫폼의 노예가 되지 말 것을 권고함.

사고력 레벨up

제시문 코로나19가 유행하던 2020년, 십 대 소녀들에게서 투레트 증후군이 갑자기 퍼지기 시작했다. 이들은 틱 장애가 담긴 영상을 제작하는 특정 인플루언서들을 팔로우하고 있었다

질문 1 소셜미디어 플랫폼의 영향으로 일어나는 사회적 전염 효과란 무엇인가?

질문 2 '손 안에 갇힌 사람들'의 저자가 말하는 디지털 광기란 어떤 의미인가?

관련 논문 소셜 미디어 중독의 심리적 기제와 치료적 개입: 자기와 대인관계 요인을 중심으로(김효정, 2023)

소셜미디어 사용 행동을 조절하지 못하는 상황에서 신체적·심리적 건강에 부정적인 영향을 미치는 소셜미디어 중독에 관한 연구이다. Bergen 소셜미디어 중독 척도를 한국어로 번안하여 심리측정적 특성을 확인하고 소셜미디어 중독에 대한 이해와 대처 방법을 제시하고 있다.

관련 도서 《SNS와 스마트폰 중독, 어떻게 해결할까?》, 김대경 외, 동아엠앤비
《몰입의 즐거움》, 미하이 칙센트미하이, 해냄

관련 학과 상담심리학과, 심리학과, 철학과, 간호학과, 경영학과, 교육학과, 사회학과, 소프트웨어공학과, 생물교육과, 생명과학과, 언어치료학과, 언론정보학과, 인류학과, 의예과, 컴퓨터공학과

관련 교과
2022 개정 교육과정: 인간과 심리, 생명과학, 소프트웨어와 생활, 사회와 문화, 인간과 철학
2015 개정 교육과정: 심리학, 보건, 정보, 화법과 작문, 언어와 매체, 기술가정, 사회문제 탐구

핵심키워드 | 오피스 빌런, 광인 효과, 역갑질, 가스라이팅

심리 대화술

이노우에 도모스케 | 밀리언서재 | 2023

현대인들이 겪는 다양한 문제들을 다루고 있는 책이다. A씨와 B 팀장의 이야기를 통해 직장 내 인간관계의 문제와 이직에 대한 고민을 다루고 있다. 이직하고 싶은 이유 중 워라밸, 동료 관계, 표현의 자유에 대해 언급하며 이를 해결하는 방법을 함께 제시한다. 이 책은 현대들이 마주하는 문제에 대한 인사이트와 함께 자신의 삶을 성찰할 수 있는 계기를 제공할 것이다.

탐구 주제

주제1 업무량과 업무의 질 때문에 고민하는 직장인보다는 인간관계로 인해 고민하는 직장인이 더 많다. 이는 직장뿐 아니라 모든 인간관계에 적용되는 이야기일 것이다. 책을 읽고 사람과의 관계에서 특히 우리를 성가시게 하는 유형과 이들을 대하는 심리적 대화술을 설명해 보자.

주제2 저자 이노우에 도모스케는 인간관계에서 만나는 빌런들의 표적이 되지 않기 위한 여러 조언을 제시한다. 저자는 '빌런이 원하는 반응을 쉽게 보여주지 말아라, 모든 사람에게 사랑받을 수 없다'라고 말하며 당당히 할 말은 할 수 있는 방법을 보여준다. 관련 내용을 정리해 보자.

주제3 자신보다 타인의 기분과 감정을 중시하는 이들의 심리 탐구

주제4 오피스 빌런 보존의 법칙을 활용한 학교 빌런 보존의 법칙 연구

학생부 기록 예시 (교과세특)

평소 하고 싶은 말을 잘하지 못하는 자신의 성격을 고치고 싶어 '심리 대화술(이노우에 도모스케)'을 읽고 자신과 같은 고통을 겪는 친구들에게 전하는 방법론을 정리하여 발표함. 남의 험담을 하거나 무리한 요구를 하는 사람 등 피해야 할 유형을 정리하고 인간관계에서 적당한 거리두기의 기술, 이기적인 사람을 내 편으로 만드는 법, 맑은 눈으로 원하지 않는 것을 거절하는 방법 등을 직장이 아닌 10대들이 겪을 만한 상황으로 각색하여 재미있게 표현함.

사고력 레벨up

제시문 이직을 고민하는 사람들이 늘어나고 있다. 사람들이 이직을 원하는 대부분 원인은 워라밸, 동료와의 관계, 표현의 자유 때문이라고 한다.

질문 1 이직을 통해 해결할 수 있는 문제와 없는 문제는 무엇인가?

질문 2 인간관계로 인한 스트레스를 해결하는 방법은 전학이나 이직이 최선인가?

관련 논문 직장인의 조망수용능력이 동료 간 의사소통능력에 미치는 영향: 자기감시수준 조절효과(김꽃분, 2020)

직장인의 조망 수용 능력과 동료 간 의사소통 능력에 관한 연구이다. 성별에 따른 언어적 능력 차이와 조망 수용 능력과 자기 감시 수준이 동료 간 의사소통 능력에 미치는 영향을 분석하였다. 직장인들의 업무에서의 의사소통 능력 향상과 조망 수용 능력의 중요성을 강조하고 있다.

관련 도서 《생각 비우기 연습》, 이노우에 도모스케, 더퀘스트
《아주 세속적인 지혜》, 발타자르 그라시안, 페이지2

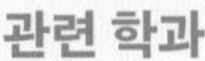

관련 학과 | 상담심리학과, 심리학과, 철학과, 간호학과, 건축학과, 교육학과, 문예창작학과, 사회학과, 생물교육과, 생명과학과, 언어치료학과, 언론정보학과, 의예과, 재활치료학과, 초등교육과

관련 교과 | 2022 개정 교육과정: 인간과 심리, 생명과학, 독서와 작문, 생물의 유전, 사회와 문화, 인간과 철학
2015 개정 교육과정: 심리학, 보건, 철학, 화법과 작문, 언어와 매체, 기술가정, 사회문제 탐구

핵심키워드 | 행복한 어른, 경청, 정신분석, 용서

생각이 너무 많은 어른들을 위한 심리학

김혜남 | 메이븐 | 2023

이 책은 현재를 어떻게 보내느냐에 따라 앞으로의 삶이 달라진다는 메시지를 담고 있다. 정신분석 전문의인 저자가 만났던 수많은 환자는 대부분 자신과 타인, 세상에 대해 부정적이었다. 그런 부정적인 생각의 원인을 찾아 생각의 함정에 빠지지 않도록 진솔한 인생 조언 47가지를 제시하고 있다. 특히 고민을 계속하기 보다 무엇이든 해 보라는 조언이 두드러진다.

탐구 주제

주제1 당신이 하는 걱정 중 40퍼센트는 현실에서 일어나지 않는 일, 30퍼센트는 이미 일어난 일, 22퍼센트는 사소한 일, 4퍼센트는 내 힘으로 통제할 수 없는 고민이라고 한다. 나머지 4퍼센트만이 통제 가능하다고 한다. 나의 고민과 걱정을 분석해보고 이를 증명해 보자.

주제2 많은 사람은 정당한 감정의 반응인데도 인정받지 못하고, '속이 좁다', '예민하다', '감정 기복이 심하다', '조울증이다' 와 같은 주변의 반응으로 인해 쉽게 감정을 표현하지 못하거나 핀잔을 듣기 일쑤인 경우가 많다. 저자가 말하는 감정을 통제하는 것과 감정에 영향을 받는 것의 차이를 설명해 보자.

주제3 낮은 자존감의 소유자가 자주 사용하는 방어 기제의 종류 연구

주제4 긍정적 사고와 부정적 사고의 적정 비율 분석

학생부 기록 예시 (교과세특)

우리가 하는 96퍼센트의 고민이 쓸데없거나 자신의 힘으로 통제할 수 없다는 '생각이 너무 많은 어른들을 위한 심리학(김혜남)'을 읽고 일주일간 자신이 겪은 생각과 고민을 수치화하고 통계를 내어 저자의 말을 입증해 봄. 평소 걱정과 불안이 높음을 고백하며 수치화된 자신의 무의미한 고민을 토대로 더 이상 쓸데없는 불안감으로 시간을 허비하지 않게 되었다고 함. 불안이 일어날 때 이른 결정과 판단을 내리는 것이 불안을 해소하는 데 도움이 된다고 조언함.

사고력 레벨up

제시문 경제학자 존 케네스 갤브레이스는 불규칙한 변화로 미래에 전개될 상황을 예측할 수 없었던 1977년 당시의 시대를 불확실성의 시대라고 말하였다.

질문 1 '사회를 주도하는 지도 원리가 사라진 불확실한 시대'란 어떤 의미인가?

질문 2 오늘날을 '불확실성'보다 한 단계 '높은 초불확실성 시대'라고 말하는 이유는 무엇일까?

관련 논문 20대 대학생의 불확실성에 대한 인내력 부족과 우울 간의 관계(이은지, 2022)

불확실한 상황에서 인내심이 부족한 사람들이 불확실성에 대한 부정적인 생각을 반복적으로 하게 되고, 이는 우울증으로 이어지는 것으로 나타났다. 부정적인 사고와 경험 회피를 줄이고, 긍정적인 상위인지 신념을 키워 우울증을 예방하는 방법을 제시한 연구이다.

관련 도서 《어른의 중력》, 사티아 도일 바이오크, 윌북
《프레임》, 최인철, 21세기북스

관련 학과 상담심리학과, 심리학과, 철학과, 간호학과, 건축학과, 경영학과, 문예창작학과, 사회학과, 생물교육과, 생명과학과, 언어치료학과, 인류학과, 의예과, 재활치료학과, 초등교육과

관련 교과
2022 개정 교육과정 : 인간과 심리, 생명과학, 독서와 작문, 생물의 유전, 사회와 문화, 인간과 철학
2015 개정 교육과정 : 심리학, 보건, 철학, 화법과 작문, 언어와 매체, 기술가정, 사회문제 탐구

핵심키워드 | 행동주의, 디자인, 낙관성 학습, 포용하는 윤리

세계 심리학 필독서 30

사토 다쓰야 | 센시오 | 2022

프레데릭 스키너, 지그문트 프로이트, 칼 구스타프 융, 존 카밧진, 에리히 프롬, 등 세계적인 심리학자의 명저를 한 권에 담은 책이다. 각 분야 최고의 책 내용을 쉽게 풀어 심리학을 처음 접하는 사람들도 쉽게 이해할 수 있다. 고전부터 최신까지 심리학의 전개도를 한눈에 이해할 수 있도록 구성되어 있으며, 심리학을 공부하고자 하는 사람들에게 분명한 방향을 제시해 준다.

탐구 주제

주제1 '나는 누구인가?'를 알고 싶다면, 스키너의 《자유와 존엄을 넘어서》, 지그문트 프로이트의 꿈의 해석 《정신분석학 입문》, 융이 말하는 《심리 유형》을, 타인을 이해하고 싶다면 《카운슬링의 이론과 실제》, 《마시멜로 테스트》, 《설득의 심리학》을 참고하여 보고서를 작성해 보자.

주제2 이 책은 30명의 저명한 심리학자들의 다양한 이론과 저서를 한 권으로 볼 수 있어 유용하다. 목차를 살펴보고 관심이 있는 주제를 선택하거나 자신의 진로에 맞춰 심화 탐구를 진행해보고 관련 내용을 정리하여 발표해 보자.

주제3 제멋대로 세상을 바라보는 인간의 뇌에 대한 탐구

주제4 몸은 하드웨어, 정신은 소프트웨어라는 데카르트의 오류 분석

학생부 기록 예시 (교과세특)

'세계 심리학 필독서 30(사토 다쓰야)'를 읽고 심리학에 관한 이론과 학자들을 선별하여 주제 탐구를 진행함. 그중 빅터 플랭클에 관심을 보이며 그의 저서 '죽음의 수용소에서'를 추가로 읽음. 나치 수용소에서의 감금 경험을 살려 로고 테라피라는 정신 치료 기법을 정립한 것에 크게 감동해 삶의 이유에 대한 고찰을 보고서에 담음. 또한 디자인과 인간의 심리의 연관성을 살펴보고 디자인이 인간의 행동을 유도하는 원리를 사례와 함께 발표함.

사고력 레벨up

제시문 교육심리학자 제롬 브루너의 문화심리학에 따르면 인간은 '이야기 모드'의 사고를 통해 다양한 조건에서 자신의 세상을 구축한다(내러티브 이론)고 하였다.

질문 1 사람들이 이야기로 자신의 세상을 구축한다면 부정적 측면을 더 구축하지 않을까?

질문 2 한 번 보고 들은 것을 모두 기억한다면 인간은 행복할까?

관련 논문 브루너의 내러티브이론의 교육학적 함의(최향미, 2019)

브루너의 내러티브이론으로 문화이론을 교육학적 맥락에 적용한 논문이다. 브루너는 지식의 구조가 개인이 당면하는 사회적 문제를 해결하는 데에 아무런 힘을 발휘하지 못한다는 문제의식을 느끼고 있으며, 이를 위해 내러티브를 활용하여 지식의 구조를 내면화해야 한다고 주장한다.

관련 도서 《세이노의 가르침》, 세이노, 데이원
《모든 삶은 흐른다》, 로랑스 드빌레르, 피카

관련 학과 전 계열(인문, 사회, 자연, 공학, 의약, 예체능, 교육)

관련 교과
2022 개정 교육과정 : 인간과 심리, 주제탐구 독서, 통합과학, 생명과학, 사회·문화, 사회문제 탐구
2015 개정 교육과정 : 심리학, 철학, 보건, 통합사회, 통합과학, 사회문제 탐구

핵심키워드	부정성 편향, 편향 해석, 조망 수용, 최신성

씽킹 101

안우경 | 흐름출판 | 2023

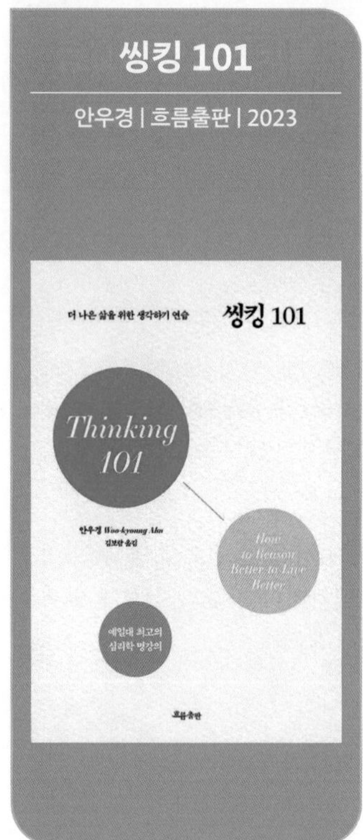

안우경 교수의 'Thinking' 강의를 바탕으로 쓰인 이 책은 우리가 터무니없는 사고 오류에 빠지게 되는 이유를 알려 준다. 심리학적 오류와 그에 빠져드는 이유를 공부하면, 생각을 바꾸는 것만으로 우리는 좀 더 나은 삶을 살 수 있다고 말한다. 이 책은 다양한 그림과 일상에서 빈번하게 부딪치는 사건들로 채워져 있어 독자들이 마치 내 이야기를 쓴 것 같은 느낌을 준다.

탐구 주제

주제1 이 책에 나오는 '동전 던지기 실험' 중 같은 면이 나와야 상금을 받는 두 사람이 있다. 서로 다른 면이 나오면 아무런 보상을 받을 수 없는데, 다른 면이 나오게 된다면 이것은 누구의 잘못일까? 질문의 답변을 인지심리학의 관점에서 설명해 보자.

주제2 우리는 종종 텔레비전에서 노래하는 가수나 경기를 진행하는 운동선수를 보며 저것밖에 못 하냐고 혀를 차기도 하고 벌떡 일어나서 따라 해 보기도 한다. 이는 머릿속에서 과정이 쉽게 그려질 때 일어나는 '유창성의 효과' 때문이다. 유창성 원리의 개념과 사례를 설명해 보자.

주제3 인지심리학이 말하는 마음의 작동원리 분석

주제4 기계와 인간의 메타 인지능력에 대한 비교 고찰

학생부 기록 예시 (교과세특)

인지심리학에 관심이 많은 학생으로 '씽킹 101(안우경)'을 읽고 다양한 심리 실험을 직접 진행한 보고서를 작성하여 제출하였음. 동전을 던져 같은 면이 나와야 보상받는 상황에서 다른 면이 나올 경우, 보통은 뒤에 던진 사람이 죄책감을 느끼거나 비난을 받는 것을 '최신성'의 원리로 설명하고 유사성, 제어성, 충분성 등의 원리를 인지심리학적 측면에서 고찰함. 또한 자신만 아는 것을 남들도 알 것이라 착각하는 조망 수용의 한계를 사례와 함께 재미있게 설명함.

사고력 레벨up

제시문 A라는 정치가에 대해 부정적 감정을 가진 사람은 그에 대한 긍정적 사건이나 기사에 대해서는 관심이 없고 부정적 기사에 대해서만 반응하는 확인 편향이 있다.

질문 1 흔히 하는 '내가 그럴 줄 알았어. 그러면 그렇지'에 드러난 심리상태는 무엇인가?

질문 2 확인 편향의 의미를 자신이 겪었던 사례를 들어 설명한다면 어떤 것이 있는가?

관련 논문 과업갈등에서 관계갈등으로의 전이: 조망 수용과 가치 다양성 인식의 조절효과(황민웅, 2021)

조직에서의 갈등에 관한 연구로, 갈등을 개인 내 갈등, 집단 내 갈등, 집단 간 갈등으로 분류하고, 각각의 갈등이 조직에 미치는 영향을 분석하였다. 과업갈등은 조직 성과에 긍정적일 수도 있고 부정적일 수도 있으며, 관계갈등은 성과에 부정적인 영향을 끼치고 있음을 보여 준다.

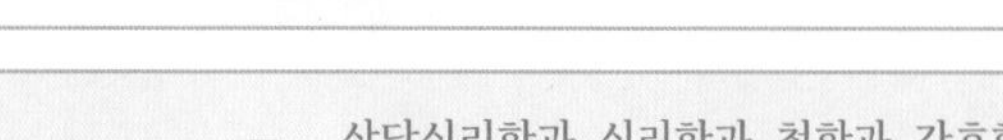

관련 도서 《데일리 필로소피》, 라이언 홀리데이, 스티븐 핸슬먼, 다산초당
《바다의 선물》, 앤 모로 린드버그, 북포레스트

관련 학과 상담심리학과, 심리학과, 철학과, 간호학과, 경영학과, 교육학과, 문예창작학과, 사회학과, 산업디자인학과, 생물교육과, 생명과학과, 언어치료학과, 언론정보학과, 의예과, 초등교육과

관련 교과
2022 개정 교육과정: 인간과 심리, 데이터 과학, 독서와 작문, 가정과학, 사회와 문화, 인간과 철학
2015 개정 교육과정: 심리학, 논리학, 화법과 작문, 언어와 매체, 기술가정, 사회문제 탐구

핵심키워드 | 나르시시즘, 결핍, 소외, 경제적 과잉

우리는 여전히 삶을 사랑하는가

에리히 프롬 | 김영사 | 2022

사랑의 철학자인 에리히 프롬이 현대인의 삶에 대한 문제점을 분석하고, 삶을 사랑하는 능력을 회복하기 위한 철학을 제시한 책이다. 프롬의 마지막 8년을 함께한 조교이자 정신과 전문의인 라이너 풍크 박사가 유작을 엮어 전 세계 최초로 공개된 미발표 작품으로 심리적·정신적 관점부터 사회경제적 조건까지 우리가 자신의 삶을 무의미하다고 여기는 이유를 탐색하고 회복의 길을 제시한다.

탐구 주제

주제1 '인간은 기계가 아니며, 삶은 그 자체가 목적이다. 우리가 삶을 사랑한다면, 변하고 성장하며 발전하고, 더 자각하며 깨어나는 삶의 과정이 기계적 실행이나 성과보다 훨씬 더 중요하다'라고 저자는 말한다. 수단이 아닌 목적으로서의 삶의 의미에 대해 고찰해 보자.

주제2 오늘날의 가장 큰 문제 중 하나로 에리히 프롬은 삶을 사랑하는 능력의 상실을 꼽는다. 자기만의 삶의 속도보다는 강요된 속도로 살아가고 있기 때문이다. 책을 읽고 현대인들이 자기 삶을 무력하다고 판단하는 여러 이유를 생각해 보고 관련 내용을 발표해 보자.

주제3 무력감이 오는 이유와 이를 극복하는 방안 연구

주제4 물질세계와 공허한 삶에 대한 비판적 성찰

학생부 기록 예시 (교과세특)

사람을 행위나 수단으로 보고 그 결과에 따라 존재의 가치를 결정하는 오늘날의 모습을 비판적으로 바라볼 수 있으며, 도서 '우리는 여전히 삶을 사랑하는가(에리히 프롬)'를 읽고 자신의 의견에 대한 근거로 제시함. 특정 행위나 좋은 결과를 내지 않아도 모두가 자신만의 속도로 살아갈 수 있도록 보장하는 것이 무력감을 해결하는 방안이라 설득함. 특히 에리히 프롬의 '자유론'에 대해 깊이 있게 성찰하여 개인성을 존중하는 사회적 분위기 조성이 필요하다 강조함.

사고력 레벨up

제시문 프롬은 기본 소득 문제를 사회경제적 관점을 넘어 심리적 관점으로 조명한다. 우리는 기본 소득으로 생계유지 위협에서 해방되어 존재에 대해 사유할 수 있는 여유가 생겼다.

질문 1 산업사회가 만들어낸 '호모 컨슈멘스(homo consumens)'란 무엇인가?

질문 2 최대 소비에서 최적 소비로 이행하기 위해 무엇이 필요한가?

관련 논문 에리히 프롬의 자유론 연구(신흥식, 2022)

자유의 의미에 있어서 개인성을 얼마나 이루도록 하는가가 중요함을 강조한다. 교육이 인간의 특성을 실현하는 데 있기 때문에 개인성을 중요시하는 시대적 요구를 반영하며, 자유가 발전된 역사성과 인간 심리를 이해하여 새로운 창의성을 제공하는 의미를 살펴볼 수 있다.

관련 도서 《아직 오지 않은 날들을 위하여》, 파스칼 브뤼크네르, 인플루엔셜
《오은영의 화해》, 오은영, 코리아닷컴

관련 학과 상담심리학과, 심리학과, 철학과, 간호학과, 경영학과, 교육학과, 문예창작학과, 산업디자인학과, 소비자학과, 생물교육과, 생명과학과, 언어치료학과, 언론정보학과, 의예과, 초등교육과

관련 교과 2022 개정 교육과정: 인간과 심리, 통합사회, 가정과학, 경제, 사회·문화, 사회문제 탐구
2015 개정 교육과정: 심리학, 철학, 통합사회, 통합과학, 생명과학, 경제, 사회문제 탐구, 보건

핵심키워드	하강나선, 바이오피드백, 도파민, 세로토닌

우울할 땐 뇌과학

앨릭스 코브 | 심심 | 2018

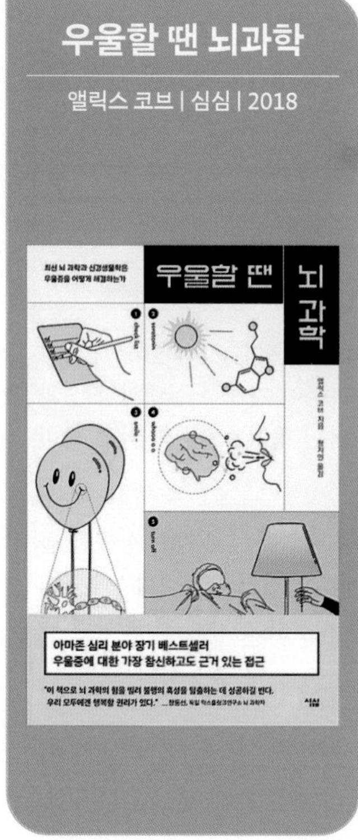

우울증이라는 병을 최신 뇌 과학적인 관점에서 살펴보고, 이를 극복하는 방법을 제시하는 책이다. 우울증은 개인의 노력으로 극복할 수 있는 것이 아니라 뇌의 작동 방식에 의한 질환이라는 점을 강조하며, 우울증에 대한 구체적인 근거와 폐해, 그리고 회복을 위한 방법을 설명한다. 우울증에 대한 고정관념을 깨고, 우울증을 앓는 사람들에게는 새로운 해결책을 제시하고 있다.

탐구 주제

주제1 저자 앨릭스 코브는 우리가 우울증 상태일 때 뇌가 잘못된 것이 아니라, 특정 신경회로가 우울 패턴으로 가도록 맞춰져 뇌가 일을 처리하고 담당하는 회로 사이의 역동적인 상호 작용 때문에 발생한다고 하였다. 책을 읽고 우울증 상태의 뇌에 대해 보고서를 작성해 보자.

주제2 신경과학(뇌 과학)은 뇌를 연구하는 학문으로, 인간의 생각과 감정, 행위의 생물학적 근거 등을 연구하는 학문이다. 신경과학으로 보면, 인간의 마음은 '뇌가 작동하는 방식'에 따라 빚어진다. 우울증의 원인과 상태를 신경과학적인 측면에서 설명해 보자.

주제3 뇌과학으로 보는 '마음먹기 달렸어'의 함정과 위험성에 대한 고찰

주제4 집이나 직장의 인테리어가 우울증에 미치는 영향 연구

학생부 기록 예시 (교과세특)

인지심리학과 신경과학이 말하는 마음, 우울 등의 차이에 호기심을 갖고 다수의 책과 선행연구자료를 읽고 보고서를 작성함. 우울증을 마음의 문제가 아닌 우울 패턴으로 이어지는 신경 회로의 문제로 바라보는 신경과학에 특히 관심을 보임. 또한 걱정과 불안을 분리해서 설명함. 걱정은 생각을, 불안은 느낌을 말하는 것이라 설명함. 걱정은 전전두피질이 관장하여 생각을 기반으로, 불안은 변연계가 담당하여 신체적 반응을 기반으로 발생하기 때문이라 뒷받침함.

사고력 레벨up

제시문 중독된 사람이 갑자기 약물 투여를 중단하면 도파민 경로가 더 이상 자극되지 않고 뇌는 불시에 허를 찔린다. 약물이 들어올 것에 대비하여 활성화 수준을 낮춰 두었기 때문이다.

질문 1 이러한 상황이 발생하는 항상성의 원리란 무엇인가?

질문 2 항상성의 원리와 금단현상 및 내성의 원리는 어떤 관계가 있는가?

관련 논문 노인우울증에 영향을 미치는 요인에 관한 연구: 노인실태조사(2020년)를 이용한 분석(김경옥, 2023)

노인 인구의 증가와 더불어 노인들의 심리적 상태나 정신 건강에 관한 체계적인 연구가 필요한 시대이다. 노령화에 따라 여러 스트레스를 경험하지만 노인 우울증은 적절한 치료와 개입을 받지 못하고 있다. 노인들이 겪는 우울증에 대한 인식과 대처법을 제시하고 있는 연구이다.

관련 도서 《우울에서 벗어나는 46가지 방법》, 앨릭스 코브 외, 심심
《뇌는 왜 다른 곳이 아닌 머릿속에 있을까》, 마이크 트랜터, 아몬드

관련 학과 상담심리학과, 심리학과, 철학과, 간호학과, 건축학과, 교육학과, 문예창작학과, 사회학과, 생물교육과, 생명과학과, 언어치료학과, 언론정보학과, 인류학과, 의예과, 초등교육과

관련 교과
2022 개정 교육과정: 인간과 심리, 화법과 언어, 독서와 작문, 가정과학, 사회와 문화, 인간과 철학
2015 개정 교육과정: 심리학, 화법과 작문, 언어와 매체, 기술가정, 사회문제 탐구

핵심키워드	인정중독, 호의, 자기애 과잉, 유기 불안

인정욕구

에노모토 히로아키 | 피카 | 2023

이 책은 인간의 기본적 욕구 중 가장 높은 단계인 '인정 욕구'를 다룬다. 인간관계에서 인정받고 싶은 마음은 누구나 가지고 있지만, 이를 제대로 충족하지 못하면 문제가 발생한다. 이 책은 인정욕구가 과하거나 부족할 때 발생하는 문제 행동을 다루고, 인정욕구를 조절하는 방법을 제시한다. 적정 수준의 인정욕구가 중요하다는 것을 인식하고 건강하게 살아가는 방법을 배울 수 있는 책이다.

탐구 주제

주제1 인정욕구는 인간에게 꼭 필요한 심리적 욕구다. 그러나 이러한 당연한 인정욕구를 제대로 충족하지 못할 때 다양한 문제가 발생한다. 인정욕구의 개념과 인정욕구가 과하거나 부족하면 발생하는 문제 행동에 대해 정리하여 보고서를 작성해 보자.

주제2 인간이라면 누구에게나 존재하는 인정욕구는 다양한 양상으로 나타난다. 무조건 참는 사람, 끊임없이 자신을 어필하는 사람, 자기애로 똘똘 뭉쳐 있는 사람, 필요 이상으로 책임지는 사람 등이 이에 해당한다. 사람들의 행동적 측면에서 바라본 인간의 욕구를 설명해 보자.

주제3 매슬로의 욕구단계설로 보는 인정욕구에 대한 연구

주제4 관종이라 불리는 사람들의 특성과 원인에 대한 고찰

학생부 기록 예시 (교과세특)

인간의 욕구 충족이 주는 삶의 안정과 행복감을 주제로 탐구활동을 진행하던 중 '인정욕구(에노모토 히로아키)'를 읽고 인정욕구의 개념과 양상, 이로 인한 문제 행동 등에 대한 보고서를 작성하여 제출함. 인간의 욕구로 인한 개인과 사회의 순기능에 호기심을 보임. 또한 인정욕구를 없애기보다 잘 다루는 것이 중요함을 인식하고 타인으로부터의 인정보다는 스스로에 대한 자존감을 높이는 방식으로 인정욕구를 채우는 것의 필요성을 강조함.

사고력 레벨up

제시문 대부분의 완벽주의는 성취와 자기만족을 위해 노력하거나(적응적 완벽주의), 실수와 실패를 회피하기 위해 노력하는(부적응적 완벽주의) 두 가지 측면으로 나타난다.

질문 1 당신은 적응적 완벽주의인가, 부적응적 완벽주의인가?

질문 2 완벽주의와 강박장애 또는 인정욕구는 어떠한 관련이 있는가?

관련 논문 고등학생의 인정욕구가 학업지연행동에 미치는 영향: 평가염려 완벽주의와 자기효능감의 매개효과(길민희, 2016)

평가염려 완벽주의와 자기효능감이 학업 지연 행동에 미치는 영향을 분석하였다. 인정욕구와 평가염려 완벽주의는 학업 지연 행동과 양의 상관관계를 보이며, 자기효능감은 음의 상관관계를 보인다. 특히 인정욕구는 학업 지연 행동에 통계적으로 유의한 영향을 미치는 것으로 나타났다.

관련 도서 《우울한 마음도 습관입니다》, 박상미, 저녁달
《신경을 껐더니 잘 풀리기 시작합니다》, 에노모토 히로아키, 생각의길

관련 학과	전 계열(인문, 사회, 자연, 공학, 의약, 예체능, 교육)
관련 교과	2022 개정 교육과정: 인간과 심리, 교육의 이해, 독서와 작문, 언어생활 탐구, 사회와 문화, 인간과 철학 2015 개정 교육과정: 심리학, 교육학, 철학, 화법과 작문, 언어와 매체, 사회문제 탐구

핵심키워드	망상, 조현병, 블랙박스, 탈 낙인화

제정신이라는 착각

필리프 슈테르처 | 김영사 | 2023

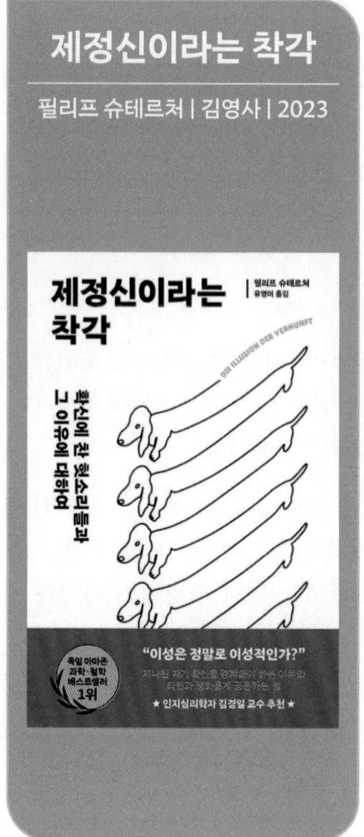

이 책은 인간 이성의 오류에 관한 질문을 담은 책으로, 뇌과학과 정신의학이 밝히는 인간 이성의 오류에 대해 다룬다. 극단적 시대에 인간이 같은 것을 보고 서로 다른 논리에 빠지는 이유와 진실이라 생각하는 모든 것이 일종의 '착각'에 불과하다는 사실을 논증한다. 또한 뇌가 데이터에 의존해 세계상을 형성하는 과정을 추적하며, 확신이 어디서 생겨나고 어떻게 기능하는지를 밝힌다.

탐구 주제

주제1 저자는 우리가 갖는 확신의 대부분은 가설에 불과하며, 그러한 가설은 종종 우리에게 유익하다고 말한다. 앞으로의 일을 예견하고 대응할 수 있게 해주기 때문이다. 사람들이 세우는 각기 다른 가설의 유용성에 대해 자신의 생각을 정리해 보자.

주제2 우리는 수많은 착각 속에 빠져 산다. 자신이 잘생겼다고 믿는 사람, 자기 자식이 가장 뛰어나다고 생각하는 어머니, 모두가 자신을 싫어한다고 믿는 학생 등 착각은 우리를 힘들게도 즐겁게도 한다. 착각이 인간에게 미치는 여러 영향과 원인에 대해 분석해 보자.

주제3 규칙과 예측의 관련성 정도에 관한 고찰

주제4 음모론에 대한 믿음과 망상의 공통점에 대한 분석

학생부 기록 예시 (교과세특)

'제정신이라는 착각(필리프 슈테르처)'을 읽고, 사람들이 자기 유전자 특성과 경험에 따라 다른 확신 즉, 가설을 세우고 살아가고 있음을 깨닫게 됨. '확신'을 여러 가지 측면에서 분석해 보고, 확신이란 가설에 불과하기에 언제든 깨질 수 있다는 저자의 말에 동감함. 사람들이 각기 다른 세계관을 형성하는 원리도 이와 같을 것이라 보고 자신의 확신을 객관적으로 바라보는 태도를 보임. 불확실한 세상에서 확실한 것, 즉 확신을 추구하는 인간의 습성을 경계함.

사고력 레벨up

제시문 같은 시간대에 같은 일을 목격한 두 사람은 다른 느낌, 다른 생각, 다른 논리를 가질 수 있다. 그리고 그들은 자신이 겪은 것을 옳다고 생각한다.

질문 1 각자가 본 것이 사실이라고 믿는다면 진실은 존재하지 않는 것인가?

질문 2 데이터에 의지하는 우리의 뇌는 어떤 원리로 세계관을 형성하게 되는가?

관련 논문 청소년 중기 비행의 안정성에 대한 단기종단적 연구: 낙인과 자아존중감의 매개 효과를 중심으로(문금채, 2020)

청소년들의 비행에 미치는 직접적인 영향과 간접적인 영향을 살펴본 연구이다. 고등학교 1학년의 비행 경험이 더 많이 나타났으며, 공식적인 낙인과 개인의 자아존중감을 통해 비행은 간접적인 영향을 미치는 것으로 나타났다. 공식 낙인을 줄이는 것의 효과를 보여주는 연구이다.

관련 도서 《나는 왜 나를 사랑하지 못할까》, 롤프 메르클레, 생각의날개
《인간 본성의 법칙》, 로버트 그린, 위즈덤하우스

관련 학과 상담심리학과, 심리학과, 철학과, 간호학과, 경영학과, 교육학과, 문예창작학과, 사회학과, 산업디자인학과, 생물교육과, 생명과학과, 언어치료학과, 언론정보학과, 의예과, 초등교육과

관련 교과 2022 개정 교육과정: 인간과 심리, 논리와 사고, 독서와 작문, 통합과학, 사회와 문화, 인간과 철학
2015 개정 교육과정: 심리학, 철학, 화법과 작문, 언어와 매체, 통합사회, 사회문제 탐구

핵심키워드 | 회피 전략, 도덕적 딜레마, 호혜성, 도덕적 회계

좋은 사람이 되는 것은 왜 어려운가

아르민 팔크 | 김영사 | 2023

행동경제학의 관점에서 우리 마음과 행동의 모순을 분석한 책이다. 손해를 보기 싫어하는 마음, 인정욕구, 감정 등으로 인해 비도덕적인 선택을 하게 되는 이유를 6가지로 정리한다. 이러한 인간 본성의 비밀을 밝히면서, 좋은 사람이 되는 방법을 제시한다. 이 책을 통해 마음과 행동의 작동 방식을 알 수 있고 더 나은 선택을 할 수 있는 방법을 찾아볼 수 있다.

탐구 주제

주제1 매일 아침 좋은 사람이 되기로 결심하지만, 그 결심과는 다른 행동을 보이는 자신을 발견한 경험이 있는가? 왜 우리는 당연히 좋은 사람이 되어야 한다고 생각하고 그렇게 되려고 노력하는지, 좋은 사람이 되지 못하는 이유는 무엇인지 책을 읽고 감상문을 작성해 보자.

주제2 기후변화를 걱정하면서도 일회용 컵을 사용하고, 공장식 축산에 반대하면서도 마트에서는 가장 싼 달걀을 집어 드는 등 우리는 자주 행동의 모순을 보인다. 책을 읽고 사람들이 마음과 행동에서 서로 모순되고 비합리적인 태도를 보이는 이유를 발표해 보자.

주제3 인간의 이타주의적 성향의 유전성 여부에 대한 고찰

주제4 행동경제학 관점에서 보는 집단 괴롭힘의 원인과 해법 연구

학생부 기록 예시 (교과세특)

마음먹은 대로 선하게 살기 어려운 이유를 묻고 있는 책 제목에 호기심이 생겨 '좋은 사람이 되는 것은 왜 어려운가(아르민 팔크)'를 읽고 감상문을 작성함. 작은 선행으로 나쁜 행동을 만회하려는 '도덕적 회계'와 도둑질하는 행위에 대해 불신에 대한 대가라 답하는 사람들의 사례 등을 들며 인간의 도덕성에 대한 다양한 의문을 제기함. 공동 작업 중 무임승차하는 사람을 '중심축'의 개념으로 설명하는 등 학습한 개념을 실사례에 적용하는 탁월함을 보임.

사고력 레벨up

제시문 15만 원을 기부하여 사람을 살릴 수 있다면 어떠한 선택을 내리겠는가? 실제 실험에서 독일인의 57%만이 기부를 선택했다고 한다.

질문 1 자신에게 이익이 없을 때도 타인에게 선을 베푸는 것이 당연한가?

질문 2 도덕적 책임을 실천하고 가르치는 것이 세상을 유익하게 하는가?

관련 논문 간호사의 윤리적 딜레마와 도덕적 민감성, 윤리적 의사결정 자신감이 임상적 의사결정 능력에 미치는 영향(장수진, 2021)

임상 간호사의 윤리적 딜레마와 도덕적, 민감성 윤리적, 의사결정 자신감이 임상적 의사결정 능력에 미치는 영향을 조사한 횡단적 서술적 조사연구이다. 임상 간호사 200명을 대상으로 구조화된 자가 보고형 설문지를 이용하여 조사하였다.

관련 도서 《비터스위트》, 수전 케인, 알에이치코리아

《컨버티드: 마음을 훔치는 데이터분석의 기술》, 닐 호인, 더퀘스트

관련 학과 | 상담심리학과, 심리학과, 철학과, 간호학과, 경영학과, 교육학과, 뮤지컬학과, 사회학과, 산업디자인학과, 생물교육과, 생명과학과, 언어치료학과, 언론정보학과, 의예과, 초등교육과

관련 교과 | 2022 개정 교육과정: 인간과 심리, 화법과 언어, 독서와 작문, 가정과학, 사회와 문화, 인간과 철학
2015 개정 교육과정: 심리학, 화법과 작문, 언어와 매체, 통합과학, 사회문제 탐구

핵심키워드 | 실수 행위, 노이로제, 퇴행, 감정전이

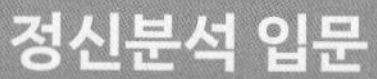

정신분석 입문

지그문트 프로이트 | 오늘의책 | 2022

이 책은 현대 사회의 많은 이들이 겪고 있는 우울증, 불안장애, 공황장애, 망상증, 강박증 등을 연구한 최초의 정신분석학자 지그문트 프로이트의 저서이다. 프로이트는 사람들을 자유 연상법으로 치료하였는데 이를 정신분석이라 한다. 현대 심리치료의 기초가 된 프로이트의 천재적인 통찰력으로 우리가 겪는 문제들을 해결하는 데 도움을 줄 수 있는 책이다.

탐구 주제

주제1 최초의 정신분석학자 지그문트 프로이트는 인간의 내면에 존재하는 '무의식'으로 문제의 원인을 파악할 수 있다고 보았다. 그는 과거에 억압된 무엇인가로 인해 지금의 정신적 문제가 발생하였다고 말한다. 프로이트가 말하는 억압과 꿈에 대해 자신의 의견을 발표해 보자.

주제2 무의식, 억압, 환자의 저항 등은 대부분 사람에게 상식적 개념으로 받아들여지고 있지만, 당시의 프로이트의 학파는 이에 따라 여러 갈래로 갈라지게 된다. 프로이트가 주장한 무의식, 오이디푸스 콤플렉스 등을 조사하고 관련 내용을 정리하여 보고서로 작성해 보자.

주제3 일방적인 윤리 평가를 버려야 하는 이유에 대한 고찰

주제4 메타버스 시대의 심리적 군중과 팬덤정치에 관한 연구

학생부 기록 예시 (교과세특)

'노이로제 걸리겠다'라는 말에 노이로제가 무엇인지 호기심이 생겨 알아보던 중 꿈과 무의식이 '노이로제 증상의 축소판'이라고 말한 프로이트에 관심을 두게 됨. '정신분석 입문(지그문트 프로이트)'을 읽고 정신분석 이론으로 관심을 확장하고 감정전이와 신경증적 자아 대처에 관한 내용을 정리하여 발표함. 무의식적 의도에 의해 의식적 의도가 방해받을 때 인간의 실수가 발생할 수 있음을 정신분석학적 측면에서 고찰하여 많은 박수를 받음.

사고력 레벨up

제시문 드라마 '펜트하우스'는 다양한 가족과 사회 문제를 소재로 상류 사회로 입성하기 위한 인간의 일그러진 탐욕을 적나라하게 보여주고 있다.

질문 1 다수가 함께 저지르는 부도덕한 행위가 인간의 결속력을 높일 수 있을까?

질문 2 친구가 적이 되는 것과 적이 친구가 되는 것 중 어떤 것이 더 쉬울까?

관련 논문 시기심에 대한 정신분석학적 연구(황지영, 2023)

정신분석학적 이론을 바탕으로 인간이 가지고 있는 시기심과 같은 부정적인 측면에 관해 살펴본 연구이다. 드라마 <펜트하우스>를 예시로 들어 시기심이 감사와 창조성으로 회복되면 경쟁심과 창조성으로 변환되어 타인과 함께 주체적으로 살아갈 수 있다는 것을 알려준다.

관련 도서 《히스테리 연구》, 지크문트 프로이트, 열린책들
《군중심리》, 귀스타브 르 봉, 현대지성

관련 학과 상담심리학과, 심리학과, 철학과, 간호학과, 경영학과, 교육학과, 뮤지컬학과, 사회학과, 산업디자인학과, 생물교육과, 생명과학과, 언어치료학과, 인류학과, 의예과, 초등교육과

관련 교과 2022 개정 교육과정: 인간과 심리, 화법과 언어, 독서와 작문, 통합과학, 보건, 사회와 문화, 인간과 철학
2015 개정 교육과정: 심리학, 화법과 작문, 언어와 매체, 기술가정, 사회문제 탐구

핵심키워드	순응 편향, 집단 무지성, 캉디드의 오류, 후광효과

집단 착각

토드 로즈 | 21세기북스 | 2023

이 책은 세상에서 벌어지는 극단적인 집단 사고와 선동가의 영향력에 대한 심층적 분석을 담았다. 저자는 인간의 본능 때문에 일어나는 집단 착각 현상을 분석하고, 이를 극복하는 방법을 제시한다. 우리는 다수의 선택을 따르는 경향이 있어 순응 편향에 빠지고 인터넷과 SNS의 발달로 더욱 심화하고 있다. 집단 착각에 빠지지 않고, 개인의 생각과 판단을 중요시하는 방향을 제시하는 책이다.

탐구 주제

주제1 토드 로즈는 이 책에서 인터넷과 SNS의 영향으로 수많은 선동가가 판을 치는 세상이 되었고 그 결과 극한 대립 정치, 양극화된 경제, 문화적 고립의 시대가 되었다고 말한다. 저자의 말을 한국 사회에 비추어 설명해 보자.

주제2 기술과 사회의 발달함에 따라 혼자서 할 수 있는 일보다는 집단 지성의 힘을 빌려야 하는 순간들이 많아지고 있다. 그러나 때때로 우리는 자신에게 해가 되는 선택을 하는 집단들을 종종 마주하곤 한다. 이 책을 읽고 집단과 인간의 본성에 대해 논해 보자.

주제3 공리주의와 민주주의의 함정에 대한 탐구

주제4 민주주의와 다수결의 원칙에 대한 비판적 고찰

학생부 기록 예시 (교과세특)

'집단 착각(토드 로즈)'을 읽고 집단 광기, 집단 무지성의 개념에 대해 성찰하는 시간을 가짐. 10대들의 집단 폭력 기사를 보며 대한민국의 미래사회를 염려하는 마음에 '집단'과 '동료'의 압박을 주제로 탐구활동을 진행함. 타인의 시선에 민감한 한국인의 양상을 유교의 영향으로 보고 소셜미디어가 집단 무지성을 부추기고 있다고 주장함. 행동의 가치를 결정할 때 신경 논리학의 토대가 되는 '왜'라는 질문을 통해 본능적 사고에 빠지지 말아야 한다고 역설함.

사고력 레벨up

제시문 동화 벌거벗은 임금님에 등장하는 인물들은 착한 사람만 볼 수 있다는 말에 임금님의 옷에 대해 아무도 솔직한 말을 하지 못한다.

질문 1 많은 사람이 다수의 의견에 따르는 이유는 무엇인가?

질문 2 사람들이 솔직한 의견을 말하지 못하는 이유는 무엇일까?

관련 논문 조직내 집단사고 발생원인과 예방대책에 관한 연구: 미국의 이라크 전쟁결정 과정을 중심으로(최영원, 2023)

성급한 결정이나 잘못된 합의는 집단사고를 일으키며 올바르고 합리적인 결정에 이르기 어렵다. 미국의 이라크 전쟁 결정 과정에서의 집단사고 원인을 분석하며, 구성원들의 다양한 의견과 관점을 고려하지 않은 채 성급한 결정이나 잘못된 결론에 이르는 문제점을 지적한다.

관련 도서 《인간의 본질》, 로저 스크루턴, 21세기북스
《우리 인생에 바람을 초대하려면》, 파스칼 브뤼크네르, 인플루엔셜

관련 학과 상담심리학과, 심리학과, 철학과, 간호학과, 교육학과, 문예창작학과, 뮤지컬학과, 사회학과, 산업디자인학과, 생물교육과, 생명과학과, 언어치료학과, 인류학과, 의예과, 초등교육과

관련 교과 2022 개정 교육과정: 인간과 심리, 논리와 사고, 화법과 언어, 독서와 작문, 사회와 문화, 인간과 철학
2015 개정 교육과정: 심리학, 철학, 논리학, 생활과 윤리, 언어와 매체, 기술가정, 사회문제 탐구

핵심키워드 | 실존철학, 실존적 욕망, 나치, 불안

참을 수 없이 불안할 때, 에리히 프롬

박찬국 | 21세기북스 | 2022

현대인의 불안한 심리를 위로하는 책이다. 실존철학을 현대적인 언어로 풀어내며 에리히 프롬의 생애와 사상을 집약적으로 그려내고 있다. 에리히 프롬의 목소리는 우리 안에 깃들어 있는 위대한 잠재적 능력에 대한 믿음을 끊임없이 일깨워 주며, 자신감과 희망, 사랑과 지혜를 다시 일깨워 준다. 세상이 뜻대로 되지 않아 불안한 이들에게 추천하는 책이다.

탐구 주제

주제1 우리는 삶을 스스로 개척하며 살아가고 있지만 늘 뜻대로 되는 것은 아니다. 우리에게 주어진 자유의 힘으로 많은 가능성을 실현하며 살아갈 수도 있지만, 때로 불안한 이유가 바로 이것 때문이다. 프롬이 말하는 불안을 극복하는 방법에 대해 요약해 보자.

주제2 프롬은 특정 종교, 철학, 심리학 사조에 구속되지 않고, 선불교, 유대교 신비주의, 기독교 신비주의, 실존철학, 마르크스 사상, 프로이트의 정신분석학 등의 성찰을 모두 수용하였다. 에리히 프롬의 이러한 태도에 대한 자신의 의견을 논리적으로 설명해 보자.

주제3 가능성으로 가득 찬 삶의 불안성 연구

주제4 사람들이 원하는 자유에 의미 탐구

학생부 기록 예시 (교과세특)

에리히 프롬의 '사랑의 기술'을 영어로 읽고 그의 사상에 매료되어, '참을 수 없이 불안할 때, 에리히 프롬(박찬국)'을 읽고 독후감을 제출함. 특히 애정에서 비롯된 관심과 피상적 호기심을 구분하며, 여학생들에게 남자의 관심과 호기심을 구별할 수 있어야 나쁜 남자에게 빠지지 않는다고 경고함. 인간의 불안을 극복하는 방안으로 내면의 능력을 성장시키라는 프롬의 의견을 강조하며 진정한 자유로운 존재가 되기 위해 사랑, 관심, 책임감을 길러야 한다고 주장함.

사고력 레벨up

제시문 철학자 니체는 '삶의 의미를 어디서 찾아야 할까'라는 물음에 '의미를 찾지 않는 삶이야말로 진정 의미 있는 삶이다'라고 말한다.

질문 1 니체가 말하는 의미를 찾지 않는 사람이란 무엇인가?

질문 2 방탕하지 않으면서 의미를 찾지 않는 삶은 어떻게 가능한가?

관련 논문 실존철학상담을 위한 장주(莊周)의 '우화' 활용 연구: 장주(莊周)의 '내편(內篇)'을 중심으로(김정미, 2023)

장주(莊周)는 중국 전국 시대 중기의 사상가이다. 장주의 사상을 집대성한 작품 중 '내편'의 우화를 연구, 활용하여 실존철학 상담에 적용한 연구이다. 장주의 우화는 언어로 표현할 수 없는 도(道)를 시청각적 요소로 은유한 것으로 실존철학 상담을 도울 수 있다고 보고 있다.

관련 도서 《내 삶에 예술을 들일 때, 니체》, 박찬국, 21세기북스
《BTS와 철학하기》, 김광식, 김영사

관련 학과 상담심리학과, 심리학과, 철학과, 간호학과, 경영학과, 교육학과, 문예창작학과, 사회학과, 산업디자인학과, 생물교육과, 생명과학과, 신문방송학과, 언어치료학과, 언론정보학과, 의예과

관련 교과 2022 개정 교육과정: 인간과 심리, 화법과 언어, 통합사회, 통합과학, 독서와 작문, 인간과 철학
2015 개정 교육과정: 심리학, 철학, 화법과 작문, 언어와 매체, 통합과학, 사회문제 탐구

경영

경제

미디어

역사

상담심리

핵심키워드

양성 피학증, 마조히스트, BDSM, 혐오성 픽션

최선의 고통

폴 블룸 | 알에이치코리아 | 2022

이 책은 최첨단 현대 심리를 다루는 예일대학교 심리학 교수 폴 블룸의 신작이다. 고통과 쾌락이라는 양립 불가능해 보였던 역설적 심리의 정체를 밝혀내며, 인간 본성의 비밀을 알려준다. 무엇보다 권태에서 벗어나 충만한 삶으로 나아가고픈 이들에게 행복과 불행의 최적점(Sweet Spot)을 찾아줄 것이다. 유의미한 삶을 꿈꾸는 행복한 마조히스트들에게 강력하게 추천하는 도서이다.

탐구 주제

주제1 매운맛을 좋아하면 '양성피학증'일 수 있다. 양성피학증이란 인간의 뇌가 위협이라고 잘못 판단한 부정적 경험을 즐기는 상태를 의미한다. 이는 고통을 견디는 것도 인간이 즐거움을 추구하는 방법 중 하나가 될 수 있음을 의미한다. 양성피학증을 다양한 측면에서 설명해 보자.

주제2 올더스 헉슬리의 '멋진 신세계'에서 존은 무스타파 몬드의 체제에 저항하는 인물이다. 무스타파는 쾌락을 극대화하기 위해 신경학적 개입법을 개발했다고 말하고 존은 위험을, 죄악을, 선을, 자유를 원한다고 말한다. 저자가 뭐라고 답할지 예상 답안을 작성해 보자.

주제3 공포영화와 카타르시스 이론과의 관련성 탐구

주제4 소설가 워커 퍼시가 말하는 픽션과 심리학의 공통점 분석

학생부 기록 예시 (교과세특)

위험 속에서 모험을 지속하는 사람의 심리, 청양고추를 먹으면 속이 쓰린 것을 알면서도 먹는 사람의 심리가 무엇일지 찾아보던 중 양성피학증에 관해 알게 됨. 이후 '고통의 비밀(몬티 라이언)'과 '최선의 고통(폴 블룸)'을 읽고 더 나은 삶을 위해 고난을 선택하는 마조히스트의 세계관을 양성피학증과 관련지어 사고함. 인간의 본능이 고통을 회피하고 안전을 추구하는 것이라 주장한 여러 학자를 언급하며, 고통을 추구하는 인간의 본능을 진화론적 입장에서 고찰함.

사고력 레벨up

제시문 세상에는 다양한 사람이 존재한다. 누군가는 연구하고 누군가는 전쟁터에서 싸우고 누군가는 손뼉을 치며, 또 누군가는 높은 산을 정복하기도 한다.

질문 1 나와는 다른 성향의 사람들과 함께 살아간다는 것은 축복일까, 저주일까?

질문 2 다양한 삶을 존중해야 한다면 아무것도 하지 않고 무기력하게 살아가도 괜찮을까?

관련 논문 동물 안락사에 대한 덕윤리적 연구(박정선, 2023)

동물 안락사에 대한 덕윤리적 시사점을 제시하는 연구이다. 동물 윤리의 측면에서 자비의 덕목이 동물들이 지각이 있는 존재이며 고통과 쾌락을 느낄 수 있다는 것과 관련이 있다는 것을 알리며, 인간으로서 자비로운 행위를 하는 것이 중요하다는 메시지를 전하고 있다.

관련 도서 《공감의 배신》, 폴 블룸, 시공사
《심리학 프리즘》, 최인철 외, 21세기북스

관련 학과 상담심리학과, 심리학과, 간호학과, 경영학과, 공공인재학과, 교육학과, 만화애니메이션학과, 문예창작학과, 사회학과, 생물교육과, 언어치료학과, 언론정보학과, 의예과, 초등교육과

관련 교과 2022 개정 교육과정: 인간과 심리, 독서와 작문, 가정과학, 사회와 문화, 언어생활 탐구, 인간과 철학
2015 개정 교육과정: 심리학, 철학, 화법과 작문, 언어와 매체, 통합사회, 통합과학, 사회문제 탐구

핵심키워드 | 분석 심리학, 리비도, 나방, 무의식

칼 융 무의식의 심리학

칼 구스타프 융 | 부글북스 | 2022

이 책은 칼 융의 대표작으로, 프로이트와의 이견으로 유명하다. 여성인 미스 밀러의 글을 바탕으로 분석한 무의식과 그 내용물인 '원형'이라는 칼 융 심리학의 근본적인 개념의 탄생을 볼 수 있다. 심리학을 공부하는 학생들에게 매우 유용한 자료이며, 융의 개념들이 형성되는 과정을 살피고, 결정적으로 중요했던 시기에 그의 개인적, 심리적 조건을 이해하는 데도 많은 도움을 준다.

탐구 주제

주제1 무의식의 세계를 처음 발견한 사람은 프로이트였지만, 무의식의 세계를 더 깊고 광범위하게 파고든 인물은 오히려 칼 구스타프 융이라 할 수 있다. 꿈속에 등장한 객체를 객관적으로 본다면 꿈에 대한 해석은 그렇지 않다. 융이 말하는 꿈에 대해 발표해 보자.

주제2 방탄소년단의 앨범에 융의 영혼 세계가 도입되면서 융의 정신분석이 다시 주목을 받고 있다. 융은 영혼과 페르소나(가면을 쓴 인격) 개념을 창시하고 심리학의 3대 거장으로 꼽힌다. 환자를 치료할 때 융이 중시한 존엄성과 자율성의 개념에 관해 설명해 보자.

주제3 칼 융의 8가지 심리 유형별 문제 연구

주제4 개인 무의식과 집단 무의식으로 본 인격에 대한 고찰

학생부 기록 예시 (교과세특)

낮에 있었던 일의 일부가 꿈에 나오는 것을 경험한 뒤, 밤에 자면서 꾸는 '꿈'에 대해 호기심을 가짐. 의미 없는 꿈을 개꿈이라고 무시하는 사람도 많지만, 꿈을 정보와 영감의 근원으로 보는 칼 융의 이론에 큰 감동을 받음. '칼 융 무의식의 심리학(칼 구스타프 융)'을 읽고 그의 꿈 해석에 관한 글을 추가로 읽으면서, 자신(Self)이 꿈에서 보내는 메시지를 해석하는 일에 큰 흥미를 느낌. 꿈이 갖는 상징적, 은유적 의미를 심리학적으로 고찰하려는 태도에서 학자의 면모를 엿볼 수 있었음.

사고력 레벨up

제시문 작가 프란츠 카프카는 낮에는 상해보험국에서 일하고, 밤에는 저술과 문화적 활동에 집중했다. 근무 스트레스를 여러 번 호소했지만, 그의 상사는 성실한 카프카로만 알고 있다.

질문 1 페르소나란 무엇이며, 여러 개의 페르소나를 지닌 사람을 신뢰할 수 있을까?

질문 2 모든 상황에서 항상 같은 태도와 행동을 취한다면 어떤 일이 일어날까?

관련 논문 사회적 트라우마의 개성화와 치유를 위한 미디어 테라피 경험 연구(유숙, 2016)

융이 발견한 집단 무의식의 개념을 바탕으로 인간의 행동을 설명하며, 문화적 배경의 차이와 상관없이 공통으로 나타나는 신화적 요소를 다루고 있다. 집단 무의식은 예술을 매개체로 한 치유의 근거로 쓰이며, 미디어는 트라우마 치유를 위한 좋은 도구로 보고 있다.

관련 도서 《심리 유형》, 칼 구스타프 융, 부글북스
《심리학과 연금술》, 칼 구스타프 융, 부글북스

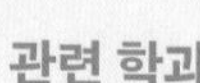

관련 학과 상담심리학과, 심리학과, 철학과, 간호학과, 건축학과, 경영학과, 교육학과, 디자인학과, 사회학과, 생명과학과, 언어치료학과, 언론정보학과, 인류학과, 의예과, 재활치료학과

관련 교과
2022 개정 교육과정: 인간과 심리, 화법과 언어, 독서와 작문, 통합과학, 사회와 문화, 인간과 철학
2015 개정 교육과정: 심리학, 철학, 화법과 작문, 언어와 매체, 통합과학, 사회문제 탐구

핵심키워드 | 생존력, 진정성, 심리적 시드머니, 가스라이팅

타인의 마음

김경일, 사피엔스 스튜디오 | 샘터 | 2022

이 책은 인지심리학자 김경일이 저자이고 사피엔스 스튜디오에서 인기 콘텐츠 '타인의 심리 읽어드립니다'를 바탕으로 제작하였다. 주변에서 흔히 볼 수 있는 타인의 말과 행동으로 상처받거나 스트레스를 받는 상황에 처한 사람들을 위해, 그들의 심리를 탐구하고 이해하는 방법을 제시한다. 상대방의 내면에 어떤 심리가 있는지 알면 행복한 관계를 만들 수 있을 것이다.

탐구 주제

주제1 이 책은 입만 열면 남과 비교하는 사람, SNS는 하면서 내 연락에는 답이 없는 사람, 자기 말만 다 맞는다는 사람, 쉴 새 없이 남 욕을 하는 사람 등 주변의 불편한 타인들의 심리를 탐구한 책이다. 주변의 인물 중 나를 불편하게 하는 사람의 심리를 분석해 보자.

주제2 한두 번 무기력을 경험하는 것은 자연스럽다. 그러나 지속적인 가스라이팅으로 상대에게 무기력을 심어주면 습관이 되어 뇌에 위험한 명령을 내리게 된다. 가스라이팅으로 상대를 조종하는 심리와 조종을 당하는 사람의 심리를 인지심리학적 측면에서 설명해 보자.

주제3 공감 능력과 소시오패스의 관계 고찰

주제4 유독 한국인이 MBTI에 집착하는 이유에 대한 분석

학생부 기록 예시 (교과세특)

'타인의 마음(김경일)'을 읽고 '내가 이상한 것이 아니었구나'라는 위안을 얻은 뒤, 이를 공유하고자 친구들의 고민을 바탕으로 탐구활동을 진행함. 주변에서 흔히 볼 수 있는 '전문 불평꾼'들을 다양한 사례로 나누고 피해를 막을 방법과 극복 방법을 제시함. 치우친 의견이 아닌 다양한 사람의 의견을 들어볼 것을 강조하며, 공감 능력이 뛰어난 사람들이 오히려 타인의 생각에 쉽게 스며들어 잘못된 가치관을 가질 수 있음을 경고하는 내용을 훌륭히 발표하였음.

사고력 레벨up

제시문 인간을 지혜로운 존재로 만드는 본질적인 능력은 무엇일까? 그것은 미래의 가능성을 시뮬레이션하는 능력, 바로 전망 능력이라고 말한다.

질문 1 전망하는 인간, 호모 프로스펙투스는 어떤 존재인가?

질문 2 호모 사피엔스는 호모 프로스펙투스와 어떻게 다른가?

관련 논문 타인 이해 능력의 잠재프로파일에 따른 유아의 친사회적 행동 차이: 공감과 마음이론을 중심으로(김재윤, 2022)

유아의 사회성 발달과 타인을 이해하는 능력에 관해 다룬 연구이다. 인간 중심적 접근 방법인 잠재 프로파일 분석을 활용하여 유아의 타인 이해 능력을 구성하는 공감과 마음 이론의 수준에 따른 하위 유형을 도출하고, 각 유형 간 친사회적 행동 수준의 차이를 분석하였다.

관련 도서 《빅티처 김경일의 생각 실험실》, 김경일, 마케마케, 돌핀북
《무기력이 무기력해지도록》, 한창수, 알에이치코리아

관련 학과 상담심리학과, 심리학과, 철학과, 간호학과, 건축학과, 경영학과, 교육학과, 문예창작학과, 사회학과, 생물교육과, 생명과학과, 언어치료학과, 언론정보학과, 인류학과, 의예과, 초등교육과

관련 교과 2022 개정 교육과정: 인간과 심리, 화법과 언어, 통합과학, 생명과학, 사회와 문화, 인간과 철학
2015 개정 교육과정: 심리학, 철학, 화법과 작문, 언어와 매체, 기술가정, 사회문제 탐구

핵심키워드	공허함, 완벽주의자, 상처, 인간관계

파리의 심리학 카페

모드 르안 | 클랩북스 | 2023

프랑스의 심리학자인 저자는 파리에서 열리는 심리학 카페에서 상담 내용을 통해 추려 낸 보편적인 문제들에 대한 29가지 마음 수업을 이 책에 담았다. 이 책은 전 세계에서 아마존 베스트셀러에 올랐으며 전 세계 언론에서 극찬받았다. 이 책을 통해 독자들은 일상, 상처, 사랑, 인간관계, 인생 등 다양한 주제를 다루며, 상처를 극복하고 흔들리지 않는 삶의 중심을 잡을 수 있다.

탐구 주제

주제1 저자 모드 리안은 아버지에게 버림받았던 상처가 있다. 남편을 잃고 우울증에 걸렸으며 이러한 과거의 상처와 경험들은 그를 좋은 심리 상담가가 되게 해주었다. 과거의 상처로 인해 어두운 삶을 사는 사람들과 상반된 모습의 저자를 심리학적 측면에서 설명해 보자.

주제2 저자는 아무도 나에게 상처를 줄 수 있는 권리가 없다고 말한다. 나에 대한 가치를 결정하는 것도 결국 나 자신이라고 말한다. 지나치게 남에게 맞춰주는 것은 선한 것도 미덕도 아니다. 지금까지 자신에게 상처를 준 사람들에게 나의 권리를 주장하는 편지를 작성해 보자.

주제3 무기력의 상태와 무기력에서 벗어나는 방법에 대한 탐구

주제4 사람의 마음을 움직이는 힘의 원천과 특징에 관한 연구

학생부 기록 예시 (교과세특)

교육자를 꿈꾸는 학생으로 아동학대를 겪고도 좋은 부모가 된 사람들의 이야기에 관심을 두고 원인을 분석해 봄. 현재의 문제행동은 과거의 상처가 원인이 될 수 있다고 생각했으나 모든 아동학대 피해자가 아동학대범이 되지는 않는다는 사실에 주목하며, 프로이트의 주장에 오류가 있다고 판단함. 이후 모든 것은 현재의 개인의 선택이라는 아들러 심리학을 받아들이고, '파리의 심리학 카페(모드 르안)'의 저자의 개인적 가정 환경을 근거로 아들러 심리학을 신뢰하게 됨.

사고력 레벨up

제시문 인공지능과 기술의 핵심 중 하나인 초연결은 사람들과의 연결성을 갈망하고 연결이 끊어지는 것을 두려워하는 인간의 본성에 맞닿아 있다.

질문 1 사람과의 연결을 원하는 커뮤니티 빌더들의 심리에는 어떤 욕망이 있는가?

질문 2 커뮤니티 빌더를 자극할 수 있는 마케팅 방안에는 어떤 것이 있는가?

관련 논문 SNS에서의 인간관계의 변화에 관한 연구: 환경으로서의 미디어 관점에서(김해연, 2021)

SNS의 확산으로 인해 소통이 크게 확대된 현대 사회에서 인간관계에 대한 인식을 다룬 연구이다. 의례적 커뮤니케이션인 스몰토크가 관계 유지에 중요한 역할을 하며, SNS에서는 실체를 동원한 만남 없이 매개적 관계가 형성되는 등 인간관계의 속성과 변화에 대해 고찰하고 있다.

관련 도서 《그렇게 인생은 이야기가 된다》, 제임스 R. 해거티, 인플루엔셜
《당신의 인생이 왜 힘들지 않아야 한다고 생각하십니까》, 아르투어 쇼펜하우어, 포레스트북스

관련 학과 전 계열(인문, 사회, 자연, 공학, 의약, 예체능, 교육)

관련 교과
2022 개정 교육과정: 인간과 심리, 화법과 언어, 독서와 작문, 가정과학, 사회와 문화, 인간과 철학
2015 개정 교육과정: 심리학, 철학, 보건, 화법과 작문, 언어와 매체, 확률과 통계, 사회문제 탐구

핵심키워드 | 피리 부는 사람, 자동화, 변혁적 관계, 조직심리학

퓨처 셀프

벤저민 하디 | 상상스퀘어 | 2023

미래의 내가 시간여행을 떠나 현재의 나를 본다면 뭐라고 할까? 이 책은 세계적인 동기부여 전문가인 벤저민 하디의 새로운 자기계발서이다. 저자는 '미래의 나'와 연결될수록 현재 더 나은 삶을 살게 된다는 진실을 전하며, 미래의 자아가 현재의 행동에 영향을 미치는 방법을 구체적으로 알려 준다. 미래의 모습이 그려지지 않거나 더 나은 모습을 꿈꾸는 사람에게 추천하는 책이다.

탐구 주제

주제1 저자 벤저민 하디는 미래의 나를 위협하는 요인, 미래의 나에 대한 진실, 미래의 내가 되는 단계를 각각 7가지씩 제시하고 있다. 그중 미래의 내가 되기 위한 5단계로 시간의 자유를 얻기 위해 자신의 일정에 대한 주도권을 가지라고 말한다. 이 말의 의미를 현재의 자신에 비추어 설명해 보자.

주제2 책 표지에는 미래의 자신을 아는 것은 매우 강력한 힘이 있으며 우리의 삶을 변화시킬 수 있다고 적혀있다. 저자는 현재의 '나'를 매우 일시적이라고 말하며 성장 마인드셋은 자신을 증명하려고 노력하는 것과 거리가 멀다고도 하였다. 저자가 말하는 성장마인드셋에 대해 정리해 보자.

주제3 현재의 경험을 개인의 성장으로 이끄는 프레임에 대한 고찰

주제4 퓨처 셀프가 말하는 미래와 연결되는 방법론 연구

학생부 기록 예시 (교과세특)

개인을 동기부여하고 성취하는 마음가짐을 갖도록 지원하여 조직의 성공과 혁신으로 연결하는 조직심리학자를 꿈꾸고 있음. '퓨처 셀프(벤저민 하디)'를 읽고 미래의 자아상을 긍정적으로 이끄는 방법에 대해 보고서를 작성함. 특히 책에서 말하는 다양한 조언을 현재의 자신과 친구들의 모습에 비추어 보고, 수업과 과제, 시험 일정에 끌려다니기보다 스스로 예습하고 준비하는 시간의 주도권을 가지는 방법에 대해 고민하고 친구들과 공유함.

사고력 레벨up

제시문 틀 또는 테두리를 뜻하는 '프레임(frame)'은 인식의 방법의 하나로, 인간이 성장하면서 더 효율적으로 생각하기 위한 생각의 처리 방식을 의미한다.

질문 1 프레임을 '마음의 창'이라고 비유하는 이유는 무엇인가?

질문 2 조지 레이코프의 프레임 이론이 말하는 정치적으로 승리하는 방법은 무엇인가?

관련 논문 국내 대기업 내 변혁적 리더십과 잡 크래프팅과의 관계에서 조직공정성 인식의 매개효과(김영범, 2022)

리더십을 활용한 인적자원 관리나 개발이 중요한 현대 조직 구성원들의 관계에 관한 연구이다. 변화에 적응하고 성장하는 데 필요한 리더십 종류와 그 중 변혁적 리더십에 대해 다루고 있다. 조직 내 변화를 추구하는 리더와 부하직원의 내면적 변화 도모에 도움이 될 것이다.

관련 도서 《집착의 법칙》, 그랜트 카돈, 부키
《최고의 변화는 어떻게 만들어지는가》, 벤저민 하디, 비즈니스북스

관련 학과 전 계열(인문, 사회, 자연, 공학, 의약, 예체능, 교육)

관련 교과
2022 개정 교육과정: 인간과 심리, 화법과 언어, 독서와 작문, 생명과학, 사회와 문화, 인간과 철학
2015 개정 교육과정: 심리학, 화법과 작문, 언어와 매체, 기술가정, 사회문제 탐구

MEMO

MEMO

교과세특 추천 도서 300: 인문·사회계열

1판 1쇄 찍음 2024년 3월 6일
1판 4쇄 펴냄 2025년 2월 10일

출판 (주)캠퍼스멘토
저자 한승배·노정희·손평화·이미선·이선주·하희

책임편집·디자인 포르체 출판사
브랜드 윤영재·박선경·이경태·신숙진·이동훈·김지수·조용근·김연정
연구·기획 오승훈·이사라·민하늘·박민아·최미화·국희진·양채림·윤혜원·강덕우·송나래·송지원
교육운영 문태준·박흥수·정훈모·송정민·변민혜
미디어 이동준
관리 김동욱·지재우·임철규·최영혜·이석기·노경희
발행인 안광배

주소 서울시 서초구 강남대로 557(잠원동, 성한빌딩) 9층 ㈜캠퍼스멘토
출판등록 제 2012-000207
구입문의 (02) 333-5966
팩스 (02) 3785-0901
홈페이지 http://www.campusmentor.org

ISBN 979-11-92382-34-0(14370)
979-11-92382-31-9 (세트)